Kritische Vierteljahresschrift
für
Gesetzgebung und Rechtswissenschaft

herausgegeben von

DrDr. E. Beling, A. Dyroff, W. Kisch, E. Riezler, L. Wenger,
Professoren der Münchener Juristenfakultät.

Dritte Folge. Band XXV. Heft 2—4.
(Der ganzen Folge Band LXI.)

1932.
München, Berlin und Leipzig.
J. Schweitzer Verlag (Arthur Sellier).

Inhalt.

Die Einsendung von Rezensionsexemplaren wird an die Verlagsbuchhandlung **J. Schweitzer Verlag (Arthur Sellier), München, Ottostraße 1a erbeten.** Separatabzüge aus Zeitschriften sowie Dissertationen finden regelmäßig keine Besprechung. Auch sonst behält es sich die Redaktion vor, nicht zur Besprechung geeignete Bücher zurückzustellen.

Die Herren **Referenten tragen** für Form und Inhalt **ihrer Referate die alleinige** Verantwortung. **Erwiderungen können nach steter Übung der Zeitschrift nicht** aufgenommen **werden.**

Für Korrekturänderungen, die mehr als 2 Stunden Zeitaufwand erfordern, sind wir genötigt, die überschreitende Zeit dem Verfasser zu berechnen

Die Herren Mitarbeiter werden gebeten ihre Manuskripte an jenes Mitglied der Redaktion einzusenden, von dem sie um das Referat ersucht worden sind.

I.

Allgemeines.

Max Rümelin, Erlebte Wandlungen in Wissenschaft und Lehre (J. C. B. Mohr [Paul Siebeck], Tübingen 1930). 77 Seiten.

Ein Referat über diese Schrift zu geben bedeutet für mich eine wehmütige Freude — führt mich doch die Lektüre besonders lebhaft in die Erinnerung an die ferne Zeit, in der ich einst mit Max Rümelin in seinem gemütlichen Studierzimmer in Halle und bei Spaziergängen an der Saale über viele Probleme, die uns gemeinsam bewegten, sprechen durfte. In herzlicher Dankbarkeit denke ich an diese Zeit zurück — die nachfolgenden Ausführungen sind ein Ausdruck dieser Empfindung!

In dieser Schrift, welche die am 6. November 1930 bei der akademischen Preisverteilung in der Universität Tübingen gehaltene Rede wiedergibt, behandelt der Verfasser die Wandlungen, die sich in Wissenschaft und Lehre des Privatrechts in den letzten 50 Jahren vollzogen haben. Vor 50 Jahren stand die Zivilrechtswissenschaft im Zeichen der Pandekten und das Pandektenrecht war das gemeinsame Band, das sich um alle deutschen Juristen einheitlich schlang. Die Partikularrechte wurden demgegenüber nur als Zusatz behandelt und selbst das deutsche Recht war dem Pandektensystem eingefügt oder an dasselbe angelehnt, ohne als selbständiges geschlossenes Ganze in Erscheinung zu treten. Das Pandektenrecht selbst aber war kein System des römischen Rechts, sondern enthielt, wenngleich es sich auf das corpus juris stützte, eine Fülle neuen Stoffes, der zum Teil dem deutschen Recht entnommen, zum Teil aus den Lebensbedürfnissen heraus entstanden war, während sich daneben auch die Scholastik der Postglossatoren und die Naturrechtslehre auswirkten. Zwar hatte die historische Schule unter dem Motto „zurück zu den römischen Quellen" die humanistische Richtung wieder aufgenommen, jedoch die jüngere Richtung (Jhering,

Windscheid) schuf entsprechend ihrem Programm „durch das römische Recht über das römische Recht hinaus" eine Art der der Praxis des geltenden Recht zugewandten Dogmatik. Die moderne rechtshistorische Forschung ist denn auch nicht so sehr von dieser dogmatischen Richtung her beeinflußt worden, sondern durch die der Dogmatik abgewandte historisch-philologische Richtung, die neben der Textkritik und der Herstellung einwandfreier Editionen sich der Erschließung der Inschriften und des Urkundenmaterials zuwandte.

Die Kodifikation des Rechts im BGB. brachte eine Krise für den Unterricht im römischen Recht und die Angriffe gegen die Pandektenvorlesung häuften sich stark. Daneben fehlte es nicht an Stimmen, die sich für die Beibehaltung des Unterrichts im römischen Recht einsetzten. Auch Verfasser schließt sich aus verschiedenen Gründen dieser letzteren Richtung an. Der Gesichtspunkt, der auch m. E. entscheidend für die Beibehaltung des römischen Rechtsunterrichts spricht, ist der, daß mit der Institution des römischen Rechts ein rechtliches System gegeben wird, das frei ist von den positiv formulierten Gesetzesparagraphen des geltenden BGB. und das gleichzeitig die Grundlage für die modernen Rechtssysteme der romanischen Länder, in beschränktem Maße selbst für das anglo-amerikanische Recht bildet. Bedeutet sonach das römische Recht einerseits eine Einführung in das geltende deutsche Recht, so bildet die Kenntnis desselben anderseits auch die notwendige Voraussetzung für die richtige Erfassung rechtsvergleichender Probleme, die heute in steigendem Maße als fruchtbringendes Hilfsmittel der Rechtspolitik erkannt werden. Damit wird dann auch, wie Verfasser mit Recht bemerkt, ein Damm gegenüber der positivistischen Auffassung errichtet, „daß der Inhalt der Kodifikation aller Weisheit letzter Schluß sei", daneben aber auch der Wissenschaft wie der Praxis eine Grundlage geboten, die sowohl das juristische Wesen wie die praktische Tragweite der einzelnen Grundgedanken deutlicher erkennen läßt und sie so über den engherzigen Standpunkt der formalen Paragraphenjurisprudenz hinaushebt.

Verfasser wendet sich dann der Frage nach der Systematik und Methodik der damaligen Pandektenwissenschaft zu. Die historische Schule stand ihrem Dogma entsprechend auf positivistischem Standpunkt. Indes die wissenschaftliche Tätigkeit konzentrierte sich auf die Bearbeitung des corpus juris, aus dessen Bestimmungen und zugrunde liegenden Prinzipien man ein lückenloses System gewinnen zu können glaubte. Die Gesetzesauslegung war im Gegensatz zu der von den deutschen Praktikern des usus modernus gehandhabten objektiven Auslegungsmethoden eine historische, indem das corpus juris zunächst einmal im Sinne Justinians zu interpretieren war. Die Untersuchung, ob das Recht etwa fort- oder umgebildet worden sei, trat trotz des Programms der historischen Schule zurück. Als Dilettantismus verworfen wurden namentlich alle rationalistischen und rechtspolitischen Erwägungen. Aber, wenngleich das Naturrecht als überwunden galt, so spielten doch naturrechtliche Erwägungen nicht nur bei der Begriffs- und Systembildung, sondern auch bei der praktischen Handhabung des Rechts eine große Rolle. In weitgehendem Maße wurde auf das abgestellt, was unter den gegebenen Umständen als angemessen erschien. Die bonae fidei interpretatio ließ jeweils die eine angemessene Entscheidung finden, wo die Interessenwertung außer Zweifel stand. Wenn jedoch etwa auf Grund von Klassengegensätzen Meinungsverschiedenheiten bestehen, so vermag auch die richterliche Rechtsfindung ohne positiven gesetzlichen Anhaltspunkt nicht mehr zu einem sicheren Ergebnis zu gelangen. Darin erblickt Rümelin auch mit Recht den entscheidenden Gesichtspunkt, der gegen alle absoluten Naturrechtstheorien spricht.

Auf naturrechtlichem Boden gewachsen, aber vom wertenden Naturrecht zu unterscheiden, ist die sog. Begriffsjurisprudenz, die aus Begriffen weitere Rechtsinhalte abzuleiten versucht. Damit hängt auch der vielfach durchgeführte aber müßige Formulierungskampf zusammen, bei dem oft übersehen wurde, daß verschiedene Formulierungen nebeneinander möglich sind, wobei man nur über die Frage der Angemessenheit, nicht aber über die der Richtigkeit streiten kann. Verfasser stellt im einzelnen die Formen falscher begriffsjuristischer Rechtsgewinnung dar, welche die Begriffsjurisprudenz zeitigte. Hierher gehört zunächst die Schlußfolgerung aus einer in der zivilrechtlichen Systematik verwandten eigentümlichen Darstellungsweise. Namentlich Jhering war es, der glaubte, die Rechtsbegriffe in ihre Bestandteile zerlegen und sie wieder neu zusammensetzen zu können. Häufiger und gefährlicher als diese Gedankenfolge ist jedoch die Ableitung neuer Rechtssätze durch Subsumtion unter Begriffe, die zu anderen Zwecken oder in anderem Zusammenhang gebildet wurden. Endlich wurden noch Begriffssubsumtionen unter Dehnung eines elastischen oder unter Verschiebung eines mehrdeutigen Ausdrucks vollzogen, um daraus ein erwünschtes Ergebnis abzuleiten. Die Begriffsjurisprudenz der historischen Schule wurzelte in der Annahme, daß der Volksgeist grundlegende Vorstellungen oder Grundbegriffe hervorbringe, aus denen sich Einzelheiten ableiten ließen. Weiter wurde behauptet, daß auch die aus dem corpus juris ersichtlichen Konstruktionen und Begriffe maßgebend seien, da der deutsche Volksgeist diese Produkte in der Rezeption sich angeeignet habe. Diese Auffassung hat jedoch, wie Verfasser mit Recht betont, übersehen, daß die allgemeinen Rechtsvorstellungen, die im Volksbewußtsein bestehen, den Ausfluß von Interessenwertungen darstellen, daß es sich hier um die Verwirklichung rechtspolitischer Strömungen handelt, die sich eben sowohl rein faktisch durchzusetzen vermögen, wie sie sich normalerweise über den Weg des formellen Gesetzgebungsverfahrens in Recht zu verwandeln pflegen.

Es läßt sich denn auch im Laufe der letzten 50 Jahre in dieser Hinsicht der bedeutsamste Fortschritt der Rechtswissenschaft feststellen. „Vor allem war es Jhering, der, ursprünglich ganz in Vorstellungen der historischen Schule befangen, sich zu einer teleologischen Betrachtungsweise durchgerungen und bahnbrechend für diese gewirkt hat" (S. 32). Jhm folgte eine Reihe anderer Meister und namentlich waren es die Untersuchungen Philipp Hecks und die Rechtsphilosophie Stammlers, die der neuen Betrachtungsweise (von Heck Interessenjurisprudenz genannt) heute die grundsätzliche Anerkennung verschafft haben. Diese Richtung behauptet sich nunmehr auch gegenüber der nach dem Jnkrafttreten der BGB.s entstandenen gesetzespositivistischen Begriffsjurisprudenz, die unter Verwendung der in der gemeinrechtlichen Doktrin entwickelten allgemeinen Begriffe durch abstrakt gefaßte, begrifflich scharf fixierte Normen eine möglichst große Zahl von Einzelentscheidungen zu treffen sucht, an die der Richter gebunden sein sollte. Wie jedoch

Verfasser bemerkt, ist bei neuen Interessenkonflikten, die bei der Kodifikation nicht berücksichtigt wurden, aus der Fassung des Gesetzes nichts zu entnehmen. Es ist vielmehr zu prüfen, ob die Interessenwertung nicht aus sonstigen Bestimmungen ersichtlich wird und wo auch das nicht der Fall ist, hat der Richter, wenn möglich, die im Volksbewußtsein vorhandenen Maßstäbe zu ergründen. Verfasser nimmt dabei Stellung zu dem Problem der Bindung des Richters an das Gesetz und wendet sich mit gewichtigen Gründen gegen die sog. Freirechtslehre. Die Bindung des Richters an das Gesetz ist auch im Rahmen der Interessenjurisprudenz das Grunddogma, doch schuldet der Richter „denkenden Gehorsam" (Heck), d. h. sinngemäße Auslegung des Gesetzes, die nicht an der Formulierung haftet, sondern durch die Feststellung des Zweckes der Vorschrift auch über den formulierten Wortlaut hinaus die Tragweite im ganzen feststellt.

In diesen Ausführungen berühren sich die Erwägungen Rümelins unmittelbar mit jenen Gedankengängen, die ich in der Formulierung „Politik ist werdendes Recht, Recht ist verwirklichte Politik" zusammenzufassen suchte (Wesen und Sinn der Politischen Parteien, 2. Aufl., Tübingen 1930 S. 17). Die Erkenntnis dieser Relation gebietet eine Methode der Betrachtung rechtlicher und politischer Probleme, die dieser Beziehung gerecht wird: Die Bedeutung des Rechtsgedankens muß in der Politik, die rechtspolitische Gedankenrichtung bei der Untersuchung rechtlicher Probleme hervorgehoben werden. Für die Rechtsdogmatik bedeutet somit diese Betrachtungsweise unter scharfer Scheidung des seienden und des sein sollenden Rechts jene Auslegung, die der im Gesetz verwirklichten Politik oder Interessenrichtung gerecht wird.

Verfasser hebt in diesem Zusammenhang auch die Bedeutung und den Anteil hervor, der bei den erzielten Fortschritten der Rechtsvergleichung, der Rechtsphilosophie und der Volkswirtschaftslehre zufällt. Er betont mit Recht insbesondere das Erfordernis der Lebenskenntnis, die für die Interessenwertung als notwendiger Ausgangspunkt erscheint.

Der letzte Teil der Schrift betrifft die Darlegungen des Verfassers über die Ausgestaltung des Rechtsunterrichts. Er weist darauf hin, daß es an Einrichtungen, die dem Studenten die rechtlichen Kenntnisse vermitteln und dessen Fähigkeiten ausbilden könnten, wahrlich nicht fehlt. Wenn trotzdem auch bei den begabten und gewissenhaften Schülern eine Prüfungsnot nicht zu verkennen ist, so beruht das auf der übergroßen Fülle des Stoffes, die der junge Jurist zu einem bestimmten Zeitpunkt als präsentes Wissen beherrschen müsse. Es wäre daher s. E. in erster Linie an eine Reform des Examens zu denken, indem sich auch die Prüfungsordnungen dem Wandel des Rechts anzupassen haben. Verfasser tritt dabei für eine innerhalb vernünftiger Grenzen sich bewegende Lernfreiheit ein und beschließt seine Ausführungen unter Hinblick auf die preußische Reform mit der Forderung eines „besonnenen Fortschrittes".

Die überaus inhaltreiche Schrift Rümelins ist nicht allein wegen der klaren und eindrucksvollen Darstellung der Entwicklung grundlegender Probleme wertvoll, ihre Bedeutung wird erhöht durch die Tatsache, daß ein erheblicher Anteil an diesen Fortschritten dem Verfasser selbst zuzuschreiben ist, der bis zu seinem Lebensende in unermüdlicher Forscherarbeit an diesen Problemen mit gestaltet hat.

München. F. van Calker.

II.

Rechtsphilosophie.

Schwabe Max, Die selbstbestimmende Einheit der Körperschaft. Basel 1930, Verlag Benno Schwabe & Co. 58 S.

Der Verfasser versucht es, das Wesen der Körperschaft zu ergründen. Von der großen Literatur will Schwabe nur die „älteren Theorien" berücksichtigen, denn es erscheint ihm „die Auseinandersetzung mit einem umfassend gesichteten Schrifttum für das Verständnis der hier gegebenen eigenen Lösung des Problems als überflüssig" (S. 3)! Dieser souveränen Einstellung entsprechend mündet die vorliegende Schrift aus in eine sehr absprechende Kritik an der O. Gierkeschen Realitätstheorie (S. 77ff.). Eine Stellungnahme zur neueren Körperschaftslehre scheint dem Verfasser nicht erforderlich zu sein.

Der Mangel dieser neuen Arbeit des Verfassers liegt darin, daß ohne psychologische Grundlegung und ohne soziologische Problemstellung von a priori aufgestellten Begriffsinhalten ausgegangen wird.

Rechtsfähigkeit sei nichts anderes als Willensfähigkeit (S. 10ff.). Da aber der Wille einer Korporation nach Schwabe (S. 14, 15) selbst nur eine Abstraktion ist, nämlich eine „rein gedankliche Verknüpfung der Mitglieder durch einen gemeinsamen Willen, der aus allen Einzelwillen bereits abstrahiert ist und das Gleichartige derselben darstellt", kann man nach der Terminologie Schwabes nicht von einer „Willensfähigkeit" der Körperschaft und somit auch nicht von deren Rechtsfähigkeit sprechen. Die Gleichsetzung von Rechtsfähigkeit und Willensfähigkeit leidet also an einem logischen Widerspruche. Sie ist aber auch irreführend. Es gibt eben zahlreiche rechtsfähige Subjekte, die keinerlei rechtserhebliche Willensfähigkeit besitzen, so das kleine Kind, das keinen Rechtswillen besitzt, ferner die ohne Organe weiterbestehende juristische Person.

Die gemeinsame tiefere Wurzel von Rechts- und Handlungsfähigkeit soll „in der Freiheit der Selbstbestimmung, beruhend auf der Freiheit des Willens", liegen (S. 25). Auch diese Definition, durch das Mittel einer Fiktion zustandegekommen, fördert unsere Erkenntnis beider Begriffe keineswegs. Nicht die Körperschaft „selbst" (S. 25) besorgt ihre Angelegenheiten, nicht sie selbst bestimmt Rechte und Pflichten ihrer Mitglieder in „Freiheit des Willens"!, sondern der aus Einzelwillen zusammengesetzte Mehrheitswille oder Gesamtwille der Mitglieder in Verbindung mit dem Statut. Aus all diesen Gründen muß es abgelehnt werden, aus der gar nicht vorhandenen Freiheit der Selbstbestimmung Schlüsse zu ziehen. Die Personenvereinigung ist nach meiner psychologischen Theorie nicht ein von den einzelnen Mitgliedern verschiedenes willens-, handlungs- und deliktsfähiges Wesen[1]). Im Rahmen ihrer Verfassung ist sie wirkungsfähig. An diese Wirkungsfähigkeit knüpft sich die Anerkennung ihrer Rechtsträgerschaft durch die Rechtsordnung an und es entsteht die Personenvereinigung als Rechtssubjekt, d. h. die Körperschaft.

Ausgehend von den Kantschen Kategorien, ohne Berücksichtigung psychologischer Forschungsergebnisse, versucht Verf. am Schlusse der Arbeit, dem Einheitsproblem der Körperschaft näherzukommen. In primitiver Weise wird aus dem „Beharrlichen im Wechsel der menschlichen Funktionen" die Einheit der Korporation begründet. Unberücksichtigt sind die Untersuchungen von Binder, Marck u. a. m. (das Nähere in meinen Institutionen des deutsch. Pr.-R. I, 1927, S. 70ff.).

Von Kant ausgehend nimmt Schwabe Stellung gegenüber O. Gierkes „realer Einheit" oder „leiblich geistiger Lebenseinheit, die wollen und das Gewollte in die Tat umsetzen kann"[2]). Nach Schwabe enthält die Argumentation Gierkes „eine merkwürdige Verquickung von Recht und Natur und damit eine Mystik, die sich weiter überhaupt nicht charakterisieren läßt". Der Verf. übersieht

---

[1]) Vgl. zum Bsp. Institutionen der Persönlichkeitslehre und des Körperschaftsrechts (1918) S. 261.

[2]) Zitat aus O. Gierkes Schrift über das Wesen der menschlichen Verbände S. 24.

auch hier wieder die sowohl von rechtspsychologischer als auch von soziologischer Seite ausgehenden Kritiken an dieser Gierkeschen Lehre, die jetzt nur noch rechtshistorischen Wert haben dürfte. Es ist zu bedauern, daß Schwabe zu sehr von apriorischen Begriffen ausgeht, die sich zum Teil gar nicht halten lassen. Hiedurch verliert das übrigens anerkennenswerte Ringen nach der Wahrheit an Wirkungskraft.

Hamburg. K. Haff.

III.

Rechtsgeschichte.

Sammelberichte.

1. Die causa beim Eigentumserwerbe durch traditio.

Von Univ.-Prof. Dr. iur. et phil. Ernst Schönbauer (Wien).

Eine kritisch-aufbauende Studie zu den Arbeiten von:

Heinrich Lange, Das kausale Element im Tatbestand der klassischen Eigentumstradition. Leipziger Rechtswissenschaftliche Studien, herausgeg. v. d. Leipziger Juristenfakultät, Heft 53. Theodor Weicher, Leipzig 1930.

Arnold Ehrhardt, Justa causa traditionis. Eine Untersuchung über den Erwerb des Eigentums nach römischem Recht. Romanistische Beiträge zur Rechtsgeschichte, herausgeg. v. E. Rabel und E. Levy, Heft 4. Walter de Gruyter u. Co., 1930.

Emilio Betti, Il dogma bizantino della φύσις τῆς παραδόσεως e la irrilevanza del dissenso nella causa della tradizione (Studi in onore di Pietro Bonfante I, 304—334, 1930.

Raymond Monier, „Le malentendu sur la causa traditionis". (Studi in onore di Pietro Bonfante, III, 217—232, 1930.

Erster Abschnitt.

Kaum eine andere Frage hat die romanistische Forschung so sehr in ihren Bann gezogen, als die nach der Bedeutung der causa beim Eigentumserwerbe durch traditio. Das ist verständlich. Denn es handelt sich dabei um eine Frage, die an die tiefsten rechtspolitischen Probleme der Gemeinschaftsordnung rührt. Sie ist aber für den Rechtshistoriker auch deshalb so interessant, weil die Digesten gerade über diesen Punkt keine eindeutige Kunde geben, sondern eine der berühmtesten Antinomien enthalten, der beizukommen sich die besten Köpfe seit langer Zeit bemühen[1]). Wie die griechischen

[1]) Die Haltung der Glossatoren bespricht u. a. van Oven, Praeadvies over causa en levering (1924) 65f.; vgl. Ehrhardt, S. 7. Spätere Lit. bei Regenbrecht, Comm. ad leg 36 D de acqu. rer. dom. (1820); vgl. Lange, 64. Aus dem Schrifttum des 19. Jahrh. seien hervorgehoben (vgl. Windscheid, Band I[9], 884, 890) A. Exner, Rechtserwerb durch Tradition (1867); F. Hofmann, Die Lehre vom titulus und modus (1873); Otto Mayer, Die iusta

Scholiasten[2]), so suchte auch die gemeinrechtliche Lehre diese Stellen harmonisierend zu erläutern. Gelungen ist dies noch niemand[3]); und es kann auch nicht gelingen, solange man den vorhandenen Text der Erklärung zugrunde legt. Die letzten Jahrzehnte haben demgemäß den Versuch aufgegeben, die beiden Fragmente D. 12, 1, 18 und D. 41, 1, 36 ungeändert vereinigen zu wollen. Die Literatur war vielmehr bestrebt, auf dem Wege der Interpolationsforschung den klassischen Text zu erschließen und die justinianische Veränderung zu erklären[4]). Auch auf diesem Wege ist aber bis jetzt keine Einigung erzielt worden. Vor allem blieb es ungeklärt, ob Justinian betreffs der causa- (iusta causa) Norm eine tiefergehende Veränderung vornahm; es ist ferner fraglich geblieben, ob das klassische Recht die sog. „kausale" oder „abstrakte" Eigentumstradition hatte.

Die vier genannten Schriften zu dieser Frage sind unabhängig voneinander um etwa die gleiche Zeit entstanden. Während die beiden Aufsätze in der Festschrift für Bonfante das Problem im wesentlichen nur von der genannten Antinomie aus behandeln, setzen sich die beiden deutschen Forscher eine größere Aufgabe. Sie wollen die Frage im Zusammenhange betrachten und sind bestrebt, die Entwicklung von der klassischen Zeit bis zu Justinian und darüber hinaus glaubhaft zu machen. Darum wird auch im folgenden nur auf sie näher eingegangen.

Alle vier Schriftsteller behandeln die Frage nach bekannten Vorbildern. Eine grundsätzlich abweichende Fragestellung und Stoffbehandlung tritt nicht hervor; sie versuchen aber durch andere Erklärung der Quellen zu neuen Resultaten zu gelangen.

Den Sinn ihrer Ausführungen über die causa im klassischen Rechte erkennen wir vielleicht am raschesten, wenn wir die Textgestaltung[5]) betrachten, die die Autoren für die zwei Antinomie-

causa bei der Tradition und Usucapion (1871); Lotmar, Über causa im römischen Recht (1875); Strohal, Jh. Jb. 27, 364ff.

[2]) Stephanus, Scholien zu Bas. 23, 1, 18 (Heimbach, 2, 615).

[3]) Vgl. Jörs, Gesch. u. System d. röm. R., S. 86, A. 3.

[4]) Pernice, Labeo II², 405ff.; Eisele, Jh. Jb. 23, 1ff.; Lenel, Sav.-Z. 3, 179; Rabel, Grundz. 440f.; Siber, Leipz. Festg. f. Sohm, 16; Beseler, Beitr. 3, 56; 4, 127; Sav.-Z. 45, 221; de Francisci, Trasferimento 154f., 201ff.; Bonfante, Corso II, 2, 184f.; Pflüger, Bonner Zitelmann-Festg. 43ff.; Bohaček, Ann. Pal. 1924, 380.

[5]) Die Änderungen gegenüber dem Digestentexte sind im Drucke hervorgehoben.

Stellen vorschlagen oder die sich aus ihren Ausführungen erschließen läßt.

Lange:[6])

(Ulp. 7 disp.) Si ego pecuniam tibi quasi donaturus dedero, tu quasi mutuam accipias, Julianus scribit donationem non esse: sed an mutua sit, videndum ⟨est⟩ et puto nec mutuam esse magisque nummos accipientis non fieri, cum alia opinione acceperit. quare si eos consumpserit, ⟨condictione tenetur⟩.

§ 1. Si ego quasi deponens tibi dedero, tu quasi mutuam accipias, nec depositum nec mutuum est: idem est et si tu quasi mutuam pecuniam dederis, ego quasi commodatam ostendendi gratia accepi: sed in utroque casu consumptis nummis condictioni [sine doli exceptione] locus erit.

(Jul. 13 dig.) Cum in corpus quidem quod traditur, consentiamus, in caus⟨a⟩ vero dissentiamus, non animadverto, cur inefficax sit traditio, veluti si ego credam me ex testamento tibi obligatum esse, ut fundum tradam, tu existimes ex stipulatu tibi eum deberi. Nam et si pecuniam numeratam tibi tradam donandi gratia, tu eam quasi ⟨mutuam⟩ accipias, ⟨non donatio, sed mutua est et ideo proprietas ad te transit⟩.

Monier:[7])

(Ulp. 7 disp.)

(Text wie bei Lange)

quare si ⟨quidem exstent nummi, vindicentur; si eos consumpserit, condictione tenetur⟩.

(Text wie bei Lange)

(Jul. 13 dig.)

[Interpoliert.]

Non animadverto, cur inefficax sit traditio ...

... deberi. ⟨Sed⟩ si pecuniam numeratam tibi tradam donandi gratia, tu eam quasi creditam accipias, constat ⟨donationem non esse⟩.

---

[6]) a. a. O. 70, 73, 75. [7]) a. a. O. 226—228.

Betti:[8])

(Ulp. 7 disp.) Text gleich dem Langes.

(Jul. 13 dig.) Cum in corpus quidem quod traditur consentiamus, in causis vero dissentiamus, ⟨quaeri potest, an⟩ inefficax sit traditio. ⟨et quidem distinguendum esse existimo, utrum in ipso negotio dissenserimus an vero in re, propter quam traditio sequeretur: nam⟩ si ego credam me ex testamento tibi obligatum esse, ut ⟨provincialem⟩ fundum tibi tradam, tu existimes ex stipulatu tibi eum deberi, ⟨traditio valet, cum circa solutionem consentiamus; quod⟩ si pecuniam numeratam tibi tradam donandi gratia, tu eam quasi creditam accipias, constat proprietatem ad te transire ⟨non posse, cum⟩ circa causam dandi atque accipiendi dissenserimus.

Erhardt:[9])

(Ulp. 7 disp.)

.... Julianus scribit donationem non esse. sed an mutuasit, videndum (esse) .... ⟨sed⟩ si eos consumpserit, ⟨condictione tenetur⟩.

(Jul. 13 dig.)

[Interpoliert.]

veluti si ego credam me ex testamento tibi obligatum esse, ut fundum ⟨mancipem⟩, tu existimes ex stipulatu tibi eum deberi. nam et si pecuniam numeratam tibi tradam donandi gratia, tu eam quasi creditam accipias, ⟨non donatio quidem, sed mutuum est⟩.[9])

Die versuchte Wiederherstellung des klassischen Textes geschieht also in allen vier Fällen durch Annahme von Interpolationen. In den deutschen Arbeiten würde die Divergenz zwischen Julian und Ulpian auch für das klassische Recht nicht aufgehoben. Da wundert man sich aber, daß die gesamten Quellen keine Andeutung einer ausführlicheren Auseinandersetzung zwischen der Auffassung Julians und Ulpians bringen. Nimmt man aber an, daß Justinian alle diese Ausführungen oder Andeutungen rigoros entfernte, so

[8]) a. a. O. 308, 332.

[9]) a. a. O. 136. Der Schluß des Julianfragmentes ist von mir gemäß den Ausführungen Ehrhardts beispielsweise rekonstruiert.

wundert man sich wieder, daß die Kompilatoren die Texte in der vorliegenden Gestalt übernahmen, während es für sie doch eine Leichtigkeit gewesen sein müßte, den einen oder den anderen Text derart zu verändern, daß der Gegensatz weggefallen wäre. Lange[10]) nimmt an, daß die Antinomie vielleicht schon zur Zeit Justinians auf den Kathedern ein so bekannter Schulfall war, daß die Kompilatoren als Epigonen es nicht wagten, diesen Gegensatz aufzuheben. Dazu scheint aber nicht zu stimmen, daß Justinian im allgemeinen sicherlich keine solche Ehrfurcht vor klassischen Texten zeigt;[11]) hier hätte er aber wohl besonders leicht eine decisio treffen können, um den Zwiespalt zu beseitigen. Zudem hätten die Kompilatoren ja nur die eine oder die andere Stelle von der Aufnahme ausschließen und schon damit die Divergenz vermeiden können. Wollten sie den Eigentumsübergang beim sog. kausalen Dissens verhindern, so brauchten sie nur die Julianstelle fallen zu lassen. Wünschten sie aber das Eigentum in diesem Falle übergehen zu sehen, so lag keine Nötigung vor, die Ulpianstelle aufzunehmen. Erklärlich ist die Antinomie m. E. wohl dann, wenn die Kompilatoren entweder den Gegensatz übersahen oder wenn sie meinten, es sei kein tieferer Unterschied vorhanden. — Unerklärlich bleibt ferner bei der Meinung der Autoren, warum die Kompilatoren in zahlreichen Stellen den Text sachlich umgestalteten, um die heute „abstrakt" genannte Übereignung herzustellen und warum sie gerade bei dieser wichtigen Stelle nicht oder nur unzureichend eingegriffen hätten. Zwei der genannten Schriftsteller (Lange und Ehrhardt) nehmen an, Julian habe ein Darlehen als gültiges Kausalgeschäft konstruiert. Wäre das der Fall, so hätten wir kaum einen Grund, Julian als einen der größten Juristen zu bewundern. Denn selbst wenn er argumentiert hätte, daß in dem Tatbestande, der zwar keine volle Schenkung bewirke, immer doch mindestens ein Darlehensvertrag enthalten wäre, so wäre diese aus der Billigkeitserwägung entsprungene Argumentierung wohl etwas unrömisch zu nennen. Denn für den Realkontrakt war ein ganz bestimmter

---

[10]) a. a. O. 65.

[11]) Er führt z. B. Schulengegensätze der Sabinianer und Prokulianer regelmäßig an und entscheidet sie.

consensus notwendig, der hier eben fehlt. Daß Julian in diesem Falle ein ausgleichendes Rechtsmittel (actio in personam) gegeben hätte, ist sehr wahrscheinlich. Daß er aber deswegen ein mutuum konstruiert hätte, ist ganz unwahrscheinlich. Zu dieser Konstruktion[12]) kommen die Schriftsteller nur, weil sie auch bei Julian die moderne sog. „kausale Tradition" annehmen, eine gültige traditio nur bei gültigem Kausalgeschäfte zulassen. — Es sind freilich zugleich jene Autoren, die den Julian-Satz nicht in robuster Weise für die klassische Zeit einfach ins Gegenteil verkehren. Wer — wie Kübler[13]), Betti und Monier — eine solche Änderung vornimmt, der müßte seinerseits erst erklären, warum die Kompilatoren den Ulpiantext nicht entsprechend änderten, sondern ihn in dieser Form stehen ließen, während doch schon ein einfaches Streichen des Zwischensatzes ‚magisque' bis ‚acceperit' die Harmonisierung leicht und schmerzlos bewirkt hätte, wenn sie schon aus Respekt vor Ulpian dessen Fragment nicht von der Aufnahme ausschließen wollten. Das hat bis jetzt niemand verständlich gemacht.

Es ist also auch den vier neuen Schriftstellern m. E. nicht gelungen, die Antinomie zu lösen, d. h. ihre Entstehung oder ihr Vorhandensein erklärlich zu machen. Sie haben zu den bisherigen Deutungen manche sehr interessante Betrachtungen angefügt, die aber m. E. dogmatisch nicht über die Vorgänger hinausführen.

Alle vier Autoren lehnen den Grundsatz des „abstrakten Übereignungsvertrages" für das klassische Recht ab. Und das ist richtig, weil es die Quellenstellen m. E. ganz klar machen, daß der Satz nicht galt und daß die traditio nicht für sich allein im Sinne eines abstrakten Übereignungsvertrages den Eigentumserwerb bewirkte. Faßt man allerdings die Ablehnung dieser „abstrakten Übereignung" mit den Autoren dahin auf, daß im Gegenteil ein zugrundeliegendes Kausalgeschäft vorhanden und dieses normalerweise gültig sein mußte, so ergibt sich von vornherein ein rechtspolitisches Bedenken schwerwiegender Natur: Die Römer kannten die Eigentumsentstehung durch gutgläubigen Erwerb im Sinne der heutigen Theorie nicht. Wenn sie nun noch dazu den Eigentums-

---

12) Seit Cuiacius (Comm. ad l. 26) bekannt.

13) Lesebuch des röm. Rechts³ 74: at si ego . . .

erwerb verneinten, sobald sich nachträglich herausstellte, daß das Kausalgeschäft nicht allen Gültigkeitserfordernissen entsprach, wenn also z. B. nachträglich festgestellt wurde, daß kein wirklicher consensus vorlag, so mußte durch ein solches System der Güterumsatz in außerordentlicher Weise gehindert werden und der Erwerb vor der Ersitzung von sehr zweifelhaftem Werte sein. Der Tradent konnte immer, wenn ihm nachträglich das Geschäft unrentabel erschien, behaupten, daß gar kein gültiges Kausalgeschäft zustande gekommen sei und er demnach rechter Eigentümer geblieben wäre, der nun die vindicatio geltend mache. Kann man sich vorstellen, daß die Römer in der entwickelten privatkapitalistischen Verkehrswirtschaft[14]) in Rom, dem Mittelpunkte des damaligen Welthandels, ein solches System zugrunde legten, das die Prozesse geradezu züchten mußte? Ferner, daß von dieser unglaublichen Erschwerung des Güterumsatzes in den Quellen nirgends eine deutliche Mitteilung erhalten wäre? Im heutigen Rechte wäre die kausale Regelung in jenem Sinne erträglich und Strohal z. B. hat sie ja auch eindringlich befürwortet[15]). Für das römische Recht aber, das den deutschrechtlichen Grundsatz von der Wirkung des gutgläubigen Erwerbes nicht kannte, hätte jenes streng kausale Übereignungssystem den Güterumsatz stark hemmen und wohl die Verkehrssicherheit m. E. gefährden müssen. Die rein abstrakte Regelung des Bürgerlichen Gesetzbuches zeitigt sehr unangenehme wirtschaftliche Wirkungen[16]). In verstärktem Ausmaße, wenn auch in entgegengesetztem Sinne, hätte das römische System zu vielen Mißbräuchen Anlaß geben müssen. Auch wenn man das Kausalsystem mit Lange dahin mildert, daß als Minimum der kausale Parteien-consensus, also eine „causa putativa" genügte, bleiben die rechtspolitischen Bedenken von vornherein bestehen.

Was folgt daraus, wenn wir einerseits mit den Autoren der Meinung sind, daß die Römer in klassischer Zeit niemals in der traditio einen abstrakten Übereignungsvertrag sahen, und wir andererseits doch das kausale System, wie sie es vortragen, weder

---

[14]) Vgl. dazu Schönbauer, Sav.-Z. 49, S. 393f.
[15]) Ih. Jb. a. a. O.
[16]) Vgl. Neuner, Rhein. Zeitschr. f. Z. 1926, 29ff.

für die Erklärung der Antinomie verwenden noch es rechtspolitisch wahrscheinlich finden können? Das deutet darauf hin, daß die modernen Schriftsteller keine glückliche Fragestellung anwenden, daß sie von Voraussetzungen ausgehen, die sie als selbstverständlich betrachten, die aber ihrerseits erst bewiesen werden müßten. Fast alle Autoren fassen die römische causa als das kausale Rechtsgeschäft (Parteigeschäft) auf, das der traditio immanent sei oder ihr vorausgehe[17]). Aber gerade das müßte ja erst bewiesen werden! Hier scheint mir der Ausgangspunkt aller folgenden irrigen Darlegungen zu liegen.

Erhardt nimmt wohl als so selbstverständlich an (185), daß die römische causa das vorgängige (o. immanente) Geschäft war, daß er von einem Gestrüppe spricht, das die ernsthaftesten Forscher (Exner!) zu den unannehmbarsten Formulierungen gezwungen habe; diese hatten nämlich gefragt, was für ein rechtlicher Oberbegriff die justa causa sei! — In Wirklichkeit macht m. E. diese Prämisse, die die Autoren gar nicht zu beweisen versuchen, eine klare Erkenntnis unmöglich. Sie haben also alle negativ richtig gesehen, indem sie die Theorie von der traditio als einem abstrakten Übereignungsvertrage entschieden bekämpfen. Aber das römische Recht ruht m. E. weder auf diesem System, noch auf jenem vom kausalen Rechtsgeschäfte. Beides sind moderne Formulierungen.[17a]) Für das römische Recht muß vielmehr die Frage lauten: Was verstanden die Römer unter causa und iusta causa beim Eigentumserwerbe durch traditio? — Nicht glücklich ist demnach die Fragestellung: Verlangten die Römer Gültigkeit des kausalen Geschäftes oder begnügten sie sich mit bloß kausaler Einigung? Vom Partei-Willen allein aus ist die causa-Frage überhaupt nicht zu lösen. — Diese Fragen wollen wir im zweiten Abschnitte selbständig untersuchen. Zuvor aber seien zunächst die beiden ausführlichen Arbeiten eingehender betrachtet!

I.

Ehrhardts Ergebnisse müssen wohl sehr kühn genannt werden. Er belehrt uns: (156) „Das klassische römische Recht hat

[17]) Eine Ausnahme machte vor allem Exner a. a. O. 337; Hoffmann a. a. O. 72; O. Mayer a. a. O. 65. [17a]) Vgl. Siber, R.Pr.R. II, 74.

offenbar nur einen geringen Einfluß auf die recht ungeordnete und unklare Regelung der Eigentumstradition im Corpus iuris gehabt". (184) „Abschließend kann gesagt werden, daß es im wesentlichen hellenistisches Rechtsgut ist, das sich im Corpus iuris als ‚römisches' Übereignungsrecht darstellt; daß der Praktiker, zumal der Notar, den Gesetzgeber gespielt hat — nicht zum Vorteil des Prinzips, dem jede Schärfe mangelt, nicht zum Vorteil der Völker, die mit einem solchen Recht bewidmet werden". „Fünf Quellen sind es, die sich in der Regelung der Übereignung im Corpus iuris feststellen lassen: Zu einem einheitlichen Ganzen vermochte die Kompilation sie nicht zu verschmelzen. Neben dem römischen Recht, das im wesentlichen den Gedanken der Absolutheit des Eigentums und die Terminologie lieferte, stehen die beiden Forderungen der byzantinischen Praxis, die Preiszahlung beim Kauf und die καταγραφή. die die Abstraktheit der Übereignung brachte, und die beiden Prinzipien der byzantinischen Doktrin, der animus transferendi dominii und die iusta causa: animus und aequitas" (199). Das sind für einen Romanisten wohl niederschmetternde Ergebnisse. Zum Glück stellen sie sich bei einer kritischen Prüfung m. E. als bloße Annahme heraus[18]). Wären Thesen wie die Ehrhardts richtig, dann wäre jahrhundertelange Arbeit auf ein stümperhaftes Sammelwerk verschwendet worden. Die besten Köpfe der Kulturvölker hätten sich diesem ungeordneten Werke gewidmet und es als „römisches" Recht bewundert! Die Folge aber, die wir Rechtslehrer daraus ziehen müßten, könnte wohl nur die sein, daß wir schleunigst das Corpus iuris von den hohen Schulen verbannten. Die Forschung von Jahrhunderten hätte sich an das stümperhafte Kompilatorenwerk angeschlossen, das bewundernswerte echte römische Recht aber wäre vollkommen verdeckt geblieben und würde auch für uns nur einen Gegenstand bloßer Vermutungen und bestrittener Thesen bilden, solange nicht neue Erkenntnisquellen des klassischen römischen Rechtes entdeckt würden[19]). — Im zweiten Abschnitte wird zu zeigen versucht, daß die Traditionslehre römisches Recht darstellt, das noch

[18]) Bei solchen Auffassungen im modernen Schrifttume versteht man Riccobonos leidenschaftlichen Kampf um das „römische" Recht (trotz Albertarios Kritik, Studi-Bonfante).

[19]) Vgl. die klugen Bemerkungen Levys, Sav.-Z. 51, S. 547.

das Corpus iuris deutlich erkennen läßt, ferner daß dieses weder ungeordnet noch unklar war. — Zunächst einige Worte über das angeblich hellenistische Rechtsgut! Es erscheint mir ganz zweifellos, daß das römische Volk — ebenso wie das deutsche — dem hellenischen Geiste außerordentlich viel für Kultur und Kunst verdankt. Das leugnet auch Riccobono nicht[20]), der heute am entschiedensten den römischen Charakter des justinianischen Rechtes verficht. Bevor aber eine konkrete Einwirkung oder Rezeption griechischen oder hellenistischen Rechtes angenommen werden darf, ist es vor allem nötig, dieses selbst sicher zu fundieren. Daran gebricht es aber m. E. noch sehr. Und wir alle müssen der Athener Akademie dankbar sein dafür, daß sie auf Initiative des uns wohl bekannten Gelehrten Pappulias die Geschichte des griechischen Rechtes in einem besonderen Institute pflegen will[21]). — Gegenüber den Behauptungen Ehrhardts vom „hellenistischen Rechtsgute" bei der römischen Übereignung durch traditio sei Folgendes bemerkt:

1. Aus der byzantinischen Praxis soll die Bestimmung über die Preiszahlung beim Kaufe[22]) und die Katagraphe als Grundlage der abstrakten Übereignung rezipiert worden sein. Das Erfordernis der Preiszahlung paßt aber schon nicht in das behauptete abstrakte[22a]) Übereignungssystem. Denn wenn die Übereignung von den Byzantinern selbst nach einer gültigen emptio venditio für ungültig erklärt wurde, solange sie nicht durch Preiszahlung erfüllt wäre, so läge eine byzantinische Verschärfung vor, die in krassem Gegensatze zu der behaupteten „abstrakten" byzantinischen Tendenz und zur behaupteten Katagraphe-Wirkung stünde. Sie mit einem synallagmatischen[23]) Gedanken erklären zu wollen, geht nicht an. Ehrhardt müßte ja ein synallagmatisches obligatorisches Geschäft und außerdem noch ein synallagmatisches Solutionsgeschäft annehmen und von beider Gültigkeit wäre die traditio abhängig. Wie E. gleichzeitig annehmen kann, daß durch die bloße Erklärung

---

[20]) Siehe seine Vorrede zur Übersetzung von Stroux, „Summum ius, summa iniuria" (Palermo, 1928).

[21]) Vgl. Bruck, Sav.-Z. 51, S. 601; Wenger, Arch. f. Pap.-F., X.

[22]) Über diese angeblich byzantinische Bestimmung handle ich ausführlich Sav.-Z. Bd. 52.

[22a]) Richtiger 8—12.

[23]) Ehrhardt, 157.

ὁμολογῶ πεπρακέναι καὶ καταγεγραφηκέναι in einer Urkunde und Begebung dieser Urkunde schon Eigentum übertragen wurde, ist mir unverständlich. Denn beides steht zu einander in vollem Gegensatze! — Die Ausführungen Ehrhardts über die Katagraphe sind überhaupt wenig glücklich. Meine letzte Stellungnahme in der ausführlichen Rezension[24]) des gehaltvollen Steinacker-Buches[25]) scheint er übersehen zu haben. So muß ich neuerdings folgendes feststellen: Die Katagraphe[26]) hat m. E. bis in das 3. Jahrhundert n. Chr. niemals den Charakter eines privaten abstrakten Übereignungsgeschäftes oder seiner Beurkundung gehabt. Sie stellte vielmehr einen Publizitätsakt dar, durch den die Gütertransaktion zu einem Rechtsgeschäfte in der Gemeinschaft wurde[27]). Und da sie nur auf Erklärung des Übereignenden vor einem Organe des *δημόσιον* vor sich gehen konnte, Erklärungen, die behördlich entgegengenommen, niedergeschrieben und deren Ausfertigung dem neuen Erwerber gegeben wurde, so habe ich schon 1924[28]) die Funktion dieses Aktes mit der in iure cessio verglichen; in beiden Fällen liegt ein Akt der streitlosen Rechtspflege vor. Der Unterschied ergibt sich u. a. in der Verschiedenheit der Partei-Erklärungen vor dem öffentlichen Funktionär, da im römischen Institute der Erwerber spricht, im griechischen der Entäußerer. Diese verschiedene Form erklärt sich aus der Entstehung, wie ich an anderer Stelle wahrscheinlich machen will. — Die Katagraphe läßt sich aber auch mit der mancipatio insoferne vergleichen, als es sich bei beiden um Rechtsgeschäfte handelt, für deren Gültigkeit Publizität (eine kundbare Form) verlangt wird[29]). Sie stellen sich also als Rechtsgeschäfte dar, die nicht von den beteiligten Privaten allein, sondern nur in der Gemeinschaft gültig vorgenommen werden konnten. Während aber bei der mancipatio die rechtlich bedeutsamen Erklärungen nur vor einer bestimmten Anzahl mannbarer Bürgergenossen und unter Mitwirkung eines Standesgenossen als libripens vorgenommen werden konnte, ist bei der Katagraphe die

---

[24]) Sav.-Z. 50, 689ff.
[25]) „Die antiken Grundlagen der frühmittelalterlichen Privaturkunde".
[26]) Vgl. Schönbauer, Liegenschaftsrecht, 59f.
[27]) Vgl. Schönbauer, Sav.-Z. a. a. O. 692f.
[28]) Liegenschaftsrecht, 23. [29]) Ebenda, 130.

Mitwirkung des öffentlichen Organes notwendig gewesen. Sie mußte aber verweigert werden, wenn für die Gütertransaktion nicht alle Voraussetzungen gegeben waren, die die Gemeinschaftsordnung verlangte[30]). — Etwa um 300 n. Chr. hatte aber die Katagraphe den Charakter als Publizitätsakt verloren; es lag eine normale Beurkundung eines rein privaten Geschäftes vor, das vollzogen wurde. Die Obrigkeit wirkte nun nicht mehr mit, sondern es erklärte bloß der private Veräußerer ‚verkauft und katagraphiert zu haben', um die endgültige Transaktion zu bezeugen. Das ist aber eine Form, die mit der alten öffentlich-rechtlichen Protokollierung der Verkäufererklärung in der Katagraphe funktionell nichts mehr gemeinsam hat. Es soll nun nur die abschließende Veräußerung und der Vollzug des Geschäftes klar zum Ausdrucke kommen. Die Klausel zielt also jetzt auf eine Beurkundung der vollzogenen privaten Gütertransaktion durch Kauf und betrachtet sie vom Standpunkte der Privatparteien, und zwar des Veräußernden[31]). — Ehrhardt möchte nun das Wesen der Katagraphe dieser Zeit darin erkennen, daß dabei die Hingabe der Veräußerungsurkunde im Austausch mit dem Kaufpreise stattfand. Dann könnte man aber am allerwenigsten von einer abstrakten Übereignung im modernen Sinne sprechen, wonach sich der Eigentumsübergang nur auf den erklärten consensus dominii transferendi gründete. Denn es läge doch nichts anderes vor als ein Barkauf; gekauft würde das Legitimationspapier als Wertpapier. Es würde sich also gerade das Gegenteil dessen ergeben, was Ehrhardt erschließen will. Aber auch abgesehen davon: Die Katagraphe-Formel kann auch nach anderer Deutung nicht die „abstrakte" Übereignung im spät-römischen Rechte begründet haben. Denn würde sie die Aushändigungserklärung der Vorerwerbsurkunden bedeuten[32]), so könnte die Erklärung „verkauft und katagraphiert zu haben" nicht den abstrakten Eigentumsübergang bringen. Faßt man aber — m. E. in unrichtiger Weise — das Kata-

---

[30]) a. a. O. 16.

[31]) Ebenso ist die denaturierte mancipatio, von der die nachklassischen Urkunden reden, kein Publizitätsgeschäft mehr, ihre Beurkundung (emit mancipioque accepit) ähnlich zu beurteilen wie die Katagraphe-Klausel in den Papyri dieser Zeit. Nur insoweit habe ich sie verglichen (Liegenschaftsr. S. 63). Ehrhardt berichtet darüber a. a. O. ungenau.

[32]) Woran E. im Anschluß an Partsch denkt.

graphieren dieser Zeit als Urkundenbegebung auf[33]), so läge eine abstrakte Übereignung nur dann vor, wenn die Urkunde eine „Verfügung" ohne Bezug auf eine causa brächte und konstitutive Partei-Urkunde wäre. Das ist aber nicht der Fall. Schon der Stil zeigt, daß es sich um keine (dispositive) Verfügungsurkunde handelt. — Freilich war weder bei der alten Katagraphe, noch bei der denaturierten der Kauf die allein mögliche causa; es konnte sich auch um Schenkung oder elterliche Teilung, Mitgiftbestellung u. dgl. handeln[34]).

Man sieht also, daß die Behauptungen Ehrhardts von der Bedeutung der byzantinischen Katagraphe und dem Entstehen des angeblich[35]) abstrakten Übereignungsvertrages durch die Rezeption der ägyptischen Katagraphe einer Prüfung nicht standhalten, wie immer man sie auch aufzufassen versucht, ganz abgesehen davon, daß die Rezeption selbst erst bewiesen werden müßte[36]).

2. Aus der byzantinischen Doktrin sollen die beiden Erfordernisse, der animus transferendi dominii und die iusta causa, diese als Ausfluß der aequitas stammen. Betrachten wir das erste! Die Fiktion eines Willens, meint Ehrhardt, ist byzantinische Lehre (192). Die Willenstheorie soll einstens aus Griechenland „eingeschleppt" worden sein. Die Ausgestaltung im justinianischen Rechte aber erscheint ihm als eine eigene Erfindung von Beryt, die unter dem Einflusse der christlichen Dogmatik zustande gekommen sei (196). Jede dieser Behauptungen fordert zu entschiedenem Widerspruche heraus. Zunächst muß darauf hingewiesen werden, daß die justinianischen Quellen den Ausdruck animus dominii transferendi überhaupt nirgends haben[37]). Mithin kann er ihnen nicht angelastet werden. Von einem dominium transferre ist wohl die Rede. Aber Lange[38]) hat in sehr kluger Abwägung darauf hingewiesen, daß sich wohl

---

[33]) Dies will E. gegen Steinacker annehmen.

[34]) Vgl. Schönbauer, Liegenschaftsrecht, 19ff.

[35]) Denn daß eine Veräußerer-Erklärung „verkauft und katagraphiert zu haben" auf Grund einer emptio zum kaufweisen Eigentumserwerbe genügte, auch wenn der Kaufpreis nicht bezahlt wurde, bringt noch keine „abstrakte Übereignung".

[36]) Ehrhardt hat sie nicht bewiesen und kann sie nicht beweisen, weil es sich um zwei Rechtssysteme verschiedener Art handelt. Darüber an anderer Stelle mehr!

[37]) Was E. selbst beachtet hat. [38]) S. 26.

die römischen Juristen dabei nicht mehr dachten, als wir mit ähnlichen Wendungen. Daß sie deswegen noch nicht annehmen mußten, daß die Übertragung des Eigentums als Rechtssubstanz durch den bloßen, privaten Übertragungswillen allein zustande kam. Viel häufiger erscheint der Ausdruck ‚rem transferre'[39]), was wir im wirtschaftlichen Sinne auffassen müssen. Lenel[40]) und Bonfante[41]) haben mit Recht dargelegt, daß ein römisch-klassischer Übereignungsvertrag im Sinne der Übertragung der Rechtssubstanz nach den Quellen nicht anzunehmen sei, wohl aber eine Einigung, die sich auf Übertragung der Sache (possessio) gerichtet habe. Und auch De Francisci[42]), der am entschiedensten gegen die translatio dominii aufgetreten ist, konstruiert doch etwa einen Vertrag, der auf die Sachüberlassung geht[43]). Mithin kann sich das Willenselement doch wohl viel einfacher erklären, als daß man einen Einfluß christlicher Dogmatik annehmen muß. Auf sie will nämlich Ehrhardt zurückführen, daß der Wille ein reiner sein müsse. Er meint, es habe die byzantinische Jurisprudenz unter dem Einflusse der Theologie verlangt, daß die Seelen, die nicht den erforderlichen animus, d. h. die für einen bestimmten Geschäftsabschluß notwendige Haltung aufbrächten, auch nicht als geeignete Vertragsparteien anerkannt werden dürften. Aber wir finden in Wirklichkeit in den römisch-justinianischen Quellen gar nirgends einen Hinweis auf die Willensrichtung der Seele. Den römischen Klassikern wie den Kompilatoren, ist eine derartig seltsame rechtspolitische Idee anscheinend niemals gekommen! Handelt es sich doch gerade beim rechtsgeschäftlichen Verkehr um einen Güterumsatz. Grund und Zweck eines solchen kann natürlich auch von der Gemeinschaftsordnung als zulässig oder unzulässig erklärt werden. Daß dabei aber die seelische Grundstimmung, also der „Charakter" der Parteien eine ausschlaggebende Rolle spielen sollte, zu so einem weltfremden rechtspolitischen Grundsatze ist m. W. noch keine Rechtsordnung gekommen. Die Frage aber, ob scriptum oder voluntas, ob Wort oder Sinn, ob Wort oder Vorstellung rechtlich maßgebend sein solle, diese Fragen

---

39) Vgl. Lange ebenda.
40) Sav.-Z. 3, 179ff.
41) Corso II 2, 184ff.
42) Trasferimento a. a. O.
43) Vgl. Ehrhardt, S. 18.

sind natürlich schon längst von den Römern vor den Byzantinern erörtert worden. Die schöne Untersuchung von Stroux[44]) summum ius summa iniuria hat dies aufs neue gezeigt. Es ist m. E. ganz unrichtig gesehen, wenn von einer „Einschleppung" der griechischen Willenstheorie mit Hilfe der Rhetorik gesprochen wird. In Wirklichkeit ist es als einer der folgenschwersten, aber auch segensreichsten Einflüsse auf die junge römische Rechtswissenschaft zu betrachten, daß durch Panaitios aus Rhodos[45]) und seine Nachfolger den Römern die griechisch-klassische allgemeine Staats- und Begriffslehre tradiert wurde in einer Zeit, in der die neuen wirtschaftlichen und politischen Verhältnisse die alten Rechtsformen gesprengt hatten und die Gemeinschaftsordnung zum „Weltrechte" strebte[46]). Der griechischen Philosophie verdankte die römische Systematik, die nun mit Q. M. Scaevola einsetzte[45]), einen der stärksten Antriebe. Ohne die juristische Begriffsbildung, die damit Eingang gefunden hatte, wäre niemals eine derartige Höhe erzielt worden, wie wir sie am klassischen Rechtsgute bewundern. Ob aber der Wille, wie er typisch bei Rechtsgeschäften gefordert wurde, oder die inneren Vorstellungen und Meinungen der Parteien rechtlich stärker sein sollten, mit dieser Frage haben sich die Klassiker intensiv beschäftigt. Ein Ausfluß dieser Überlegungen ist der[47]) dem Sabinus zugeschriebene Leitsatz: plus in re est quam in existimatione. Der objektive Geschäftstatbestand ist also stärker als die Vorstellungen der Partei, soferne der Geschäftswille durch die erforderliche Berechtigung objektiv gedeckt erscheint. — Es ist also ganz unmöglich, das Willenselement, das im justinianischen Rechte erscheint und das sich gar nicht als animus dominii transferendi im technischen Sinne gibt, als eine besondere Erfindung von Beryt darzustellen. Das Rom der ausgehenden Republik und der Prinzipatszeit als Zentrum des Welthandels, konnte doch unmöglich des Willenselementes bei der Beurteilung des privaten Güterumsatzes entbehren. Mochte die Regelung streng „kausal" sein, auf den Willen konnte keine Beurteilung eines Rechts-

---

[44]) Vgl. dazu die trefflichen Bemerkungen Levys Sav.-Z. 48, 670ff.; 51, 546f.; vgl. auch Rabel, Sav.-Z. 47, 481ff. Vor Stroux schon Jörs, Syst. 29.

[45]) Jörs, Gesch. u. System 17f.

[46]) Schönbauer, Sav.-Z. 49, 389f.

[47]) Näheres unten S. 52.

geschäftes verzichten. Wie weit aber die klassische Jurisprudenz bereits in dieser Frage kam, zeigt uns m. E. am deutlichsten D. 2, 14, 1, 3.[48])

3. Ebenfalls aus der byzantinischen Praxis soll das Erfordernis der iusta causa in den justinianischen Quellen stammen. Wie kommt Ehrhardt zu dieser Behauptung? Er faßt iusta causa als wichtigen Grund auf (186), der damit in einem gewissen Gegensatze zur lex stehe und zum iustus titulus. Eine iusta causa scheint ihm bei Justinian eine causa zu sein, die moralisch einwandfrei ist, die nicht nur billig, sondern auch löblich ist. Sie sei deshalb schwer zu identifizieren mit dem obligatorischen Geschäfte (188). Sie ist zwar nach E. noch das zugrunde liegende Kausalgeschäft, aber für seine Anerkennung ist nur die naturalis aequitas maßgebend, die sich souverän über das positive Recht hinwegsetzt (189) und damit alle scharfen Rechtsbegriffe zerstört. So scheine sich ein gewisser Gegensatz zur klassischen causa traditionis darzustellen. Iusta causa im klassischen Rechte habe den gesetzlich vorgeschriebenen Grund bedeutet, die gültige Veranlassung für die traditio, die durch sachliche Vorprüfung des Magistrates glaubhaft gemacht werden mußte (184). — Es ist nicht leicht, die Auffassung des Verfassers in seinem Sinne zu verstehen. Denn wenn er eine sachliche Vorprüfung durch den Magistrat annimmt, wohl dahingehend, ob der Grund der traditio gesetzlich gedeckt erscheine, so scheint es, als ob er meinte, daß der Magistrat das Geschäft als solches geprüft und eine Vorentscheidung im materiellen Sinne getroffen habe. Denn E.s frühere Ausführungen weisen darauf hin, daß er unter causa bei der Übereignung das obligatorische Geschäft betrachtet. Die Prüfung, ob dieses aber gültig war, dem Magistrate zuzuteilen, würde natürlich die Grundlagen des klassischen Prozesses[49]), wie ihn Wlassaks Forschungen[50]) deutlich gezeigt haben, völlig umkehren. Wenn die Übereignung, d. h. die traditio nur bei Vorhandensein eines gültigen

[48]) Vgl. Riccobono, Studi Bonfante I 123ff. mit den Bemerkungen Levys Sav.-Z. 51, 556 und Brasiello, Studi Urbinati 103ff.

[49]) Die beste Übersicht bei Wenger, Instit. d. r. Zivilpr. u. im Anhange bei Jörs, Gesch. u. Syst., kurz, klar und ausgezeichnet. Verständlich, daß dieser Abriß schon in englischer Sprache erschienen ist.

[50]) Zuletzt „Die klassische Prozeßformel" I.

Kausalgeschäftes rechtsgültig sein soll, so kann die Übereignungsfrage nur Gegenstand des eigentlichen Beweisverfahrens sein, das sich apud iudicem abspielte. Zu dieser Auffassung drängt auch E.s eigene Darlegung über die iusta causa im justinianischen Rechte. Denn ob das Kausalgeschäft moralisch einwandfrei, also löblich war, das zu beurteilen, wäre Sache des erkennenden Richters gewesen. Wie dieser aber, nach Ehrhardt sich souverän über das positive Recht hinwegsetzend, ein zugrunde liegendes Kausalgeschäft als Rechtsgeschäft habe anerkennen können, ist schwer verständlich. Denn ob er von einem Rechtsgeschäfte sprechen konnte oder nicht, hing ja vom positiven Rechte ab. In den iura oder leges mußte doch seine Norm enthalten sein. Meint aber E. dabei, daß der Richter auch neue Typen von Geschäften als causa der Übereignung anerkennen konnte, so müßte er eine solche These erst ausführen und begründen. — Man sieht, daß allerdings in der Darstellung E.s die justinianische, aber auch die klassische iusta causa keinerlei scharfen Rechtsbegriff zeigt. Aber es ist keineswegs der Beweis erbracht, daß das die richtige Auffassung ist. Es handelt sich vielmehr meistens um Thesen, die auch nicht aus dem früher Gesagten zwingend hervorgehen; und es handelt sich nicht um Hypothesen, die uns die Quellenstellen leichter erklären könnten.

Betrachten wir nun Ehrhardts Gedankengang, der zu solchem Ergebnisse geführt hat, so muß man feststellen, daß viele Einzeldarlegungen weitaus anregender sind, als seine Schlußthesen. Er will zeigen, daß die römischen klassischen Quellen nur die streng „kausale" Übereignung kannten, daß also stets ein gültiges Rechtsgeschäft zugrunde liegen mußte. Das will er durch einen Analogiebeweis und durch einen dogmatischen Beweis begründen. 1. Sein Analogiebeweis (24ff.) besagt etwa: Da zum Erwerb des bonitarischen Eigentumes eine causa erforderlich ist und eine causa putativa nicht genügt, vielmehr die actio Publiciana ausdrücklich eine wirkliche und gültige causa verlangt, ist anzunehmen, daß auch die Übereignung zu vollem Rechte nicht weniger erfordert. Nur die traditio in Verbindung mit einem gültigen obligatorischen Geschäfte führt also gemeinsam zum bonitarischen Eigentumserwerb (34); mithin ist für die Eigentumstradition nicht weniger anzunehmen. Dabei muß er aber bei dem Titel pro soluto ein wirkliches und gültiges obligatorisches Geschäft zugrunde legen. Das geschieht in der Form, daß er die solutio als solche iusta causa sein läßt (48). Denn die solutio ist nach E. einer von vielen Realkontrakten (128); sie stellt die Erfüllung alt-ziviler Geschäfte dar. E.s Auffassung ist also anscheinend die, daß er die solutio etwa so konstruiert: „Ich gebe eine Leistung hin, damit du mich von der Bindung befreiest". Ist das aber der Sinn der solutio als Erfüllung einer Verbindlichkeit? Nein! Denn die solutio ist ja keine Hingabe zur Erlangung einer wirtschaftlichen künftigen Gegenleistung, was für den Realkontrakt das entscheidende Merkmal darstellt, sondern ist vielmehr die „Haftungslösung" im Sinne von Rabel[51]). Diese Haftungslösung erfolgt aber durch die Hingabe; es wird nicht etwa erst durch die Hingabe eine rechtlich erzwingbare Verpflichtung zur Haftungslösung begründet. Demgemäß ist die Konstruktion als Realkontrakt unmöglich. Mithin scheitert auch der Analogiebeweis für das Erfordernis eines gültigen obligatorischen Rechtsgeschäftes für den Eigentumserwerb. — 2. Der dogmatische Beweis aber will das größte Hindernis der Quellen gegen die sog. kausale Übereignung aus dem Wege räumen, nämlich die condictio, z. B. als condictio indebiti. Dieses Hindernis beseitigt E. dadurch, daß er die These aufstellt, die condictio sei keine vertragslose Klage, sondern stamme aus einem Realkontrakte. Es erscheint ihm demgemäß auch die solutio indebiti als ein Vertrag (55). Diese Konstruktion hat jedoch m. E. keinerlei dogmatischen Wert, da sie eben den Begriff „Kontrakt" in einem anderen, viel weiteren Sinne verwendet, als es die römische, ja selbst die moderne Wissenschaft normalerweise tut. Keinesfalls darf er sich auf Gaius berufen, denn Gaius sagt schon sehr klar, daß in dem Falle der Hingabe einer nichtgeschuldeten Leistung keine Leistung aus einem Kontrakte vorliege; sie sei vielmehr gleichsam ex distractu erfolgt[52]). Er darf sich aber auch nicht auf Julian berufen; denn bei Julian erscheint zwar der Ausdruck negotium contrahere[53]) in einem weiten Sinne, aber keineswegs im gleichen Sinne wie contractus. Obligationem contrahere bedeutet den Klassikern offenbar nicht mehr als eine

[51]) Grundz. S. 441. [52]) 3, 91. [53]) Siehe unten S. 66.

rechtliche Bindung (Verpflichtung) herbeiführen. Negotium contrahere aber ist m. E. etwas anders zu fassen und ungefähr zu übersetzen: einen rechtlichen Tatbestand (ohne Delikt) setzen. Wenn Gaius also re obligatur[54]) oder obligatio re contrahitur sagt, so bedeutet das nur, daß der Verpflichtungstatbestand, wonach jemand eine wirtschaftliche Gegenleistung erbringen müsse, kraft Gesetzes dadurch entsteht, daß der eine, ohne daß er verpflichtet wäre, ihm eine Leistung erbringt. Die Leistung[55]) also ist es, die die folgende Vermögensausgleichsberechtigung (condictio) herbeiführt; keineswegs liegt aber ein Kontrakt über diese Ausgleichsleistung vor. Eine condictio indebiti anzunehmen und ihr gleichzeitig einen Kontrakt im Sinne eines Realkontraktes, also eine Vereinbarung der Parteien über die künftige Gegenleistung zugrunde zu legen, erscheint mir als Widerspruch in sich.

Es ist also Ehrhardt nicht gelungen, das Konditionen-System des römischen Rechtes in ein System der „kausalen" Übereignung einzuzwängen, da er unter causa ein gültiges obligatorisches Rechtsgeschäft versteht.

II.

Zu ähnlichem Ergebnisse kommt man auch bei der Betrachtung der zweiten Arbeit, der von Lange.

Lange geht sehr sorgfältig vor; seine Art, den Gegenstand zu untersuchen, wie die Sichtung des Materials, zeigt ihn als Schüler von Siber und Koschaker in der besten Leipziger Tradition. Wenn sein Endergebnis trotz wertvoller Einzeldarlegungen die Frage nicht befriedigend zu lösen vermag, so liegt dies m. E. nur in der irrigen Auffassung der causa als eines Rechtsgeschäftes. So ist es verständlich, daß ihm iusta causa und causa ex qua traditur zwar keinen Gegensatz darstellen, daß aber der Begriff dogmatisch eher wertlos erscheint (40). Wirklich wäre er das, wenn sein Inhalt bei den Römern der gewöhnlich angenommene wäre. — Eindrucksvoll hat Lange dargelegt, daß der Übertragungswille allein nach dem klassischen Rechte niemals ausreichte, um den Eigentumserwerb durch traditio zu begründen. Er will aber als causa, wie gesagt,

---

[54]) 3, 88.

[55]) Sehr scharfsinnig Lange, 78, 1.

ein kausales Rechtsgeschäft annehmen. — Im Gegensatze zu Ehrhardt erkennt er aber klar, daß die solutio indebiti[56]), ja die solutio überhaupt, aus dem Systeme fällt, und darum will er mindestens für die solutio indebiti den kausalen Konsens für die Eigentumstradition genügen lassen. Er nimmt also dabei eine „causa putativa" als ausreichend an. Dagegen kann aber zunächst bemerkt werden, daß „causa putativa" kein römischer Rechtsbegriff ist und deshalb auch dogmatisch die römische Auffassung nicht gut erklären kann. — Die Wirkung der solutio indebiti zu erklären, versucht Lange auf folgende Weise: Während Rabel angenommen hatte, es sei bei der solutio aus der Geschichte der Haftungslösung zu verstehen, daß sie so abstrakt aufträte, will Lange sie aus der Annahme ableiten, daß die alte Zeit eine Leistung, die einmal erbracht war, auch wenn sie ungeschuldet war, nicht mehr zurückfordern ließ. Worauf würde dann aber der Eigentumserwerb oder mindestens die dauernde Herrschaft über die Sache beruhen? Doch wohl nur auf der Hingabe und dem Willen hinzugeben! So läge gerade darin, daß die Regelung auch in klassischer Zeit ungeändert blieb und daß keine vindicatio, sondern nur eine condictio gewährt wurde, eher eine Begründung der „abstrakten" Übereignungstheorie. — Auch diese Erwägung deutet darauf hin, daß causa bei den Römern etwas anderes bedeuten mußte, als die moderne „kausale" und die moderne „abstrakte" Übereignungslehre annimmt.

Eine besondere Erwähnung bedarf jener Teil von Langes Untersuchung (55ff.), der einen Widerspruch findet zwischen den in den Quellen auftretenden Leitsätzen; „Plus in re est quam in existimatione" und dem: „Nemo errans rem suam amittit". In diesem Teile hat Lange m. E. geirrt. Das wird sich am besten zeigen lassen, indem die von ihm verwerteten Quellenstellen im II. Abschnitte zusammenhängend betrachtet werden[57]).

Langes gesamter Gedankengang aber ist folgender;

Die traditio im Sinne der Übereignungstradition stellt sich nicht, wie Perozzi u. a. meinten, als derelictio und occupatio dar, es ist vielmehr auch der Wille des accipiens rechtlich nicht weniger bedeutsam als der des Gebenden. Diese These ist m. E. vollkommen

[56]) 41f. [57]) Unten S. 43ff.

zutreffend. Die traditio allein aber stellt deswegen, sagt Lange weiter, noch keinen abstrakten Übereignungsvertrag dar. Sie ist vielmehr nur Form, wenn man hierunter nicht mehr versteht, als einen sinnlich wahrnehmbaren Vorgang (33). Die traditio ist nur das Rückgrat und der gemeinsame Tatbestandsteil für diese Art des Eigentumserwerbes — neben den verschiedenen causae. Auch in diesem Punkte kann man L. zustimmen. Erst bei der Erörterung der causa erhebt sich Widerspruch. Causa ist ihm, wie gesagt, ein Rechtsgeschäft, die solutio indebiti aber ist, weil regelwidrig, nicht in diesem Sinne als causa bei den Römern betrachtet (78). Dadurch wird Langes System lückenhaft. — Ist ein kausaler Konsens notwendig oder genügt einseitige Annahme? Für diese Frage scheint ihm entscheidend zu sein die Betrachtung des sciens indebitum accipere. Er untersucht deswegen das furtum und kommt zu dem Ergebnisse, daß die herrschende Lehre Vangerows zutrifft. Daraus ergibt sich für ihn die These, daß **beide** Teile denselben Rechtfertigungsgrund der Tradition annehmen müssen, um den Eigentumserwerb zu begründen. Nimmt man aber, sagt er, die solutio auch als causa traditionis an, so ergibt sich überall eine gleiche Auffassung der causa. Wir haben schon darauf hingewiesen, daß diese These die Quellen nicht befriedigend erklärt und werden versuchen, ihr im II. Abschnitte eine eigene entgegenzustellen.

Richtig bemerkt L., daß die Klassiker den Eigentumserwerb durch Tradition nur unter praktischen Gesichtspunkten sahen. Bei den Nachklassikern und Justinian glaubt er eine andere Einstellung zu erkennen; sie drängten (98) bei der zusammenfassenden Betrachtung der Eigentumstradition die konkrete Einzel-causa zurück und bevorzugten den Eigentumsübertragungswillen. Damit war der Schritt zur Anerkennung der Vertragsnatur der Eigentumstradition getan. Zur Zeit der Kompilatoren war aber die Entwicklung der Eigentumstradition vom kausalen zum abstrakten Vertrag noch in ihren Anfängen (98). Eine Abneigung gegen das kausale Element sei bei Justinian nicht zu verkennen und zeige sich am klarsten in der Überarbeitung des Julianfragmentes. Voll ausgebildet aber erscheine die Lehre vom abstrakten Übereignungsvertrag erst bei Nicaeus, einem späten Basilikenscholiasten (99).

Daß tatsächlich die Kompilatoren bei dem derivativen Eigentumserwerbe einen „Vertrag" annahmen, scheint mir zuzutreffen. Aber weder sie noch die Folgezeit ist m. E. zum rein abstrakten Übereignungsvertrage vorgedrungen. Denn auch Nicaeus erörtert nur die Frage, ob Eigentum übergehe, wenn der eine schenken, der andere aber ein Darlehen empfangen wolle. Er löst also aus dem gesamten Grundtatbestande insoweit abstrahierend ein gemeinsames Willenselement heraus, das jedenfalls mit der Sachübertragung zum Eigentumserwerbe ausreicht. Die rein abstrakte Formulierung des BGB. hat also hierin keine völlige Analogie (99).

Bevor wir im II. Abschnitte die eigene Auffassung zusammenhängend darlegen, sei hervorgehoben, daß die beiden neuen Arbeiten — zusammen genommen — in höchst dankenswerter Weise die Quellenstellen zusammengetragen haben[57a]). Konnten wir auch Ehrhardts Thesen nicht zustimmen, so ist doch auch bei ihm voll anzuerkennen, daß ein ungeheurer Fleiß und eine außerordentliche Belesenheit in seiner Arbeit klar hervortritt, die den Autor bei weniger komplizierten[58]) Fragen zu schönen Erfolgen führen können[59]). Bei Lange aber zeigt schon diese Arbeit ein bedächtiges wissenschaftliches Arbeiten und eine solche Klarheit der Darstellung, daß von ihm gute Leistungen mit Sicherheit zu erwarten sind.

III.

Noch einige Worte über die Abhandlungen von Betti und Monier und die versuchte Lösung der Antinomie! Beide fassen

[57a]) Im zweiten Abschnitte werden absichtlich fast alle Stellen, die in beiden Arbeiten vorkommen, ohne weitere Polemik behandelt. Es soll gezeigt werden, daß man aus den gleichen Bausteinen, teilweise anders bearbeitet, fast immer aber anders geordnet, das römische Werk m. E. rekonstruieren kann.

[58]) Vgl. Beseler, Sav.-Z. 45, 221.

[59]) Dies zeigt sich schon in Ehrhardts neuer Abhandlung „Byzantinische Kaufverträge in Ost und West" (Sav.-Z. 51, 126 ff.). Wenngleich er auch hier m. E. nicht zum Verständnis der Katagraphe vordringt und nicht den Wandel vom hellenischen Publizitätsakte zu einer individualistischen Klausel in der Beurkundung des konkreten Parteigeschäftes (normalerweise des Kaufes) erkennt, bringt doch der Fortgang der Untersuchung interessante und wertvolle Beobachtungen zur Urkunden-Entwicklung. (Der Schluß 186/187 allerdings nicht unbedenklich). Der Aufsatz enthält auch zahlreiche Abschwächungen seiner Behauptungen im Iusta causa-Buche.

causa ebenfalls als Rechtsgeschäft auf. Das früher Gesagte gilt demnach auch gegen sie. Beide nehmen in der Julian-Stelle ebenso — wie schon früher Kübler[60]) einen tiefgehenden Eingriff — vor und kommen so zu einer Konkordanz mit der Ulpian-Stelle. Diese Eingriffe stellen sich aber als Wirkung von Vermutungen dar, die uns die Aufnahme beider Texte in der vorliegenden Gestalt und an der Stelle, wo sie in den Digesten stehen, nicht verständlicher machen als die früheren Erklärungen. Und da die Konstruktion eines mutuum (Lange, Ehrhardt) den Text nicht so willkürlich behandelt, ist die Auslegung Langes und Ehrhardts wohl als methodisch besser zu bezeichnen. Dagegen hat Monier die mutuum-Frage sehr scharfsinnig erörtert. Er kommt zu dem m. E. richtigen Ergebnisse: Julian sprach nicht über das mutuum. Hätte er es aber getan, so hätte er ein mutuum verneint. Bettis Rekonstruktion des Julian-Textes ist m. E. wohl zu kompliziert[61]). Was er ausdrücken will, hat Kübler vor ihm mit dem einzigen Worte at erreicht. Betti unterscheidet die causa proxima und die causa remota. Ist der Dissens auf die letztere beschränkt, so ist er für den Eigentumsübergang irrelevant. Bezieht er sich aber auf die causa proxima, d. h. die solutio, so verhindert er den Eigentums-Übergang. Im Falle der Leistung solvendi causa genüge Übereinstimmung im Rechtszwecke, es sei eine solche im Rechtsgrunde nicht nötig. Gegen diese Auffassung der Julian-Stelle sei zunächst auf schon Gesagtes hingewiesen und außerdem bemerkt; 1. Wenn die großen römischen Juristen unter causa (im technischen Sinne bei der Eigentumstradition) Rechtszweck und Rechtsgrund promiscue verstanden hätten, so wäre der Begriff dogmatisch unklar gewesen[62]). 2. Die Quellen sprechen aber hier gar nicht von causa solvendi im technischen Sinne, sondern von Leistungen solvendi causa[63]): schon dies spricht dagegen, daß die römischen Klassiker einen so verschwommenen causa-Begriff bei der Übereignung hatten. 3. Bei der solutio indebiti versagt jede der modernen kausalen Konstruktionen. Wohl könnte man die solutio mit Rabel als ursprünglich selbständige

[60]) Lesebuch a. a. O.
[61]) Vgl. Riccobono, Lineamenti, Sep. S. 440.
[62]) S. oben S. 19.
[63]) Vgl. Lange 44f.

Haftungslösung auffassen. Dann könnte es auch eine gültige Lösung geben, ohne daß der Haftende geschuldet hätte (indebitum). Er hatte z. B. auf Grund fremder Schuld eine Haftung auf sich genommen. Dann wäre die Haftungslösung „kausal": Weil er gebunden war, ohne daß er schuldete, mußte er sich lösen. Aber diese Konstruktion, die auf der begrifflichen Teilung von Schuld und Haftung beruhte, ginge von einer anderen solutio indebiti aus als der von Gaius 3, 88 ff. besprochene; nur über die letztere sprechen aber die modernen Autoren beim causa-Probleme. Bei dieser aber liegt weder Schuld noch Haftung zugrunde, die gelöst werden könnte. Es ist somit kein Kausalgeschäft gegeben. Es muß dabei aber auch nicht „kausaler Konsens" vorliegen. Denn der Empfänger der ungeschuldeten Sache braucht nicht auf Grund eines gleichen vermeintlichen Geschäftes zu empfangen, ja er braucht überhaupt an keines zu glauben. Und es geht trotzdem Eigentum über, sofern nicht infolge des adfectus furandi bei der wissentlichen Annahme des indebitum ein furtum entsteht. Sonst ist bloß eine ausgleichende condictio gegeben. Nimmt also der Empfänger das, was der Tradent solvendi causa gibt, z. B. schweigend an, obwohl er den Mangel der Verpflichtung kennt, in der Absicht, um etwa dem Tradenten den Gegenwert zu bewahren, also im wohlverstandenen Interesse des Hingebenden, so liegt keine gewollte Übereinstimmung im Rechtszwecke vor. Der Eigentumserwerb gründet sich dann scheinbar nur auf die freiwillige dauernde Ausscheidung des Gutes aus dem Vermögen des einen (hervorgerufen durch einen Irrtum) und die Annahme dieses Gutes in das eigene Vermögen durch den anderen. — Die solutio indebiti spottet also m. E. jedes Versuches, sie in ein „kausales" System der Übereignung pressen zu wollen. Und da andererseits das „abstrakte" Übereignungssystem den Quellen widerstreitet, wie alle vier Schriftsteller zeigen, so muß die causa bei der Übereignung im klassischen Sinne etwas anderes bedeuten als das obligatorische Grundgeschäft oder den Konsens über den Rechtsgrund[64]).

---

[64]) Riccobono a. a. O. behandelt auch die Antinomie und erkennt dabei die Echtheit der exceptio doli in der Ulpian-Stelle an.

Zweiter Abschnitt.

Durch die vorstehenden Ausführungen dürfte es klar geworden sein, daß auch die vier neuen Arbeiten[1]) die Frage der causa beim Eigentumserwerbe durch traditio nicht zu lösen vermochten. Deshalb sei es gestattet, die Aufmerksamkeit der Fachgenossen auf folgenden Punkt zu lenken: Wenn trotz der intensiven Bearbeitung des Stoffes in Jahrhunderte langer Arbeit keine Übereinstimmung in den Meinungen zu erzielen war, so scheint mir dies darauf hinzudeuten, daß vielleicht die modernen Schriftsteller eine andere Blickrichtung[2]) in dieser Frage zeigen als die römischen Klassiker[3])

---

[1]) Eine fünfte wird der hochgeschätzte Koll. Hupka im nächsten Bande (52) der Sav.-Z. veröffentlichen. Er hatte die Güte, mir im Frühsommer seine Auffassung der berühmten Antinomie mitzuteilen; ich deutete ihm gleichzeitig meine Hypothese von der „Zeilen-Versetzung" an.

[2]) Auf diese Weise suchte ich seinerzeit (Sav.-Z. 47, 264ff.), den Verfassungsübergang der Prinzipatszeit juristisch-systematisch besser zu erfassen. Es ist also ein schweres Mißverständnis des neuesten Autors zu dieser Frage, nämlich W. Kolbe's (Von d. Republik z. Mon.), wenn er in meiner Darstellung Resignation erkennen will. Ich habe im Gegenteile das Werden der Monarchie systematisch zu erfassen versucht. — Im übrigen vertritt Kolbe die Auffassung de Franciscis, daß die Reform d. J. 23 die monarchische Verfassung gebracht habe. Bis zur näheren Ausführung sei dagegen vorläufig bemerkt: 1. Das Monumentum Ancyranum (Antiochenum) steht juristisch dazu in vollem Gegensatze. 2. Unter Berufung auf Dio. 53, 32 wird die verfassungsmäßige Monarchie seit 23 angenommen. Derselbe Dio berichtet aber (54), daß die Römer Augustus i. J. 22 zum Diktator machen wollten, daß i. J. 19 der Senat dem Consul Sentius die außerordentl. Wahrung der Sicherheit übertrug (Ausnahmezustand!), daß sich Augustus i. J. 18 die zehnjährige προστασία (28—18) eigenmächtig auf 5 Jahre verlängerte (bald darauf auf weitere 5 Jahre), daß er ferner den Agrippa in anderem wie auch betreffs der tribunizischen Gewalt gleichstellte. Eine merkwürdige monarchische Verfassung! Als politisch-historische Betrachtungsweise der Entwicklung ist jene Auffassung vielleicht, nicht aber als juristische zulässig. Um diese aber handelt es sich. Denn daß sich eine Monarchie politisch entwickelt hat, bestreitet ja niemand. — Auch eine Bemerkung des hochgeehrten Koll. v. Woeß geht fehl. Er meint (Sav.-Z. 51, 360 A. 1): „Man sagt, das Gesetzgebungsrecht des Senates (wie des Kaisers: darüber Schönbauer in einer vielbemerkten Abhandlung dieser Zeitschrift) sei gewohnheitsrechtlich entstanden. Ein leeres Wort ..." 1. Von einem Gesetzgebungsrechte des Kaisers habe ich nirgends gesprochen, vielmehr von der gesamten staatsrechtlichen Stellung des princeps. — 2. Gewohnheitsrecht ist nie ein leeres Wort, sondern besagt immer, daß die Rechtsüberzeugung (consensus) auf Grund dauernder tatsächlicher Übung ohne Satzung normenbildend wirkte. Im öffentlichen Rechtsbereiche heißt es: Politische Machtverhältnisse, die längere Zeit bestanden haben, werden durch die Rechtsüberzeugung in der Gemeinschaft zum Rechte. Im Verfassungsrecht: auf Grund dauernder Machtverhältnisse im Staate, die (ganz oder teilweise) auf Einzelgesetzen beruhen können, entsteht durch die Rechtsüberzeugung eine neue Grundordnung, die nicht fixiert ist. Deswegen besteht hier auch nie ein „circulus vitiosus", wie v. Woeß, a. a. O. meint. Über die Frage des Normierungsrechtes des Senats und des princeps spricht übrigens deutlich

In der Tat ist es m. E. so. Dies hängt mit der Vieldeutigkeit des Wortes causa in der lateinischen Sprache zusammen[4]). Die moderne Literatur spricht nämlich von einer abstrakten Übereignung dann, wenn das Verfügungsgeschäft (Erfüllungs-Geschäft)[5]) vom Verpflichtungsgeschäfte begrifflich vollkommen getrennt wird, wenn also die Übereignung gültig sein kann, auch wenn das Verpflichtungsgeschäft ungültig ist. Den Gegensatz dazu stellt ihr die kausale Regelung dar.

Demgegenüber möchte ich aber zum Verständnis der römischen Klassiker folgende Thesen aufstellen:

1. Causa[6]) heißt in diesem Zusammenhange nicht das kausale Rechtsgeschäft (Verpflichtungsgeschäft), sondern ist wiederzugeben etwa mit: wirtschaftlicher Begründungs-Tatbestand[6]), von der Gemeinschaft aus betrachtet und gewertet.

2. Iusta causa[7]) aber bedeutet jeden Begründungstatbestand, der von der Gemeinschaft ausdrücklich anerkannt war oder mindestens zugelassen wurde. Ob das letztere aber zuträfe, entschied der Jurisdiktionsmagistrat durch Gewährung oder Verweigerung des Rechtsschutzes, der Privatrichter durch seinen

---

Gaius, Inst. 1, 4 u. 5. Gaius erkennt auch richtig das Wesen des Gewohnheitsrechtes als ius, quod consensu receptum est (Inst. 3, 83). Zur Prinzipatsfrage vgl. gegen Kolbe vorläufig die gediegenen Ausführungen von O. Th. Schulz, Sav.-Z. 51, 496ff. und vor allem von Rostovtzeffs „Gesellsch. u. Wirtsch." I, 252.

[3]) Diese heben stärker das Sozial-Element hervor.

[4]) Richtig Lange 39².

[5]) Ehrhardt gebraucht stets den Ausdruck „Erfüllungsgeschäft" unter Hinweis auf Mitteis (RPR. 145, 27), daß die Römer den Begriff der „Verfügung" nicht hätten.

[6]) Vgl. aus Gai. Inst.: 1, 29; 1, 32; 1, 39; 1, 41; 1, 44; 1, 67, 68, 69, 71; 1, 73, 74, 75; 1, 93; 1, 115; 1, 140, 141; 1, 184; 1, 192; 1, 198; 2, 59; 2, 88; 2, 90; 2, 95; 2, 119; 2, 155; 2, 172; 2, 287; 3, 6; 3, 170; 3, 194; 4, 79; 4, 118; 4, 16; 4, 22; 4, 24; 4, 29; 4, 31; 4, 61; 4, 109; 4, 144; 4, 171; 4, 177.

[7]) Vgl. bei Gaius: I. 1, 18/19: iusta causa manumissionis, veluti si; ebenso 1, 38/39; i. c. adoptionis 1, 102; ex i. causa excusatus 1, 182; ex i. c. tradita 4, 36. Vgl. Bonfante, Scritti II, 374f.; der mit Recht hervorhebt, daß der Ausdruck der Edikts-Sprache entnommen ist. Vgl. ferner Donatuti, Annali Perugia, vol. 33 (1921), Sep.-D. über „Iustus, iuste, iustitia". Lange, 39 verweist mit Recht darauf, daß die Verbindung iusta causa schon Cicero bekannt war, Phil. 8, 12: immo aliae causae iustae, haec necessaria est. Das versteht man m. E. nur, wenn man „anerkannt" oder „zugelassen" übersetzt gegenüber „notwendig". Dies erklärt, daß Cicero de leg. neben iustus — ohne Gegenüberstellung — aequus verwendet. Vgl. L. 40; E. 153.

Spruch. Beider Tätigkeit war aber dabei von der Jurisprudenz bestimmt, welche dem Begriffe causa und iusta causa Richtung und Inhalt gab. In der causa war m. E. ein elastisch gestaltetes Kontrolls-Mittel der Rechtsgemeinschaft bei der privaten Güter-Tradition ausgestaltet worden[8]).

3. Im Sinne der Römer ist es nicht empfehlenswert, einfach von einer causa oder iusta causa traditionis, sondern besser, von der causa beim Eigentumserwerbe durch traditio zu sprechen.

4. In diesem Sinne genommen gibt es im römischen Rechte keinen Eigentumserwerb ohne causa oder iusta causa.

5. Zwischen den Juristen der klassischen Zeit bestand in dieser Frage keine wesentliche Meinungsverschiedenheit. Auch Julian und Ulpian, die Autoren jener vielzitierten Stellen stimmen in der Auffassung vom Eigentumserwerbe durch traditio überein.

6. Die berühmte Antinomie, die das Gegenteil zu zeigen scheint, ist wahrscheinlich durch eine Textverderbnis in der Ulpianhandschrift entstanden oder kann mindestens so erklärt werden. (Vgl. Koschaker, Ak.-Abh. Leipzig, 42. Bd., 2.)

7. Unter Berücksichtigung der genannten Thesen lassen sich alle überlieferten Texte, die für die Frage wichtig sind, inhaltlich konservativ behandeln. Nirgends finden wir einen sachlichen Eingriff, der die Entscheidung der Klassiker in das Gegenteil verkehrt hätte.

I.

Um die Wahrscheinlichkeit der obigen Sätze zu prüfen, betrachten wir nun die wichtigsten Stellen. Da ist es wohl in Ordnung, mit der genannten Antinomie zu beginnen: Gewöhnlich wird angenommen, daß die von Ulpian D. 12, 1, 18 zitierte Julianstelle mit

[8]) Donatuti nimmt stets eine Beziehung zum „positiven" Rechte an. Das ist m. E. ungenau; er berücksichtigt die eigenartige Stellung der Gerichtsobrigkeit, des iudex und der Juristen, zu wenig. Von ihnen geht ja die Fortentwicklung des Rechts aus. — Iustus erscheint bei Gaius in den Verbindungen: iusta servitus 1, 12; i. manumissio 1, 17; iustae nuptiae 1, 55; 1, 90/91; i. matrimonium 1, 76; 1, 87; i. filius 1, 77/8; 1, 99; i. coitus 1, 88; i. possessio 1, 95; 4, 151; i. liberi 3, 72; i. successor 3, 78; iusta et probabilis ignorantia 3, 160; i. dominium 4, 16; i. exceptio 4, 126 u. 126a; i. replicatio 4, 127; i. duplicatio 4, 128. Iustum allein begegnet 4, 37; 4, 151.

der in D. 41, 1, 36 überlieferten identisch sei. Dies trifft aber m. E. nicht zu [9]). Schon die Fassung der Stellen macht es unwahrscheinlich, da sie im Wortlaute nicht wenig voneinander abweichen. Aber auch sachliche Momente sprechen dagegen. Die Ulpianstelle bezieht sich m. E. vielmehr auf eine Julianstelle in dessen 10. Buche der Digesten, und zwar auf die Frage einer condictio (im Abschnitt: ‚si certum petetur'), eine Stelle, die uns nicht erhalten ist. Vergleicht man nämlich[10]) alle erhaltenen Bruchstücke Julians mit jenem Teile des Ulpianfragmentes, in dem Ulpian den Julian zitiert, so findet man die größte Ähnlichkeit mit D. 12, 1, 9, 8 und D. 12, 1, 12. Ferner versteht man dann, warum die Kompilatoren die Ulpianstelle, die den disputationes, und zwar einem Unterteil des 7. Buches entnommen war, der de exceptionibus handelte, in den Digestentitel de creditis aufnahmen. Die Schulkommentare dürften eben bei der Behandlung der Kondiktionen auf diese beiden Stellen, auf die — uns fehlende — von Julian und auf die — erhaltene — von Ulpian hingewiesen haben. — Um nun die folgende Entwicklung verständlich zu machen, erscheint es nötig, sich die Julianstelle zu rekonstruieren. Dabei bleibt natürlich der Wortlaut im einzelnen unsicher. Zuvor muß aber über jenen Teil der Ulpianstelle gesprochen werden, der die Hauptschwierigkeiten verursacht: magisque nummos accipientis non fieri, cum alia opinione acceperit. Dieser Passus wirkt wie ein Fremdkörper im Gefüge des Bruchstückes[11]). Sollen wir ihn deshalb bei dem Wiederherstellungsversuche des klassischen Textes völlig ausscheiden? Tatsächlich spricht u. a. m. E. der Umstand dafür, daß dieser Teil in die Erörterung über die condictio nicht recht paßt, mindestens nicht notwendig wäre, auch wenn sich daraus keine gegensätzliche Meinung Ulpians und Julians ergäbe. Aber es erheben sich doch auch Bedenken gegen die völlige Eliminierung, die mindestens so stark sind, daß auch andere Möglichkeiten gesucht werden müssen. Überlegen wir einmal! Der Einschub kann interpoliert sein oder ein Glossem darstellen. Im ersten wie im zweiten Fall kann er auf

---

[9]) So auch schon Hupka (mündlich).
[10]) Nach der Palingenesie Lenels.
[11]) Wie Hupka sofort glänzend erkannt hat.

die Kompilatoren zurückgehen oder vorjustinianisch sein. Daß der Satz nicht auf das Konto Justinians zu setzen ist, geht schon daraus hervor, daß die Julianstelle im Titel über den Eigentumserwerb erscheint, die Kompilatoren also die „abstrakte" Lösung bevorzugten. Hätte der Kaiser — im Sinne des vorliegenden Ulpiantextes —, bestimmen wollen, daß im Falle des sog. kausalen Dissenses das Eigentum nicht übergehe, so brauchte er nur die Julianstelle äußerlich geringfügig zu ändern, so wie es Kübler in seinem Lehrbuche getan hat. Es kann auch kein Glossem der Kompilatoren vorliegen, da sie sich sonst selbst durch dieses ganz unnötig Schwierigkeiten bereitet hätten, die einfach unverständlich wären. Schon Stephanus[12]), der sonst öfters altes Recht dem neuen gegenüberstellt[13]), bemüht sich, bei seinen Erklärungen eine Harmonisierung der Stellen zu erreichen. Somit könnte der Zwischensatz nur vorjustinianische Interpolation oder vorjustinianisches Glossem darstellen. Gegen die Annahme einer vorjustinianischen Interpolation spricht aber der schon genannte Umstand. So käme man zur These Küblers[14]), die wohl abgelehnt wird[15]). Es bleibt also nur ein vorjustinianisches Glossem als möglich. Da der Zwischensatz in gutem Latein abgefaßt ist, könnte das Glossem nur in einer Zeit entstanden sein, in der der Text lateinisch erläutert wurde. Möglich bleibt demnach die nachklassische Entstehung im Westen — oder im Osten, bevor man zur griechischen Glossierung überging, was in Berytus etwa um 400 n. Chr. geschah. — Aber warum haben die Kompilatoren dann diesen Einschub nicht entfernt? Im Titel de creditis war er ja völlig überflüssig und brachte dazu einen Gegensatz zu dem in derselben Stelle zitierten Julian. Er muß ihnen wohl entgangen sein. Das ist bei der Größe des Werkes und der Kürze der Zeit glaublich, vorausgesetzt, daß sie beide Stellen — mindestens sachlich — unbearbeitet aufnahmen. Das Glossem wäre ihnen als echt erschienen. Aber wie war es in den Ulpian-Text hineingekommen? Dauernde Text-

[12]) Vgl. Kübler, Röm. Rechtsgesch. S. 425.

[13]) Vgl. Pringsheim, Sav.-Z. 45, 491; Krüger, Quelleng. 409; Peters, Digestenkommentare 39.

[14]) Vgl. Lesebuch d. r. R.^{3}, 74.

[15]) Lange, 67.

erweiterungen durch Glossem erschienen bei einem so ausführlichen und leicht verständlichen Werke wie Ulpian's Ediktskommentar an und für sich nicht leicht glaublich. Mindestens müßte sich aber das Glossem derart gut an den Text anschließen und den Gedanken desselben so sinngemäß fortspinnen, daß die Folgezeit die Erweiterung für unentbehrlich hielt oder für echten Text auffaßte. Beide Möglichkeiten treffen m. E. nicht ganz zu. Wir müssen demnach wohl annehmen, daß der Zwischensatz schon in der Vorlage stand. Betrachten wir ihn aber genauer, so finden wir, daß die Begründung für die Nicht-Übereignung etwas merkwürdig klingt. Während anscheinend Kyrillos[16]) und die Scholiasten[17]) sie auf das Nichtzustandekommen eines Vertrages zurückführen und dabei darauf hinweisen, daß eben beide Rechtsgeschäfte nicht gültig entstanden sind, sagt der Ulpiantext nur ‚cum alia opinione acceperit'. Da sich dieser Nachsatz im Wortlaute auf die Frage nach der Gültigkeit des mutuum bezieht, stimmt die Begründung nicht. Denn der Empfänger hat ja in keiner anderen Meinung die Münzen entgegengenommen. Man müßte also erklären: „in einer anderen Meinung, als sie gegeben worden sind". Daß dieser Nachsatz aber weggefallen wäre, ist nicht anzunehmen, da er m. E. nicht schlechthin entbehrlich war. Wäre dagegen von der Schenkung die Rede, so läge eine klare Begründung dafür vor, daß das Eigentum nicht übergegangen ist. Dies führt uns zu der Hypothese, daß eine Verderbnis des Textes vorliegt und zwar vielleicht dadurch, daß ein früher Abschreiber eine Zeile übersprang und diese dann anreihte; vielleicht mit einem Zeichen,

---

[16]) *Κυρίλλου· Εἰ δωρήσομαι σοι δέκα νομίσματα σὺ δὲ δέξῃ ὡς ἀπὸ δανείου, οὐ μεταφέρεται δεσποτεία· εἰ δὲ δαπανήσῃς αὐτά, ἔχεις δόλου παραγραφήν· εἰ δώσω σοι νομίσματα ἐν παρακαταθήκῃ, σὺ δὲ δέξῃ ὡς δάνειον ἢ ἐγὼ ὡς δάνειον, σὺ δὲ δέξῃ ὡς κομμοδάτον, οὐ συνίσταται συνάλλαγμα· εἰ δὲ δαπανηθῶσιν ἄνευ δόλου, χώρα τῷ κονδικτικίῳ* (Heimbach, Bas. 2, 613).

[17]) Vgl. das Scholion *Διὰ τοῦτο* (Heimbach, 2, 615) am Ende: *σὺ γὰρ, ὡς εἴρηται, δι' ὧν μετὰ ταῦτα τὴν ἐξαρχῆς μου μανθάνων διάθεσιν ἀντιλέγεις καὶ δόλου παραγραφῇ κέχρησαι, συναινέσαι δοκεῖς ἐπὶ τῇ δωρεᾷ. συναινούντων δὲ περὶ τὴν δωρεὰν ἑκατέρων, καὶ τοῦ δεδωκότος καὶ τοῦ εἰληφότος, συνίσταται αὕτη καὶ ἀργεῖ ἡ ἀπαίτησις.* Es muß also Stephanus den Zwischensatz im Wortlaute des Ulpiantextes schon vorgefunden und für echt gehalten haben. Sonst hätte er sich nicht so sehr um die Harmonisierung bemüht, sondern hätte altes und neues Recht gegenübergestellt.

das später übersehen oder nicht verstanden wurde[18]). Die beiden Zeilen haben m. E. mit esse begonnen.

Aber auch bei dieser Hypothese bleibt die Divergenz in der Auffassung der beiden Klassiker betreffs des Eigentumsüberganges bestehen. Um diesen Zwiespalt lösen zu können, müssen wir andere Stellen heranziehen[19]). Verwiesen sei zunächst auf eine Gaius-Stelle D. 41, 1, 9, 5, wo wir lesen:

> licet enim ex ea causa tibi eam non tradiderim, eo tamen ipso, quod patior eam ex causa emptionis apud te esse tuam efficio.

Diese Stelle ist besonders kennzeichnend, da die Kompilatoren sie verändert in den Institutionen 2, 1, 44 bringen. Dort ist aber in der Begründung des Eigentumsüberganges nur gesagt quod patitur tuam esse, statim adquiritur tibi proprietas . . . Die Kompilatoren haben also die Erörterung der verschiedenen causae für „überflüssig" gefunden, wenn der Wille des Gebers eindeutig auf die dauernde Überlassung der Sache ex iusta causa ging.

Als zweite Stelle betrachten wir D. 41, 4, 2, 2, wo Paulus ausführt:

> . . . *quaeri potest, si cum defunctus em[isset], heredi eius tradatur, qui nesciat defunctum emisse, sed ⟨putet⟩*[20]) *ex alia causa tradi, an usucapio cesset.*

Als dritte Stelle eine aus Gaius Inst. (2, 50): . . qui alienam rem vendidit et tradidit, furtum committit; idemque accidit etiam si ex alia causa traditur. Daraus erkennen wir die Klassizität der causae-Erörterungen.

Schließlich fügen wir noch D. 41, 10, 4, 2 aus dem Titel ‚Pro suo' zur Analogie bei:

Quod legatum non sit, ab herede tamen perperam traditum sit, placet a legatario usucapi, quia pro suo possidet, ob-

---

[18]) Vgl. Schulz, Einführung i. d. Digesten, der S. 3 erwähnt, daß in F^1 als *σημεῖον* ein Pfeil, der daneben gemalt ist, verwendet wurde. Es war vom Schreiber nämlich das letzte Fragment von D 29, 5 versetzt worden. — Ob ein solches Zeichen vom Schreiber selbst oder vom Korrektor stammt, ersieht man aus der Schrift.

[19]) Vollständigkeit ist nicht erstrebt.

[20]) So ist m. E. der Text herzustellen.

wohl D. 41, 3, 27 besagt quia necque pro legato necque pro donato necque pro dote usucapio valeat, si nulla donatio, nulla dos, nullum legatum sit. Daraus erkennen wir, daß der Rechtsanspruch durchdringen konnte, auch wenn das Vorliegen einer bestimmten causa verneint wurde. Es konnte z. B. noch immer eine andere causa für den Eigentums- oder Besitzerwerb anerkannt sein. Die klassische Literatur hat aber die verschiedenen causae begrifflich nie vermengt. Diese Beispiele führen uns bei der zitierten Antinomiestelle zu der Annahme, daß Julian wie Ulpian es verneint habe, daß die Münzen ex causa donationis ins Eigentum übergegangen seien, weil ja nulla donatio zustande kam, cum alia opinione acceperit. Der Zwischensatz hat also m. E. ursprünglich gelautet:

... magisque nummos ... non ex ea causa fieri ...

Die Späteren haben diese Worte gestrichen, weil sie ihnen an der Stelle, wo sie jetzt standen, als überflüssig erschienen, da ja der Zwischensatz nun nicht von der donatio, sondern von dem mutuum sprach; oder sie haben sie versehentlich ausgelassen.

Wir können demnach die Entwicklung des Textes hypothetisch folgendermaßen rekonstruieren: Die ursprüngliche Julianstelle aus dem Abschnitte über die condictio hat etwa so gelautet:

Si ego pecuniam tibi quasi donaturus dedero, tu quasi mutuam accipias, utrum donatio valeat an tibi eam (pecuniam) condicere possim, quaeritur. Respondit donationem non esse magisque nummos tuos non ex ea causa fieri, cum alia opinione acceperis. Quapropter condictio mihi adquiritur[21]).

Die zweite Julianstelle aber, D. 41, 1, 36, hatte m. E. etwa folgenden Wortlaut[22]):

---

[21]) Lenels Palingenesie läßt uns die bei Julian häufige sprachliche Fassung der Gedanken erkennen. Zahlreiche Bruchstücke zeigen uns die Form der Frage. Für die Kondiktionen-Fassung vgl. man etwa D 12, 1, 9, 8 u. D 12, 1, 12. Für die causa-Fassung: D 8, 5, 15: ex causa emptionis . . quaero, an ex hac causa . . ., ferner D 5, 3, 16, 7; D 5, 1, 25; D 2, 2, 3, 5—7; D 3, 3, 8, 3. Quapropter scheint bei Julian beliebt.

[22]) Für die Wendung consentire in m. Acc. neben dem Abl. vgl. Lange 71. Aus den Dig. etwa: 18, 1, 9 u. 11: in corpus consentire. Deshalb ist keine Interpolationsannahme nötig, wohl aber bei dem Relativsatze quod traditur. Ihn haben die Kompilatoren zur vermeintlich notwendigen „Verdeutlichung" eingeführt. — In causis ist wahrscheinlich ebenso zu erklären. Vgl. für diesen Wechsel des

Cum in corpus quidem consentiamus, in causa vero dissentiamus, non animadverto, cur inefficax sit traditio, veluti si ego credam me ex testamento tibi obligatum esse ut fundum tradam, tu existimes ex stipulatu tibi eum deberi. Nam et si ego pecuniam numeratam tibi tradam donandi gratia, tu eam quasi creditam accipias, constat eam (pecuniam) fieri tuam.

Ulpian aber schrieb m. E. so: *Si ego pecuniam tibi quasi donaturus dedero, tu quasi mutuam accipias, Julianus scribit donationem non esse magisque nummos tuos non ex ea causa fieri, cum alia opinione acceperis. Sed an mutua sit videndum. Et puto nec mutuam esse. Quare si eos nummos consumpseris, licet condictione tenearis, tamen doli exceptione uti poteris, quia secundum voluntatem meam nummos consumpseris*[23]).

Dieser Text hätte sich durch die Fehlschreibung der Vorlage spätestens im 5./6. Jahrhundert derart verändert, daß es nun hieß:

> *Si ego pecuniam tibi quasi donaturus dedero, tu quasi mutuam accipias, Julianus scribit donationem non esse. Sed an mutua sit, videndum. Et puto nec mutuam esse magisque nummos tuos non fieri cum ...*

Numerus bei causa Grupe, Sav.-Z. 16, 311 unter Hinweis auf D 41, 1, 10, 5 gegen Gaius, J. 2, 93. — Für inefficax vgl. D 4, 8, 11, 1. — Traditio ist m. E. nicht in mancipatio zu ändern. Auch bei res mancipii war die traditio seit alter Zeit gebräuchlich. (Führte sie doch zur usucapio.) Das zeigt uns Varro de re rustica, II, der in seinen Kauffällen nur von traditio spricht. — Nam et si ist völlig in Ordnung: „Denn selbst in dem Falle, daß ...", also ein Schluß a potiori. — Ob constat bei Julian stand, erscheint nicht sicher; die Frage ist aber von keiner Bedeutung. Constat kommt nämlich in den erhaltenen Fragmenten Julians fast nie vor. Das kann Zufall sein. Es ist aber ebenso möglich, daß bei ihm stand: ea (pecunia) fit tua.

[23]) Er knüpft also an die Frage an, ob eine condictio zustehe u. setzt fort: Es liegt aber auch kein mutuum rechtlich vor, so daß z. B. die actio certae pecuniae creditae nicht in Frage kommt. Bleibt also nur eine condictio aus einem anderen Tatbestande. Hat er aber das Geld nicht mehr in seinem Vermögen, so muß zwar auch die condictio zugelassen werden, aber es ist gleichzeitig ein exceptio zu gewähren, da ja der Verbrauch nicht gegen den Willen des Gebers erfolgt war. Quare ist völlig in Ordnung. Es leitet die Schlußfolgerung Ulpians aus dem ganzen Tatbestande ein. Licet-tamen ist eine gut klassische Wendung, justinianisch wäre attamen dabei. Vgl. Grupe, Sav.-Z. 17, 315. Bei Gaius in den Institutionen häufig: 1, 40; 1, 135; 2, 125; 2, 244; 3, 84; 3, 166; 4, 71.

Diesen Text veränderten die Kompilatoren nur in wenigen Punkten, indem sie ihn teilweise in die dritte Person übertrugen, wie häufig zu beobachten ist; sachliche Eingriffe nahmen sie nicht vor.

Nahmen auch die Kompilatoren zur Kontrolle Einsicht in Julians Digesten, so fanden sie die Wendung, die den Nichtübergang auszusprechen schien, vor. Vermutlich gedeckt durch die Autorität Julians und Ulpians fand m. E. der Satz Eingang in die Digesten. So konnten seine Erklärer nur annehmen, es liege nur ein scheinbarer, kein wirklicher Gegensatz zu l. 36 vor und mußten harmonisieren, was sich bis zum Ende der gemeinrechtlichen Literatur fortsetzte. —

Möglich erscheint aber auch eine andere hypothetische Text-Entwicklung z. B.:

Ulpian schrieb, so müßten wir annehmen: Si ego pecuniam tibi quasi donaturus dedero, tu quasi mutuam accipias, Julianus scribit donationem non esse. Sed an mutua sit, videndum. Et puto nec mutuam esse. Quare . . . In der nachklassischen Zeit schrieb ein Gelehrter, der Julians Parallelstelle einsah, aus ihr auf den Rand: magisque nummos tuos ex ea causa non fieri, cum alia opinione acceperis. Vom Rande kam diese Zutat in der Folgezeit in den Text, aber an die unrichtige Stelle. So fanden sie die Kompilatoren und nahmen sie in die Digesten auf, nachdem sie sie umstilisiert hatten. Nach dieser Hypothese läge kein Glossem im gewöhnlichen Sinne, also kein erläuternder Satz von einem nachklassischen Bearbeiter, sondern echter, klassischer Text, aber von einem anderen Autor vor. Ursprünglich zur Verdeutlichung der Stelle gedacht, wie ein normales Glossem, kam er in den Text Ulpians und zwar an den unrichtigen Platz. Dies übersahen die Kompilatoren oder glaubten, eine Deckung bei Julian zu finden.

Julian und Ulpian stimmten also nach unserer Auffassung in der Frage des Eigentumsüberganges überein. Der Unterschied lag nur darin, daß Julian immer eine condictio der Summe gab, Ulpian sie aber im Falle der bereits verbrauchten durch die exceptio doli entkräften ließ. — Wenn die Übereignungsfrage aber gar keine längeren Auseinandersetzungen hervorrief, sondern schon Julian zur Begründung der Entscheidung des ersten Falles sagen konnte „Denn selbst wenn du empfängst ... wird das Geld dein Eigentum", so zeigt das m. E. deutlich, daß die Handhabung des Rechtsschutzes seit langem eine ständige Praxis hiebei anwendete. Prätor und iudex erkannten in Übereinstimmung mit den Juristen eine derartige Übergabe als iusta causa des Eigentumserwerbs durch traditio an; freilich war das theoretisch keine Übereignung ex causa donationis, noch ex mutuo.

II.

Fragen wir uns nun, was demgemäß die iusta causa im Rechtssysteme der Römer ihrem Wesen nach zu bedeuten hatte, so scheint mir folgende Antwort richtig: Während alle anderen Erfordernisse zum Zustandekommen des derivativen Eigentumserwerbes vom individualistischen Gesichtspunkte ausgehen, stellt die causa das wertende Sozialelement dar. Es ergibt sich die hochinteressante Tatsache, daß die Römer in der klassischen Zeit des entwickelten Weltverkehres zwar grundsätzlich eine freie[24]) (liberale, ungebundene) private Verkehrswirtschaft hatten, sie aber dennoch die Gemeinschaftskontrolle nicht ausschalteten. Sie schufen — oder behielten, besser gesagt — die Kontrolle der Gemeinschaft durch die Handhabung des Rechtsschutzes bei, in einer Zeit, als die Bindungen des alten Agrarstaates immer mehr zurücktraten. Der Rechtsschutz, der dem Eigentümer oder Eigentumsersitzer versprochen war, wurde nur jenem wirklich zuteil, bei dem sich ein von der Gemeinschaft anerkannter oder zugelassener Begründungstatbestand bei objektiver Prüfung ergab. Dabei war die Gemeinschaft entsprechend den Grundsätzen eines notwendig freien Güterumsatzes im Weltreiche und seiner Hauptstadt sehr weitherzig. Nur dann wurde der Tatbestand nicht als hinreichend erkannt, wenn ernstliche Gemeinschaftsgründe dagegen sprachen. Im allgemeinen wurde wohl der Geschäftswille der Parteien anerkannt. In einer freien Verkehrswirtschaft werden ja die einzelnen wirtschaftenden Per-

[24]) Über diese Begriffe vgl. Sombart, Organisation d. V. Für die röm. Zeit vgl. Schönbauer, Sav.-Z. 46, 211ff., auch Beiträge z. Gesch. d. Bergbaurechtes 174f.; auch Levy, Sav.-Z. 49, S. 253.

sonen als hinreichend reif zur Beurteilung für die Tragweite ihrer einzelnen Handlungen betrachtet. Das ist auch in der römischen geschehen. Dem gibt Gaius Ausdruck, wenn er in der bekannten Stelle sagt: Nichts ist der natürlichen Billigkeit so sehr entsprechend, als daß der Wille des Verfügungsberechtigten über eine Sache, der diese auf einen anderen übertragen will, von der Gemeinschaft anerkannt werde; aber sie wertete den wirtschaftlichen Vorgang.

Will man einen dogmatischen Aufbau der römischen Übereignungslehre durch traditio darstellen, so muß man die Erfordernisse, die bei den Parteien vorliegen müssen, von denen sondern, die die Gemeinschaft verlangt. Die letzteren beurteilt die Gerichtsobrigkeit formell selbständig ebenso wie der iudex als unabhängiger Privatrichter.

a) Die Voraussetzungen individualistischen Inhaltes für eine gültige Übereignung sind folgende:

1. Wer die Sache als Vermögensgut auf einen anderen übertragen will, muß hiezu das Recht haben. Die rechtliche Verfügungsmacht wird objektiv geprüft. Legitimiert zur Übertragung mit der Wirkung, daß der Empfänger — unter gewissen Voraussetzungen — sofort Eigentümer werden kann, ist jeder grundsätzlich nur betreffs seiner eigenen Sache. Allerdings trifft dieser Satz nur für den Vollhandlungsfähigen zu, für andere ist noch die Mitwirkung einer Schutzperson nötig.
2. Notwendig ist ferner das Einverständnis darüber, daß der Übertragende die Sache, die er in seinem Vermögen hatte, dauernd dem anderen, der das Gut erwerben soll, überlassen wolle. Fehlt es an diesem Einverständnisse[25]), so fehlt ein wesentliches Tatbestandsmerkmal und die Übereignung kommt nicht zustande.
3. Unerläßlich für diese Art des Eigentumserwerbes ist ferner auf Seite des präsumtiven neuen Eigentümers die Erlangung

[25]) Viele Forscher glauben noch immer Willenserfordernisse, die in den Quellen erwähnt werden, von vornherein den Byzantinern zuschreiben zu müssen. Wie unrichtig diese Betrachtungsweise ist, hat vor allem die Abhandlung von Stroux „Summum ius, summa iusiuria" gezeigt. Aber schon lange vor Stroux hatte z. B. Jörs mit Nachdruck auf die noch in der Republik einsetzende Erörterung „Wort und Wille" in der röm. Literatur hingewiesen. (Vgl. z. B. Digesta-Artikel bei Pauly-Wissowa.) Vgl. oben S. 14 f.

eines von der Rechtsordnung anerkannten Machtverhältnisses über die Sachen. Dieses wird regelmäßig durch Übertragung des Besitzes (traditio im engeren Sinne) hergestellt. Es gibt aber auch Fälle, wo ausnahmsweise — verschieden in den einzelnen Epochen — dieser Akt nicht nötig erscheint und doch das Machtverhältnis rechtlich anerkannt ist[26]).

Für alle Erfordernisse eines gültigen Eigentumserwerbes durch traditio gilt aber für die Prüfung des Sachverhaltes der Leitsatz: Die größere Kraft liegt im wirklichen Sachverhalte als in der Meinung der Parteien: Plus in re est quam in existimatione[27]). Nach diesem bekannten Ausspruche des Sabinus kommt es für die Beurteilung der Erwerbsfrage nicht auf die Vorstellungen der Parteien oder ihre Meinungen an, sondern auf den wahren, d. h. objektiv festgestellten Sachverhalt.

b) Die positive Wertung des wirtschaftlichen Begründungstatbestandes.

Im Folgenden wollen wir diese Erfordernisse nach den Quellenstellen kurz darzulegen versuchen.

III.

Das Erfordernis der Verfügungsberechtigung ist am leichtesten verständlich und unbestritten. Es wird von Gaius Inst. 2, 20 ausdrücklich hervorgehoben, indem er sagt .... statim tua fit ea res, si modo ego eius dominus sim. Weniger unzweifelhaft ist in dieser Beziehung der Tatbestand nur dann, wenn der objektive Sachverhalt nicht deutlich erscheint. Hier seien folgende Stellen hervorgehoben: D. 27, 10, 10, 1 und 27, 9, 5, 2. Die erstere lautet:

> Curator furiosi rem quidem suam quasi furiosi ⟨ex iusta causa⟩ tradere poterit et ⟨ita⟩ dominium transferre[28]).

---

[26]) Das Schrifttum über die traditio-Frage und die traditio ficta zuletzt bei Ehrhardt, S. 10 u. 11, 14f.

[27]) Vgl. Lange 55f., aber teilweise irrig ausgelegt.

[28]) Vgl. Lange, 56. Die Stelle ist m. E. nur aus dem Zusammenhange verständlich. Julian schreibt, so berichtet hier Ulpian, daß alle, quibus per praetorem bonis interdictum est, mangels der Verfügungsberechtigung keine Güter übertragen können. Ein Pfleger eines Geisteskranken hat aber natürlich Verfügungsmacht, wenn es sich um seine eigenen Vermögensteile handelt. Ob es dabei den Anschein hat, daß es sich um ein Gut des Pfleglings handelt, ist rechtlich bedeutungs-

Es kommt also nicht darauf an, wenn der Pfleger sich den Anschein gibt, als verkaufe er z. B. eine Sache des Pfleglings. Der Erwerber wird im Falle der traditio dennoch Eigentümer, weil er sie ja von dem dominus rei als dem objektiv Verfügungsberechtigten ex iusta causa empfangen hat. In der zweitgenannten Stelle, die ebenfalls von Ulpian stammt, heißt es in dem überlieferten Wortlaute[28a]): Si pupillus alienum fundum bona fide emptum possideat, dicendum puto ne hunc alienare tutores posse: Ea enim quae quasi pupillaris vero distractus est, venditio valet. Daß der Text in dieser Fassung nicht in Ordnung ist, hat Mommsen klar erkannt. Unter Heranziehung der vorgenannten Stelle und der Basiliken schlug er folgenden Wortlaut[29]) vor: Ea enim, quae quasi ⟨nostra bona fide possidemus, quodammodo nostra sunt. Si fundum tutor vendidit, qui eius est, quasi⟩ pupillaris vero distractus est ... Mommsen nimmt also an, daß durch den Schreiber versehentlich ein Stück des Textes ausgelassen wurde. Die italienischen Herausgeber der Digesten[30]) haben die letzten Worte so gefaßt: sed si tutoris fundus quasi pupillaris ... Damit sind sie m. E. dem Texte mehr gerecht geworden. Doch dürfte der ausgefallene Wortlaut bedeutend kürzer gewesen sein, als Mommsen annahm. M. E. fehlt nur eine einzige Zeile. Ich möchte den Wortlaut folgendermaßen herstellen:

Ea enim, quae
⟨usucapere possumus, quodammodo nostra sunt. Sed si
quasi pupillaris ... [tutoris fundus⟩

Ulpian hat demnach bei der Erklärung dieser oratio des Kaisers Severus ausgeführt, daß ein Vormund auch eine Sache, die nicht im Eigentume des Mündels stehe, wohl aber sich in dessen „Vermögen" (bona) befinde, nicht veräußern dürfe. Anders aber liege der

los. Ulpian hatte aber im Texte die Worte ex aliqua causa oder ähnlich, die die Kompilatoren als „überflüssig" strichen. Dies erkennt man m. E. durch Vergleich mit Ulpian-Julian-Stellen z. B. D 3, 3, 8, 3 u. 10; D 2, 2, 3, 5 u. 7; D 5, 3, 16, 7. Immer spricht er auch von der causa. — Auch der Schluß scheint sprachlich verändert zu sein. Um ihn möglichst zu erhalten, schalte ich ita oder hoc modo ein. Denn Gaius spricht immer von den modi des Eigentumserwerbes u. zählt den traditione dabei auf.

[28a]) Vgl. Lange, 59.

[29]) Vgl. Krügers Ausgabe z. d. St.

[30]) Bonfante, Fadda, Ferrini, Riccobono, Scialoja.

Fall, wenn es nur so scheine, als ob ein Grundstück des Mündels veräußert würde, es sich in Wirklichkeit aber um ein Grundstück des Vormundes handle. Dann sei die objektive Verfügungsberechtigung gegeben und es könne auf Grund dieses Kaufes Eigentum erworben werden. Daß es allein auf die objektiv vorhandene Verfügungsmacht ankomme, lehrt auch D. 22, 6, 9, 4[31]):

> *Qui ignoravit dominum esse rei venditorem [plus in re est quam in existimatione mentis et ideo, tam] etsi existimet se non a domino emere, tamen si a domino ei tradatur, dominus efficitur*[32]).

Paulus, der Autor dieser Stelle, zeigt also die gleiche Auffassung wie Ulpian.

Die Frage der Verfügungsberechtigung erscheint auch in folgenden Stellen: D. 26, 8, 9, 2[33]):

> *Pupillus [ex omnibus causis] solvendo sine tutoris auctoritate nihil agit, quia nullum dominium transferre potest*[34]).

Der Mündel ist zwar Eigentümer der gezahlten Summe, da ihm aber durch die Rechtsordnung die Verfügungsberechtigung ohne den Vormund genommen ist, vermag der Erwerber kein Eigentum zu erlangen. Das zeigt uns auch Ulpian D. 46, 3, 14, 8[35]):

> *Pupillum sine tutoris auctoritate nec solvere posse palam est: [sed]*[36]) *si dederit nummos, non fient accipientis vindicarique poterunt.*

und D. 12, 6, 29[37]):

> *Interdum persona locum facit repetitioni, ut puta, si pupillus sine tutoris auctoritate vel furiosus vel is, cui bonis interdictum est solverit ... si quidem exstant nummi,*

---

[31]) Um den Text in Ordnung zu bringen, genügt es, den bloß erläuternden Zwischensatz, wahrscheinlich ein Glossem, auszuschalten. Causa: emptio.

[32]) Lit. bei Ehrhardt 32. Daß Ehrhardts Ausführungen zu allen zitierten Stellen oft irrig sind, führe ich hier nicht nochmals aus.

[33]) Ehrhardt 57, 58, 73[52].

[34]) Gaius sagte wahrscheinlich: ex aliqualibet causa wie Inst. 1, 55 oder qualibet ex causa wie Inst. 1, 115.

[35]) Ehrhardt 59, 60, 73[52].

[36]) So Krüger i. d. Ausgabe.

[37]) Ehrhardt 60.

vindicabuntur, consumptis vero condictio locum habebit. Zu vergleichen ist D. 12, 1, 19, 1[38]).

Diesen Grundsatz von der Unmöglichkeit des Eigentumserwerbes vom Mündel ohne Vollwort des Vormundes kennen wir auch aus den Institutionen des Gaius II, 82[39]):

At si pupillus idem fecerit, qui non facit accipientis sine tutoris auctoritate pecuniam, nullam contrahit obligationem: Unde pupillus vindicare quidem nummos suos potest, sicubi exstent, id est eos petere.

Der Grundsatz über die Verfügungsberechtigung bringt m. E. auch die Erklärung für D. 12, 6, 6, pr.[40]):

Si procurator tuus indebitum solverit et tu ratum non habeas, posse repeti Labeo libris posteriorum scripsit: quod si debitum fuisset, non posse repeti Celsus: ideo, quoniam, cum quis procuratorem rerum suarum constituit, id quoque mandare videtur, ut solvat creditori necque postea exspectandum sit, ut ratum habeat.

Da dem Prokurator in unserem Falle die Geschäftsführung betreffs des Vermögens erteilt worden ist, ist die Verfügungsberechtigung gegeben und es kann das Geleistete nach objektiver Prüfung nicht zurückgefordert werden, auch nicht, wenn der Herr die Zahlung nachträglich nicht genehmigen will. Handelt es sich dagegen um die Leistung eines indebitum, so kann der Herr bei Verweigerung der Anerkennung zurückfordern. Maßgebend ist für die Beurteilung der Folgen der Leistung durch den Prokurator nur dessen Verfügungsmacht nach objektiver Prüfung.

So erklären sich auch Paul.[41]) D. 17, 1, 5, 3 und Ulp.[42]) D. 21, 3, 1, 2:

(Paul.:) *Item si mandavero tibi, ut fundum meum C venderes tuque eum XC vendideris et petam fundum, non obstabit mihi exceptio. Servo quoque dominus, si praeceperit certa summa rem vendere, ille minoris vendiderit, similiter*

[38]) Ehrhardt 59, 73.
[39]) Ehrhardt 57, 73, 74.
[40]) Ehrhardt 75.
[41]) Ehrhardt 132, 133.
[42]) Ehrhardt 133, 134, 143.

vindicare eam dominus potest nec ulla exceptione summoveri.

(Ulp.:) *Si quis rem meam mandatu meo vendiderit, vindicanti mihi rem venditam nocebit haec exceptio, nisi probetur me mandasse, ne traderetur, antequam pretium solvatur*[43]).

In beiden Fällen wird objektiv die Verfügungsberechtigung für diesen Kauf und damit die Möglichkeit des Eigentumserwerbes ex ea causa geprüft. Berechtigt ist eigentlich nur der dominus und nicht der Mandatar. Ging das Mandat nur auf einen Verkauf gegen eine höhere Summe, so fehlte für den Verkauf um einen geringeren Betrag objektiv auch die Quasi-Verfügungslegitimation auf Grund des Mandats. Er kann also in diesem Falle auch keine exceptio einwenden, die ihm normalerweise zusteht, wenn ein dominus trotz erteiltem Mandate das Geschäft nicht anerkennen will. Man nimmt ihn dann gleichsam bei „seinem Worte". Das ist aber hier nicht möglich. In diesem Zusammenhange sei noch auf D. 24, 1, 11, 2 hingewiesen[44]);

Maritus uxori mortis causa donatum voluit: interposuit mulier filium familias, qui a marito acciperet eique traderet. Deinde, cum moritur maritus, pater familias invenitur: an valet traditio? et ait consequens esse dici traditionem valere, quia sui iuris effectus est eo tempore, ad quod traditio redigitur . .[45])

Entscheidend ist die objektive Verfügungsberechtigung zur Stichzeit, d. h. beim Tode des Vaters. In den meisten dieser Fälle zeigt sich bei der Besprechung des Erfordernisses der vollen Verfügungsberechtigung über eine Sache auch jener Grundsatz beachtet, den wir schon nannten und auf den wir noch zurückkommen; plus est in re quam in existimatione.

---

[43]) Sprachlich sicher bearbeitet. Wahrscheinlich: exceptio rei venditae et traditae, nisi replicetur. Auch die Tempora sind justinianisch verändert, um Abwechslung zu erzeugen. Vgl. Grupe, Sav.-Z. a. a. O.

[44]) Ehrhardt 16, 22; 143.

[45]) Sprachlich verändert. Wahrscheinlich ⟨rem donaturus erat⟩. ⟨Qui⟩ cum . . An valeat traditio, ⟨quaeritur⟩.

IV.

Mehr umstritten, mindestens von den Modernen, ist das zweite Erfordernis. Und doch scheint es mir ganz zweifellos, daß jedwede Rechtsordnung, mag sie grundsätzlich frei oder gebunden sein, falls sie überhaupt eine Güterübertragung zuläßt, das Einverständnis der Parteien als unumgängliche Voraussetzung für den Erwerb feststellen muß. Wenn auch in den römischen Quellen vor allem auf den notwendigen Übertragungswillen des bisherigen Eigentümers besonders hingewiesen wird, wie das auch in der oben angeführten Gaiusstelle geschieht, so bedeutet dies nicht, daß nur der Wille des Übertragenden allein berücksichtigt wurde[46]). Denn zu einem Eigentumserwerbe konnte es naturgemäß nur kommen, wenn eine entsprechende Willensrichtung auch beim Empfänger vorhanden war[47]). Praktisch wichtiger ist natürlich der Wille des Tradenten; denn im allgemeinen wird es an dem Willen zum Erwerbe viel seltener fehlen als an dem, ein Gut dauernd wegzugeben. Aber selbstverständlich kann auch das letztere der Fall sein, wenn z. B. der Tradent eine sehr günstige Gütertransaktion vornehmen will, der andere Teil aber deswegen die Annahme und damit den Eigentumserwerb verweigert. Aber auch in den Fällen, wo der Empfänger in Unkenntnis der Erwerbsmöglichkeit betreffs eines Gutes bleibt, kann es zu keinem Einverständnis und demnach auch zu keinem Eigentumserwerbe kommen. Unter diesem Gesichtspunkte seien einschlägige Quellenstellen besprochen:

Die größte Schwierigkeit bietet eine Javolenusstelle D. 44, 7, 55. Sie lautet:

In omnibus rebus, quae dominium transferunt, concurrat oportet affectus ex utraque parte contrahentium: nam sive ea venditio, sive donatio sive conductio sive quaelibet alia causa contrahendi fuit, nisi animus utriusque consentit, perduci ad effectum id quod inchoatur non potest[48]).

[46]) So Perozzi, trad. 21/2, 211; Istit.[2] 1, 671.

[47]) Richtig Lange 27 f.

[48]) Lange 46, 48 möchte den Text so herstellen: In omnibus ⟨obligationibus⟩ concurrat oportet; sicher unrichtig. Denn bei den obligationes ex delicto ist ja das nicht der Fall. Deshalb kann Gai. Ep. 2, 9, 13 nicht als Parallele herangezogen werden. Ehrhardt 145 führt nur den resignierenden Bericht Pernices über diese Stelle an. Die Lit. bei ihm 146.

Die meisten Erklärer stehen dieser Stelle ratlos gegenüber. Daß sie überarbeitet ist, wird von allen hervorgehoben. Ein Wiederherstellungsversuch Riccobonos[49]) hat keinen Beifall gefunden[50]) und doch steckt m. E. in ihr ein durchaus richtiger Kern. Mir scheint etwa folgende Textgestaltung möglich:

In ⟨omni quoque alienatione⟩ concurrat oportet affectus ex utraque parte ⟨inter se agentium⟩: nam sive ea ⟨mancipatione vel traditione fiat sive aliud negotium inter partes contrahatur⟩ [sive venditio sive donatio sive conductio sive quaelibet alia causa (inter se) contrahendi fuit], nisi animus utriusque consentit, perduci ad effectum quod inchoatur non potest[51]).

Auch bei jedem derartigen Tatbestande (— durch den Eigentum übertragen wird —) muß der Wille beider Teile zusammenstimmen. Denn mag dieser Tatbestand vorliegen oder ein Kauf, eine Schenkung, eine Miete oder irgend ein anderer derartiger Fall eines zweiseitigen Geschäftes[51a]) . . ., meinen wohl die Digesten.

Die Stelle ist deswegen so schwer verständlich, weil sie aus dem Zusammenhange gerissen ist. Javolen hat wohl von Tatbeständen gesprochen, bei denen zwei Parteien tätig sind, um einen Rechtserfolg herbeiführen zu können. Als Typus führte er vielleicht die contractus an. Darauf scheint die Stellung des Fragmentes im Digesten-Abschnitte: De obligationibus et actionibus zu deuten. Dann sprach er unmittelbar anschließend von der Übertragung einer Sache durch den Eigentümer an einen anderen, also von der alienatio. Als die Kompilatoren das Fragment aus dem Zusammenhange lösten, schoben sie zur „Verdeutlichung" den Relativsatz ein: quae dominium transferunt. Er zeigt sich schon aus sprachlichen Gründen als Einschub. Zur Verdeutlichung der Behauptung, daß beim Übertragungsbestande ein Einverständnis der Parteien notwendig sei, verweisen sie auf andere Fälle (causae, res),

[49]) Studi Bonfante 1, 150ff., 167.

[50]) Vgl. Lange, 46.

[51]) Richtig weist Lange darauf hin, daß rem perduci ad exitum sowohl bei Cicero (inv. 2, 169; de fin. 2, 105) als auch bei Gaius 4, 162; 165 vorkommt.

[51a]) Über alienatio vgl. Lange 8. Für inter se agere D 2, 14, 1, 3. Traditione alienari bei Gaius 2, 65. Für negotium contrahere und sive m. Conj. D 44, 7, 57.

wo ebenfalls zwei Parteien zusammenwirken müssen. Man greift ziemlich willkürlich Kauf, Schenkung und Miete heraus. Die Kompilatoren haben nun noch in ihrem — oft sehr mißglückten — Bestreben, zu modernisieren, eingefügt; contrahentium und damit ihrer Überzeugung vom Übereignungssynallagma Ausdruck gegeben. Für sie handelte es sich um ein Synallagma nach Art der anderen, während Javolen noch ganz richtig von einem „Veräußerungs-Tatbestande" sprach. Ganz unverständlich wurde das Fragment m. E. erst durch ein Schreiberversehen, in dem der Text vor venditio ausfiel. — Daß die genannte Erklärung wahrscheinlich ist, beweisen uns m. E. die Basiliken, welche sagen: (52, 1, 55) ***καὶ ἐν τῇ μεταθέσει τῆς δεσποτείας δέον ἐστιν ἑκάτερον συναινεῖν· ἄνευ γὰρ τούτου οὐδὲν περατοῦται συνάλλαγμα.*** Es wird also auch zur Eigentumsübertragung ein consensus erfordert und zur Begründung angeführt, daß ohne diesen kein „Vertrag" zustande komme. — Javolen hat also ebensowenig wie irgendein anderer Klassiker behauptet, daß die Sachübertragung durch einen bloßen Parteienvertrag zustande komme, sondern nur darauf hingewiesen, daß beim Erwerbe auch ein Einverständnis vorliegen müsse, wie bei allen Tatbeständen, bei denen ein gewisses Zusammenwirken der Parteien für den Rechtserfolg unerläßlich sei.

Dieses notwendige Einverständnis schließt nicht aus, daß — wie gesagt — vor allem auf den Willen des Tradenten gesehen wird. So z. B. in einer Stelle[52]), die von Labeo in der Bearbeitung Javolens überliefert ist, D. 18, 1, 80, 3:

> *Nemo potest videri eam rem vendidisse, de cuius dominio id agitur, ne ad emptorem transeat, sed hoc aut locatio est aut aliud genus contractus.*

Wenn jemand seine Sache gar nicht dauernd einem anderen überlassen will, so kann naturgemäß niemals ein Eigentumserwerb ex causa emptionis vorliegen, sondern es kann sich nur um eine entgeltliche oder unentgeltliche vorübergehende Überlassung der

---

[52]) Lange 48f.; Ehrhardt 28; 36.

[53]) Unrichtig folgert Ehrhardt daraus, daß der Kauf ein Geschäft sei, welches notwendig verlange, daß der Verkäufer zu Eigentum übertragen wolle. Er steht aber nur hier, daß eine entgegengesetzte Verabredung nie den Inhalt eines Verkaufs bilden könne.

Sache handeln und danach ist die Eigenart des Rechtsgeschäftes zu bestimmen. Dieselbe Auffassung zeigt Ulpian D. 7, 9, 12[54]):

Si (vasa) igitur tradita sunt fruendi causa, nemo dubitat non fieri eius, qui ⟨ea⟩ accepit. Non enim ideo traduntur, ut dominium recedat ab eo, qui tradit, sed ut utatur fruatur . .

Der bloße Überlassungswille allein ist naturgemäß nicht ausreichend, sondern nur der Wille, ein Gut dauernd einem anderen zu überlassen. Von der Willensseite her ist auch ein zweites Ulpianbruchstück D. 47, 2, 14, 17 zu erklären[55]):

Si epistula, quam ego tibi misi, intercepta sit, quis furti actionem habet? Et primum quaerendum est, cuius sit epistula, utrum eius, qui misit an eius, ad quem missa est. Et si quidem dedi servo eius, statim ipsi quaesita est, cui misi . . . Quod si ita misi epistulam, ut mihi remittatur, dominium meum manet[56]).

Ist ein Brief nur zur Kenntnisnahme einem anderen übermittelt, so kann sich demgemäß kein Einverständnis über die dauernde Überlassung oder den dauernden Erwerb durch den Empfänger ergeben und Eigentum demnach nicht übertragen sein. Nicht anders urteilt m. E. Ulpian auch am Ende der schon zitierten Antinomiestelle[57]) D. 12, 1, 18, 1. Da der Gebende keineswegs die Absicht hat, die Sache dem Übernehmer dauernd zu belassen, sie vielmehr nur dort vorübergehend aufbewahren will, kann trotz des Erwerbswillens des Empfängers kein Eigentumserwerb stattfinden und es ist auch nur im Falle des Verbrauches eine Kondiktion gegeben. Auch ein weiteres Ulpianfragment ist m. E. dem sachlichen Kerne nach durchaus echt[58]). Es ist D. 23, 3, 9, 3:

Ceterum si res dentur in ea, quae Graeci παράφερνα *dicunt quaeque Galli peculium appellant, videamus, an statim efficiuntur mariti et putem: si sic dentur, ut fiant, effici mariti, et cum distractum fuerit matrimonium, non*

---

[54]) Lange 51 in anderem Zusammenhange.

[55]) Lange 52 m. Lit.

[56]) Bearbeitet! Wahrscheinlich stand: utrum ⟨mea⟩ an ⟨tua⟩. dedi servo ⟨tuo⟩. statim ⟨tibi⟩ ⟨adquisita⟩ est. Quod si ita ⟨tibi⟩ misi.

[57]) Bei Lange 64ff.

[58]) Lange 49ff. und Ehrhardt 96 irrig.

vindicari oportet, sed condici nec dotis actione peti, ut divus Marcus et imperator noster cum patre rescripserunt. plane si rerum libellus marito detur, ut Romae vulgo fieri videmus, ... hae igitur res an mariti fiant, videamus. et non puto, non quod non ei traduntur . . ., sed . . . magis hoc agi . . ut certum sit in domum eius illata, ne si quandoque separatio fiat, negetur.

Diese Stelle werden wir noch in Besprechung der Causa-Frage erörtern. Hier sei nur darauf hingewiesen, daß in dem zweiten Falle das Einverständnis über die dauernde Überlassung der Sachen bei der Frau fehlt und es schon wegen Fehlens dieses notwendigen Erfordernisses nicht zu einem Eigentumserwerbe durch den Mann kommen kann, obwohl ein Machtverhältnis hergestellt ist, das der traditio gleichgewertet würde. Aber die Analogie zu dieser Überlassung ist nur eine Überlassung in Form der Bittleihe oder dgl. Infolgedessen ist ein Eigentumserwerb unmöglich, weil ja der Wille rem transferendi eben fehlt.[59]) — Auch ein Fall, den Gaius in seinen Institutionen behandelt, III 146, ist unter diesem Gesichtspunkte m. E. klar: er lautet[60]):

Item quaeritur, si gladiatores ea lege tibi tradiderim, ut in singulos, qui integri exierint, pro sudore denarii XX mihi darentur, in eos vero singulos, qui occisi aut debilitati fuerint, denarii mille, quaeritur, utrum emptio et venditio an locatio et conductio contrahatur.

Das Einverständnis über die dauernde Übernahme der Gladiatoren gegen einen Stückpreis von M Den. ist nur unter einer Bedingung zustande gekommen, nämlich für den Fall, daß einer getötet werden sollte. Es bleibt demgemäß der Eigentumsübergang auf Grund eines bedingten Kaufes vorerst in Schwebe. Kann der Übernehmer die Sklaven zurückgeben, so bestand nur ein Einver-

[59]) Sprachlich verändert! Urtext etwa: . . videamus, an ⟨efficiantur⟩ mariti. Et putem: Si ⟨res⟩ ⟨hac mente⟩ dentur, ut fiant mariti, id effici . . nec actione ⟨rei uxoriae⟩ (Krüger). Plane si . . detur, ⟨has res mariti non fieri puto, non ⟨quia⟩ non ei traduntur (quid enim interest . . .) sed quia hoc ⟨agi videtur⟩ inter virum et uxorem, ut certum sit in domum ⟨eas⟩ illatas ⟨esse⟩, ne, si quandoque separatio fiat, negetur.

[60]) Bei Ehrhardt 129.

ständnis über entgeltliche vorübergehende Überlassung. Demgemäß sagt auch Gaius

> *et magis placuit eorum, qui integri exierint, locationem et conductionem contractam videri, at eorum, qui occisi aut debilitati sunt, emptionem et venditionem esse; idque ex accidentibus apparet tamquam sub condicione facta, cuiusque venditione an locatione: iam enim non dubitatur, quin sub condicione res veniri aut locari possint.*

Auch wenn nicht der Herr der Sache selbst unmittelbar tätig wird, sondern sich ein procurator einschaltet, bleibt die Frage die gleiche. Dies ersehen wir aus einem Paulusfragmente[61]), D. 12, 4, 14:

> *Quod si dominus ratum non habuisset* (es handelt sich um die *solutio indebiti* an einen *procurator falsus), etiamsi debita pecunia soluta fuisset, ab ipso procuratore repetetur: non enim quasi indebitum datum repetetur, sed quasi ob rem datum*[62]).

Da mangels der Ratifikation kein Einverständnis mit dem dominus zustande kam, kommt Eigentumerwerb von ihm nicht in Frage, auch wenn es sich um Zahlung einer geschuldeten Geldsumme handelte.

Auch an einen Dritten kann die Sache tradiert werden, wenn nur das Einverständnis zwischen dem dominus und dem Partner besteht. Dies zeigt eine Codex-Stelle[63]) C 4, 50, 9:

> *Diocletianus et Maximianus Eminio Rufinino: Nihil prohibet altero pecuniam numerante in alium — vel utriusque contrahentis consensu vel certe venditore tantummodo volente — dominium transferri. Eo etiam manifeste constituto, ut inter absentes per mediam personam vel per nuntium vel per epistulam talis contractus perfici possit.*

Mag auch in dem Texte sprachlich einiges geändert sein[64]), als

---

[61]) Ehrhardt 76.

[62]) Sprachlich verändert! Justinianische Tempus-Abwechslung! Wahrcheinlich: ⟨ haberet ⟩ . . ⟨ esset ⟩, ⟨ repeteretur ⟩ ⟨ repeteretur ⟩.

[63]) Bei Lange, 53.

[64]) Lange will nur schreiben: Nihil . . . numerante in alterum ex venditionis causa utriusque contrahentis consensu dominium transferri m. E. nicht richtig. Vel-volente dürfte eine nicht glückliche Erläuterung sein. Der Nach-

sachlicher Grundgehalt ergibt sich m. E. doch folgendes: Diocletian will Eigentumserwerb bei einem Dritten anerkennen, der gar nicht gezahlt hat, während bei dem, der zahlte, das Eigentumsrecht nicht entstehen soll. Dieser Eigentumserwerb durch den Dritten ist möglich, wenn der Verkäufer bereit ist, dem Dritten direkt die Sache dauernd zu übertragen, etwa auf Grund einer Anweisung oder einer Ermächtigung durch den Zahlenden. (Vgl. D. 18, 1, 15, 2.) Ist der Verkäufer nicht bereit, dem Dritten die Sache zu übertragen, so ist eine derartige, unmittelbare (durchlaufende) Gütertransaktion ausgeschlossen.

Aus dem notwendigen Einverständnisse, ohne das ein Eigentumserwerb durch traditio unmöglich wird, erklärt sich auch der Satz Ulpians[65]) D. 41, 1, 35: Nemo errans rem suam amittit. Seine Wirkung sehen wir in einer Reihe von Quellenstellen. D. 41, 1, 35 lautet:

> *Si procurator meus [vel tutor pupilli] rem suam quasi meam ⟨venditam⟩ alii tradideri[n]t, non recessit ab e[is] dominium et nulla est alienatio, quia nemo errans rem suam amittit.*

Zwischen dem Herrn, dem die tatsächlich hingegebene Sache gehörte und dem Übernehmer ist es zu keinem Einverständnis über die Hingabe dieser Sache aus dem Vermögen (des procurator) in das des Übernehmers gekommen. Da er somit die übergebene Sache in Wahrheit gar nicht veräußert hatte und der wahre Sachverhalt die stärkere Kraft entfaltet als der vermeintliche, kommt es zu keinem Eigentumserwerbe. Von demselben Schriftsteller stammt[66]) D. 12, 4, 3, 8:

> *Subtilius quoque illud tractat, an ille qui se statuliberum putaverit, nec fecerit nummos accipientis, quoniam heredi dedit quasi ipsius heredis nummos daturus, non quasi suos, qui utique ipsius fuerunt acquisiti . . . et puto, si hoc animo dedit, non fieri ipsius. Nam et cum tibi nummos meos quasi tuos do, non facio tuos.*

---

satz ist aber wohl nur zu ändern: Etiam manifeste constitutum est, ut. Der angehängte Abl. abs. ist typisch justinianisch; vgl. Grupe, Sav.-Z. 17, 312.

[65]) Lange 55f., aber z. T. irrig. [66]) Bei Lange 57f. m. Lit.

Beim Tradenten fehlt vollständig der Wille, res alienandi, Sachen zu übertragen, deshalb kann es zu keinem Einverständnisse über eine dauernde Sachübertragung kommen und es muß der Eigentumserwerb ausbleiben.

Auch eine Paulusstelle[67]) zeigt die gleiche Tendenz, D. 18, 1, 15, 2:

> *Si rem meam mihi ignoranti vendideris et iussu meo alii tradideris, non putat Pomponius dominium meum transire, quoniam non hoc mihi propositum fuit, sed quasi tuum dominium ad eum transire. et ideo etiam si donaturus mihi rem meam iussu meo alii tradas, idem dicendum est*[68]).

Hier ist das in der vorgenannten Konstitution Diocletians geforderte Einverständnis zwischen dem übertragenden Verkäufer oder Schenker und dem Erwerber darüber, daß eine Sache aus dem Vermögen des wahren Eigentümers in das des Erwerbers übergehe, nicht zustande gekommen; der aber, bei dem der Wille, ein Gut aus seinem Vermögen herzugeben, vorhanden war, besaß — objektiv betrachtet — keine Verfügungsmacht über die Sache. Deshalb entscheidet Pomponius, daß es zu keinem Eigentumserwerbe gekommen sei. Nur wenn der Verkäufer der wahre dominus rei gewesen wäre, würde der Tatbestand des Eigentumserwerbes anerkannt.

Auch Stellen über das furtum zeigen die Notwendigkeit des wahren Überlassungswillens: D. 47, 2, 44, ein Ausspruch des Pomponius[69]), besagt:

> *Si rem meam quasi tuam tibi tradidero scienti meam esse, magis est furtum te facere, si lucrandi animo id feceris.*

Obwohl dem Empfänger der Mangel des Entäußerungswillens beim irrenden Tradenten betreffs seiner eigenen Güter bekannt ist, nimmt er doch die Sache. Unter diesen Umständen ist zweifellos Eigentumserwerb ausgeschlossen, besonders wenn der Tatbestand als Delikt gewertet wird.

---

[67]) Bei Lange, 61f.
[68]) Sprachlich verändert, mindestens im quoniam-Satze.
[69]) Bei Lange 83.

Zu vergleichen ist noch ein Fragment aus Papinians Quaestionen D. 12, 6, 55 (vgl. L. 91), in dem es heißt:

Nam si servus non locatus mercedem ut domino praedoni rettulit, non fiet accipientis pecunia. Quod si vecturas navium, quas dominus locaverat, item pensiones insularum acceperit, ob indebitum ei tenebitur; qui non est liberatus solvendo. Quod ergo dici solet praedoni fructus posse condici, tunc locum habet, cum domini fructus fuerunt.

V.

Das dritte Erfordernis im Tatbestande, soweit es auf die Parteien ankommt, ist die Erlangung eines vom Recht anerkannten Machtverhältnisses über die Sache, wie wir schon oben ausführten. Normalerweise geschieht dies durch Besitzübertragung[70]). Daß diese traditio zum Eigentumserwerbe nötig sei, zeigt schon deutlich Varro, de re rustica[71]), II, 1, 15, II, 2, 6, II, 6, 3 und II, 9, 7.

An der letzten Stelle heißt es betreffs des Verkaufes von Hunden:

Fit alterius, cum a priori domino secundo traditus est.

Ähnlich betreffs der Esel:

In mercando item ut ceterae pecudes emptionibus et traditionibus dominum mutant.

Daraus verstehen wir auch die Wendung:

necque ... satis est stipulatio aut solutio nummorum ad mutationem domini

und in der 2. Stelle:

cum id factum est, tamen grex dominum non mutavit, nisi si est adnumeratum.

Die Notwendigkeit der traditio wird aber ebenso noch von Diocletian deutlich ausgesprochen in der bekannten[72]) Stelle C. 2, 3, 20:

traditionibus et usucapionibus dominia rerum, non nudis pactis transferuntur.

---

[70]) Vgl. dazu vor allem Schulz, Einführung, 63ff.; Bonfante, Corso II 2, 151f.

[71]) In anderem Zusammenhange (Kaufpreis-Erfordernis) behandelt zuletzt Pringsheim die Stellen (Sav.-Z. 50, 337f.).

[72]) Bei Lange 37f., bei Ehrhardt 8, 9, 125.

Diese Herstellung des rechtlich anerkannten[73]) Machtverhältnisses kann auch durch eine Mittelsperson erfolgen, wenn nur die traditio mit dem Willen des Herrn geschieht. Das geht schon aus der bekannten[74]) Gaiusstelle D. 41, 1, 9, 4 (I. 2, 1, 42) hervor:

Nihil autem interest, utrum ipse dominus per se tradat alicui rem an voluntate eius aliquis. Qua ratione, si cui libera negotiorum administratio ab eo, qui peregre proficiscitur, permissa fuerit et is ex negotiis rem vendiderit et tradiderit, facit eam accipientis.

Auch der Empfang kann durch eine eingeschobene Mittelsperson erfolgen, wenn nur dadurch ein rechtlich anerkanntes Machtverhältnis entstanden ist. Dies zeigt ein Satz aus D. 47, 2, 14, 17[75]):

et si quidem dedi (epistulam) servo eius, statim ipsi quaesita est, cui misi. Si vero procuratori, aeque, quia per liberam personam possessio quaeri potest[76]).

Daß nicht immer, wenn auch regelmäßig, eine wirkliche Sachübergabe beim Eigentumserwerbe notwendig war, zeigt die Fortsetzung der genannten Gaiusstelle[77]) (D. 41, 1, 9, 5):

Interdum etiam sine traditione nuda voluntas domini sufficit ad rem transferendam, veluti, si rem, quam commodavi aut locavi tibi aut apud te deposui, vendidero tibi. Licet enim ex ea causa tibi eam non tradiderim, eo tamen ipso, quod patior eam ex causam emptionis apud te esse, tuam efficio.

Zu vergleichen ist damit eine Pomponiusstelle[78]), D. 41, 1, 21, 1:

Si rem meam possideas et eam velim tuam ⟨ex ea causa⟩ esse, fiet tua, quamvis possessio apud me non fuerit.

In der vorliegenden Fassung ist der Text nicht einwandfrei. Wir brauchen aber deswegen durchaus nicht den ganzen Text als inter-

---

[73]) So formuliere ich, um die sog. traditio ficta einzubeziehen, andere Machtverhältnisse aber auszuschließen. Zur traditio ficta vgl. Biermann, Traditio ficta; Riccobono, Sav.-Z. 33, 259ff.; 34, 159ff.

[74]) Bei Lange 11f.; bei Ehrhardt 144, 177.

[75]) Bei Lange 52.

[76]) Sprachlich verändert!

[77]) Bei Lange 11, bei Ehrhardt 149, 150, 177.

[78]) Bei Lange 28, bei Ehrhardt 148, 177.

poliert zu verwerfen, sondern müssen uns nur erinnern, daß das 11. Buch des Pomponiuswerkes ad Sab. von der emptio venditio handelte[79]). Die vorausgehenden Sätze haben also den Fall besprochen, daß jemand den Besitz an einer Sache hatte, die er nun von dem Eigentümer kaufte. Wir brauchen demnach nur nach dem Worte ‚tuam' zu ergänzen ‚ex ea causa', oder ‚emptam' oder ‚ex causa emptionis' und der Tatbestand ist in Ordnung.

Zu vergleichen ist ferner eine Paulusstelle[80]), D. 39, 5, 10: *absenti sive mittas qui ferat sive quod ipse habeat, sibi habere eum iubeas, donari recte potest. Sed si nescit rem, quae apud se est, sibi esse donatam vel missam sibi non acceperit, donatae rei dominus non fit, etiamsi per servum [eius cui donabatur] missa fuerit*[81]).

Eigentumserwerb auf Grund einer Schenkung ist also möglich, ohne daß die Sache übergeben wird, wenn das Machtverhältnis bei dem Beschenkten bereits bestand, so daß eine eigentliche traditio ex causa donationis überflüssig war. So sagt auch Ulpian[82]) D. 6, 2, 9, 1:

Si quis rem apud se depositam vel sibi commodatam emerit vel pignori sibi datam, pro tradita erit accipienda, si post emptionem apud eum remansit.

Ebenso[83]) D. 12, 1, 9, 9:

deposui apud te X, postea permisi tibi uti: Nerva, Proculus ... condicere quasi mutua tibi haec posse aiunt. Et est verum, ut et Marcello videtur.

Die gleiche Anschauung zeigt Celsus[84]) D. 21, 2, 62, pr.:

Si rem, quae apud te esset, vendidissem tibi: quia pro tradita habetur, evictionis nomine me obligari placet.

Daß gleichsam auch eine durchlaufende traditio anerkannt war, zeigte uns die oben[85]) genannte Konstitution Diocletians, bei dem der Eigentumserwerb anerkannt wird, auch wenn der Erwerber

---

79) Vgl. Lenels Palingenesie.

80) Bei Lange 49.

81) Sprachlich bearbeitet; eius cui donabatur justin. Verdeutlichung, wahrscheinlich für suum.

82) Bei Ehrhardt 148.

83) Ehrhardt 149, 150.

84) Ehrhardt 149.

85) Oben S. 47.

keinen Anspruch durch die traditio erwerben soll, sondern ein anderer.

VI.

Nachdem wir die drei Partei-Erfordernisse besprochen haben, die im römischen System die möglichste Sicherung der berechtigten Privatinteressen bezwecken, sei noch an einigen Quellenstellen der schon genannte Leitsatz für die Prüfung des Sachverhaltes:

Plus in re est quam in existimatione

besprochen. Ihn führt ein Fragment Julians[86]) ausdrücklich an, D. 40, 2, 4, 1:

Quotiens dominus servum manumittat, quamvis existimet alienum esse eum, nihilominus verum est, voluntate domini servum manumissum ... plus enim in re est quam in existimatione.

Hingewiesen sei zur Beleuchtung des Satzes auf die schon oben[87]) genannte Stelle D. 27, 10, 10, 1 und D. 27, 9, 5, 2. Von Marcellus stammt das Fragment[88]) D. 17, 1, 49, das stark überarbeitet ist, aber doch m. E. den sachlichen Kern erkennen läßt:

Servum Titii emi ab alio bona fide et possideo. Mandatu meo eum Titius vendidit, cum ignoraret suum esse [vel contra ego vendidi ilius mandatu, cum forte is, cui heres extiterit, eum emisset]; de iure evictionis et de mandatu quaesitum est. et puto Titium, quamvis quasi procurator vendid[isset] obstrictum emptori necque si rem tradid[isset], vindicationem ei [concede]ndam; [Et idcirco mandati eum non teneri,] sed contra mandati agere posse [si quid eius interfuisset, quia forte venditurus non fuerit]; contra [mandator] si rem ab eo vindicare velit, exceptione doli summovetur[89]).

---

86) Bei Lange 56. 87) Oben S. 37.

88) Bei Lange 59f. unter Hinweis auf Schulz, Sav.-Z. 38, 137ff. und Beseler, Sav.-Z. 45, 246.

89) Stark überarbeitet in justin. Verdeutlichungsstreben; die Tempora sind willkürlich — wie oft — geändert; der Kern ist aber echt. Im Gegensatze zu Lange wäre der Text etwa so herzustellen: Servum Titii emi ab alio bona fide et possideo. Mandatu meo eum Titius vendidit; cum ignoraret suum esse. De iure evictionis et de mandatu quaesitum est. Et puto Titium, quamvis quasi procurator vendiderit, obstrictum esse emptori necque si rem

Maßgebend ist also der wahre Sachverhalt. Da der objektiv Verfügungsberechtigte, Titius, seine Sache verkauft[90]) hat, wenn auch infolge unrichtiger Vorstellungen, so ist eine vindicatio nicht zu gewähren, der Eigentumserwerb vielmehr anzuerkennen und nur eine persönliche actio zum Ausgleich des Vermögensinteresses möglich.

Zu vergleichen ist eine Paulusstelle[91]) D. 18, 1, 15, 2, die wir schon in anderem Zusammenhange betrachtet haben[92]): Auch auf D. 41, 4, 2, 2 sei in diesem Zusammenhange nochmals verwiesen:

Si sub condicione emptio facta sit, pendente condicione emptor usu non capit; idemque est, etsi putet condicionem exstitisse, quae nondum exstitit. similis est enim ei, qui putat se emisse. contra si exstitit et ignoret, potest dici secundum Sabinum, qui potius substantiam intuetur quam opinionem, usucapere eum.

Dieser Sabinusgrundsatz erklärt m. E. auch das Paulusbruchstück[93]) D. 41, 4, 2, 6:

Cum Stichum emissem, Dama per ignorantiam mihi pro eo traditus est. Priscus ait usu me eum non capturum, quia id, quod emptum non sit, pro emptore usucapi non potest.

Dama ist nicht verkauft worden, er wurde zwar übergeben, aber die traditio allein kann keinen Eigentumserwerb und keine Anwartschaft begründen. Es kommt nicht auf die Vorstellungen des Empfängers an, sondern auf den wahren Sachverhalt.

VII.

In den vorstehenden Ausführungen haben wir zu zeigen versucht, daß der Tatbestand des römischen Eigentumserwerbes durch

tradiderit, vindicationem ei dandam, sed contra mandati mecum agere posse eum, ego autem si rem ab emptore vindicare velim, exceptione doli summovebor.

[90]) Das ist der Unterschied zu den Fällen, wo nach dem Satze: nemo errans . . der Eigentumserwerb verneint wird. Hier erfolgt die Tradition ex negotio und zwar auf Grund eines Geschäftes, das der objektiv Verfügungsberechtigte selbst vorgenommen hat. Der äußere Tatbestand war also ganz in Ordnung und entfaltet volle Wirkung.

[91]) Bei Lange 61 ff.; bei Ehrhardt 145. [92]) Oben S. 48.

[93]) Bei Lange 63.

traditio durchaus nicht ein einfacher war, sondern eine Reihe wesentlicher Elemente in sich schloß. Fehlte nur eines von diesen, so konnte es zu keiner Anerkennung des Eigentums aus diesem Tatbestande kommen. Alle diese Erfordernisse galten aber dem Schutze des Privatinteresses. Die Voraussetzung des vollen Verfügungsrechtes sollte die Schädigung des Erwerbenden durch Unbefugte ausschließen. Die Erzielung des notwendigen Einverständnisses über die beabsichtigte Abtretung einer Sache aus dem eigenen Vermögen in das eines anderen sollte vor allem verhindern, daß sich jemand plötzlich eines Gutes beraubt sah, das er gar nicht dauernd einem anderen überlassen wollte. Das Erfordernis der Herstellung des rechtlichen Machtverhältnisses — meist durch die traditio — sollte eine gewisse Kundbarkeit bringen und die alienatio außer Zweifel stellen. Wir haben diese drei Voraussetzungen als die individualistischen bezeichnet, weil sie vor allem dem Schutze der Privatinteressen der Einzelpersonen zu dienen bestimmt sind. Daneben tritt uns, wie schon erwähnt, aber auch das Gemeinschaftsinteresse entgegen in dem Erfordernisse einer iusta causa. Auch wenn ein dominus rei aus freiem Willen im Einverständnis mit dem Partner die Sache an diesen überträgt, tritt doch bei diesem kein von der Gemeinschaft anerkannter und geschützter Eigentumserwerb ein, wenn nicht die Obrigkeit und der Privatrichter den Begründungstatbestand als einen mit den Gemeinschaftsinteressen vereinbaren oder ihnen entsprechenden wertet. Niemals sind aber die Tatbestände etwa in einem Gesetze aufgezählt, ja auch nur überhaupt zusammenfassend normiert worden. Den Römern genügte es, in der Gerichtsobrigkeit und den iudices (unter Einfluß der Jurisprudenz) Kontrollorgane der Gemeinschaft zu haben. Private Geschäfte, Gütertransaktionen zu verhindern, konnte in Rom, das nach den punischen Kriegen zum Mittelpunkte des Welthandels und Weltkreditwesens geworden war, nicht als Aufgabe des Staates oder seiner Organe betrachtet werden. Grundsätzlich ließ man jeden innerhalb der Grenzen der Gesetze privatgeschäftlich tätig werden wie er wollte. Für den Rechtsschutz aber galt der Grundsatz, daß die Obrigkeit z. B. ein iudicium ex iusta causa verheißen konnte, d. h. auf Grund eines von der Gemeinschaft anerkannten oder zugelassenen Begründungstatbestandes: Aber auch das Edikt hat diese niemals taxativ aufgezählt. Der Jurisdiktionsmagistrat zählte nur Beispiele auf, Tatbestände, bei denen er jedenfalls den Rechtsschutz gewähren wollte, vorausgesetzt natürlich, daß nicht andere Tatbestandsmerkmale eine Führung des Prozesses verhinderten; die konkrete Wertung überließ er sonst dem Richter.

Wir finden demgemäß auch bei der Behandlung der Übereignungsfrage durch traditio bei den römischen Klassikern anerkannte Tatbestände nur beispielsweise genannt. So sagt Gaius in der vielbesprochenen[94]) Institutionenstelle II, 20:

itaque si tibi vestem vel aurum, vel argentum tradidero sive ex venditionis causa sive ex donationis sive quavis alia ex causa, statim tua fit ea res, si modo ego eius dominus sim.

Und in der Ep. Ulp. heißt es 19, 7:

. . . *harum rerum dominia ipsa traditione apprehendimus, scilicet si ex iusta causa traditae sunt nobis.*

Für den Römer der klassischen Zeit war es also selbstverständlich, daß die traditio auf Grund eines zulässigen Tatbestandes erfolgt sein mußte, um durch sie den Eigentumserwerb begründen zu können. D. 41, 1, 9, 3 (Inst. II, 1, 41)[95]) spricht von Sachen, die ex causa donationis aut dotis aut qualibet alia ex causa übergeben werden, um dann die Besonderheit der causa venditionis zu besprechen. Hier ist also nur ein dritter anerkannter Begründungstatbestand neben den beiden früher genannten beispielsweise hervorgehoben.

Daß aber auch Paulus den gleichen Standpunkt vertrat, zeigt die viel erörterte Stelle[96]) D. 41, 1, 31:

numquam nuda traditio transfert dominium, sed ita, si venditio aut aliqua iusta causa [praecesserit, propter quam traditio sequeretur][97]).

---

[94]) Bei Lange 8, bei Ehrhardt 126, 144.

[95]) Bei Lange 10ff., bei Ehrhardt 144, 157.

[96]) Bei Lange 17ff., bei Ehrhardt 131, 135, 185, 186; bei beiden die Literatur.

[97]) Der Text lautete etwa: numquam nuda traditione transfertur dominum, sed ita, si venditio aut aliqua iusta causa praecedat. Der Nachsatz

Daß der Wortlaut verändert ist, ist sehr wahrscheinlich, der sachliche Gehalt aber m. E. zweifellos. Paulus dürfte unmittelbar vorher über die Übergabe einer Sache beim depositum[98]) gesprochen und vielleicht gefragt haben, ob eine usucapio denkbar sei. Natürlich lehnt er dies ab, weil eine Sachübergabe allein naturgemäß nicht zur Eigentumsbegründung oder Eigentumsanwartschaft ausreichen kann. Es ist eben eine traditio auf Grund eines für den Eigentumserwerb zugelassenen Tatbestandes notwendig und als Beispiel eines solchen führt er den Verkauf an, ganz so wie Gaius diesen Tatbestand an erster Stelle nannte. Wie jener knüpft er aber sofort die Generalklausel an die Erwähnung des Beispieles, um nicht den Eindruck zu machen, daß es taxativ aufgezählte Begründungstatbestände gebe. Der Unterschied gegenüber Gaius liegt also nur darin, daß dieser neben dem Kaufe noch die Schenkung als die gebräuchlichsten Tatbestände beispielsweise aufführt.

Soweit uns das römische Schrifttum erhalten ist, finden wir niemals einen Versuch, die iustae causae aufzuzählen[99]). Die Römer haben anscheinend durchaus auf den gesunden rechtspolitischen Sinn der Obrigkeiten, der Richter und der Juristen vertraut. Sie wußten, daß sie entsprechend der gesamten Tendenz des römischen Wirtschaftslebens in der Weltstadt die Grenzen der zulässigen Tatbestände möglichst weit ziehen würden. Dort, wo man ein für allemal die Zulassung unterbinden wollte, setzte sich bald eine allgemeine Rechtsansicht durch. Der Hauptfall liegt beim furtum vor. Da war Eigentumserwerb schlechthin ausgeschlossen. Mochte auch hier der Verfügungsberechtigte tradieren, mochte ein Einverständnis über die dauernde Überlassung der Sache und dauerndem Empfang zustande kommen und das Machtverhältnis hergestellt sein, dennoch ist naturgemäß stets der Rechtsschutz aus einem derartigen Begründungstatbestande ausgeblieben[100]). Das sagt uns deutlich Gaius IV, 4:

---

ist ein Merkmal byzantinischer „Verdeutlichung". Für die Rekonstruktion praecedat verweise ich zur Begründung auf eine andere Paulus-Stelle D. 41, 3, 48: nisi emptio praecedat.

[98]) So richtig Lange.

[99]) Auch nicht für die usucapio. Vgl. Ehrhardt 25f. m. Lit.

[100]) Vgl. Lange 81, Ehrhardt 63.

receptum est, ut ... fures etiam hac actione teneantur: ‚Si paret eos dare oportere', quamvis sit etiam adversus eos haec actio, qua rem nostram esse petimus.

Ausgeschlossen wurde aber ferner für die Anerkennung als Begründungstatbestand eine Schenkung zwischen Ehegatten[101]), mit Ausnahme der mortis causa donatio. Wir sehen dies deutlich aus einer Stelle Ulpians D. 24, 1, 3, 10 und 11:

Sciendum autem est ita interdictam inter virum et uxorem donationem, ut ipso nihil valeat, quod actum est: proinde ... ipsa enim iure, quae inter virum et uxorem donationis causa geruntur, nullius momenti sunt. Si quis igitur nummos uxori dederit, non fieri eius apparet.

Seit dem S. C. Velleianum war auch ein Interzessionstatbestand, der gegen diese Norm verstieß, von der Anerkennung als iusta causa für den Eigentumserwerb durch traditio ausgeschlossen. Wir lesen bei Pomponius[102]) D. 16, 1, 32, 2:

Item si mulier creditori viri fundum vendidit et tradidit, ea condicione ut emptor acceptam pecuniam viro referret, et hunc fundum vindicat, exceptio quidem opponitur ei de re empta et tradita, sed replicabitur a muliere: aut si ea venditio contra S. C. facta sit.

War also der Tatbestand nicht so klar, daß die Obrigkeit selbst mit einem abweisenden Dekret vorgehen konnte[103]), so war es möglich, die Frage, ob eine „iusta" causa gegeben sei, in das Prozeßprogramm in Form einer exceptio oder replicatio aufzunehmen. Dann war die Wahrung der Gemeinschaftskontrolle nochmals ausdrücklich in die Hände des Privatrichters gelegt.

Zwischen den wenigen Typen, die als Beispiele anerkannter Tatbestände durchgedrungen waren, und den wenigen, die unter ihrer ausdrücklichen Nennung allgemein von der Anerkennung ausgeschlossen waren, gab es die weite Fülle mannigfaltiger anderer Tatbestände des wirtschaftlichen Lebens. Bei allen diesen entschied Gerichtsobrigkeit und iudex nach freiem, aber natürlich

---

[101]) Bei Lange 96, bei Ehrhardt 101. [102]) Bei Lange 96.

[103]) Über diese Fragen vgl. meine Abhandlung in der Sav.-Zeitschrift Bd. 52.

pflichtmäßig gebundenem Ermessen, ob ein Tatbestand als causa für den Erwerb durch traditio zuzulassen sei oder nicht. Dabei war der Magistrat naturgemäß durch die Juristen im Konsilium beraten; deren responsa und deren Schriften taten das übrige zur Klärung. Soweit wir die klassischen Quellen zu überblicken vermögen, sehen wir eine anscheinend übereinstimmende Einstellung der klassischen Juristen. Nirgends sind uns stärkere Auseinandersetzungen zwischen den Klassikern darüber erhalten. Die Digesten zeigen uns eine ganze Reihe von aliae causae, die nicht im Beispielskataloge angeführt waren. Ähnlich mannigfaltig waren auch die causae für die usucapio[104]).

Zur Klärung dieser Frage seien folgende Fälle hervorgehoben[105]):

1. Die sog. dos ante nuptias data[106]). Richtigerweise sollte man von einer „datio dotis causa ante nuptias" sprechen. Hier seien genannt[107]): D. 23, 3, 7, 3

> . . . *si quidem (res in dotem ante matrimonium) sic dedit mulier, ut statim eius (sponsi) fiant, efficiuntur. enimvero si hac* condicione *dedit, ut tunc (res) efficiantur, cum nupserit, sine dubio dicemus tunc eius fieri, cum nuptiae fuerint secutae.*

Daraus geht hervor, daß die Hingabe von Sachen auf Rechnung der dos (à conto der dos) mit Einverständnis darüber, daß die Sachen sofort in das Vermögen des anderen übergehen sollte, als wirtschaftlicher Grund für Eigentumserwerb (iusta causa) zugelassen wurde. Fehlte dieses Einverständnis, so war ein Eigentumserwerb unmöglich. Das zeigt Paulus[108]) D. 12, 4, 9, pr.:

> *Si donaturus mulieri iussu eius sponso numerav[i] nec nuptiae secutae [sunt], mulier condicet. Sed si ego contrax[i] cum sponso et pecuniam in hoc ded[i], ut si nuptiae secutae essent, mulieri dos acquireretur, si non essent secutae, mihi redderetur, quasi ob rem datam [et re non secuta] ego [a] sponso condicam*[109]).

---

[104]) Vgl. D 41, 3.
[105]) Vollständigkeit ist nicht erstrebt.
[106]) So Ehrhardt 81ff.
[107]) Bei Ehrhardt 3, 79, 83.
[108]) Bei Ehrhardt 82, 83.
[109]) Sprachlich verändert, sachlich echt.

Zu vergleichen ist auch[110]) D. 12, 4, 8:

Quod Servius in libro de dotibus scribit, si inter eas personas, quarum altera nondum iustam aetatem habeat, nuptiae factae sint, quod dotis nomine interim datum sit, repeti possit, sic intelligendum est, ut si divortium intercesserit, priusquam utraque persona iustam aetatem habeat, sit eius pecuniae repetitio, donec autem in eodem habitu matrimonii permanent, non magis id repeti possit, quam quod sponsa sponso dotis nomine dederit, donec maneat inter eos adfinitas: Quod enim ex ea causa nondum coito matrimonio datur, cum sic detur tamquam in dotem perventurum, quamdiu pervenire potest, repetitio eius non est.[111])

Ist eine Sache auf Rechnung der dos gegeben und Eigentumserwerb ausgeschlossen, wohl aber Ersitzung möglich, so ist dies keine usucapio pro dote[112]), weil eine dos ohne gültige Ehe rechtlich nicht vorhanden ist, sondern eine usucapio pro suo. Wie Rabel[113]) ganz richtig beobachtet hat, ist das ein Sammeltitel. Er behandelte m. E. in der Literatur jene Fälle der usucapio, in denen keine der typischen causae gegeben waren, dennoch aber die Usucapionsmöglichkeit in Theorie und Praxis anerkannt wurde. Der Ausdruck usucapio pro suo selbst stammt offenbar aus der Theorie. Im amtlichen Sprachgebrauche finden wir ihn nicht.

Es ist verständlich, daß die Römer eine freiwillige Hingabe von Gütern auf Rechnung der dos als Begründungstatbestand für den Eigentumserwerb anerkannten, mochte dann die Ehe zustande kommen oder nicht und mochte sie sofort gültig sein oder zunächst in Schwebe bleiben. Wer eben auf Grund eigenen freien wirtschaftlichen Entschlusses einem künftigen Ehegatten derart vertraut, daß er ihm schon vor der Eheschließung oder Prüfung, ob sie gültig möglich sei, Güter à conto der Mitgift dauernd überlassen will, wird von der Gemeinschaft in diesem Hingabewillen nicht gestört. Erfüllen sich dann die Annahmen nicht, so steht ihm nur

---

[110]) Bei Ehrhardt 81, 87.

[111]) Sprachlich bearbeitet: Modi, Tempora, Verdeutlichungssucht! Sachlich m. E. echt.

[112]) Vgl. fragm. Vat. 111.

[113]) Holtzendorfs Enz. I⁷, S. 440.

ein persönlicher Anspruch auf Vermögensausgleich zu. Im übrigen hat er als vernünftiger Wirtschafter selbst die Folgen der Sachabtretung zu tragen. Die unmittelbare Verfügung über die Sache hat er verloren.

2. In dieselbe Gruppe gehört die Hingabe der sog. Paraphernalien durch die Frau. Wenn im Anschlusse an die Untersuchungen Castellis[114]) gewöhnlich die Rechtslage so dargestellt wird[115]), als ob das Wesen dieser Güter gerade darin bestehe, daß sie nicht Eigentum des Mannes werden, so trifft das so nicht zu. Richtig ist nur, daß es bei den Paraphernalien keines besonderen Eigentumsvorbehaltes bedurfte. Sie blieben im Zweifel stets im Eigentume der Frau. Diese Bestimmung war aber dispositiver Natur. Es besteht keinerlei Hindernis, daß etwas anderes freiwillig vereinbart wird. Es können also auch diese Güter, obwohl für sie im Zweifel Eigentum der Frau besteht, Eigentum des Mannes werden. Nur so verstehen wir die Quellenstellen, die sich darauf beziehen. D. 23, 3, 9, 3[116]) habe ich schon früher in anderem Zusammenhange genannt. Es besteht kein Grund, in diesem Fragmente sachliche Eingriffe der Kompilatoren anzunehmen, die die Entscheidung ins Gegenteil verkehren würden. Verändert sind m. E. nur einzelne Worte, wie z. B. efficiuntur statt efficiantur, ferner dotis actione für actione rei uxoriae. Eingeschoben wurde ferner anscheinend non . . . ut dominium ad eum transferatur, sed magis. Eingeschoben kann auch der letzte Satz sein. Der sachliche Gehalt bleibt aber unberührt. Gefragt ist, ob die Paraphernalien sofort mit der Hingabe ins Eigentum des Mannes kommen können. Die persönliche Wertung Ulpians geht dahin, daß dies möglich ist, wenn ein darauf zielendes Einverständnis vorliegt. Das Gegenteil eines solchen ist aber immer anzunehmen, wenn ein Inventar über die eingebrachten Sachen errichtet wird. Obwohl hier das zustande gekommene Machtverhältnis gleich der traditio gewertet wird, kommt kein Eigentumserwerb in Betracht; es bleiben die Sachen wie immer im Normalfalle im Eigentume der Frau. Diese Auffassung wird auch keineswegs widerlegt, sondern eher bestätigt

[114]) *Παράφερνα*, 1913. [115]) Lange 49f., Ehrhardt 97f.
[116]) Oben S. 45.

durch zwei Konstitutionen: C. 5, 16, 17[117]) und C. 5, 14, 8[118]). In der ersten sagt Diocletian:

De his, quae extra dotem in domum illata a marito erogata commemoras, si quidem ⟨quasi⟩ te donante consumpta sunt, intellegis adversus heredem non nisi in quantum locupletior fuit, habere te actione: si vero contra voluntatem tuam, omnia tibi restitui oportere.

Ich habe im Texte quasi vermutet, um den Gegensatz zum Verbrauche contra voluntatem schärfer hervortreten zu lassen. Es liegt dann eine gewisse Analogie zu D. 12, 1, 18 vor. Hier, in der Konstitution ist anscheinend keine ausdrückliche Hingabe der Paraphernalien erfolgt, als sie in das Haus des Mannes eingebracht wurden; aber im Einverständnisse mit der Frau, die also Schenkungswillen hatte, sind sie verbraucht worden.

Die zweite Konstitution stammt von Theodosius und Valentinian (450 n. Chr.); dort heißt es[118]):

hac lege decernimus, ut vir in his rebus, quas extra dotem mulier habet, quas Graeci παράφερνα dicunt, nullam uxore prohibente habeat communionem nec aliquam ei necessitatem imponat.

In diesem Erlasse ist der Nachdruck auf die Worte uxore prohibente zu legen. Sie entsprechen der Wendung contra voluntatem tuam in der vorigen Konstitution. Beide zeigen den dispositiven Charakter der Bestimmung über die Paraphernalien. Grundsätzlich besteht keinerlei Eigentum oder Miteigentum des Mannes an diesen Gütern. Es bleibt aber der Frau unbenommen, anders über dieses ihr Sondergut zu verfügen. Die Rechtsgemeinschaft hat keinen Grund, dagegen einzuschreiten, falls sie dies freiwillig tut.

2b. Anders liegt der Fall, wenn Sachen in dotem gegeben wurden, aber mit aestimatio. Während die vorher genannte Hingabe von Gütern auf Rechnung der dos und die freiwillige Abtretung von Paraphernalien als zulässiger Begründungstatbestand für den Eigentumserwerb gewertet wurde, ist dies bei den

---

117) Bei Ehrhardt 98. 118) Bei Ehrhardt 97.

res aestimatae nicht der Fall, wenn die Ehe nicht geschlossen wurde. Das zeigen uns eine Reihe von Stellen[119]).

D. 23, 3, 17, 1: *Si re aestimata data nuptiae secutae non sint, videndum est, quid repeti debeat, utrum res an aestimatio. Sed id agi videtur, ut ita demum aestimatio rata sit, si nuptiae sequantur; quia nec alia causa [contrahendi] fuerit, res igitur repeti debe[at], non pretium*[120]).

Es ist also Eigentumsübergang nicht anerkannt.

D. 23, 3, 10, 4[121]): *Si ante matrimonium aestimatae res dotales sunt, haec aestimatio quasi sub condicione ⟨venditio⟩ est. Namque hanc habet condicionem: si matrimonium fuerit secutum. Secutis igitur nuptiis aestimatio rerum perficitur et fit vera venditio. Inde quaeri potest, si ante nuptias mancipia aestimata deperierint, an mulieris damnum sit. Et hoc consequens est dicere. Nam, cum sit condicionalis venditio, pendente autem condicione mors contingens extinguat venditionem, consequens est dicere mulieri perisse, quia nondum erat impleta venditio*[122]).

Aus diesen Stellen ersehen wir, daß die römischen Klassiker die Hingabe von Sachen auf Rechnung der dos ohne aestimatio rechtlich nach Analogie der Mitgifthingabe behandelten. Es lag zwar nicht die causa dotis datio vor, wohl aber eine analoge. Dagegen wurde die Hingabe solcher Sachen vor der Ehe, wenn gleichzeitig eine aestimatio erfolgte, nicht der dotis datio angeglichen, sondern der Kaufskausa und zwar einem suspensiv bedingten Kaufe. Kam also die Ehe nicht zustande, so war im ersten Falle trotzdem das Eigentum übergegangen, im zweiten Falle aber nicht. Auch eine Anwartschaft wird nicht gewährt, wenn auch im übrigen der Usucapionstatbestand gegeben wäre. Dies sagt Paulus[125]) D. 41, 9, 2:

Si aestimata res ante nuptias tradita sit, nec pro emptore nec pro suo ante nuptias usucapietur.

---

[119]) Bei Ehrhardt 92 m. Lit.

[120]) contrahendi u. E. von den Kompilatoren zur „Verdeutlichung" angefügt.

[121]) Bei Ehrhardt 86, 92.

[122]) Sachlich echt, sprachlich wohl etwas geändert. Aestimatio wird rechtlich einem Kaufe angeglichen. [125]) Bei Ehrhardt 95.

Das erstere ist unmöglich, weil die aestimatio nach Art eines suspensiv bedingten Kaufes behandelt wird, die Bedingung aber nicht erfüllt wurde, die zweite Möglichkeit aber erscheint nicht gegeben, weil man diesen Tatbestand zum Unterschied von der datio ohne aestimatio nicht als iusta causa acquirendi wertete.

3. Zu der donatio als einer normalen iusta causa und der donatio unter Eheleuten als ausgeschlossenem Begründungstatbestand sei als abnormal zugelassene causa die mortis causa donatio unter Eheleuten hervorgehoben. Während die donatio inter virum et uxorem infolge einer positiven Norm, deren Ursprung auf das Gewohnheitsrecht[126]) zurückgeführt wird, von der Anerkennung als causa für den Eigentumserwerb schlechthin ausgeschlossen war, wurde die Schenkung mortis causa als von der Gemeinschaft zugelassener Tatbestand betrachtet. Dies zeigt wohl D. 24, 1, 25[127]):

Sed et si constante matrimonio res aliena uxori a marito donata fuerit, dicendum est confestim ad usucapionem eius uxorem admitti, quia etsi non mortis causa donav[erat] ei, non impedir[etur] usucapio.
nam ius constitutum ad eas donationes pertinet, ex quibus et locupletior mulier et pauperior maritus in suis rebus fit: itaque licet mortis causa donatio ⟨non⟩ interveniat, quasi inter extraneas personas fieri intelligenda est in ea re, quae quia aliena est, usucapi potest.

Der Text ist leicht richtig zu stellen, indem ‚non' eingefügt wird vor interveniat, ein Wort, das m. E. wohl der Abschreiber versehentlich ausgelassen hat. Aus diesem Texte geht, wie Rabel[128]) wohl richtig annimmt, hervor, daß im Falle der Schenkung einer fremden Sache eine Ersitzung möglich ist. Abgesehen von diesem Falle wird aber offenbar auch die Schenkung mortis causa zugelassen. Für die Erwerbsmöglichkeit der fremden Sache ex causa donationis ist allein der objektive Tatbestand maßgebend. Auch hier gilt der Grundsatz: plus in re est quam in existimatione. Da der Gegenstand nicht im Eigentume des Mannes stand, wurde er durch seine

[126]) D 24, 1, 1 (Ulp.), vgl. Jörs, G. u. Syst. d. r. Pr. 1, 2.
[127]) Bei Ehrhardt 101. Vgl. aber Siber, Pr.R. 89[23].
[128]) Grundr. d. r. Pr. S. 440, anders Ehrhardt, 101.

schenkungsweise Hingabe an seinem Eigengute nicht ärmer und deshalb wird die Möglichkeit des Eigentumserwerbes bejaht. Das zeigt auch D. 41, 6, 3, wo Pomponius sagt[129]):

Si vir uxori vel uxor viro donaverit, si aliena res donata fuerit, verum est, quod Trebatius putabat, si pauperior is, qui donasset, non fieret, usucapionem possidenti procedere[130]).

4. Schlössen sich diese Tatbestände der dotis datio und donatio an, so bildet der Tatbestand do ut des und do ut facias eine causa, die wirtschaftlich mit der Kaufscausa zu vergleichen ist. Bekanntlich war es ja eine Streitfrage unter den römischen Klassikern, ob der Tausch und der Kauf dem gleichen Rechtsgeschäftstypus angehöre. Die genannten Tatbestände scheinen als Begründungstatbestände für den Eigentumserwerb längst anerkannt zu sein, bevor sie als „contractus" betrachtet wurden. Dies zeigt m. E. D. 2, 14, 17, 2[131]):

sed et si in [alium] contractum res non transeat, subsit tamen causa, eleganter Aristo Celso respondit esse obligationem. Ut puta: dedi tibi rem, ut mihi aliam dares, dedi, ut aliquid facias.

Der Wortlaut zeigte m. E. den Tatbestand noch nicht als contractus aufgefaßt. Das Wort alium erscheint interpoliert. Aristo sagt nach dieser Stelle, auch wenn ein Tatbestand nicht den eines der Kontrakte zeige, wenn es sich aber um einen anerkannten Begründungstatbestand handle, so folge daraus eine Gegenverpflichtung. Demgemäß sagt Celsus[132]) D. 12, 4, 16:

dedi tibi pecuniam, ut mihi Stichum dares: utrum id contractus genus proportione emptionis venditionis est an nulla hic alia obligatio est, quam ob rem dati [re non secuta]? In quod proclivior sum. Et ideo, si mortuus est Stichus, repetere possum, quod ideo tibi dedi, ut mihi Stichum dares.

Für den Tatbestand do ut facias sei nur auf D. 12, 4, 3, 2 hingewiesen[133]):

---

[129]) Bei Ehrhardt 29, 101, 102. [130]) Textlich etwas verändert.
[131]) Bei Ehrhardt 107 in anderem Sinne.
[132]) Bei Ehrhardt 104, 109, 110. [133]) Bei Ehrhardt 108.

Sed si tibi dedero, ut Stichum manumittas, si non facis, possum condicere . . .

5. Wir ersehen, daß solche Tatbestände als causae acquirendi anerkannt wurden. Für eine Reihe weiterer causae ist das mutuum der Grundtypus. Seit Anerkennung dieses Kontraktes konnte es keinen Zweifel darüber geben, daß beim Empfänger der Darlehensvaluta Eigentum entstehe, unter der Voraussetzung natürlich, daß der Darlehensgeber die Verfügungsmacht über die Valuta hatte, daß ein consensus vorhanden war über die dauernde Überlassung des Gutes und dieses in die rechtliche Macht des Darlehensnehmers kam. Dieser Realkontrakt hat aber auf eine Reihe anderer Tatbestände fortgewirkt. Sie wurden als „Quasimutuum" behandelt. Weist doch schon Gaius, Inst. III, 91, darauf hin:

Is quoque, qui non debitum accepit, ab eo, qui per errorem solvit, re obligatur. Nam proinde ei condici potest ‚si paret eum dare oportere', ac si mutuum accepisset. Unde quidam putant pupillum aut mulierem, cui sine tutoris auctoritate non debitum per errorem datum est, non teneri condictione, non magis, quam mutui datione. Sed haec species obligationis non videtur ex contractu consistere, quia is, qui solvendi animo dat, magis distrahere vult negotium quam contrahere.

Daraus ersehen wir, daß Gaius diesen Fall als prozessual analog behandelt, während er bei der Analyse des Tatbestandes einen bedeutenden Inhaltsunterschied findet. Zweifellos läßt er aber das Eigentum übergehen und gewährt nur eine condictio aus „unfreiwilligem Darlehen". So heißt es auch D. 44, 7, 5, 3[135]):

Is quoque, qui non debitum accipit, per errorem solventis obligatur ⟨re⟩ quidem quasi ex mutui datione et eadem actione tenetur, qua debitores creditoribus, sed non potest intellegi is, qui ex ea causa tenetur, ex contractu obligatus esse: Qui enim solvit per errorem, magis distrahendae obligationis animo quam contrahendae dare videtur.

Vergleicht man diese Gaiusausführungen mit der entsprechenden Institutionenstelle (J. 3, 27, 6), so ergibt sich als wahrscheinlich,

[134]) Ehrhardt 41, 55, 56, 71.

[135]) Bei Ehrhardt 57.

daß die Kompilatoren nur eingesetzt haben ,quasi ex contractu debere videtur', statt ,re obligatur'. Die Hingabe bewirkt also Eigentumserwerb und schafft gleichzeitig einen Verpflichtungstatbestand. So verstehen wir Julian D. 12, 6, 33[137]):

Si in area tua aedificassem et tu aedes possideres, condictio locum non habebit, quia nullum negotium inter nos contraheretur. Nam is, qui non debitam pecuniam solverit, hoc ipso aliquid negotii gerit: Cum autem aedificium in area sua ab alio positum occupat, nullum negotium contrahit[138]).

Julian sagt also, wer eine Summe zahlt, die er nicht schuldete, schafft dadurch einen Verpflichtungstatbestand[139]), da er ja die Summe von dem Empfänger im Prozeßwege so verlangen kann, wie wenn er sie ihm als ein Darlehen gegeben hätte. Wer aber entsprechend der Rechtsvorschrift: superficies solo cedit das auf seinem Grundstück errichtete Bauwerk in Besitz nimmt, setzt selbst keinen Geschäfts-Tatbestand, sondern macht nur von dem gesetzlichen Rechte des Eigentümers Gebrauch. Pomponius scheint die aus der Zahlung des Nichtgeschuldeten entspringende Verpflichtung gleichsam als re obligatio, als nicht vereinbarte Schuldverpflichtung, konstruiert zu haben. Denn D. 13, 6, 13, 2 heißt es[140]):

Plerumque enim id accidit, ut [extra id, quod ageretur tacita] obligatio nascatur, veluti cum per errorem indebitum solvendi causa datur[141]).

Eine Grenze hat die Anerkennung dieser causa allerdings, wenn nämlich der Empfang des Nichtgeschuldeten bewußt erfolgte und der Tatbestand des furtum vorlag. Dann gab es naturgemäß keinen Eigentumserwerb mit ausgleichender obligatio. Das sehen wir z. B. aus D. 47, 2, 43, pr.[142]):

falsus creditor . . . si quid acceperit, furtum facit nec nummi eius fient

---

136) So ist m. E. der Satz herzustellen. 137) Bei Ehrhardt 58.
138) Tempora und Modi justin. verändert.
139) So ist negotium zu verstehen; unrichtig Ehrhardt.
140) Bei Ehrhardt 60, 148.
141) extra . . . ist m. E. justin. „Verdeutlichung", im Urtext dafür etwa quasi.
142) Bei Lange 80, 86f.

oder aus D. 13, 1, 18[143]):

quoniam furtum fit, cum quis indebitos nummos sciens acceperit, videndum, si procurator suos nummos solvat, an ipsi furtum fiat.

In diesen Fällen liegt ein furtum vor, wenn jemand wissentlich eine nicht geschuldete Leistung annimmt, und dies: invito domino gewertet wird[144]). Auch dabei ist der Tatbestand objektiv zu prüfen und nicht die Meinung des Herrn maßgebend. Liegt aber kein furtum vor, so geht das Eigentum über und es entsteht nur eine obligatio infolge der hingegebenen Leistung (re). Desgleichen entsteht eine obligatio nach Art des mutuum m. E. auch in allen jenen Fällen, in denen eine Hingabe in Schenkungsabsicht oder Darlehensabsicht oder dgl. geschieht, vorausgesetzt, daß der Empfänger, insoweit im Einverständnis mit dem Geber, die Sache dauernd, wenn auch nicht als Geschenk usw., behalten will.

Damit sind wir nun wieder bei der berühmten Antinomie angelangt. Wenn jemand eine Sache verschenken will, der Empfänger sie aber nur für kreditiert hält, so war dieser Tatbestand als iusta causa für den Eigentumserwerb anerkannt. Falls Julian diesen Tatbestand irgendwo analysierte, führte er wahrscheinlich aus, daß hier der Geber, obwohl die beiden Parteien nicht völlig übereinstimmten, dennoch aliquid negotii gerit; da aber die vom Geber beabsichtigte Schenkung infolge der mangelnden Zustimmung des Empfängers nicht zustande kam, sei eine condictio am Platze, so als ob das Geld als Darlehen gegeben worden wäre[145]). — Meinte aber der Empfänger es nur zur Leihe bekommen zu haben oder wollte der Geber die Sache nur hinterlegen, so lag kein Einverständnis über die dauernde Abtretung des Betrages und es konnte auch ein Eigentumsübergang nicht in Frage kommen. War natürlich der hingegebene Gegenstand vor dem Rechtsstreite verbraucht worden, so war wie immer eine vindicatio unmöglich und es mußte eine persönliche Klage zum Vermögensausgleich dienen.

143) Bei Lange 80.

144) Im wirtschaftlichen Sinne. Nur dann ist nämlich im Sinne von Gaius der adfectus furandi möglich; etwas anders Lange m. Lit. über die furtum-Frage.

145) Meist wird angenommen, Julian hätte juristisch ein mutuum konstruiert. Das halte ich bei einem so freien Kopfe wie Julian für ausgeschlossen.

VIII.

Die vorstehenden Ausführungen haben ergeben, daß in klassischer Zeit die römische Praxis neben den wenigen paradigmatisch anerkannten und den wenigen wirtschaftlichen ausgeschlossenen Tatbeständen für den Eigentumserwerb durch traditio eine große Reihe von causae in Theorie und Praxis anerkannt hat. Sie unter einen logischen Generalnenner zu bringen, dafür sahen die Römer keinen Anlaß. Die genialen Praktiker folgten ihrem gesunden rechtspolitischen Sinne und brachten damit das Privatinteresse in Einklang mit dem Gemeinschaftsinteresse.

Die justinianischen Gesetzbücher haben die meisten hieher gehörigen Quellenstellen betreffs der causa ungeändert gelassen. Da die Kompilatoren aber in den Institutionen bei der Darstellung der Eigentumstradition nichts von der iusta causa sagten, da sie in einer Reihe von Texten den causa-Passus anscheinend strichen[146]), deutet dies darauf hin, daß er für sie nicht mehr die Wichtigkeit hatte wie in der klassischen Zeit. Das ist selbstverständlich, wenn wir bedenken, daß die eigenartige Stellung der Gerichtsobrigkeit mit der Entscheidungsmacht, in einem bestimmten Falle einen Prozeß zuzulassen oder ihn zu verweigern[147]), wie der unabhängige iudex in der justinianischen Zeit unbekannt war. Es gab längst keinen Prätor mehr, der in seinem edictum gleichsam dem lebendigen Rechtsempfinden der Bürgergemeinschaft Ausdruck verliehen hätte[148]) und keine autorisierten Privatrichter. Das kaiserliche Recht kannte kein solches Jurisdiktionssystem mehr. Es kannte auch nicht mehr das System der actiones als im Einzelfalle allein erfolgreicher Prozeßmittel. Man fragte nun nicht mehr so sehr, ob eine actio und welche zustehe, sondern nach dem materiellen Rechte. Die Form der Rechtsdurchsetzung war von sekundärer Bedeutung. Dennoch konnte die justinianische Kompilation Stellen mit dem Erfordernis der iusta causa in das Gesetzgebungswerk ruhig aufnehmen. Der Ausdruck hatte jetzt nur eine etwas andere Bedeutung: Er wurde im Griechischen

---

[146]) Siehe oben S. 31, 37.

[147]) Besonders durch Wlassaks Forschungen klar geworden. Vgl. auch Wenger, Prätor und Formel.

[148]) viva vox iuris civilis (D 1, 1, 8). Vgl. Jörs, Pr. R. 7.

öfters als *δικαία* oder *εὔλογος αἰτία* wiedergegeben[149]). Urkunden aus justinianischer Zeit[150]) sprechen von *δικαίων καὶ εὐλόγων αἰτίων* und von *δικαίων καὶ νομίμων τιτλῶν*. Daraus ersehen wir, daß die iusta causa nun den Sinn von rechtmäßiger und vernünftiger causa — also sowohl dem Rechte (Gesetze) wie der Vernunft entsprechend — angenommen hatte. Der Hauptunterschied zwischen der Auffassung der Klassiker und der justinianischen Zeit war vor allem der Wertungsmaßstab, ob eine causa anzuerkennen sei oder nicht. Die klassische Zeit überließ die Prüfung dem Privatrichter, der im allgemeinen durch keine festen Normen dabei gebunden war, sondern den Bedürfnissen der Zeit und dem Rechtsempfinden der Bürgergemeinschaft unter Beratung durch hervorragende Juristen und ihre Werke Rechnung trug. Man wertete die Begründungstatbestände (causae) für den Eigentumserwerb wirtschaftlich neben der Frage nach der richtigen Erwerbsform (modus). Im justinianischen Rechte aber handelt es sich um die Anerkennung des Rechtstitels für die Übertragung. Für dessen Prüfung galt nicht mehr das richterliche, pflichtgebundene Ermessen, das sich unter dem Einflusse der Jurisprudenz entwickelte, als Maßstab. Für die justinianische Zeit war vielmehr Gesetz und Recht (*δίκαιον, νόμιμον*) wie es der Kaiser veröffentlichte, die objektive Grundlage der Wertung, gleichzeitig die Vernunft (*εὔλογον*), der Maßstab der Normen[152]). Der Richter hatte demgemäß zu prüfen, ob ein Rechtstitel in ius und leges seine Deckung fand. War dies der Fall, so galt er auch der Vernunft entsprechend, war also auch „billig"[151]). Der Wertungsmaßstab ist also jetzt zunächst ein positivistischer, geht aber letzten Endes auf die Auffassung zurück[152]), daß ein Ausdruck des Naturrechtes vorliege. Durch das ius aber wird die Brücke zum causa-Begriff der Klassiker hergestellt. Was sich vordem infolge der auctoritas prudentium durchgesetzt hatte, gilt jetzt als vom Kaiser erlassene Norm. Da sich also nur der Wertungsfaktor geändert

---

[149]) In den Basiliken *εὔλογος αἰτία*; vgl. Ehrhardt 186.

[150]) SB. 5174, 5175; vgl. Ehrhardt 186, 8a.

[151]) Vgl. Donatuti, a. a. O., Sep. 7ff.; Ehrhardt 187.

[152]) Aber schon bei Cicero finden wir ähnliche Auffassungen, iustus entsprechend der naturrechtlichen Wertung nach einem objektiven transzendenten Maßstabe) gleich „billig", andererseits lex, ius u. natura als Ausdruck der Normen — und ihrer Grundlage erörtert. Vgl. Schönbauer, Sav.-Z. 49, 390f.

hatte, ist es für uns m. E. noch durchaus möglich, aus den justinianischen Quellen, die Auffassung der klassischen Zeit von der causa und der iusta causa bei der Tradition zum Zwecke des Eigentumserwerbes klar zu erkennen[153]). Hoffentlich haben die vorstehenden Ausführungen dies gezeigt[154]).

Zusammenfassung.

Die verschiedenartigen Auffassungen über das Wesen der iusta causa bei der römischen Eigentumstradition der klassischen Zeit können wir ihrem Kerne nach vielleicht am besten beleuchten, wenn wir uns fragen: Welche Aufgabe fiel dem römischen Privatrichter im Beweisverfahren über einen strittigen abgeleiteten Eigentumserwerb von res nec mancipii gemäß den verschiedenen Lehrmeinungen zu? Mochte der Eigentumsstreit per formulam petitoriam oder per sponsionem (Gaius: 4, 91f.) stattfinden, immer mußte jedenfalls der Kläger behaupten, die strittige Sache sei nach Quiriten-Recht die seinige.

Unter welcher Voraussetzung mußte nun der Privatrichter zur gleichen sententia kommen, wenn wir von der Frage der Verfügungslegitimation, des Einverständnisses und der traditio absehen? Die Antwort gestaltet sich verschieden:

1. Nach der älteren Lehre[155]) von titulus und modus lautet sie etwa: Nur wenn der traditio ein rechtlicher Tatbestand vorausging, der im konkreten Falle die Pflicht zum Tradieren und den Anspruch auf Eigentumsverschaffung begründete. Auseinander ging die Auffassung darüber, ob ein gültiges Rechtsgeschäft vorausgehen müßte oder ob ein auf beiden Seiten angenommenes, also vermeintliches Rechtsgeschäft dem iudex beim Beweise ge-

[153]) Natürlich hat aber in der justinianischen Zeit der causa-Begriff viel an seiner Wichtigkeit verloren. Denn anerkannt soll ja ganz allgemein nur das werden, was „recht und billig" ist. Ob dafür die eine oder andere causa bestimmend ist, erscheint von sekundärer Bedeutung. Daher streichen die Kompilatoren öfters die causa-Erörterung. Das causa-Problem ist seinem Ursprunge nach als aus dem Rechtsschutze und dem Richter-System der früheren klassischen Zeit zu verstehen.

[154]) Über alles Nähere, auch über die rechtspolitische Wertung des röm. Systems und der Regelung in den modernen Rechten will ich an anderer Stelle handeln.

[155]) Vgl. Franz Hofmann, „Die Lehre vom titulus und modus adquirendi", Wien, 1873, S. 3ff.

nügen mußte oder nur eine qualifizierte Tatsache gegeben zu sein brauchte, mit welcher das objektive Recht die Wirkung des Erwerbes als Folge verknüpft habe.

Die iusta causa ist nach dieser Auffassung ein selbständiges juristisches Element, das neben dem Willenserfordernisse und der traditio objektiv vorhanden sein müßte. Nur wenn der iudex durch juristische Analyse des Tatbestandes auf Grund der Beweise feststellen konnte, daß das durch die Norm geforderte wesentliche Element vorhanden war, konnte er — nach dieser Lehre — das Eigentum des Klägers anerkennen und mußte es auch. Der Privatrichter wertet demnach dabei nicht, sondern vollzieht eine logische Denkoperation, besagt diese Meinung.

Die klare Widerlegung dieser Lehre ergibt sich u. a. aus Gaius 3, 90; 91. Ein vorausgehendes Rechtsgeschäft, zu dem die traditio als solutio träte, liegt schon beim mutuum nicht vor. Beim Tatbestande nach 3, 91 kann aber überhaupt von keinem vorausgehenden juristischen Tatbestande gesprochen werden, als dessen Folge die traditio verstanden werden könnte.

Das römische Recht kannte wohl die Möglichkeit, daß die traditio als Erfüllung einer Verpflichtung erschien, z. B. bei Stipulationen. Aber es war durchaus nicht die einzige Möglichkeit.

2. Nach der „abstrakten" Gegenlehre[156]): Immer, wenn das Beweisverfahren einen Veräußerungswillen beim Tradenten und einen Eigentumserwerbswillen beim anderen Teile ergab.

Auch nach dieser Lehre wäre beim iudicium kein Raum für eine Wertung; der Richter hätte den Tatbestand zu analysieren und daraus die individualistische Willensrichtung mit den Mitteln der Individual-Psychologie zu erschließen.

Für das Verfahren apud iudicem würde aus der „abstrakten" Lehre folgen:

War der Veräußerungs- und Erwerbswille unbestritten, so wären Einwendungen aus Rechtsgrund oder Rechtszweck für den Eigentumsbeweis bedeutungslos gewesen, hätten also in diesem Teile des Verfahrens ausfallen müssen. War die Willensrichtung

[156]) Seit Savigny im Deutschland des 19. Jahrhunderts herrschende Lehre, ebenso wie in Frankreich. Vgl. Lange, 3; Ehrhardt, 6.

bestritten, so hätte sie der iudex aus dem juristisch-ökonomischen subjektiven Bestimmungsgrunde der Partei zu erschließen gehabt. Die Frage wäre dabei gewesen: Kann man einem wirtschaftenden vernünftigen Menschen aus den vorliegenden Gründen zutrauen, eine Sache zu veräußern und lag beim behaupteten Erwerbe ein solcher Wille vor?

Abzusehen hatte der iudex — nach dieser Lehre — kraft zwingender Vorschrift der Rechtsordnung[157]) nicht nur

a) vom eventuellen objektiven Mangel des übereinstimmend gewollten Rechtsgrundes, sondern auch

b) vom Dissens über den Rechtsgrund.

Diese „abstrakte" Auffassung findet in den Quellen keine hinreichende Stütze[158]):

α) Finden wir in klassischen Texten nie eine Wendung, daß der animus rem transferendi erschlossen (intellegi) werden könnte ex ea causa.

β) Nie wird vom Tradierenden im causa-Zusammenhange gesagt, daß er iusta causa motus rem tradidit oder daß er vendens oder venditurus oder quia rem vendidit u. ä. die Sache tradierte und deshalb der animus rem alienandi vorläge.

γ) Nie wird erklärt, daß zwar das zugrunde liegende Rechtsgeschäft nichtig sei oder zwar ein Dissens über den Rechtsgrund vorliege, aber der animus rem transferendi kraft objektiven Rechtes genüge und dieser gegeben sei. Auch Julian sagt dies in der Antinomiestelle nicht.

δ) In Stellen, wo die Übereignungstradition einer andersartigen traditio gegenübergestellt wird, wie[159]) D 18, 1, 80, 3 und D 7, 9, 12 wird von der causa-Frage überhaupt nicht gesprochen, obwohl dort der animus rem transferendi gesucht wird.

Sachlich kann diese Lehre, die neben der traditio nur die individualistische Willensrichtung betrachtet, die donatio mit

---

[157]) Vgl. Siber, Festgabe f. Sohm 17, A. 2.

[158]) Vgl. die von allen Kausalisten, zuletzt von Lange und Ehrhardt vorgebrachten Bedenken.

[159]) Vgl. oben S. 44.

ihren Sondertypen: donatio unter Ehegatten und donatio mortis causa, ebenso die Grenzfälle des furtum gegenüber dem indebitum accipere (mit Übereignungswirkung) von der Willensseite her nicht erklären. Eine gesetzliche Bestimmung lag nicht vor. Der consensus omnium legalisierte vielmehr die Rechtspraxis. Bei einer Analyse des Individual-Willens fände man die gleiche Willensrichtung der Parteien und doch geht in dem einen Falle das Eigentum über, im anderen aber nicht.

Hätte der römische iudex schon auf den Beweis des Veräußerungswillens (und der traditio) den Eigentumserwerb grundsätzlich anerkennen müssen (logischer Schluß), so wäre eine extrem individualistische und ungebundene Wirtschaftsverfassung daraus für die klassische Zeit zu erkennen. Gerade die causa-Erörterungen sprechen gegen diese Auffassung.

Iusta causa kann also nicht bedeuten: vernünftiger oder ausreichender Grund, um den Willen des Tradenten zur Veräußerung zu bestimmen.

3. Nach der modifizierten Kausal-Lehre[160]), die kein Vorausgehen der causa verlangt:

a) Nach ihr hätte der iudex beim Eigentumsbeweise nicht einen vorausgehenden Tatbestand feststellen müssen, aus dem er im Wege der Norm-Anwendung den Eigentumserwerb als rechtliche Folge aussprechen mußte, sondern er hätte den Erwerb immer anzuerkennen gehabt, wenn die Tradition in einem gültigen Kausalgeschäfte eingebettet war, z. B. in Form eines gültigen Kaufes, Darlehens, einer gültigen Schenkung oder Mitgift-Hingabe auftrat. Bei Ungültigkeit des betreffenden kausalen Rechtsgeschäftes hätte der Privatrichter den Eigentumsübergang verneinen müssen.

Widerlegt wird diese Auffassung m. E. durch das Julian-Fragment 41, 1, 36, durch die Fälle des Eigentumserwerbes an „Mitgift"-Sachen, obwohl es zu keiner gültigen dos kommt[160a]), ferner durch die solutio indebiti nach Gaius 3, 91. Denn hier haben nicht die Parteien inter se ein gültiges negotium abgeschlossen, sondern

---

[160]) Vgl. Hofmann a. a. O. 66; seither auch andere Autoren, zuletzt wohl Ehrhardt.

[160a]) Beseler, Sav.-Z. 45, 226.

durch die irrtümliche Hingabe hat der Geber einen den anderen verpflichtenden Tatbestand geschaffen.

b) Eine Unterart dieser Lehre ist die von der bloßen Notwendigkeit des kausalen Konsenses[161]). Nach ihr hätte der iudex den Erwerb anerkennen müssen, wenn zwar der Rechtsgrund objektive Mängel hatte, also ohne rechtliche Wirkung blieb, die Parteien aber die Tradition unter übereinstimmender Annahme seiner Existenz vorgenommen hatten. Die Parteien hätten also übereinstimmend wollen müssen, daß die traditio eine Schenkungs- oder eine Darlehens- oder eine Mitgift-Tradition usw. sei. Iusta causa wäre danach die übereinstimmende Annahme eines gültigen Kausalgeschäftes, an welche das objektive Recht den Eigentumserwerb nicht minder anschlösse, ob dieses Kausalgeschäft, mit dem untrennbar verbunden die traditio in Erscheinung träte, objektiv rechtlich gültig wäre oder nicht. Die Richteraufgabe wäre danach eine rein analysierende und deduzierende.

Diese Auffassung wird m. E. widerlegt durch die eben genannten Fälle. Bei Julian will im zweiten Falle der Tradent kein mutuum, ebenso der Empfänger keine donatio; bei der traditio des ersten Falles ist mindestens ein Dissens in der „causa remota" festzustellen. Nimmt man aber auch die solutio als „causa proxima" an, so liegt im zweiten Falle weder ein Konsens über eine vermeintliche Haftungslösung noch ein vermeintliches Erfüllungsgeschäft vor. Sicher scheitert — wie oben erwähnt — die Theorie des kausalen Konsenses bei der solutio indebiti:

Der Tradent glaubt an eine Haftungslösung oder Erfüllung. Der Empfänger muß es durchaus nicht. Er darf nur nicht diebische Absichten haben. Er kann irrtümlich meinen, das Geld sei ihm geschenkt oder geborgt. Auch wenn der Empfänger sciens das indebitum entgegennimmt, um es z. B. dem leichtsinnigen Tradenten als Notpfennig zu erhalten, geht der rechtliche Wille nicht auf Annahme negotii distrahendi causa. (Gaius sagt kein Wort von kausaler dinglicher Einigung!) Also Dissens über die Haftungslösung möglich! Und dennoch Eigentumserwerb!

---

[161]) Vgl. Hofmann 67; außer den Genannten viele neue, zuletzt Lange.

4. Die modifizierte abstrakte Lehre (Exner[162]), Hofmann[163]), O. Mayer[164])). Sie besagte, daß der iudex zwar den subjektiven Grund bei der Entscheidung über den Eigentumserwerb betrachten, also den Individual-Willen bei der traditio erforschen müßte, aber auch zu beachten gehabt hätte, daß die Rechtsordnung dem Individual-Willen Schranken setzte. Nur wenn das Beweisverfahren ergäbe, daß kein gesetzliches Hindernis des Traditionswillens im konkreten Tatbestande zu finden sei, müßte der iudex im Wege des logischen Schlusses den Eigentumserwerb feststellen. Im Sinne Exners mußte der iudex zunächst feststellen, ob im konkreten Tatbestande nicht von der Rechtsordnung verpönte Elemente vorhanden wären; kam er aber zu dem Schlusse: Der Tatbestand ist frei von den gewissen verpönten Elementen[165]), so hatte er nur mehr den Veräußerungswillen zu erschließen, um zu der Entscheidung zu kommen: Die strittige Sache steht im Eigentume des Klägers.

Nach Hofmann[166]) ist causa subjektiv und generisch zu fassen; der iudex hätte den Individual-Willen zu erforschen, hierauf festzustellen, ob der animus gesetzmäßig sei, also ein animus vendendi, donandi usw. und nicht etwa ein animus furandi oder ludendi usw. Ist die Gesetzmäßigkeit und Übereignungsrichtung des animus festgestellt, so ergäbe sich mit logischer Folgerichtigkeit — gemäß der Lehre Hofmanns — die Anerkennung des Erwerbes durch den Privatrichter.

Im Sinne O. Mayers[167]) würde ein erfolgreicher Wille als Voraussetzung des Erwerbes gefordert; es muß der im Willen gelegene Zweck erreicht werden, also der beabsichtigte Verkauf, die beabsichtigte Darlehensgabe, Schenkung, solutio zustande kommen. Damit nähert sich O. Mayers Auffassung der kausalen[168]). Der iudex hätte also aus dem Tatbestande Richtung und Erfolg des

---

[162]) „Die Lehre vom Rechtserwerb durch Tradition", 1867; vgl. Hofmann 71.
[163]) a. a. O. 80ff.
[164]) „Die Iusta causa bei Tradition und Usukapion." Vgl. Hofmann 75.
[165]) a. a. O. 337. [166]) a. a. O. 135ff.
[167]) a. a. O. § 5.
[168]) Er selbst will sie als objektives Erfordernis fassen (26); vgl. aber S. 70!

Willens feststellen und wenn beide Voraussetzungen vorhanden wären, das Eigentum als rechtliche Folge feststellen müssen.

Gegen Exners Auffassung spricht, daß weder bei Gaius noch bei Ulpian noch bei Paulus die iusta causa als negatives Element erscheint, sondern offenbar als positives; ferner daß bei der Erörterung der Tatbestände nie der Schluß zu finden ist: „Es liegt kein verpöntes Element vor; somit ist Eigentum, da Wille und traditio vorhanden, festzustellen." Wie könnten weiters venditio, donatio und dotis datio als causa-Beispiele erscheinen? Würden ferner nicht auch nach Exner Voraussetzungen wie die Verkehrsfähigkeit der Sache, daß sie nicht res extra commercium sei, in den Kreis der iusta causa gehören müssen? Und doch zeigt keine klassische Quelle diesen Zusammenhang.

Hofmanns Lehre würde eine große Zahl von Gesetzesnormen erwarten lassen, um dem Privatrichter die Normen-Anwendung: „Der konkrete animus ist gesetzmäßig" zu ermöglichen. In Wirklichkeit ist uns keine einzige derartige Gesetzesnorm bekannt. Wäre aber selbst der animus vendendi, donandi (grundsätzlich) und dotem dandi durch Normen anerkannt, der animus intercedendi gemäß dem S. C. Velleianum, der animus furandi und animus uxori vel marito donandi durch andere Normen von der Rechtswirkung ausgeschlossen gewesen, welche Normen standen dem iudex für die zahllosen anderen Fälle, insbesonders die Grenzfälle zur Verfügung, um nach der Analyse des Individualwillens den logischen Schluß auf die Gesetzmäßigkeit des Willens und somit auf den Eigentumserwerb zu ziehen? Die Quellen zeigen uns bei der causa-Erörterung keine einzige derartige logische Deduktion.

O. Mayers Auffassung wird durch jeden Dissensfall widerlegt, wenn man die Julian-Stelle für echt hält; sicher aber durch einen Fall des Dissenses bei der solutio indebiti, wenn z. B. weder Haftungslösung oder Erfüllung erfolgte, da keine Haftung und keine Verpflichtung vorhanden war, noch die Schenkung oder das Darlehen o. dgl., was der Empfänger irrtümlich annahm, zur Wirkung gelangte. Ferner ist keine Quellenstelle bekannt, die z. B. den Schluß brächte: Zwar war echter Übereignungswille bei der solutio festzustellen, Eigentum ist aber trotzdem nicht übergegangen. Denn der Wille erreichte nicht seinen beabsichtigten Zweck. — Gaius 3, 91 sagt im Gegenteile, daß der Fall nach Art eines mutuum behandelt werde.

Wo steckt nun der Fehler bei den vielen, scharfsinnigen Erörterungen? Meines Erachtens wohl darin, daß alle Autoren den Tatbestand der Eigentumstradition nur nach juristischen Elementen im engeren Sinne durchforschen, d. h. solchen, die der iudex im Wege der Normenanwendung durch logische Schlüsse im Urteile zu verwenden hätte. In Wirklichkeit gehört aber m. E. das iusta-causa-Element nicht in diese Kategorie. Es stellt vielmehr das wertende Element dar. Der iudex hatte zwar durch logische Analyse und entsprechende Schlüsse das Vorhandensein der Verfügungsberechtigung, des Sachübertragungs-Einverständnisses und die traditio festzustellen, hatte aber daneben Vollmacht und Aufgabe, den gewollten Güterumsatz wirtschaftlich zu werten, ihn vom Interesse der Gemeinschaft aus entweder zu billigen oder mindestens zulässig zu finden oder ihn negativ zu bewerten und den Güterumsatz rechtlich nicht anzuerkennen. Diese wichtige Entscheidung des unabhängigen Privatrichters war keine Anwendung von Normen, sondern zunächst Billigkeitsentscheidung, selbsttätig geschaffen nach bestem Wissen und Gewissen. Die Jurisprudenz übernahm aber m. E. bei diesen Werturteilen die Führung. In dem Gutachten vertrat der Respondent die Auffassung, bei einem konkreten Tatbestande sei das Eigentum übergegangen oder nicht. In der Antwort des Juristen lag ein Werturteil über den wirtschaftlichen Vorgang, das beispielgebend werden konnte. In erhöhtem Maße mußte dies seit Einführung des ius respondendi zutreffen. Freilich konnten die Werturteile, die in den Antworten der Respondenten lagen, beim gleichen Tatbestande verschieden ausfallen. Die Quellen zeigen aber, daß sie in der causa-Frage in unum concurrunt; daher der volle Erfolg! (Gai Inst. 1, 7.) Beurteilt wurde die wirtschaftliche Begründung der traditio. Dazu war die causa dandi und die causa accipiendi objektiv zu betrachten. Das Gesamtergebnis konnte in die wirtschaftliche Kategorie: Kauf, Schenkung, Mitgiftbestellung fallen. Dann war kein Zweifel, daß die Wertung positiv ausfalle. Aber schon hier ergibt sich für die causa: Kauf eine wichtige Besonderheit. Als iusta causa wurde nur der Ankauf gewertet, bei dem Zahlung des Preises oder satisfactio erfolgt war.[169]) So läßt sich auch von dieser Seite aus das Ergebnis verstehen, zu dem eine Quellenuntersuchung führt, die ich gleichzeitig an anderer Stelle veröffentliche. Neben jenen Normaltypen des wirtschaftlichen Güterumsatzes in Rom zeigen uns die Quellen sehr verschiedenartige andere Tatbestände. Für sie alle erscheint mir kennzeichnend die typisch wirtschaftliche Beurteilung. Besonders kennzeichnend aber ist die solutio indebiti. Obwohl die juristische Analyse beim Tradenten niemals, beim Empfänger fast nie die mutuum-Willensrichtung zeigt, lautet das wirtschaftliche Urteil: „Eine Art unfreiwilligen Darlehens". Ähnlich wird die Hingabe von res dotales trotz Ausbleiben der Ehe oder bei ungültiger Ehe anscheinend wirtschaftlich gewertet als „voreilige oder unvorsichtige Mitgiftbestellung" und Eigentumserwerb anerkannt, bei der vorsichtigen aestimatio aber nicht.

Wir ersehen daraus, daß die römische Gemeinwirtschaft der klassischen Zeit den Güterumsatz begünstigte. Dies ist verständlich; denn Rom war Mittelpunkt des Welthandels und des Finanzverkehres geworden. Aber niemals finden wir eine manchesterliberale Wirtschaftsauffassung. Auch die klassische Zeit zeigt uns m. E. die überlieferte Kontrolle des privaten Gütererwerbs.

Bei der mancipatio übte lange der Kreis der Zeugen und der Wagehalter, der Standesgenosse sein mußte, unmittelbar beim Erwerbsakte die Kontrolle der Gemeinschaft aus. Man hätte sich offenbar nicht zur kundbaren Mitwirkung hergegeben, wenn der Güterumsatz wirtschaftlich nicht als „anständig" gegolten hätte.

Bei der in iure cessio ist der Beispruch der Gerichtsobrigkeit für den Rechtserwerb nötig. Niemand konnte die addictio erzwingen; denn sie stellte die Billigung der Rechtsbehauptung, also die positive Wertung des Wirtschaftsvorganges vor. Offenbar erteilte die Gerichtsobrigkeit die addictio nur, wenn ihm die private Transaktion vom Gemeinschaftsinteresse aus zulässig erschien.

Beim Eigentumserwerbe durch traditio und usucapio gestaltete sich die Kontrolle des privaten Güterumsatzes durch die

[169]) Nicht eine gültige oblig. Abrede. Vgl. Sav.-Z. 52, 195ff.

Gemeinschaft anders. Im Streite um das Verfügungsrecht über die Sache wurde der wirtschaftliche Sacherwerbsvorgang untersucht und gewertet. Das iusta causa-Erfordernis bot die Handhabe für die Wirtschaftskontrolle. Nur ein von der Gemeinschaft anerkannter oder zulässig befundener wirtschaftlicher Begründungstatbestand brachte in concreto die Anerkennung des Rechtes, brachte erfolgreiche Rechtsschutzmittel.

Soviel wir aus den Quellen erkennen können, gab es anscheinend keine einzige Gesetzesnorm, die besagte, was iusta causa rechtlich bedeutete. Alles kam auf die Rechtsanwendung an. Die Römer vertrauten dem gesunden wirtschaftspolitischen Blicke und dem Gemeinschaftssinne ihrer Gerichtsobrigkeit, ihrer Privatrichter und ihrer Juristen. „Non ex regula ius sumatur, sed ex iure quod est regula fiat" galt auch hier als Leitsatz. Deshalb ist es für uns, die wir Anwendung von Gesetzesnormen gewohnt sind, so schwer, das römische Güterumsatz-System juristisch-dogmatisch darzustellen. Nur gewisse Regeln lassen sich aus den Entscheidungen der Juristen gewinnen, mehr nicht. Und selbst diese blieben nicht die gleichen. So erscheint es zur Zeit des Gaius anscheinend nach D 6, 2, 8 schon fraglich, ob der Privatrichter die Preiszahlung bei der actio Publiciana untersuchen sollte, ob es also im Gemeinschaftsinteresse liege, daß nur die dingliche Rechtsstellung desjenigen anerkannt werde, welcher auch den Preis gezahlt oder satisfactio geleistet habe. Im dritten Jahrhundert geht diese Entwicklung der Behandlung der Kaufs-causa weiter, wie ich an anderer Stelle zu zeigen suchte.[170])

Kennzeichnend für die Denkart der römischen Juristen ist es dabei, daß sie bei irrtümlichen Güter-Übertragungen, bei unbewußtem Willensgegensatze der Parteien und anderen schwierig zu bewältigenden Fällen niemals die logische Analyse in den Vordergrund stellten, sondern wirtschaftliche Wertung unter Rücksicht auf die Verkehrsinteressen der Gemeinschaft leisteten. Das ergibt sich m. E. auch aus dem Antinomie-Falle: Der Tradent will schenken, der Empfänger meint, ein Darlehen empfangen zu haben. Die beiden großen Juristen Julian und Ulpian meinen übereinstimmend:

[170]) Ebenda.

Keine donatio, kein mutuum. Dies geht m. E. wohl aus dem überlieferten Texte hervor: Denn Ulpian sagt, anscheinend Julian folgend: quasi donaturus; quasi mutuam accipias, Julian: quasi creditam. Das ist objektive Analyse der subjektiven Willensrichtung: „in Schenkungsabsicht"; „als vermeintliche Darlehensvaluta". So mußten m. E. auch beide übereinstimmend sagen: Eigentumserwerb weder ex causa donationis noch durch Darlehen. Was liegt dann aber vor? Die wirtschaftliche Analyse des Tatbestandes ergibt: Teils Schenkung, teils Darlehen. Was folgt daraus juristisch? Beide antworten: Das Eigentum geht jedenfalls über; denn der Güterumsatz ist mit dem Gemeinschaftsinteresse durchaus verträglich. Ging doch selbst das per errorem solutum nach anerkannter Auffassung über.

Wie wirkt es sich aber juristisch aus, daß keine gültige Schenkung zustande kam? Die Antwort Julians lautet m. E.: Wenn der Geber die Summe mit einer condictio verlangt, so kann ihm der Empfänger keine wirksame Einwendung entgegensetzen; denn er war ja selbst beim Empfange der Meinung, es sei ihm der Betrag nur geborgt worden. Hier knüpft Ulpian an und sagt: Zweifellos kann eine condictio angestellt werden (licet condictione teneatur!). Aber es muß doch berücksichtigt werden, daß auch ein gültiges mutuum nicht zustande kam. Verlangt der Kläger also trotz dem Verbrauche der Münzen den Betrag so, als ob ein mutuum vorläge, so ist eine exceptio doli am Platze. Denn es widerspricht in grober Weise Treu und Glauben, wenn man eine Summe ohne jede Rücksicht im iudicium zurückverlangt, die man beim Geben schenken wollte.

Diese feinen klassischen Erörterungen verstanden die Byzantiner des 6. Jahrhunderts nur zum Teile. Dies ersehen wir m. E. aus den Scholien, die auf Kyrillos und Stephanos zurückgehen. Der erstere begründet anscheinend den Nichtübergang wie ein moderner Kausalist der oben genannten Richtung: Da weder ein gültiger Schenkungs- noch ein gültiger Darlehensvertrag zustande kam, geht das Eigentum nicht über. Ob der Übergang nicht ex alia causa möglich wäre, erwägt er nicht. Ihm folgen die Basiliken. Stephanos aber konstruiert eine sanatio der Schenkung ex radice durch nachträglichen Schenkungsannahme-Willen. Er übersieht, daß damit die Unterscheidung Ulpians nach verbrauchten und unverbraucht vorhandenen Münzen ihren Sinn verlieren würde. Auch aus der Tatsache, daß in den justinianischen Texten anscheinend öfters[171]) die causa-Erwähnung ausblieb, kann man den Schluß ziehen, daß die Kompilatoren den vollen klassischen Gehalt nicht ganz erfaßten, obwohl sie bestrebt waren, das klassische Rechtsgut möglichst ungeändert zu übernehmen. Daß sie die beiden Antinomie-Stellen ungeändert übernehmen, kann auf keine Weise mit Bestimmtheit begründet werden. Wahrscheinlich erscheint mir aber nach dem Ganzen, 1. daß sie keine tieferen Eingriffe vornahmen, also die Antinomie im engeren Sinne schon vorfanden. Darauf baut die oben dargelegte Hypothese auf. Es handelt sich m. E. um zwei Stellen, die in die Chrestomathie der Rechtsschulen aufgenommen waren und die man bereits erläuterte; 2. daß sie das causa-Problem der Stellen nicht voll erfaßten und mithin nicht an eine mögliche Textveränderung dachten. 3. Daß sie sehr rasch und mithin auch sehr flüchtig arbeiten mußten. Möglicherweise haben sie ohne viel Überlegung die beiden Stellen zur Aufnahme vorgemerkt, weil sie in den Rechtsschulen erläutert wurden, und man erkannte erst nachher, aber noch im 6. Jahrhundert, die Schwierigkeit, im Sinne Justinians die beiden Stellen als Teile eines einheitlichen Gesetzeswerkes anzuwenden. Eine andere als die harmonisierende Erläuterung war nun überhaupt ausgeschlossen.

Nach unserer Hypothese läge eine Textverderbnis vor, weder eine Interpolation noch ein Glossem. Wir kennen nämlich so gut wie kein einziges sicheres Beispiel von vorjustinianischen Textänderungen klassischer Stellen, die den sachlichen Gehalt geändert oder gar ins Gegenteil verkehrt hätten. Dagegen zeigt die Literaturgeschichte zahllose Fälle der Textverderbnis, von Abschreibfehlern und Auslassungen. Es erscheint mir deshalb notwendig, daß die Rechtshistoriker wieder mehr diese Seite der Textbehandlung berücksichtigen, wie es Koschaker[171a]) jüngst wirkungsvoll betont hat.

Natürlich wird auch auf diesem Wege keine Sicherheit

[171]) Vgl. z. B. D 41, 1, 21, 1; D 27, 10, 10, 1.
[171a]) Abh. Akad. Leipzig, ph.-hist. Kl., 42./I, S. 2.

gewonnen. Es soll ja nur erreicht werden, mit dieser Annahme die Texte über die causa als sinnvolle gedankliche Einheit zu begreifen. Die großen Klassiker haben es nach unserer Auffassung gar nicht als ihre Aufgabe betrachtet, in der causa-Frage „Begriffsjurisprudenz" zu leisten. Sie waren Führer und Herolde der Gemeinschaft, die entsprechend der Zeit und ihren Bedürfnissen beispielgebend aussprachen, was in einem Streitfalle um Eigentumserwerb „rechtens" sei.[172]) Zu dieser Führerstellung befähigte sie nicht nur die Kunst, Tatbestände richtig zu zergliedern, sondern auch die Gabe, über wirtschaftliche Vorgänge Werturteile zu fällen, die sich durchsetzten. So war es ihnen leicht, ohne spezielle Normen die Grenzfälle des zulässigen indebitum accipere gegenüber dem furtum, zulässige donationes zwischen Ehegatten von solchen ohne Eigentumswirkung, Transaktionen über Mitgift- und Frauenguts-sachen mit Eigentumsübergang und ohne solchen auf Grund ihrer Werturteile abzugrenzen. Dabei zeigten sie entsprechend dem Wirtschaftscharakter der klassischen Zeit mindestens in der Weltstadt Rom[173]) so sehr eine verkehrsfreundliche Tendenz, daß sie dabei fast wie Anhänger eines „abstrakten" Übereignungssystems wirken. Dennoch gehören sie nicht dazu. Denn in dem iusta causa-Erfordernis, das ihnen anscheinend selbstverständlich war, bestand ein elastisches Kontrollmittel des privaten Güterumsatzes. Es besagt: Ohne positive Wertung der wirtschaftlichen Begründung der „Eigentums"tradition gab es keinen anerkannten Eigentumserwerb! Da die Wertung im konkreten Falle den gesellschaftlichen und wirtschaftlichen Verhältnissen der Zeit entsprach, war das Kontrollmittel außerordentlich anpassungsfähig. Ohne irgendeine Änderung einer gesatzten Norm bewältigte die Jurisprudenz neue Aufgaben der Gemeinschaftsordnung. Nur aus diesem Gesichtspunkte versteht man m. E. die ungeheure auctoritas prudentium bei den Römern.[174])

---

[172]) Außenseiter wie Gaius geben deren sententiae geschickt wieder.

[173]) Anders wohl Provinzial-Rechte. Vgl. Schönbauer, Sav.-Z. 46, 332ff.

[174]) Weiteres insbesondere auch über die causae usucapionis an anderer Stelle!

2. Übersetzungen und Abhandlungen zum vorptolemäischen Rechte Ägyptens (1903—1930). 2. Folge).[1]

Die in der ersten Folge dieses Sammelberichts geäußerte Hoffnung, daß sich das Material zum altägyptischen Recht durch Neuveröffentlichungen bald vermehren werde, hat sich für das vergangene Jahr in erfreulicher Weise erfüllt. Die Publikation weiterer wichtiger Texte aus dem Cairiner Museum steht zu erwarten. Da ich gleichzeitig einige Nachträge zu bringen habe, beginne ich in derselben Reihenfolge wie in Sammelbericht I, weise aber darauf hin, daß in Nr. 6ff. dieser Folge auch auf das öffentliche Recht eingegangen werden soll. Die Vorbehalte inbezug auf Vollständigkeit und ägyptologische Stichhaltigkeit, die ich für die erste Folge machen mußte, müssen auch für diesen zweiten Teil gelten.

1. Allgemeines zur Rechtsgeschichte. Hier möchte ich vor allem auf zwei Bibliographien hinweisen. Die eine ist den Papyrologen längst bekannt, es ist: Die Zusammenstellung der Werke Revillouts von Wessely in seinen Studien zur Paläographie und Papyruskunde XIII (Wien 1913). Ich hätte sie in Sammb. I S. 39[3] erwähnen sollen. Nicht so bekannt dürfte den Papyrologen vielleicht die andere Bibliographie sein, die aber volle Beachtung schon darum verdiente, weil sie Ägyptologie (einschließlich Koptizistik) und Papyrologie gleichartig umfaßt: Ida A. Pratt, Ancient Egypt (der Titel, nicht zu verwechseln mit der Zeitschrift gleichen Namens), Source of information in the New York public library. New York 1925[2]). Die Büchertitel sind systematisch geordnet; Juristen finden in den Abschnitten Government and administration

---

[1]) Vgl. diese Zeitschrift Bd. XXIV S. 37. Dort S. 38[2] die Erklärung der Abkürzungen. Ich bitte aber zu berichtigen: S. 38[2] Z. 5 von unten: égyptologie statt égyptiologie. S. 40 Z. 10: Kenntnisse statt Kenntnise. S. 43[7] vorletzte Z. Égyptien statt Égytien. S. 45 Z. 21 Égypte statt Égypt. S. 45 Z. 6 Pap. Berlin 10487 statt Pap. Brit. Mus. 10487. S. 57 Z. 23: Égypte statt Egypten. S. 62 Z. 13 „München 1925" statt „München 1921". S. 63 Z. 15 général statt géneral. S. 63[10a] Z. 2 Giuridico statt Giusidico. S. 64 Z. 5: „ägyptologischen" statt „ägyptischen". S. 65 Z. 11 „wohl für die Rechtsinstitute" statt „wohl die Rechtsinstitute".

[2]) S. auch Henri Munier, Catalogue de la bibliothèque du musée Égyptien du Caire. Le Caire 1928.

(S. 276), Law (S. 279) und Social life (S. 285) vieles wichtige bis 1925 Erschienene. Vollständig sind diese Übersichten nicht, weil sie von den Beständen der Bücherei abhängig sind. Auch konnte manche den Juristen interessierende Abhandlung ebensogut unter einem ganz anderen Gesichtspunkt, z. B. Grammatik, eingereiht werden, so daß es auch hier nicht genügt, nur unter den jur. Sammeltiteln nachzusehen. Sehr nützlich ist das Verfasserverzeichnis am Ende, das ermöglicht die Schriften einzelner Gelehrter, die sich mit juristischen Texten befaßt haben, etwa die von Spiegelberg, bis 1925 zu überblicken[3]).

Auch der Jurist, der eine rechtsgeschichtliche Spezialfrage untersucht, greift gerne zu den Darstellungen der ägyptischen Geschichte und Kulturgeschichte. Da seien außer den in Sammb. I aufgeführten Werken noch erwähnt: Friedrich Bilabel, Geschichte Vorderasiens und Ägyptens vom 16.—11. Jahrhundert v. Chr. Heidelberg 1927. Über das Kapitel, das die Bedeutung des Königs Horemhab beleuchtet (S. 97ff.) wird unten beim Verwaltungsrecht (Nr. 6) noch ausführlicher zu berichten sein. Sehr wichtig für den Rechtshistoriker ist die Histoire de l'Orient von Alexandre Moret, die nun in zwei Lieferungen vorliegt (Histoire générale publiée sous la direction de Gustave Glotz, Histoire ancienne, première partie, Paris 1929ff.). In der 2. Lieferung geht Verf. ausführlich auf die Entwicklung des Staates und des Rechtes in vorgeschichtlicher Zeit und im Alten Reiche ein. Manche dieser Themen findet man schon in einem früheren Werke desselben Verfassers behandelt: Le Nil et la civilisation Égyptienne. Paris 1926. In diesem Zusammenhange sei auch Charles Palanque, Le Nil à l'époque Pharaonique. Paris 1903, erwähnt. Schon im Sammb. I wäre auch A. Wiedemann, Das Alte Ägypten, Heidelberg 1920 aufzuführen gewesen. Dem Verf. ist vor allem die Gabe eigen, den kulturgeschichtlichen Stoff in leichtverständlicher gefälliger Darstellung vorbringen zu können. Seine sorgfältigen mit reichen Literaturangaben versehenen Beschreibungen des Staates (S. 53—70), der Gesellschaft und des Rechts (S. 70—107) und des Handels (S. 309—322) sind auch für

---

[3]) Eine vollständige Bibliographie aller Arbeiten Spiegelbergs wird z. Z. von Heribert Schuler vorbereitet.

die Rechtsgeschichte sehr bedeutungsvoll. Eine gute Einleitung in die allgemeine Kulturgeschichte Ägyptens liegt auch in Flinders Petrie, Social life in ancient Egypt, London 1924 vor. Kapitel II befaßt sich mit der Verwaltung und dem Steuerwesen (S. 31), Kapitel III (S. 65) mit anderen Fragen des Rechtslebens. Dieses Werk ist aber mehr als eine Einführung für Nichtägyptologen geschrieben und beabsichtigt gar nicht, für Einzelfragen das Belegmaterial anzuführen. Dagegen hat derselbe Verf. die in Betracht kommenden Belegstellen in einem anderen Werke vereinigt: Descriptive Sociology or groups of soziological facts, classified and arranged by Herbert Spencer. Division I: Ancient Egyptians by W. Flinders Petrie, London 1925. Die Übersetzungen bedürfen gelegentlich eines ägyptologischen Kommentars, der ihre Sicherheit bzw. Unsicherheit auch für den Nichtägyptologen klar zutage treten lassen würde. Doch ist die übersichtliche Zusammenstellung von Zitaten aus alten ägyptischen Texten, griechischen Klassikern und modernen Werken sehr nützlich. Juristen finden in den Rubriken 1—40, 88—91 vieles Interessante, z. B. über Polygamie (7) oder den Eid (90).

Zu der Frage, seit wann es in Ägypten geschriebene Gesetze gibt, fand ich, daß die in Sammb. I S. 42 geäußerte Meinung, man müsse geschriebene Gesetze in Ägypten seit den ältesten Zeiten annehmen, auch schon von Eduard Meyer, Geschichte des Altertums Bd. I 2^5 S. 158 geäußert wurde. Dagegen vertritt A. Moret für die Zeit der 3.—8. Dynastie den entgegengesetzten Standpunkt (Histoire de l'orient 214. Le Nil 185).

Ein äußerst nützliches Hilfsbüchlein auch für den Historiker des ägyptischen Rechts ist das neuerschienene Werk von San Nicolò, Beiträge zur Rechtsgeschichte im Bereiche der keilschriftlichen Rechtsquellen, Oslo 1931[4]). Manches, was in altägyptischen Rechtsquellen noch dunkel ist, muß durch rechtsvergleichende Methode aufgehellt werden. Zur Rechtsvergleichung eignet sich aber für diesen Zweck weder das römische noch das griechische noch das altgermanische Recht in gleich ergiebigem Maße wie das Recht der alten vorder-

[4]) Besprochen von Wenger, Archiv f. Papyrusforschung 10, 103, Eilers, OLZ. 34, 922, Eißer, DLZ. 1931, 2244. Korošec, SavZRA. 52, 447.

asiatischen Völker, die eine allgemein wohl ähnlich zu nennende Kultur wie die Ägypter hatten, zumal wenn — was ein besonders wichtiges Moment ist — vorderasiatische Rechtsurkunden gleichzeitig mit unseren ägyptischen Urkunden erhalten sind. Da es aber bisher eine sehr schwierige Aufgabe für den Ägyptologen war, zu den ägyptischen Urkunden eine entsprechende keilschriftliche zu finden, so wurde gerade diese Rechtsvergleichung seit Revillout und Kohler nur mehr selten angewandt. Wie nützlich sie aber ist, hat ja San Nicolò selbst schon in seiner Arbeit über die Schlußklauseln (vgl. Sammb. I 62[10]) bewiesen. Nun liefert das neue Werk von San Nicolò ein hervorragendes systematisches Orientierungsmittel über das, was die keilschriftlichen Texte an Vergleichsmaterial zu bieten haben. Ich bin überzeugt, daß diese Arbeit auch für die ägyptische Rechtsgeschichte reiche Früchte tragen wird. Nicht der Nutzen, aber die Freude an diesem Werke könnte für den Ägyptologen etwas getrübt werden durch die Zeittafel, die das Werk abschließt und in welcher Verf. die ägyptische Rechtsgeschichte erst mit 1400 beginnen läßt, ja selbst das nur mit Vorbehalt, während er rückhaltlos erst 710 das Datum ansetzt. In Wirklichkeit müßte die Kolumne „Ägypten" mindestens mit der 4. Dynastie (2720—2560) beginnen und müßte somit fast ebensoweit hinaufreichen wie die Kolumne „Babylonien". Von der Massenhaftigkeit der keilschriftlichen Urkunden (Verf. spricht S. 7 von 20000) sollte man sich nicht blenden lassen; wenn auch kaum 100 Rechtsurkunden aus der vorsaïtischen Zeit erhalten — oder vielleicht richtiger gesagt — herausgegeben sind, so kann man damit doch einzelne Rechtsinstitute, wie z. B. das Beweisurteil bis in das Alte Reich zurückverfolgen, und einem an Qualität so wertvollen Text wie dem Pap. Berl. 9010 (vgl. Sammb. I 46, 6. Dyn.) hat auch die babylonische Rechtsgeschichte nur weniges aus so alter Zeit zur Seite zu stellen. Und wenn Verf. die babylonischen Kudurru als Rechtsurkunden gelten läßt (S. 119), so muß er auch die von Moret wiederholt bearbeiteten Chartes d'immunité (vgl. unten S. 232 u. Sammb. I 58) als solche gelten lassen. Man sollte, wie ich meine, auch für die Erklärung der Kudurru (vom Standpunkt der babylonischen Rechtsgeschichte) dieses wichtige, ungleich ältere Vergleichsmaterial sich nicht entgehen lassen. Auch darf man nicht vergessen, daß San Nicolòs schon früher aufgestellte These (vgl. Sammb. I 67), daß durch die Perserherrschaft vorderasiatische Rechtsinstitute nach Ägypten eingedrungen seien, wovon die aramäischen Elephantinetexte ein Zeugnis ablegten (S. 53), bisher noch von keiner ägyptologischen Seite Zustimmung gefunden hat. Selbst auf dem Gebiete des Steuerrechts (vgl. unten S. 239) ist die nationale ägyptische Rechtsentwicklung kontinuierlich bis zur Römerzeit nachweisbar. Da wäre eine Beeinflussung gerade des Privatrechts außerordentlich erstaunlich. Übrigens liegt in der Abhandlung von Pritsch, Jüdische Rechtsurkunden aus Ägypten, Ztschr. f. vergl. Rechtswissenschaft 27, 7 schon eine eingehende Untersuchung der aramäischen Texte vor (mit Lit.); Pritsch untersucht Klausel für Klausel nach der Herkunft aus jüdischem oder ägyptischem Recht und kommt gerade bei den für die Stilisierung der Urkunden typischen formellen Klauseln zu dem Schlusse, daß das Ägyptische überwiegt (s. S. 15)[5].

2. Gerichtsverfassung. In The great tomb-robberies of the twentieth Egyptian dynasty, Oxford 1930[6]) geht T. E. Peet S. 18 auch auf Zusammensetzung und Art des Gerichtes ein, vor dem sich der Gräberdiebeprozeß abspielt und im Zusammenhang damit auf den Begriff knb.t (Gericht) überhaupt. Da aber der Gräberprozeß in einem außerordentlichen Verfahren abgewickelt wurde, sind Schlüsse hieraus auf die allgemeine Gerichtsverfassung, wie übrigens der Verf. auch selber stets im Auge behält, nur mit Vorsicht möglich. So ist gerade auf diesem Gebiete noch viel zu tun. Man wird hiebei auch die Abhandlung von Sethe, Von Zahlen und Zahlworten, Straßburg 1916 S. 40 u. passim tunlichst heranziehen. Der höchste Richter nach dem Pharao war der Wesir. Über seine richterlichen Funktionen unter der 18. Dynastie gibt die „Dienstanweisung des Wesirs" Auskunft, s. Übersetzung und Kommentar von Giulio Farina, Rendiconti della R. Accademia dei Lincei, seria quinta, 25 (Rom 1916), 923ff. insbes. S. 970 (= Brea-

[5]) Vgl. dazu Nöldeke, Die aramäischen Papyri von Assuan, Ztschr. f. Assyriologie 20, 130 (Mit Beiträgen von Spiegelberg); Clermont-Ganneau, Revue critique 1906, 344[3]; Freund, Wiener Ztschr. für die Kunde des Morgenlandes XXI 174[5], 175[2]; ferner unten S. 227 u. S. 228.

[6]) Besprochen von Lange, OLZ. 34, 836.

sted, A. R. II 675). Auch das Dekret des Horemhab (s. Sammb. I 43) befaßt sich mit gerichtsorganisatorischen Fragen: Geschenke anzunehmen ist Richtern (Gerichtshöfen?) verboten; auch sollen sie sich nicht mit dem Volke verbrüdern (Bilabel, Geschichte Vorderas. u. Äg. S. 101). Im Journal 17, 62 gibt J. Lourie A note on Egyptian law-courts, worin er darauf hinweist, daß die knb.t weitergehendere Befugnisse als nur Gerichtstätigkeit hatte. Er schlägt daher vor, dieses Wort mit „Rat" zu übersetzen und nur knb.t sdmiw mit „Gerichtshof". Ob es sich dabei aber wirklich um zwei verschiedene Körperschaften handelt, scheint mir doch noch nicht genügend geklärt; denn man darf im alten Ägypten nicht ohne weiteres Trennung von Justiz und Verwaltung voraussetzen; vgl. unten S. 236.

3. Prozeß. Die wichtigste Neuerscheinung auf diesem Gebiete ist das eben erwähnte Werk von T. Eric Peet, The great tomb-robberies[6a]). Zusammen mit dem Werke desselben Verfassers The Mayer Papyri A and B, Oxford 1920 umfaßt es das ganze Material zum Gräberdiebeprozeß (Sammb. I 49). Abgesehen davon, daß die Neuübersetzungen in vielen juristischen Dingen ganz neue Auffassungen bringen, ist das Werk auch durch die einleitenden Untersuchungen über den Strafprozeß (S. 15—27) heute grundlegend. Peet untersucht außer dem schon erwähnten Gerichtsverfassungsrecht zunächst die Einleitung eines Strafprozesses (S. 16): Den Anstoß zur Strafverfolgung der Gräberdiebe gab Pewero, der prince of the West and chief of Mazoi (Polizei) in the Necropolis. Sein Bericht geht an den Wesir, die srw (d. h. die Vornehmen, die dann in der knb.t, dem Gericht, zusammentreten) und to the butlers of Pharao. Es beschäftigen sich aber auch andere Würdenträger mit dieser (im öffentlichen Interesse gelegenen) Strafverfolgung. S. 20 wird dann der Gang des Verfahrens untersucht. *Συνήγοροι* begegnen im Gräberprozeß nicht (vgl. Diodor 1, 76, 1 — andererseits ist das Verfahren durchaus kein reiner Schriftprozeß, wie man nach Diodor vermuten möchte). Das Hauptmittel der Wahrheitserforschung ist die Tortur der Verdächtigten und ihrer Angehörigen (hiezu bringt Peet wichtige neue Übersetzungen). Sklaven können auch, um wider ihre Herrn auszusagen, gefoltert werden (anders

[6a]) Besprochen von Griffith, Journal 17, 258.

im römischen Recht: Mommsen, Strafrecht S. 414f.). Wichtig ist die Konfrontation der Beschuldigten, die so aufgefaßt wird, als ob der eine, der etwa schon ein Geständnis der gemeinsamen Tat abgelegt hat, nunmehr als Ankläger gegen den anderen auftreten würde. Das ist aber nur der sprachliche Ausdruck, in Wirklichkeit herrscht Inquisitionsmaxime. Um die Übersetzung zu kennzeichnen, gebe ich hier eine Stelle des Papyrus Abbot 5/6 zuerst in der Übersetzung Peets, dann in der vor langen Jahren gefertigten Übersetzung von Breasted, A. R. IV 524. P.: He took an oath on pain of being beaten, of having his nose and ears cut off, and of being impaled. B.: He took an oath of the king L. P. H., that he should be mutilated (by cutting off) his nose and his ears and be placed upon the rack. Wie man sieht, ist die Art der Strafen des Meineids durch Peets Forschungen klarer gestellt, als sie das z. B. der Breastedschen Übersetzung war. Andererseits übersetzt Peet sehr frei und unterdrückt in dem Bestreben, eine sprachlich fließende Übersetzung zu erhalten, manchmal Dinge, die den Rechtshistoriker immerhin interessieren, so z. B. daß der Eid unter Anrufung des Herrschers als Gewährsmannes geleistet wurde. (Nach Tafel III bei Peet steht 'nch n nb da[7])). Sprachunkundigen ist daher zu empfehlen auch künftig beide Übersetzungen nebeneinander zu benützen, wenn auch im Zweifel das neuere Werk vorgezogen werden muß. Vgl. auch Pap. Brit. Mus. 10052 (S. 142) einmal 8/17: He was given the oath by the Ruler, saying . . ., andermal 9/1: There was given to him the oath by the Ruler, saying . . . . . Gewiß hat ein Übersetzer das Recht, alle grammatikalischen Möglichkeiten auszunützen, um seine Übersetzung abwechslungsreich zu machen, aber sprachunkundige Juristen, die von der Übersetzung weg arbeiten wollen, würden wohl am dankbarsten sein, wenn sie erführen, daß beidemale dieselbe stereotype Wendung wiederkehrt: „Es wurde ihm der Eid beim Herrscher auferlegt auf die Worte . . . ." (Das Folgende ist nicht die Rede des Auferlegenden, sondern das zu beschwörende Thema des Eides; vgl. Erman-Grapow I S. 203 III.)

[7]) Peet begründet seine abgekürzte Übersetzung S. 23, ich würde aber doch eher „Königseid" als „Eid" schlechthin vorschlagen.

Eine andere wichtige Neuveröffentlichung zum Strafprozeß des Neuen Reiches findet sich im 15. Bande des Journal of Eg. Arch.: Jaroslav Černy, Papyrus Salt 124 (= Brit. Mus. 10055). Er enthält eine große an den Wesir gerichtete (verso II 6) Anklageschrift gegen einen höheren Beamten (Er mag chief of the crew of Pharao in the Place of Truth gewesen sein). Das eigentliche Klagebegehren liegt auf dem Gebiete der Verwaltung. Denn nach Aufzählung der Verbrechen des Beschuldigten heißt es verso II 1: „Also ist (er) dieses Amtes nicht würdig". Allein es wäre unrichtig, in altägyptische Texte eine Trennung von Justiz-Strafverfahren und Verwaltungs-Disziplinarverfahren hineinzuinterpretieren[8]). Man muß vielmehr annehmen, daß der Wesir über die Amtsabsetzung und kriminelle Bestrafung in ein und demselben Verfahren Entscheidung trifft (vielleicht durch Delegation des ganzen Prozeßstoffes an einen untergeordneten Beamten). Und so muß dieser Text auch beim Strafprozeß Erwähnung finden, weil er das smj (klagen), die Prozeßeinleitung, beleuchtet. Recto II 17 wird auch ein strafprozeßlicher Instanzenzug geschildert.

Zu den Sammber. I 50 aufgeführten Orakeltexten hat Jaroslav Černy eine Abhandlung mit zahlreichen Neuübersetzungen veröffentlicht: Le culte d'Amenophis Ier chez les ouvriers de la nécropole Thébaine. In: Bulletin de l'institut français d'archéologie oriental. XXVII 159 (Le Caire 1927).

Wie ich einer Notiz von A. Erman in der Zeitschrift „Forschungen und Fortschritte" 8, 43 entnehme, enthält ein literarischer Text, den A. H. Gardiner demnächst unter dem Titel The blending of the truth in der Bibliotheca Aegyptiaca (Brüssel, Fondation Reine Elisabeth) herausgeben wird, die Schilderung einer Eideszuschiebung im Prozeß.

In der Zeitschrift der Savigny-Stiftung Rom. Abt. 51, 229 veröffentlicht Kunkel eine Abhandlung: „Griechische und ägyptische Elemente im Eidesrecht der Ptolemäerzeit", in der er auch auf vorptolemäisches Recht eingeht. Nur soweit kann in diesem Sammel-

---

[8]) Darauf hat übrigens schon Wenger, Die Verfassung und Verwaltung des alten Orient. Kultur der Gegenwart. Teil II Abteilung II 1 Lpz. 1911, 24 hingewiesen.

bericht Stellung genommen werden. Sehr interessant ist der Versuch (S. 256) die Übersetzung des aramäischen Pap. Cowley 44 = Sachau 33 (Pap. 32) zu berichtigen[9]) und damit ein vorptolemäisches Beispiel für das Formular der demotischen Beweisurteile der Ptolemäerzeit zu gewinnen, die die Entscheidung vom Eide einer Partei abhängig machen. Es sind die Urkunden, die mit ch p ʻnch ntj — iw — ir beginnen: „Wortlaut des Eides, den leisten wird", Beispiele in meinem Eid im ptol. Recht S. 11. Wie die griechischen Beispiele würde auch das so gewonnene aramäische das Wort ch „Wortlaut" nicht wiedergeben. Freilich ist die Entdeckung noch nicht gesichert; denn nach der Photographie des Papyrus bei Sachau, Tafel 32 scheint es, daß auf die erhaltenen Zeilen nichts mehr folgte: also läßt sich keine der für die ptolemäischen Beispiele typischen sonstigen Formeln des Beweisurteils in diesem aramäischen Papyrus wiederfinden. Die S. 240f. geäußerte Meinung, der Königseid begegne in älterer Zeit nur im Zusammenhang von Prozeßprotokollen, erst ganz zuletzt in privatrechtlichen Urkunden, trifft wohl nicht zu. Ich habe schon in meinem Eid im ptol. Recht S. 36 auf den Königseid im Kaufvertrag des Tentj hingewiesen, der aus dem Alten Reich stammt (zuletzt übersetzt von Spiegelberg, Sitz.-Ber. Akad. München 1925, 2, 30). Dieses älteste Beispiel eines Königseids steht aber eben gerade in einer Privat-, nicht in einer Prozeßurkunde. Die ältesten demotischen Rylandspapyri stammen übrigens nicht, wie Kunkel S. 241[1] meint, aus dem Neuen Reich, in dem die demotische Schrift noch gar nicht entstanden war (Griffith, Ryl. S. 11. Spiegelberg, Demotische Grammatik, Heidelberg 1925, 1), sondern aus der Spätzeit. Umgekehrt gehört die „Ramessidenzeit", die er in Gegensatz dazu stellt, zum Neuen Reich. Im übrigen beschränkt sich Kunkel, was das vorptolemäische Ägypten anbelangt, auf Kritik meines „Eides im ptolemäischen Recht" München 1929. Ich benütze diese Gelegenheit, zu meiner Erstlingsarbeit ein paar Berichtigungen und Zusätze zu veröffentlichen, die vorptolemäisches Material betreffen[10]).

[9]) Unter Mitwirkung von Polotsky und Hartmann.

[10]) S. 34 Z. 4 von unten: Ryl. 9 $^{12}/_{18}$ betrifft nicht Verstärkung einer Amtspflicht. — S. 37 Anm. 5 streiche: $^{2}/_{2}$. — S. 47 Anm. 5: Die hier vermutete Übersetzung hat schon Möller, Abhd. Akad. Berlin 1918 III S. 14 gewählt. Sie trifft

Sehr förderlich scheint mir eine rechtsvergleichende Beobachtung von San Nicolò zum Eidesrecht, diese Ztschr. 24, 109 zu sein: Nach ihm gibt es in neuassyrischen Rechtsurkunden eine Klausel, wonach eine Gottheit angerufen wird, die als „Gegner im Prozeß" der eidbrüchigen Partei auftreten solle. Das erinnert an die alte Prozeßurkunde aus der 6. Dyn. Pap. Berl. 9010 (Sethe, ÄZ. 61, 67). Z. 4 heißt es dort (nach Sethe): „Wenn dieser Sebekhotep drei zuverlässige Zeugen herbeibringt, auf [die] man vertrauen kann, die hersagen werden: ‚Deine Macht sei gegen ihn (= Prozeßgegner), o Gott, wie daß diese Schrift gemacht worden ist, gemäß dem Sagen dieses Woser [darüber] usw.'" Die Konstruktion des Eides scheint hier von der sonst in fast allen Rechten allgemeinen Selbstverfluchung abzuweichen. Ich habe mich schon in meinem Eid im ptol. Recht (S. 53) bemüht, die Konstruktion wieder herzustellen ohne mich freilich selbst von Zweifeln befreien zu können. So steht zu hoffen, daß die Rechtsvergleichung mit diesen neuassyrischen Texten klarer sehen lassen wird[11]).

Zum Weisheitsbuch des Amenemope (Sammber. I 51) hätte ich auch Griffith, The teaching of Amenophis the son of Kanakt, Papyrus Brit. Mus. 10474, Journal 12, 191, und D. C. Simpson, The hebrew book of proverbs and the teaching of Amenophis, Journal 12, 232 zitieren sollen. Auch diese Forschungen beleuchten die Lebhaftigkeit der Kulturbeziehungen zwischen Ägypten und den semitischen Völkern. Wenn sich bei Rechtsinstituten Gleichartiges feststellen läßt, wird es oft auf uralten Kulturaustausch zurückzuführen sein. Jedenfalls kann man aus dem nur zufälligen Stande des Materials die Prioritätsfrage heute noch nicht lösen.

4. Strafrecht. Die neue Bearbeitung des Gräberdiebeprozesses von Peet (The great tomb-robberies, s. oben S. 224) trägt auch für die Geschichte des ägyptischen Strafrechts viel Wichtiges bei. Eine Frage möchte ich hier herausgreifen: die Bestrafung

---

sicher das Richtige. Damit fällt meine Hilfskonstruktion S. 48 Z. 13 bis zum Schluß des Absatzes weg. — S. 48 Anm. 2 ist zu streichen. — S. 59 Anm. 1 statt: „Ebenso" lies „Ähnlich". — S. 64 Anm. 2: siehe jetzt die Neuedition von Cowley Nr. 8 u. 10. — S. 89: Ryl. 9 $^{12}/_{18}$ betrifft keine Amtshandlung, ebensowenig $^{17}/_{18}$.

[11]) Herr Privatdozent Dr. David-Leipzig zeigte mir liebenswürdigerweise als Beispiel: Kohler-Ungnad, Assyr. Rechtsurkd. Nr. 51.

des Meineids. Sie wird durch die Eide beleuchtet, die Beschuldigte leisten und in deren Sanktionsformeln sie auf eine künftige Bestrafung Bezug nehmen, falls der Eid falsch sein sollte. Diese Strafen sind verschieden (vgl. Sammber. I 56 unten): Pfählen, Verstümmelung, Deportation. Nach der Neubearbeitung von Peet scheint sich aber die von mir in meinem Eid im ptol. Recht (S. 102) geäußerte Hoffnung, daß man allgemeine Regeln über die Bestrafung des Meineids werde aufstellen können, nicht zu verwirklichen. So heißt es in Pap. Brit. Mus. 10052, 2/15 (bei Peet S. 142ff.): „Er sagte: Bei Amon, bei dem Herrscher! Wenn es sich herausstellt, daß dort ein Mann mit mir war, dessen Name ich verschwiegen habe, so lasse seine Bestrafung (auch) an mir vollzogen werden". Also scheint die Behörde, die den Eid abnahm, freie Hand gehabt zu haben, die Strafdrohung für den etwaigen Meineid, die in die Eidesformel aufzunehmen war, festzusetzen. Das konnte aber nur Eindruck machen, wenn dann diese Strafdrohung auch gegebenenfalls verwirklicht werden konnte, gleichviel, welche Strafe sie auch festsetzte. Das spricht aber wiederum gegen eine gesetzliche Festlegung bestimmter Strafen für die einzelnen Meineidsdelikte. Ja es scheint überhaupt, als ob das Strafrecht dieser Zeit dem Richter in der Wahl der Art und der Höhe der Strafe großen Spielraum gelassen habe.

Der oben (S. 226) erwähnte P. Brit. Mus. 10055, den Černy neu herausgab (Journal 15, 243) trägt noch mehr als der Gräberdiebeprozeß zur Kenntnis des Strafrechts im Neuen Reiche bei. Von der fragmentarischen Kolumne I, die auch eine Reihe von Verbrechenstatbeständen angibt, sehe ich in dieser Bibliographie ab. In Kol. II werden verschiedene Beschuldigungen in Gruppen zusammengefaßt. Jede Gruppe wird mit einem auf „Klagen" hindeutenden Ausdruck (vielleicht smj zu lesen, Erman-Grapow 4, 129) eingeleitet. Die Zusammenstellung dieser Gruppen von Verbrechenstatbeständen erfolgte zweifellos nach juristischen Gesichtspunkten. Die erste Gruppe (II 1—II 4) enthält die Anklage wegen Sittlichkeitsdelikten: Verkehr mit einer verheirateten Frau, Verkehr mit einer anderen Frau, die „bei" (m—dj) einem anderen Mann war (als Dienerin [?], nach Edgertons neuen Untersuchungen, s. u.

S. 233 darf man schwerlich an „lose" Ehe denken), Verkehr mit der Tochter und dem Sohne dieser Frau. Die zweite Gruppe (II 5 bis II 12) enthält: Grabschändung durch Abbrechenlassen von Steinen aus einem Königsgrab (vgl. dazu das spätere Reskript des Recht-har-echbet, Burchardt, ÄZ. 44, 55. Sammber. I 43 f.), wir würden sagen: in Idealkonkurrenz mit Diebstahl. Die dritte Gruppe (II 13) betrifft eine anscheinend gleichartige Tat. Gruppe 4 (II 14—18) kann man etwa mit Hausfriedensbruch und Freiheitsberaubung kurz kennzeichnen; ein Strafprozeß schließt sich an. Für die Frage der materiellen Rechtskraft läßt sich aber daraus nichts entnehmen. Gruppe 5 (II 19—20): Amtsmißbrauch dadurch, daß die untergebenen Werkleute gezwungen werden, in privatem Interesse zu arbeiten (nicht sehr klar). Gruppe 6 (II 21): Bedrohung. Gruppe 7 (II 22 — verso I 3): Grabdiebstahl. Gruppe 8 (verso I 4—5): Mißhandlung der Arbeiter. Wichtig ist Gruppe 9 (verso I 6—8): Bruch des unter Königseid gegebenen Versprechens.

In seiner Abhandlung über „Die sog. Stèle de l'excommunication aus Napata" (in der Zeitschrift „Klio" 6, 287) übersetzt und kommentiert H. Schäfer eine Inschrift, in der ein ägyptischer König der Saïtenzeit einen Bann über eine Priestersippe ausspricht (Abschn. II). Im Abschn. III verkündet er, daß er Mitglieder dieser Sippe mit dem Feuertode bestraft habe, weil sie einen Mord geplant hätten. Abschn. IV enthält dann das Gesetz (= die Worte des Königs), auf Grund dessen der Bann ausgesprochen wurde.

5. Bürgerliches Recht. Wie ich einer Notiz in der Chronique d'Égypte 6me année Nr. 11 (Bruxelles 1931) S. 8 entnehme, bereitet Jacques Pirenne ein Werk über das ägyptische Recht des Alten Reiches vor. Als Vorarbeit ist schon ein sehr beachtlicher Aufsatz[12]) erschienen: Essai sur l'évolution du droit de famille en Égypte sous l'ancien empire in: Mélanges Paul Fournier, Paris 1929, 615 ff. Es ist sehr erfreulich, daß nun gerade die Rechtsurkunden des Alten Reiches juristische Bearbeitung erfahren. Wer sich länger mit ägyptischer Rechtsgeschichte befaßt, dem drängt sich immer

---

[12]) Vgl. auch Pirenne, L'égyptologie et l'histoire de la civilisation humaine, Vortrag in der Semaine Égyptologique 14.—20. September 1930, gedruckt: Chronique d'Égypte 6, 201.

mehr der Gedanke auf, daß auch für viele juristische Institute die Erfahrung gelten könnte, die H. Schäfer (Von ägyptischer Kunst³, Leipzig 1930, S. 64) auf dem Gebiete der Kunstgeschichte machte: im Alten Reiche wurden die Grundformen ausgeprägt, die dann den Stil der ganzen ägyptischen Kunst beherrschen. Für viele juristische Einrichtungen wird dasselbe gelten; das läßt sich etwa schon nachweisen bei der Form des Beweisurteils im Prozeß (vgl. Sethe ÄZ. 61, 67 u. Sammber. I 46); es dürfte auch in gewissem Umfange für die Form des Kaufvertrages und damit des obligatorischen Vertrages überhaupt (vgl. Spiegelberg, Sitz.-Ber. Akad. München 1925, 2, 25; Sammber. I 60) gelten. Für die große juristische Aktivität der Zeit der 5.—6. Dyn. spricht sich auch Moret (z. B. Le Nil 237) aus. Um aber diese Vermutungen zu einer festen wissenschaftlichen Erkenntnis zu machen, bedarf es vor allem eingehender, erschöpfender Exegese der Rechtsurkunden des Alten Reiches. So darf der Rechtshistoriker große Erwartungen an das Werk Pirennes knüpfen[13]).

Zu den Urkunden des Mittleren Reiches muß ich in erster Linie den Titel von Griffiths Ausgabe gegenüber Sammber. I 59 berichtigen. Er lautet: Griffith, The Petrie Papyri. Hieratic Papyri from Kahun and Gurob, London 1898. Ich mußte ein Exemplar benützen, dessen Titelblatt zerstört ist und kam so auf die falsche Datierung. Somit würde das Werk eigentlich vor die Zeit fallen, die in diesem Sammelbericht überblickt werden soll. Allein der Zweck dieser Bibliographie würde ohne Heranziehung dieser grundlegenden Edition nicht erreicht werden; so bin ich andererseits wieder froh, diesen Irrtum begangen zu haben.

Zu den Hapzefa-Verträgen (Sammber. I 60) wäre nachzutragen: H. O. Lange, Eine neue Inschrift aus Hermonthis, Sitz.-Ber. Akad. Berlin 1914, 991 und Th. Eric Peet, A mortuary contract of the XIth Egyptian Dynasty. Liverpool Annals of Archaelogy VII (1916) 81. Nach dieser Stele (Brit. Mus. 1164) müssen zwei Priester den Totenkultus versehen. Dafür erhielten

---

[13]) Bis zum Erscheinen dieses Werkes möchte ich mir auch eine endgültige Stellungnahme zu Verf.s Lehre von der Entstehung der juristischen Person (personalité civile) in Ägypten vorbehalten.

sie (Z. 12) 20, bzw. 10 Pack Kleider, 1 männlichen und 1 weiblichen Sklaven und eine Grunddienstbarkeit (Wasserkanal) auf dem Felde des Stifters.

Zu den Sammber. I 58 erwähnten Königsdekreten aus dem Alten Reich möchte ich vor allem noch die Rezension des Weillschen Buches von Sethe, Gött. Gel. Anz. 1912, 705 nennen, in der Verf. neue Übersetzungen gibt, die Vieles auf grundlegend neue Basis stellen. Ferner: A. Moret, Déclaration d'un domaine royal et transformation en ville neuve sous Pépi II in: Comptes rendus de l'académie des inscriptions et belles-lettres 1916, 318. A. Moret, Chartes d'immunité II. Journal Asiatique 11me série 7, 271, III ebda. 10, 359.

Zur Rechtsvergleichung bei diesen Texten trägt das Buch von Franz X. Steinmetzer, Die babylonischen Kudurru (Grenzsteine) als Urkundenform, Paderborn 1922, wertvollstes Material bei[14]). Diese Kudurru sind den chartes d'immunité und einigen Landschenkungsstelen (Sammber. I 63 insbes. Spiegelberg, Tefnachthosstele Rec. 25, 190) sehr ähnlich. Der Schenker oder Gewährende der Steuerfreiheit ist meistens der König — vgl. dazu Steinmetzer S. 215. Die Beschenkten sind meistens Priester oder Tempel — vgl. S. 216, in zweiter Linie hohe Beamte (S. 217). Die Siegelung des der Inschrift zugrunde liegenden königlichen Dekretes wird auf der Inschrift erwähnt — ebenso bei den Kudurru (S. 234). Über den strafrechtlichen Schutz hinaus wird die Schenkung mit einem Fluche bewehrt (S. 238). Ob darin schon ein Zeichen allzu schwacher Königsmacht liegt (S. 267) ist aber fürs Ägyptische zweifelhaft. Zweck der öffentlichen Aufstellung ist die Publizität (Steinmetzer S. 245). Den chartes d'immunité sind inhaltlich am ähnlichsten die Kudurru, die Exemtion von öffentlicher Arbeit gewähren (S. 247).

In der Encyclopaedia of the Social Sciences, Bd. VII (New York) behandelt San Nicolò im Artikel ‚Guilds' die Frage, ob

[14]) Vgl. auch Steinmetzer, Über den Grundbesitz in Babylonien zur Kassitenzeit. Der Alte Orient, 19. Jahrg. Leipz. 1919; Edouard Cuq, Études sur le droit Babylonien, Paris 1929, 81; Koschaker, Ztschr. d. Savigny-Stiftg. R. A. 51, 542; San Nicolò, Beiträge (oben S. 221) s. Reg.

man aus Titeln wie „Vorsteher der Goldschmiede" auf ein Vereinswesen schließen dürfe. Doch weist er mit Recht, wie ich meine, darauf hin, daß heute die Annahme näher liege, diese Titel seien von der bürokratischen Organisation der Handwerker bei staatlichen Arbeiten hergenommen.

Beim Obligationenrecht möchte ich noch auf Spiegelberg, Eine zurückgezogene Pachtkündigung, ÄZ. 53, 107 hinweisen, obwohl es hier nicht sicher ist, wieweit man das zugrunde liegende Pachtverhältnis dem öffentlichen oder dem privaten Recht zuweisen darf. Indes läßt sich ja diese römisch-rechtliche Unterscheidung überhaupt nicht ohne weiteres auf altägyptische Rechtsurkunden anwenden.

Zum Eherecht sei jetzt auf die erwähnte Abhandlung von Pirenne in den Mélanges Fournier hingewiesen. Ferner: Wiedemann, Das alte Ägypten 1920, 94. Moret, Le Nil 318 (worin auch Moret bestätigt, daß „Schwester" die Rechtsstellung der Ehefrau bedeutet, vgl. Sammber. I 68).

Die in Sammber. I 66 aufgeworfene Frage, ob der Abschluß eines ehegüterrechtlichen Vertrages ehebegründende Kraft gehabt haben könne, hat nun William F. Edgerton, Notes on egyptian marriage chiefly in the ptolemaic period. Studies in ancient oriental civilization, Vol. I p. I. Chicago 1931 neuerdings untersucht und in negativem Sinne entschieden. Verf. nimmt für das nationalägyptische Recht reine Konsensehe an, ein für die antike Rechtsvergleichung erstaunliches Ergebnis. Eine Unterscheidung zwischen einer „Vollehe" und „losen Ehe" oder *γάμος ἔγγραφος* und *γάμος ἄγραφος* im Sinne der Terminologie der röm. Papyri lehnt Edgerton, wohl mit Recht, bis zur Römerzeit ab. Im übrigen darf ich auf meine demnächst in Savigny-Zeitschrift, RA. 52. Bd. erscheinende eingehendere Besprechung der auch für die Ptolemäerzeit bedeutungsvollen Studie verweisen.

Jacques Pirenne geht in seinem Essai sur l'evolution du droit de famille (s. oben S. 230) auch auf das Erbrecht ein. Durch diese Abhandlung wurde ich aufmerksam auf eine sehr wichtige Veröffentlichung für die Geschichte des Erbrechts: A. Moret, Une nouvelle disposition testamentaire de l'ancien empire Égyptien. Comptes rendus de l'academie des inscriptions et belles-lettres 1914, 538 (Das Testament des Tentj). Ich kann hier auf Pirennes eingehende juristische Behandlung verweisen.

Neue wichtige Texte zum bürgerlichen Recht der Saïten- und Perserzeit enthält: Wilhelm Spiegelberg, Die demotischen Papyri Loeb der Universität München, München 1931. Seit Griffiths Rylandspapyri ist kaum eine Publikation erschienen, die ein volles Dutzend dieser für die Erkenntnis des national-ägyptischen Rechts besonders ergiebigen Urkunden beizubringen hatte. So vermag nun etwa das Institut der *συγγραφὴ ἀποστασίου* durch Nr. 43 einstweilen schon in der Saïtenzeit nachgewiesen werden; auch das Kaufrecht und das Recht der Gemeinschaft wird durch neue Texte gefördert. Ein eingehender Kommentar erhöht den Wert der Ausgabe: auf dies alles möchte ich unten S. 297 in einer gesonderten Besprechung eingehender hinweisen.

6. Staatsrecht und Verwaltungsrecht. Einen Grundriß des ägyptischen Staats- und Verwaltungsrechts in rechtsvergleichender Darstellung mit dem, was wir von Babylonien, Assyrien, Persien und Indien wissen, gab Leopold Wenger in: Die Kultur der Gegenwart Teil II Abt. II 1, Allgemeine Verfassungs- und Verwaltungsgeschichte, Leipzig 1911, 16: Die Verfassung und Verwaltung des orientalischen Altertums. Der Systematik dieser Abhandlung schließe ich mich auch in dieser Bibliographie an.

Alle Betrachtung des ägyptischen Staatsrechts hat von der Stellung des Königs als eines allmächtigen Gottes und unumschränkten Alleinherrschers auszugehen (Wenger 20). Hierüber wären außer den Allgemeindarstellungen der ägyptischen Geschichte, die alle auch zu dieser Frage Stellung nehmen, besonders heranzuziehen: Alexandre Moret, Du caractère réligieux de la royauté pharaonique, Annales du musée Guimet Bd. 15 Paris 1902. Derselbe, La royauté dans l'Égypte primitive. In denselben Annalen Bd. 38. Châlon-sur-Saône 1912, 179. Jules Baillet, Le régime pharaonique dans ses rapports avec l'évolution de la morale en Égypte, Paris 1913, besprochen von A. Wiedemann OLZ. 17, 22. Auch: H. R. Hall in der Cambridge History I 257 über The union of Égypt and the Old Kingdom. Wenn Moret, Le Nil 236 schreibt, in Ägypten habe der Weg von der absoluten Monarchie zur Oligarchie geführt, so ist das soziologisch wohl richtig; staatsrechtlich dagegen wurde auch unter den Königen der 5. und 6. Dyn., die Moret als Beispiel anführt, die juristische Doktrin und die Theorie von der absoluten Monarchie nicht aufgegeben. Trotz seiner göttlichen Stellung war aber der Pharao jedem Untertane zugänglich, der ihn mit einer Eingabe angehen wollte; darauf hat Bickermann, Beiträge zur antiken Urkundengeschichte II im Archiv f. Papyrusforschung 9, 162 unter Heranziehung des literarischen Textes von den Klagen des Bauern (Sammber. I 51) hingewiesen.

Nächst der Stellung des Königs fand die Stellung des Wesirs (z'tj) in der ägyptologischen Literatur die eingehendste Behandlung. Hier sind zu nennen: Kurt Sethe, Die Einsetzung des Veziers unter der 18. Dynastie (Sethes Untersuchungen Bd. V 49) Leipzig 1912 (besprochen von W. A. Müller OLZ. 13, 172); A. H. Gardiner, The installation of a Vizier, Rec. de trav. 26, 1; Arthur Weil, Die Veziere des Pharaonenreichs, Leipzig 1908 (besprochen von W. A. Müller OLZ. 12, 79). Vgl. auch Eduard Meyer, Geschichte des Altertums I 2^5 S. 158, ferner A. Wiedemanns Besprechung von Sethes Urkunden der 18. Dynastie OLZ. 12, 174. Das Werk von Weil stellt die Belegstellen für alle historisch bekannten Wesire zusammen. Die übrigen erwähnten Untersuchungen gruppieren sich um die Inschrift im Grabe des Rechmire (mit bildlichen Darstellungen), in welcher der König dem Wesir gute Lehren für seine Tätigkeit erteilt.

Unter den Texten aus demselben Grabe gibt es auch eine große Dienstanweisung für Wesire (Sethe, Urkd. d. 18. Dyn. IV 1103), die juristisch noch interessanter ist. Sie ist übersetzt und kommentiert von Giulio Farina, Le funzioni del visir Faraonico sotto XVIII Dinastia secondo l'iscrizione nella tomba di Rechmiriê a Tebe. Rendiconti della R. Accademia dei Lincei, classe di scienze morali stor. e fil. Seria 5, vol. 25 (Roma 1916), 923 (und bei Breasted A. R. II 675). Derselbe Text ist auch aus zwei anderen Wesirgräbern überliefert (bei Sethe, Breasted und Farina berücksichtigt). Einzelnes sind bloße Ordnungsvorschriften: «Per ogni azione di questo funzionario, mentre il visir dà udienza nell'ufficio del visir, egli siede sulla cattedra, una stuoia sul pavimento, un —

su di lui, una pelle sotto il suo dorso, una pelle sotto i suoi piedi, ... su di lui, lo scettro schm presso di lui, i quaranta rotoli (di pelle) aperti davanti a lui». In so ausführlicher Weise wird das äußere Verhalten des Richters doch nur selten gesetzlich geregelt, man vergleiche aber etwa die Soester Gerichtsordnung (zit. nach Siegel, Deutsche Rechtsgeschichte³, Berlin 1895 S. 527²): „Der Richter soll sitzen auf dem Richterstole als ein grissgrimmender Löwe und soll den rechteren Fuess schlahen über den linkern ..." Die zitierte Stelle aus dem Grabe des Rechmire ist vor allem darum wichtig, weil sie die Kodifikation des Rechts unter der 18. Dynastie belegt. Daneben stehen aber auch wichtige Verwaltungsvorschriften, z. B. darüber, daß von gewissen Angelegenheiten dem Wesir stets Bericht erstattet werden muß (Farina § 5): etwa über alles, was den königlichen Hofstaat (pr nswt) betrifft. Die Zuständigkeit des Wesirs wird genau umschrieben (§ 16). Der Wesir selbst wird täglich vom König zur Audienz empfangen (Farina § 6).

Wichtig ist auch eine Inschrift über die Einsetzung eines jmj-r[15]) des Südens: Moret, Une liste des nomes de la haute Égypte, Comptes rendus de l'Acad. inscr. 1914, 565. Er wird ausdrücklich auch über die s'rw, die „Vornehmen" gesetzt. Von diesen wissen wir aber, daß sie zur knbt, zum Gericht, zusammentreten (s. oben Sammber. I 44), ja es gibt Texte, in denen man zweifeln muß, ob s'rw nicht überhaupt „Gericht" bedeutet. Es ist also möglich, daß der jmj-r des Südens auch eine höhere Gerichtsinstanz war als die knbt, daß also das Urteil eines Kollegialgerichts der Nachprüfung eines Einzelrichters unterlag.

Will man sich über die sonstigen Ämter im alten Ägypten orientieren, so bleiben bis zum Erscheinen des Belegstellenbandes des Erman-Grapowschen Wörterbuches die Sammlungen von Flinders Petrie das bequemste Mittel, die Quellen zu überblicken; mögen auch die kommentierenden Anmerkungen des Verf.s noch gelegentlicher Verbesserungen bedürftig sein: The palace titles (Ancient Egypt 1924, 109). The royal officials (Ancient Egypt 1925, 11). The rulers (Ancient Egypt 1925, 79). The cultivators

[15]) Erman-Grapow II 94 führt den Titel noch unter mr auf; ich schließe mich aber Gardiner, Egyptian Grammar § 79 an.

and their land (Anc. Eg. 1925, 105). Ein einzelnes Amt greift Gaston Maspero, Le scribe royale dans l'ancienne Égypte. Rec. de trav. 37, 32 heraus. Vgl. auch Erman-Ranke, Ägypten S. 92ff., Sottas, Sphinx 17, 1. Über die Tätigkeit eines höheren Polizeibeamten unterrichtet ein bei Davies, The rock tombs of El Amarna V (1906), 16 mit Illustrationen veröffentlichtes Grab; s. dazu Erman-Ranke S. 650.

Die geschichtliche Entwicklung der ägyptischen Verwaltung kann man überblicken, wenn man bei Ed. Meyer, Geschichte des Altertums folgende Kapitel nacheinander studiert: Bd. I 2. Hälfte[5] §§ 221 (S. 156), 224 (159), 241 (188), 263f. (225), 282 (269), 302 (310), II 1, S. 58 u. S. 67, auch S. 494. Doch geben auch die anderen großen Darstellungen der ägyptischen Geschichte guten Aufschluß, so insbesondere Hall, Camb. Hist. I 318 und Breasted, Camb. Hist. II 40ff. Einen raschen Überblick, gerade vom rechtshistorischen Standpunkt gibt Jacques Pirenne, L'égyptologie et l'histoire de la civilisation humaine, Chronique d'Égypte 6, 201. Ferner: Bilabel, Die innere Verwaltung des ägyptischen Alten Reiches, Chronique d'Égypte 6, 251.

Eine Grundlage der ägyptischen Verwaltung ist die Einteilung des Landes in Gaue. Einführendes enthalten hierüber Erman-Ranke, Ägypten S. 92ff. und Ed. Meyer II 1[5] S. 75. Die grundlegende Abhandlung ist von Georg Steindorff verfaßt: Die ägyptischen Gaue und ihre politische Entwicklung, Abhd. d. kgl. Sächs. Ges. d. Wissenschaften XXVII Nr. 25, Leipzig 1909 (besprochen von A. Wiedemann OLZ. 13, 275). Eine neue „Gauliste", die Steindorffs Untersuchungen bestätigt, veröffentlichte A. Moret: Une liste des nomes de la haute Égypte sous la VIIIe dynastie. Comptes rendus de l'académie des inscriptions e belles-lettres 1914, 565. Vgl. auch Petrie, The nomes of Egypt. Brit. School of Arch. Studies II (1911). Eine gewisse Ergänzung dazu bietet die Abhandlung von Gauthier Rec. de trav. 39, 179 über die Vizekönige in Äthiopien, worin er zu einer Abhandlung von G. Reisner im Journal 6, 28, 73 Stellung nimmt. Endlich sei Spiegelberg, Zur Verwaltung Libyens im Neuen Reich, ÄZ. 64, 95 hier nicht übersehen.

Die Exegese einzelner verwaltungsrechtlicher Urkunden nach ihrer juristischen Seite hin liegt noch sehr im Argen; auch scheint mir das Material dazu ebenso dürftig zu sein wie das an Privatrechtsurkunden. Solche juristische Interpretation fände trotzdem manches zu tun; ich erinnere an die schon Sammber. I 42 erwähnte, typisch immer wiederkehrende Präskriptformel königlicher Befehle (sie kehrt auch im Sinuhe-Roman wieder, s. etwa Roeder, Altägyptische Erzählungen, Jena 1927 S. 33). Hier seien nur ein paar typische Verwaltungsakte herausgegriffen. In vorgeschichtliche Zeit schon fällt die Errichtung des Nilmessers auf der Insel Roda (s. etwa Sethe, Urgeschichte und älteste Religion der Ägypter, Leipzig 1930, 109 und Beiträge zur ältesten Geschichte Ägyptens [in Sethes Untersuchungen Bd. III], Leipzig 1905, 105). Diese Errichtung ist eine Großtat eines sich entwickelnden Staates und sie zeigt auch, wie die Entstehung des ägyptischen Staates mit der Bändigung und Beherrschung des Niles zusammenhängt.

Eine interessante Verwaltungsrechtsurkunde darf das Protestschreiben eines militärischen Befehlhabers aus der 6. Dyn. genannt werden, neu übersetzt von A. H. Gardiner, An administrative letter of protest, Journal 13, 75. Vgl. Battiscombe Gunn, Ann. du Serv. 25, 242.

Aus dem Mittleren Reiche müssen die Felseninschriften von Hatnub erwähnt werden (hgg. und kommentiert von Rudolf Anthes, Leipzig 1928 in Sethes Untersuchungen Bd. 9). Sie beleuchten in der Exegese von Anthes die Verwaltung des Hasengaues.

Aus dem Neuen Reiche spielen namentlich die Texte eine große Rolle, die über das Verhältnis staatlicher Beamter zu Arbeitertruppen und ihren Mitgliedern Aufschluß geben. Unsicher ist noch, ob der in einem von T. E. Peet, Two eighteenth dynasty letters, Journal 12, 71 übersetzten Briefe geschilderte Vorgang mit amtlichen Befugnissen etwas zu tun hat. Danach hat ein treasurer dem Briefschreiber einen weiblichen Sklaven weggenommen. Interessant ist das von Jaroslav Černy, Quelques ostraca hiératiques inédits de Thèbes, Ann. du Serv. 27, 190 übersetzte Ostr. Cairo J. 49866: ein Tagebuch mit Bemerkungen über Abwesenheit und Krankheit von Personen; es scheint sich um liturgiepflichtige Arbeiter zu handeln.

(Zu solchen Arbeitergruppen vgl. auch die oben Sammber. I 48, 50 erwähnten Ostraka mit den Kommentaren von Černy, Daressy und Blackman und Papyrus Salt, oben S. 226. Dazu Daressy, Quelques Ostraca de Biban el Molouk, Ann. du Serv. 27, 161.) Solche staatliche Arbeiten, zu denen solche Arbeiter verwendet wurden, werden auch durch Inschriften beleuchtet, die Georges Daressy, Inscriptions des carrières de Tourah et Mâsarah, Ann. du Serv. 11, 257 herausgegeben und übersetzt hat. Vgl. auch J. Černy, Ostrakon 2973 der Eremitage zu Leningrad, Archiv Orientální 3, 395. In das Neue Reich gehört auch eine von Sethe, ÄZ. 44, 30 veröffentlichte und erläuterte Inschrift, welche die Berufung eines Hohenpriesters des Amon unter Ramses II. wiedergibt.

Die Perser haben auch in der Verwaltung einschneidende Veränderungen getroffen. Die persische Verwaltung selbst rechnet und schreibt aramäisch (Ed. Meyer, Sitz.-Ber. Akad. Berlin 1911, II 1035). Der jüdisch-persische Heeresoberst von Syene hat große Zuständigkeiten auch für zivile Tätigkeit; so kann man vor ihm Verträge schließen (Ed. Meyer a. a. O. 1045). Kambyses beschränkte die Tempeleinkünfte: nur drei großen Tempeln bleiben überhaupt ihre Einnahmen (Ed. Meyer, Sitz.-Ber. Akad. Berlin 1915, I 310). Darius nimmt demgegenüber eine mildere Stellung ein, doch hält auch er die Verwaltung der Tempel unter straffem Regiment, was sich insbesondere in der Besetzung von Priesterstellen zeigt (s. Spiegelberg, Drei demotische Schreiben aus der Korrespondenz des Pherendates, Sitz.-Ber. Akad. Berlin 1928, XXX). Dem König stand ein ausdrückliches Bestätigungsrecht der Priester zu. Auch Pap. Ryl. 9 beleuchtet die Verwaltung Ägyptens unter der Saïten- und Perserzeit, insbesondere die Ernennung von Beamten.

7. Finanzverwaltung. Das Steuersystem des Alten Reiches beleuchten die schon mehrfach erwähnten königlichen Dekrete über Steuerfreiheit einzelner Sachen und Sachkomplexe (s. Sammber. I 58 u. oben S. 232). In dem von Moret, Comptes rendus de l'acad. inscr. 1916, 325 neu herausgegebenen Dekrete (Un domaine royal sous Pépi II) gestaltet sich die steuerrechtliche Lage folgendermaßen: Bisher gehörten gewisse Ländereien der königlichen Domäne an. Der König richtet nun an den Leiter der Domänenverwaltung

ein Dekret, also eigentlich eine interne Verwaltungsverordnung, wonach an eine Tempelstiftung (wenn wir einstweilen mit Pirenne[16]) deren Rechtspersönlichkeit (?) unterstellen wollen) 3 Aruren Landes: Ackerland, Wein-, Obst- und Gemüsegarten, geschenkt werden sollen. Diese interne Verwaltungsverordnung soll aber ein subjektives Recht für die beschenkte Stiftung begründen; deshalb wird sie in Stein ausgeführt und öffentlich aufgestellt. Zweck: eine Statue des verstorbenen Königs soll Verehrungsakte (Opfer) erhalten. Damit die geschenkten Ländereien ein gewisses Erträgnis abwerfen, werden Frondienste eingerichtet — Moret vermutet S. 321 liturgische Zwangspacht. Andererseits ist die Tempelstiftung von jeder Abgabe an den Staat befreit.

Eine uralte Einrichtung ist in Ägypten die Viehzählung, die irgendwelche steuerlichen Zwecke verfolgt haben muß. Sie ist aus der Sprachgeschichte des Wortes h't.sp, Regierungsjahr, bekannt, s. Erman-Grapow III 26. In sehr alten Texten wird nach der Viehzählung datiert, so z. B. Sethe, Urkd. d. Alten Reiches I 112 (Breasted, Anc. Rec. I § 340): „Im Jahre der zweiten Zählung alles großen und kleinen Viehs des Nordens und Südens" (6. Dyn.). Ähnlich sind auch mit Breasted und Erman-Grapow die Datierungen der Texte Sethe, Urkd. I 91 (Breasted A. R. I 298), I 93 (Br. I 303), I 95 (Br. I 305) auszulegen, vgl. auch Eduard Meyer I 2^5 S. 159 § 223. Das „Jahr der zweiten Zählung des Rindviehs" wird auch im Palermostein erwähnt, s. Schäfer, Abhd. Akad. Berlin 1902 „Ein Bruchstück altägyptischer Annalen" S. 9 (Breasted, A. R. I 90ff.). Nach Schäfer handelt es sich bei diesen Viehzählungen entweder um Zählungen des fiskalischen Vermögens oder um Zählungen des Privatvermögens zu Steuerzwecken. Im Palermostein begegnet auch Z. 5 Nr. 5 eine „Zählung des Goldes und der Äcker".

Schon Palanque, Le Nil à l'époque Pharaonique, Paris 1903 hatte S. 50 auf den Zusammenhang des Steuersystems mit den Arbeiten hingewiesen, die der Nil erforderte, um das Land fruchtbar zu machen, und, wenn auch nur kurz, das System beleuchtet,

---

[16]) Vgl. oben S. 231[13].

wie die Ertragssteuern berechnet wurden (S. 53). Zum Finanzwesen des Alten Reiches s. ferner die Aufsätze von Moret über einen Erlaß Pepi I., ÄZ. 42, 1, Rec. de trav. 29, 62.

Es ist nur Zufall, daß gerade die wertvollsten Dokumente zur Finanzgeschichte Ägyptens, die wir heute besitzen, dem Mittleren Reiche angehören. Wir dürfen mit Recht vermuten, daß auch im Alten und Neuen Reich eine gleichartige Finanztechnik gehandhabt wurde: Wilcken, Grundzüge der Papyruskunde S. 173³, Ed. Meyer, Abhd. Akad. Berlin 1902 S. 9¹, Geschichte des Altertums I 2⁵ § 242 (S. 190), 244 (193), II 1² S. 66 u. 70.

Aus dem Mittleren Reiche sind zunächst Steuersubjektsdeklarationen erhalten in Kahun I 3. I 5. I 4. I 6. IV 1 (Griffith, The Petrie papyri from Kahun and Gurob, 1892, 19ff.). Welcher Art die Steuer war, ist nicht mehr festzustellen, aber auf die verblüffende Ähnlichkeit dieser Texte mit den Steuersubjektsdeklarationen der Ptolemäer- und Römerzeit, wie sie etwa Wilcken in seiner Chrestomathie Nr. 199ff. vorführt, soll doch hingewiesen sein. Soweit sich das bei den großen zeitlichen Lücken sagen läßt, scheint die Rechtsentwicklung hier in allen Einzelheiten bis in die Römerzeit kontinuierlich zu sein. Die Ähnlichkeit bezieht sich auch auf die Technik, solche Steuersubjektsdeklarationen unter Eid zu stellen. Papyrus Kahun I 3 (Pl. IX) zwar läßt nicht ohne weiteres erkennen, daß die Deklaration unter Eid erfolgte, doch enthält er Z. 9 folgende Notiz: „Diese Hausgenossen (sc. die Z. 3—7 aufgeführten) schwuren im Amtsraum des Wesirs im Jahre 5, 1. Wintermonat, am 8. Tage". Dies steht im Widerspruch zu der Datumsangabe der Steuerdeklaration, die vom Jahre 3, 4. Monat der Überschwemmungszeit, am 25. Tage unter seiner Majestät dem König von Ober- und Unterägypten Sechemkara ausgestellt ist. Griffith erklärt den Widerspruch (in der Edition S. 22:) I suspect that the oath was taken in the fifth or last year of Sekhem-khu-taui-Ra to swear fealty to his nominated successor Sekhem-ka-Ra. Ich möchte den Eid aber doch in direkten Zusammenhang mit der Steuersubjektsdeklaration bringen. Da sich der Text als Abschrift (mj.tj) einführt, steht nichts im Wege anzunehmen, daß im Original Z. 9ff. ein späterer Zusatz waren. So glaube ich, daß die Deklaration im Jahre 3 des Königs

Sechemkara eingereicht, aber erst nachträglich, im Jahre 5 desselben Königs beschworen wurde, vielleicht, weil erst nach 2 Jahren irgendein Verdacht an ihrer Vollständigkeit auftauchte. Die Technik, Steuerdeklarationen unter Eid zu stellen, ist ja etwas zu allen Zeiten bei allen Völkern Naheliegendes, so daß es gar nicht des Vergleiches mit den römischen Texten aus Ägypten bedürfte, um einen Zusammenhang zwischen Eidesleistung und Deklaration in dieser Urkunde anzunehmen. In gleicher Weise möchte ich auch die Eide in Pap. Kahun IV 1 erklären.

Dieser Papyrus ist schon seinem äußeren Bilde nach ein Musterstück aus einer sauber geordneten Finanzverwaltung. Auf die Überschrift folgt die Liste der deklarierten Steuersubjekte: für jedes wird eine besondere Zeile benützt. Zunächst wird Name und Stellung innerhalb der Familie angegeben. Dann folgt der Rufname in einigem Abstand geschrieben und zwar so, daß sämtliche Rufnamen in einer senkrechten Linie stehen. Die Deutzeichen (Determinative) hebt der Schreiber ebenfalls ab und stellt sie in einige Entfernung vom übrigen Teil des Wortes, so daß sie wiederum in einer senkrechten Kolumne untereinander stehen. Da das Deutzeichen eines Rufnamens nur das Zeichen für „Mann“ oder „Frau“ oder „kleines Kind“ sein kann, so hat diese Abtrennung der Deutzeichen den Vorteil, daß man mit einem Blick auf diese Kolumne die Zahl der Männer, die Zahl der Frauen und der kleinen Kinder übersehen kann. Vielleicht wurden sie steuerrechtlich verschieden behandelt. Danach folgt ein freier Raum, offensichtlich die Rubrik „Bemerkungen“. In dieser Rubrik nun steht Zeile 4 a, d. h. beim Namen des Haushaltsvorstandes, der auch in der Überschrift als solcher erscheint: „er hat geschworen (?) im Jahre 3, 1. Sommermonat, am 4. Tage“. Wiederum weicht das Datum von dem der Deklaration (Jahr 1, ohne Tagesangabe) ab. Freilich ist 'rk „schwören“ hier ungewöhnlich knapp geschrieben; das übliche k und das Deutzeichen fehlt. Infolgedessen läßt Griffith die Vermutung offen, daß diese Worte überhaupt nicht zum Text gehören, sondern aus der abgewischten Schrift des Palimpsestes stammen. Diese Frage könnte heute vielleicht mit Hilfe der Quarzlampe, die beim Gaiustext jetzt so mit Erfolg angewandt wird, festgestellt werden. Nimmt man vermutungsweise an, daß sie doch zum Text gehören, so wäre die Sachlage folgende: Der Schreiber müßte zuerst „im Jahre 3, 1. Sommermonat, am 4. Tage" in die Rubrik „Bemerkungen" eingetragen haben und nachträglich erst entdeckt haben, daß er die Worte „er hat geschworen" vergessen hatte. Um sie nun noch einzufügen, hatte er nur noch den geringen Raum, den er ursprünglich hinter dem Deutzeichen des Männernamens hatte freilassen wollen, um dieses als Rubrik für sich hervorgehoben zu halten. Nun schrieb er sein 'rk.nf hinein, wobei er unter „Raumzwang" stand, wie die modernen Polizeigraphologen sagen würden. Dies würde die abgekürzte Schreibweise erklären. Dann wäre auch hier die Beeidigung erst nachträglich erfolgt; diesmal hätte aber nur der Hausvater, der Deklarant, nicht die sämtlichen Mitglieder der Familie geschworen. Derselbe Papyrus enthält noch eine weitere Erwähnung eines Eides in Pl. XI (p. 2) 3. Auf das Datum folgen die Worte: hrw hr.s 'rk. Griffith übersetzt (Tafel nach S. 26): satisfaction with it, oath. Das ist möglich, aber wenig befriedigend. Auch führt Erman-Grapow 'rk nicht als Substantiv auf. So möchte ich abtrennen: hrw hr s-'rk und in letzterem Wort ein Kausativ zu 'rk „schwören" sehen. Erman-Grapow erwähnt dies zwar auch nicht; doch sind ähnliche Kausativbildungen häufig. Dann hieße der Vermerk: „einverstanden damit[17]), daß eine Beeidigung herbeigeführt wird". Dann wäre hierin ein dritter Beleg für nachträgliche Beeidigung der Steuersubjektsdeklarationen des Mittleren Reiches zu sehen.

Aus diesen Steuertexten habe ich hier nur eine einzige Frage herausgreifen und näher untersuchen können. Aus ihnen dürfte aber noch viel Anderes für die Erkenntnis der Finanzverwaltung zu gewinnen sein. Die Steuer, um die es sich handelt, war wohl am ehesten eine Kopfsteuer. Freie und Sklaven stehen in derselben Reihe. Bei einigen Frauennamen steht das Deutzeichen der Geburt in einer gesonderten Rubrik. Griffith deutet mit allem Vorbehalt die Möglichkeit an, daß darunter Schwangerschaft gemeint sein könnte. Den Finanzbeamten wird es interessieren, ob bald ein neuer Steuerpflichtiger zu erwarten ist; Z. 16 z. B. steht dabei das Zeichen

---

[17]) Erman-Grapow II 497 A II e „einverstanden sein, daß etwas geschieht" mit Inf.

für den 3. Monat. Bei anderen Personen steht ein Zeichen, das auf den Priesterstand (?) hindeutet, in gesonderter Rubrik. Vielleicht waren die Priester im Mittleren Reich auch schon ohne besonderes Privileg einer steuerrechtlichen Sonderbehandlung unterworfen (?).

Aus dem Neuen Reich verdienen in diesem Zusammenhang Erwähnung: einmal Papyrus Brit. Mus. 10068, veröffentlicht und übersetzt von T. Eric Peet, The great tomb-robberies of the 20th Egyptian dynasty, Oxford 1930, 79. Das Rekto des Papyrus enthält eine Liste der von den Gräberdieben gestohlenen und wiedergefundenen Sachen. Aber das Verso enthält zwei Texte, die direkt hieher gehören: Der ältere (von Kolumne 2 an, Pl. XIV—XVI) ist eine Liste von 182 Häusern des westlichen Theben mit Angabe der Hauseigentümer. Der jüngere Text (Kol. 1, Pl. XIII) ist ein Verzeichnis von Leuten, die eine nicht näher bestimmbare Abgabe, šrmt entrichtet haben. Die Leistungen bestehen aus verschiedenen vertretbaren Sachen, wie Gold, Silber, Kupfer, Kleiderstoffen; die einzelnen Personen haben verschieden hohe Leistungen erbracht. Dieselben Personen erscheinen auch in dem Hauseigentümerverzeichnis; doch enthält umgekehrt die šrmt-Liste bei weitem nicht alle Hauseigentümer. Peet äußert mit allem Vorbehalt die Vermutung, daß beide Texte in Zusammenhang stehen könnten (S. 86). Die šrmt-Liste dient sicher Finanzzwecken. Das ältere Rekto des Papyrus, die Liste der wiedergefundenen Diebesbeute, könnte auch von einem Finanzbeamten aufgeschrieben sein; so wäre es in der Tat möglich, daß der ganze Papyrus zu dem Aktenmaterial eines Finanzbeamten gehörte. Dann könnte auch die Häuserliste Finanzzwecken gedient haben. Daß es solche Grundstückslisten für Finanzzwecke gab, ist aus der Inschrift des Mes (s. Sammber. I 47) bekannt. Danach hatte sich eine Partei in einem Zivilprozeß zum Beweis des Eigentums auf solche Finanzlisten berufen. Vgl. auch das Weisheitsbuch des Amenemope (Sammber. I 51 u. oben S. 228).

Es ist also leicht möglich, daß es im Neuen Reich eine „Haussteuer" gegeben hat. Botti, Rendiconti della Reale Accademia Naz. dei Lincei XXXI p. 391 ff. berichtet über einen Turiner Papyrus, der ebenfalls eine Hauseigentümerliste darstellt und gleichfalls der 20. Dynastie angehört.

Das Steuerwesen wird sodann vom Dekret des Horemhab (s. Sammber. I 43) berührt. Eine eingehende Exegese dieses Dekretes gerade vom Standpunkt dieser Fragen gibt Bilabel in seiner Geschichte Vorderasiens und Ägyptens, Heidelberg 1927 S. 99ff. Horemhab erläßt eine Reihe von Strafnormen, deren gemeinsamer Grundcharakter darin besteht, daß sie die Finanzen des Königs vor Beraubungen schützen sollen. Wer die Naturalsteuer der Bauern wegnimmt, wenn sie sie bringen, wird mit Verstümmelung und Deportation bestraft. Aber die Steuerbeamten haben das Recht, Schiffe zu requirieren, um die von anderen Untertanen entrichtete Holzsteuer zu transportieren. Wenn aber trotzdem ein Raub an einem solchen Naturalsteuertransport begangen werden sollte, so soll er zu Lasten des Fiskus, nicht der Steuerpflichtigen gehen. Auch dürfen Sklaven und Sklavinnen nicht zum Steuereintreiben requiriert werden. Über die Frage, wieweit die Steuerverwaltung in den Händen des Militärs oder einer zivilen Verwaltung lag, vgl. Bilabel S. 100[1].

Beamtentitel auf Denkmälern, Grabinschriften u. dergl. würden auch die Kenntnis des Finanzwesens noch erheblich bereichern. So erinnere ich an ein von Daressy, Ann. du Serv. 22, 75 veröffentlichtes, von Spiegelberg, Sitz.-Ber. Akad. München 1925 II 22 neu übersetztes Ostrakon, in dem ein Beamter erwähnt ist, der den Titel führt: „Schreiber bei der Rinderverrechnung der syrischen und nubischen Leitstiere, die für die große und ehrwürdige Nekropolis von Millionen von Jahren des Pharao im Westen von Theben als Steuer abgeliefert wurden". Auch die Urkunden der Saïten- und Perserzeit enthalten gelegentlich Hinweise auf steuerrechtliche Vorgänge; doch ist dieses Material m. W. noch gar nicht zusammengestellt worden. Ryl. IX 6/15 erzählt z. B. von einer schlimmen Zeit, in der sogar die großen Tempel Ägyptens mit Steuern und Abgaben belegt wurden. Später, so scheint es, wurden die großen Tempel wieder von der Pflicht zur Entrichtung von Abgaben befreit, nicht aber der Tempel von Teuzoi, der Schauplatz der Ereignisse, die Ryl. IX schildert. Die schlimme Zeit mag etwa unter den Kleinkönig Necho und Psammetich I fallen (s. Griffiths Kommentar). Doch dies nur als Beispiel; Ryl. IX enthält noch manche andere Schilderung der Befugnisse und des Treibens von Steuerbeamten.

Wenig bearbeitet in großem Zusammenhang scheinen mir auch noch die zahlreichen Texte zu sein, die aus den verschiedensten Epochen Material für die königliche Hof- und Domänenverwaltung liefern. Hierüber siehe z. B. Scharff, Ein Rechnungsbuch des königlichen Hofes aus der 13. Dynastie, ÄZ. 57, 51, woraus man ein lebendiges Bild der sorgfältigen Rechnungsführung erhält. In der Hauptsache hat es den Anschein, als ob man auch damals schon verschiedenen Beamten die Aufgabe der Anweisung einer Ausgabe und die tatsächliche Ausgabe selbst übertragen habe (vgl. den Unterschied zwischen Anweisungs- und Kassenbeamten in moderner Finanzverwaltung: Lotz, Finanzwissenschaft in Handbuch des öff. Rechts, Einleitungsband IX. Abt. Tübingen 1917, 124). Dem königlichen Haushalt nahe steht der der großen Tempel, wie einen solchen der Papyrus Harris (Breasted, A. R. 182, s. auch Erman, Zur Erklärung des Papyrus Harris, Sitz.-Ber. Akad. Berlin, 1903, 21, 456) illustriert. Vgl. dazu William Linn Westermann, Warehousing and Trapezite Banking in Antiquity. Journal of economic and business history III 33. Walter Otto, Priester und Tempel im hellenistischen Ägypten I Leipzig 1905 S. 258f. Viele wichtige Veröffentlichungen zum Rechnungswesen der alten Ägypter liegen vor der Zeit, die dieser Sammelbericht umfassen soll. Ich erinnere an die Rechnungstexte aus dem Mittleren Reiche in Griffiths Petrie Papyri (s. oben S. 231) S. 39ff., ferner an Spiegelbergs „Rechnungen aus der Zeit Seti I.“, Straßburg 1896 oder an sein „Geschäftsjournal eines ägyptischen Beamten aus der Regierung Ramses' II.“ in Rec. de trav. 17, 143. Auch die in Griffiths Inventory der älteren demotischen Papyri aufgezählten Rechnungen und Verträge (P. Ryl. S. 15ff.) tragen zur Kenntnis der Tempelfinanzen bei; so etwa die in Teilpachtverträgen häufig erwähnte Abmachung, daß eine Partei „die Schreiber des Amun“ von der ihr zustehenden Quote des Ertrags bezahlen solle.

Die ausgedehnte Steuerverwaltung bedingte auch zu allen Zeiten die Einrichtung großer Kornspeicher und Schatzhäuser, wie sie ja auch aus dem Alten Testament und aus Herodot bekannt sind.

Ich kann hiezu auf die allgemeinen Darstellungen der ägyptischen Kulturgeschichte verweisen.

8. Völkerrecht. Hier sind es vor allem zwei große Texte, die Licht auf den Stand des Völkerrechts in vorptolemäischer Zeit werfen. Der eine ist der große Friedensvertrag des Königs Ramses II mit dem Hethiterkönig Hattusili. Von ägyptologischer Seite wurde er bearbeitet von S. Langdon und Alan H. Gardiner: The treaty of alliance between Hattušili king of Hittites and the Pharaoh Ramesses II of Egypt, Journal VI 179; G. Roeder, Ägypter und Hethiter, Der alte Orient, 20. Jahrgg. Lpz. 1919, 36f.; Breasted, A. R. III 367. Da er zweisprachig erhalten ist, so fand er auch Bearbeitung vonseiten des hervorragenden Kenners des hethitischen Rechts: Viktor Korošec, Hethitische Staatsverträge, Leipziger rechtswissenschaftliche Studien, Heft 60, Leipzig 1931[17a]), insbes. S. 14ff. u. 58ff. (s. auch Reg.). Hauptzweck des Vertrages ist Verbrüderung der beiden mächtigen Herrscher und Völker, das kommt dann praktisch zur Geltung in einer Defensivallianz und einem Auslieferungsabkommen über politische Verbrecher und sonstige Flüchtlinge mit einem gewissen Asylrecht. Interessant ist dann vor allem auch die Bekräftigung durch Siegelung und eine komplizierte Eidesformel. Korošec erkennt in dem Vertrag eine Dispositivurkunde (16). Bemerkenswert ist, daß sich der ägyptische und der akkadische Text in der Titulatur nicht völlig decken (S. 60), woraus Korošec schließt, daß der ägyptische bei der Übertragung aus dem Akkadischen verfälscht wurde. Nur im akkadischen Text kommt die Parität auch in der Titulatur mit voller Schärfe zum Ausdruck. Die Vertragsbestimmungen (61) dagegen beruhen auf dem Grundsatz der Gleichberechtigung. Der Auslegung ihres Inhalts durch Korošec habe ich nichts hinzuzufügen. Darüber hinaus wird rechtsvergleichende Methode auch aus dem übrigen reichhaltigen Material dieses Werkes auch für die ägyptische Rechtsgeschichte größten Nutzen ziehen können.

Nur zögernd erkennt der Pharao die völkerrechtliche Gleichberechtigung der fremden Herrscher an. Nur Ramses II. erhob die

---

[17a]) Besprochen von San Nicolò, Deutsche Literaturzeitung 1931, 2489. Koschaker, Sav. ZtschrRA. 52, 506.

Tochter Hattusilis III. zur legitimen Königin von Ägypten (Korošec S. 45), während man sonst die hethitischen Prinzessinnen als nicht ebenbürtig ansah. Doch hatte schon Nefretete, die Witwe Amenophis IV. um die Hand eines hethitischen Prinzen gebeten; den sie allen Ernstes zum Pharao machen wollte (s. Eduard Meyer II 1 S. 400). Ob sie freilich stark genug gewesen wäre, den Ägyptern in dieser Zeit der Wirren einen Fremden als König aufzudrängen, ist eine andere Frage. Das Projekt zerschlug sich aber an der Weigerung des Hethiterkönigs. Auch Anfänge diplomatischer Kurtoisie zeigen sich in dem Verkehr zwischen Hattusili III. und Ramses II., so beschwert sich der Hethiterkönig in einem bei Korošec S. 47[5] übersetzten Briefe, daß der Ägypter es unterlassen habe, ihm bei seinem Regierungsantritt Höflichkeitsgeschenke zu machen. Ein Merkmal des unabhängigen Herrschers im Gegensatz zum Vasallen besteht darin, daß er Anspruch darauf hat, daß man seine Geschenke erwidert, so Korošec S. 49, der auch zwei Beispiele aus dem diplomatischen Verkehr mit Ägypten anführt.

Zur Bekräftigung völkerrechtlicher Verpflichtungen dient vor allem der Eid. In paritätischen Verträgen gewinnt man eine Eidesformel, indem man die Götter der beiden Länder nacheinander als Garanten aufzählt; dadurch entstehen große Götterkataloge. Diesen Brauch zeigt der Vertrag Ramses' mit Hattusili (Korošec 96) ebenso wie auch andere Beispiele aus keilschriftlichen Texten, aber auch griechische Beispiele (s. meinen Eid im ptol. Recht 1929, 23, zustimmend San Nicolò, diese Zeitschrift 24, 109[18]) [19]).

Die Verträge mit den Hethitern stammen aus der Blütezeit des Neuen Reiches unter großen, fortschrittlichen Pharaonen. Viel bescheidener ist das Bild völkerrechtlichen Lebens, das ein literarischer Text bietet: die Geschichte des Wenamun (Übersetzungen bei Breasted, AR. IV 557ff.; Roeder, Ägyptische Märchen, Jena 1927, 74;

---

[18]) Diesen allgemein antikrechtlichen Brauch scheint mir Kunkel SZ. 51, 242 zu übersehen, wenn er den Götterkatalog der ptolemäischen Königseide an solche völkerrechtliche griechische Beispiele anzuknüpfen versucht.

[19]) Weitere Belege aus Rom u. Griechenland s. bei Coleman Phillipson, The international law and custom of ancient Greece and Rome, London 1911 s. Reg. unter oath.

Erman, Die Literatur der Ägypter, Leipzig 1923, 225[20]). Mag die Auffassung, die diesen Text nur als Reiseroman betrachtet, auch die richtige sein; jedenfalls ist die Darstellung realistisch genug, um indirekte Schlüsse auf das völkerrechtliche Leben zur Zeit der 21. Dynastie zu gestatten. Der reisende Ägypter, hinter dem kein mächtiger Pharao und keine großzügige Bündnispolitik mehr steht, ist im Ausland wieder recht- und schutzlos; nur durch ungewöhnliche Schlauheit und gelegentliche Seeräuberei vermag er noch sein Ziel zu erreichen. Sein Reisepaß, den Wenamun geschickt auszunützen versteht, ist ein Fetisch des „Amon-des-Weges". Und nur weil der abergläubische Fürst von Byblos den Fetisch fürchtet, tötet er den Gesandten, Wenamun, nicht ebenso wie frühere ägyptische Gesandte. Es ist auch durchaus möglich, daß sich der völkerrechtliche Grundsatz von der Unverletzlichkeit des Gesandten aus solchen abergläubischen Anfängen entwickelt hat.

Auch diese zweite Folge des Sammelberichtes zum vorptolemäischen Recht Ägyptens möchte ich wieder mit dem Hinweise schließen, daß der Referent als Rechtshistoriker keineswegs glaubt, eine vollständige Übersicht über das außerordentlich verstreute Material geben zu können. Allen Lesern, insbesondere aber Ägyptologen, die von diesem Berichte Kenntnis nehmen, sei daher die Bitte nahegelegt, Lücken in dieser Bibliographie, die sie entdecken werden, dem Referenten mitzuteilen, der es ihnen wärmstens danken wird. Möge bald eine dritte Folge nötig werden und die Zusammenarbeit der Ägyptologie und der Rechtsgeschichte fördern helfen![21])

München. Erwin Seidl.

---

20) S. auch Korošec S. 40 f.[6]

21) [Korr. Zusatz: Die wichtigste Neuerscheinung seit Abfassung obigen Berichtes ist: Alan H. Gardiner, The Library of A. Chester Beatty. The Chester Beatty Papyri Nr. 1. Oxford 1931, ein literarischer Text, aber auch für Rechtshistoriker beachtlich durch die Schilderung eines Prozesses vor den Göttern, vielleicht sogar eine Satire auf die Prozesse des ausgehenden Neuen Reiches. Auf dem Verse Notizen über einen Kauf, ein Beamten-Trinkgeld, Lohnzahlungen.]

3. Koptisches Recht.*)

Eine Studie auf Grund der Quellen und Abhandlungen.[1])

Von Professor Dr. Schiller.

Ebenso wie vorptolemäisches Recht ein wertvolles Hilfsmittel zum Verständnis von ptolemäischen und römisch-ägyptischen Rechtsinstituten ist[2]), so ist koptisches Recht — wenn man die Rechtsinsti-

*) Herrn Referendar Dr. John Wolff, z. Zeit an der Columbia University, spreche ich für die Übersetzung dieses Aufsatzes vom Englischen ins Deutsche meinen aufrichtigen Dank aus. A. Schiller.

[1]) Abkürzungen der Quellen: BKU = Ägyptische Urkunden aus den k. Museen zu Berlin, hrsgg. von der Generalverwaltung: Koptische Urkunden, I—II[1]; BM = Catalogue of the Coptic Manuscripts in the British Museum, by W. E. Crum; CLT = Ten Coptic Legal Texts, Metropolitan Museum of Art, by A. A. Schiller (im Druck); CO = Coptic Ostraca from the Collections of the Egypt Exploration Fund, usw., by W. E. Crum; Ep = The Monastery of Epiphanius, part II: Coptic Ostraca, by W. E. Crum; Hall = Coptic and Greek Texts, usw., in the British Museum, by H. R. Hall; Kr = Corpus Papyrorum Raineri, II: Koptische Texte, hgg. von J. Krall; KRU = Koptische Rechtsurkunden des achten Jahrh. aus Djeme, hgg. von W. E. Crum; Lond = An Appendix of Coptic Papyri, by W. E. Crum, in: Greek Papyri in the British Museum, Catalogue, Bd. IV; Ryl = Catalogue of the Coptic Manuscripts in the John Rylands Library, by W. E. Crum; ST = Short Texts from Coptic Ostraca and Papyri, by W. E. Crum; St P = Textes coptes de la correspondance de St. Pésunthios, usw., par E. Revillout, in RE 9, 133 ff. 10, 34 ff. 14, 22 ff.; Tor = Theban Ostraca, usw., in Toronto, IV: Coptic Texts, by H. Thompson; WS = Coptica consilio Inst. Rask-Oerstediani, III: Wadi Sarga, Coptic Texts, ed. by W. E. Crum.

Abkürzungen der Abhandlungen: Boulard, Vente = La vente dans les actes coptes, in: Études juridiques à P. F. Girard, 2, 1 ff.; Ciasca, Papiri = A. Ciasca, I papiri copti del Museo Borgiano della S. C. de propaganda fide; Crum, Monastery = Winlock u. Crum, The Monastery of Epiphanius, part I, Kap. IV ff.; Revillout, Précis = E. Revillout, Précis du droit égyptien; Sethe-Partsch, Bürgschaft. = Sethe u. Partsch, Demotische Urkunden zum ägyptischen Bürgschaftsrechte, Abh. Akad. Leipzig, XXXII; Steinwenter, Studien = A. Steinwenter, Studien zu den koptischen Rechtsurkunden aus Oberägypten, Studien zur Palaeographie und Papyruskunde, Heft XIX; Wenger, Volk = L. Wenger, Volk und Staat in Ägypten am Ausgang der Römerherrschaft.

Abkürzungen der Zeitschriften: ÄZ. = Zeitschr. f. Ägyptische Sprache, usw.; Byz. Zeit. = Byzantinische Zeitschrift; JAOS = Journal of the American Oriental Society; Jurid. Rev. = The Juridical Review; MR = Mittheilungen a. d. Papyrussamml. Erzh. Rainer; RE = Revue Égyptologique; Rec. = Recueil des travaux, usw.; SZ kan. (rom.) Abt. = Zeitschr. d. Savigny-Stiftung f. Rechtsgesch., kanonistische (romanistische) Abteilung; Tijd. = Tijdschr. voor Rechtsgesch.; WZKM = Wiener Zeitschr. f. d. Kunde d. Morgenlandes; ZvR = Zeitschr. f. vergleichende Rechtswiss.

[2]) Cf. Seidl, in dieser Zeitschrift, 24, 37 ff. und 25, 219. Der vorliegende Artikel soll ein Gegenstück zu Seidls Arbeit sein, aber die Natur des verwendeten Materials bringt es mit sich, daß die Form eine andere ist.

tute, die sich in den in koptischer Sprache abgefaßten Urkunden des VI.—X. Jahrhunderts finden, so nennen darf[1]) — von Bedeutung für den Erforscher byzantinischen Rechts. Das Studium der vorhandenen Dokumente[2]) kann folgenden Zwecken dienen: (1.) festzustellen welchen Ursprungs die verschiedenen Rechtsinstitute sind, ob dieser Ursprung im altägyptischen, griechischen, römischen oder arabischen Recht zu suchen ist[3]), (2.) Teile koptischen Rechts mit anderen verwandten oder nicht verwandten Systemen zu vergleichen und zu kontrastieren[4]), (3.) die Geschichte von Privat-Urkunden und ihren Formulierungen zu entwickeln oder den Wert von Urkunden als Rechtsquellen festzustellen[5]), und schließlich (4.) die Rechtsinstitute um ihrer selbst willen zu erforschen als Mittel um das soziale und wirtschaftliche Leben der Kopten kennen zu lernen[6]).

Obwohl in neuerer Zeit Gelehrte sich jedes dieser vier Ziele gesetzt haben[7]), ist die Zahl wissenschaftlicher Untersuchungen noch so gering, daß im wesentlichen die Urkunden selbst als Grundlage dieser Untersuchung dienen müssen[8]).

1. Rechtsgeschichte. Vielleicht das interessanteste der oben aufgezeigten Probleme ist die Bestimmung des Ursprungs koptischer Rechtsgrundsätze. Zunächst mit Bezug auf altägyptischen Ursprung

---

[1]) Koptische Urkunden vor und nach dieser Periode sind so selten, daß sie hier übergegangen werden können.

[2]) Folgende koptische Quellen sind vorhanden: (1.) Dokumente, d. h. juristische Urkunden, Privatbriefe und Rechnungen, (2.) Literatur, d. h. weltliche und geistliche Schriften, magische und wissenschaftliche Texte. Nur die erste Gruppe wird hier besprochen.

[3]) Steinwenter, Studien, §§ 6 (Lašane, Protokomet, Ape) und 8 (*Νομικός* und *Ὑπογραφεύς*); cf. auch Ciasca, Papiri, 11ff. und Springer, ÄZ. 23, 132ff. (veraltet).

[4]) Mit einem verwandten System: Steinwenter, SZ. kan. Abt. 50, 1ff. (dem spät byzantinischen); mit einem nichtverwandten System: Steinwenter, SZ. kan. Abt. 42, 175ff. (dem mittelalterlich-kanonischen).

[5]) So, zum großen Teil, Boulard, Vente, passim (Formeln von Kaufvertragsurkunden); Krall, MR 5, 21ff. (Formen der Privatbriefe); Schiller, Jurid. Rev. 43, 213f. (Urkunden als Rechtsquellen).

[6]) Crum, Monastery, Kap. 6 (Thebanische Eremiten und ihr Leben); Wenger, Volk, passim (Studie zur Einführung).

[7]) Über den Wert und die Methode des koptischen Rechtsstudiums siehe Steinwenter, Studien, 4; Schiller, Jurid. Rev., 43, 212ff.; auch Berger, ZvR. 39, 313; Koschaker, SZ. rom. Abt., 41, 331; Wenger, Der heutige Stand der röm. Rechtswissenschaft 45f.

[8]) Soweit wie möglich sind übersetzte oder im Auszug wiedergegebene Quellen zitiert.

wobei insbesondere demotische Texte in Frage kommen. Spiegelberg ist mit seiner Ansicht[1]), daß nichts im koptischen Recht auf demotisches zurückführt, entschieden in der Minderheit. Selbst-Bürgschaft[2]), hierodulistische Schenkungen[3]), Teile des Familien- und Erbrechts[4]), *διάλυσις*-Verträge[5]) und zum mindesten eine gewisse Formel[6]) haben, nach Ansicht des einen oder anderen Gelehrten, ihren Ursprung im altägyptischen Recht, trotz dem Zwischenraum von einem oder zwei Jahrhunderten zwischen demotischen und koptischen Texten[7]).

Einige Gelehrte des neunzehnten Jahrhunderts entschieden sich für römische und vielleicht griechische Institute im koptischen Recht[8]), aber neuerdings wird mehr byzantinischer Ursprung betont. Die meisten Formeln sind fraglos nur Überreste der in den byzantinischen tabellio-Urkunden benutzten Formen[9]), während Rechtsgeschäfte wie Kauf, Bürgschaft, Stellvertretung und testamentarische Erbfolge[10]), die Verwandtschaft des koptischen mit byzantinischem Recht deutlich machen. Zwar liegen nicht notwendig

[1]) Besprechung von Steinwenter, Studien, in Orient. Lit.-Zeit., 27, 443.

[2]) Sethe-Partsch, Bürgschaft, 765: Die Selbstbürgschaft, vor Gericht zu erscheinen, ist entweder altägyptisches Recht, ein naives Mißverständnis byzantinischen Rechts, oder ein reines Institut der Kopten, d. h. eines Volkes in primitiver Umgebung. Der letztere Punkt wirft das Problem auf, welche Rechtsregeln als Ergebnis der, wenn auch geringen, so doch vorhandenen schöpferischen Kraft der Kopten anzusprechen sind, ein Faktor, der von den Gelehrten nicht beachtet worden ist.

[3]) Steinwenter, Studien, 3f.; und ausführlicher, mit Verweisungen auf entsprechende Institute in anderen orientalischen Rechtssystemen, Steinwenter, SZ kan. Abt., 42, 206[2].

[4]) Steinwenter, Studien, 3 und Belege, 3[5].

[5]) Revillout, Précis, 720ff., siehe aber Steinwenter, Studien, 24.

[6]) Das Verbot, eine Klage vor verschiedenen Gerichten anhängig zu machen: Steinwenter, Studien, 59.

[7]) Die allgemein angegebene Periode von 300 Jahren muß gekürzt werden im Hinblick auf P. Lond. 1920ff., in Bell u. Crum, Jews and Christians in Egypt. Das griechische Dokument oder Gewohnheitsrecht hat für die Zwischenzeit gedient, Steinwenter, Studien, 3; Schiller, Jurid. Rev., 43, 212[1].

[8]) Besonders Springer, ÄZ. 23, 132ff.; für veraltet gehalten von Steinwenter, Studien, 4[2].

[9]) Gut erläutert von Boulard, Vente, passim; cf. auch Schiller, Tijd., 7, 440ff., 444ff.; Steinwenter, Studien, 2.

[10]) Steinwenter, Studien, 3. Über Kaufrecht, besonders Boulard, Vente, 6ff., obwohl Krall, Kr., S. 11, das Gegenstück vom Kauf beweglicher Sachen in demotischen Urkunden hervorhebt. Zum Recht der Stellvertretung, siehe San Nicolò, Byz. Zeit., 24, 336[1]. Über Testamente siehe die Schluß-Seiten von Kraus, Die Formeln des griechischen Testaments.

byzantinische Ursprünge vor[1]), aber die stärkste Annäherung an die in koptischen Urkunden ausgedrückten Prinzipien findet sich in jener Epoche.

Arabisches Recht ist, wenn überhaupt, nur in geringem Umfange im koptischen Privatrecht in mohammedanischer Zeit zu finden; denn die Kopten bewahrten ihre politische Einheit, solange die Mehrheit der Einwohner Christen blieben[2]). Boulard sieht die Identifizierung von Tausch und Kauf als eine Folge von arabischem Einfluß an; aber das ist kaum wahrscheinlich[3]). Anderseits macht sich im öffentlichen Recht die Macht der regierenden Klasse fühlbar, besonders auf dem Gebiet des Finanzrechts und des Staatsdienstes[4]). Es ist jedoch nicht völlig geklärt, welcher Teil des arabischen Verwaltungsrechts arabischen Ursprungs ist und welcher Teil eine Angleichung an byzantinische Praxis[5]).

Die Epoche des koptischen Rechts, eine Periode von ungefähr vier Jahrhunderten, sollte, so müßte man meinen, historische Entwicklung von Rechtsinstituten zeigen. Boulard[6]) ist der Ansicht, daß keine entscheidende Änderung im Kaufrecht — das man als typisch ansehen kann — in den Texten hervortritt. Dabei muß man sich aber vor Augen halten, daß es keine Reihe von Urkunden vom selben Orte gibt, die sich über die ganze Periode erstreckt[7]). Am

---

1) So läßt sich z. B. die Willensfreiheitsklausel, die sich in byzantinischen Vorbildern findet, bis in attische Zeiten zurückverfolgen, Schiller, Jurid. Rev., 43, 221 f. In ähnlicher Weise kann man διάλυσις-Urkunden aus den römischen compromissa und byzantinischen chirographa entwickeln, und doch gehen sie vielleicht letzten Endes auf demotische Teilungsverträge zurück, Steinwenter, Studien, 24, und Nachweisungen da.

2) Boulard, Vente, 2 ff.; Wenger, Sitz. Akad. München, 1914, 5, 17.

3) Vente, 49; Steinwenter, Studien, 3, leugnet jeden arabischen Einfluß. Die Verwendung derselben Urkundenart für Kauf und Tausch ist kein schlüssiger Beweis, denn BM 415 = KRU 16 und BM 447 zeigen, daß Urkunden, die durch Übertragung von unbeweglichen Vermögen zum Erlöschen gebrachte Darlehensschulden betreffen, der Form nach Kaufurkunden sind.

4) Wie Lond. 1494 ff. beweist; jedoch nicht gewöhnlicher Zivilprozeß, Steinwenter, Studien, 8, 12 ff., 16 f.

5) Cf. Becker, Der Islam, 2, 361 ff.; Bell, Einl. zu P. Lond. IV; Wilcken, Grdz. d. Papyruskunde, 232 ff.

6) Vente, 89 ff.

7) Die wichtigsten Plätze, die vorkommen, sind Aphrodito (in Lond), Hermopolis (in BM 1013 ff., Kr, Ryl), Djeme (in BKU, CO, CLT, Ep, Hall, KRU, ST, St P, Tor), und Wadi Sarga (in WS).

ehesten wäre das noch im Bezirk von Theben[1]) der Fall, aber selbst dort haben vorarabische Institute entschieden eine ekklesiastische Färbung. Deutlich aber tritt die örtliche Natur des Rechts hervor. In Hermopolis unbekannte Institute standen in Blüte in Theben[2]); Beamte mit derselben Amtsbezeichnung haben verschiedene Funktionen in Djeme und Aphrodito[3]). Solange nicht weitere Untersuchungen vorliegen, ist eine endgültige Stellungnahme zur inneren Geschichte des koptischen Rechts unmöglich.

Bevor wir diesen Gegenstand verlassen, soll noch auf einige Punkte mit Bezug auf das vierte oben erwähnte Ziel hingewiesen werden, die Urkunden als Quellen für die Erkenntnis des sozialen und wirtschaftlichen Lebens. Das späte byzantinische Wirtschaftssystem großer Latifundien ist gelegentlich aus vorarabischen Urkunden ersichtlich[4]), aber, wenn dieses System überhaupt noch zu arabischer Zeit besteht, so ist es die Kirche, die als Landherr auftritt[5]). Die Quellen handeln im wesentlichen von Bauern, ihren geringfügigen Streitigkeiten in ihrem dörflichen beschränkten Lebenskreise und vor allem von der Stellung der Religion und der Kirche im sozialen und wirtschaftlichen Leben der Kopten[6]).

2. Rechtsquellen und Urkundenwesen. Von geringfügigen Ausnahmen abgesehen, sind Akte der Gesetzgebung in koptischer

---

[1]) Bei den Ephiphanios- und Pesunthios-Texten des späten VI. und der ersten Hälfte des VII. Jahrhunderts, und den Djeme-Papyri und -Scherben des späten VII. bis zum IX. Jahrhundert, Mallon, Rev. de l'Ég. anc., 1, 152ff. und 2, 89ff., den moulon-Scherben in Karnak, V. Jahrh., die aber Hengstenberg, ÄZ., 66, 52 dem Mittelägypten des früheren VII. Jahrh. zuweist.

[2]) Z. B., „Gottes Wort"-Urkunden und die sich dort findenden rechtlichen Probleme sind fast ausschließlich thebanisch, siehe darüber einen in Vorbereitung befindlichen Artikel des Verfassers. Es ist auch nicht bloßer Zufall, daß hierodulistische Schenkungen am häufigsten in Theben vorkommen, Gesuche und Garantie-Erklärungen i. S. Staatsdienst in Aphrodito, Frachtbriefe und landwirtschaftliche Quittungen in Wadi Sarga; die soziale und wirtschaftliche Lage des Ortes bestimmte die Natur der dort aufgesetzten Urkunden.

[3]) Z. B., der *διοικητής* von Aphrodito der *πάγαρχος* oder amira war, nicht aber der *διοικητής* von Djeme, siehe Steinwenter, Studien, 19.

[4]) Cf. Steinwenter, Studien, 50, wo er Ryl. 281 und Kr 232 zitiert. Dem mögen die moulon-Scherben hinzugefügt werden, Hengstenberg, ÄZ. 66, 68.

[5]) So in Djeme, Steinwenter, Studien, 35. Aber vgl. Bell, P. Lond. IV, S. XXXVff.; Steinwenter, Studien, 51; Wenger, Volk, 51 Anm. 89.

[6]) Siehe Bell, P. Lond. IV, S. XXXVIIff.; Crum, Monastery, 155ff.; Schiller, Jurid. Rev., 43, 233[1]; Wenger, Volk, 22, 28.

Sprache nicht mehr vorhanden[1]), die einzig bedeutsamen könnten Übersetzungen von griechischen oder arabischen Verfügungen sein. Der Ausnahmefall ist das sijill (σιγίλλιον) des arabischen Statthalters ein an eine oder mehrere bestimmte Personen gerichteter Befehl[2]). Zwei derartige Befehle sind gerichtet an Pagarchen, die Verwaltungsbeamten eines Bezirks oder Gaues, und betreffen die Aufstellung von Steuerlisten[3]). Eine andere Urkunde bezieht sich auf ein σιγίλλιον, das an eine Privatperson gerichtet worden ist[4]). Obwohl eine Verwandtschaft zwischen diesen Verfügungen auf der einen Seite und den σιγίλλιον-Erlaubnissen oder von der Behörde ausgestellten Pässen auf der anderen Seite besteht[5]), sind doch die zwei Arten behördlicher Verfügungen nicht identisch.

In vielen Rechtsquellen der arabischen Epoche kommen die Ausdrücke nomos nbasilikon, nomos mprasis und nomos vor, in Kaufverträgen, Testamenten, Schenkungen und in bestimmten Formeln[6]). Boulard und Steinwenter sind der Ansicht, daß damit ganz bestimmte byzantinische Gesetze gemeint sind; sie führen z. B. an, daß mit dem Wort „Rechte" in der absolutio-Formel C. 4, 21, 17 gemeint ist und mit „Rechte" in der Strafklausel C. Th. 2, 9, 3[7]). Daß nicht arabisches, sondern byzantinisches Recht damit gemeint ist, ist sicher[8]), aber die Ansicht, daß koptische Notare bestimmte Gesetze im Auge hatten, ist unbegründet. Steinwenter gibt zu, daß es problematisch ist, wieweit die Notare diese Gesetze verstanden;

[1]) Dabei sind, wie überhaupt in diesem Aufsatz, literarische Texte unberücksichtigt gelassen.

[2]) Diese Definition stammt von Grohmann, Corpus Papyr. Raineri, Ser. Arabica, I 1, 18; cf. Bell, Anm. zu P. Lond. IV 1384[51].

[3]) Kr 3 = P. Lond. IV, S. XLVIII und Ryl 278. Die erstere ist eine Verfügung im eigentlichen Sinne, deren Siegel eine arabische Inschrift trägt; die letztere ist ein Brief eines Pagarchen an Dorfoberhäupter, in dem „mein sigillion" erwähnt wird. Mir scheint es ein von der arabischen Regierung empfangenes sigillion zu sein, dessen Inhalt jetzt den Ortsbeamten übermittelt wird; Steinwenter, Studien, 47, und möglicherweise Crum, Ryl, S. 132, deuten an, daß es sich um einen Erlaß des Pagarchen handelt, aber das ist kaum wahrscheinlich.

[4]) Lond 1540.

[5]) Siehe darüber den zweiten Teil dieses Aufsatzes.

[6]) Siehe indices zu KRU und CLT, unter nomos.

[7]) Boulard, Vente, 13f., 58ff., 90; Steinwenter, Studien, 63f. und SZ. kan. Abt., 42, 191[2]. Der Ansicht, daß auf bestimmte Gesetze verwiesen wird, auch Springer, ÄZ. 23, 135f. und Ciasca, Papiri, 16 Anm. 8, 18 Anm. 33.

[8]) Boulard, Vente, 32ff.

Tatsache ist, daß sie keinerlei Kenntnis irgendwelcher bestimmter Gesetze hatten[1]). Die durch diese Gesetze im V. und VI. Jahrhundert aufgestellten Regeln wurden Rechtssätze erst durch die Macht der Gewohnheit und wurden als solche in koptischen Urkunden der arabischen Epoche erwähnt.

Da gesetzgebende Akte fehlen, muß man, um sich ein Bild des Rechtszustandes zu verschaffen, notwendigerweise auf Privaturkunden zurückgreifen. Papyri, Kalkstein und Scherben waren die hauptsächlich verwendeten Materialien[2]) und es ist wichtig zu beobachten, daß im allgemeinen ihrem Typus und ihrer Natur nach scharf unterschieden wird zwischen Urkunden, die auf Papyri und solchen, die auf Kalkstein und Scherben geschrieben waren. Kaufverträge, Schenkungen, die unbewegliches Vermögen oder Kinder zum Gegenstand hatten, Testamente, Vergleiche und Gesuche sind fast ausnahmslos auf Papyri geschrieben[3]). Diese Urkunden beschränken die Rechte des Ausstellers; der Verkäufer stellt die Kaufurkunde aus, der Schenkgeber die Schenkungsurkunde und die Partei, die zahlt, die Vergleichsurkunde; infolgedessen bindet der Vertrag als solcher, die Urkunde ist nur Beweismittel[4]). Scherben und Kalkstein wurden für Darlehen, Arbeitsverträge, Bürgschaften, Quittungen, besondere Steuerquittungen, Eide und Verpflichtungen verschiedener Arten verwendet[5]). Kopien von Urkunden, alle von einem Schreiber geschrieben, finden sich; aber es ist unmöglich, das Material des Originals zu bestimmen[6]).

---

1) So Koschaker, in einer Besprechung von Steinwenters Studien, SZ rom. Abt., 41, 332 und Schiller, Jurid. Rev., 43, 221.

2) Crum, CO, S. X ff., und Monastery, 186 ff. Kalkstein wurde der Scherbe für juristische Texte vorgezogen, Papyrus war das beliebteste Material. Außerdem wurden Leder und Holz, später auch Pergament und Papier benützt.

3) Unter den Ausnahmen mag erwähnt werden CO Ad 3 und Hall 94, 2 (? Kopie), Landschenkungen und BM 448 (Leder) und ST 56, Testamente.

4) Schiller, Jurid. Rev., 43, 219[3].

5) Hier scheint jedoch keine feste Regel bestanden zu haben, denn für viele Geschäfte, besonders Darlehen (BM 1029 ff., Kr 48 ff., KRU 61 ff.) wurden Papyri benutzt. Eine besondere Art von Scherben wurde für einige Steuerquittungen benutzt, Crum, CO, S. XI; Lond 1573 verweist auf den Gebrauch von Scherben in Steuerangelegenheiten. Kopien von Eiden finden sich in Papyrusurkunden, CLT 5[145] ff., KRU 44[139] ff.

6) Crum, Monastery, 190. Crums Behauptung, daß das Original ein Papyrus war, wird durch seine Zitate nicht bewiesen, so verweist er nicht auf Kopien von Kaufverträgen, Schenkungen oder Testamenten.

Bei der großen Mehrheit der Geschäfte dient als Beweisstück eine von nur einer Partei ausgestellte Urkunde. Die σύμφωνον-(Arbeits-)Verträge jedoch verlangen ausdrücklich, daß beide Parteien Urkunden ausstellen[1]). Ob auch bei anderen Verträgen üblicherweise von beiden Parteien Urkunden ausgestellt wurden, läßt sich nicht sagen, doch erwähnt eine Mietvertragsurkunde eine derartige Situation[2]). Die allgemeinen gebräuchlichen termini technici für Urkunde sind χάρτης und ὁμολογία nicht jedoch ἀσφάλεια, worauf Krall hinweist[3]); im Vorbeigehen mag noch bemerkt sein, daß die meisten termini technici für besondere Arten von Verträgen griechisch sind[4]).

Die Formeln koptischer Urkunden sind vielleicht das fruchtbarste Feld für Forschungen auf dem Gebiete des koptischen Rechts gewesen. Boulards ausgezeichnete Arbeit über Kaufrecht gründet sich fast völlig auf eine Betrachtung der verschiedenen Formeln in Kaufvertragsurkunden[5]); Steinwenters Kenntnisse der Grundlagen der Verwaltung sind zum großen Teil das Ergebnis eindringender Untersuchung verschiedener Formeln[6]). Nach ihrer Begriffsbestimmung müssen Formeln in Urkunden derselben Geschäftsart ungefähr dieselben sein; koptisches Urkundenwesen geht darüber hinaus und verwendet dieselben Formen, mit den notwendigen Zusätzen oder Abstrichen von gewissen Formeln[7]) in allen auf Papyri geschriebenen

[1]) Krall, Kr., S. 136; vgl. auch Crum, CO 106, der von derselben Art zu sein scheint.

[2]) Ryl 171; siehe unter Obligationenrecht, Miete. Der Gebrauch des Wortes ἴσον beweist nicht, daß beide Parteien Urkunden ausstellten, denn im allgemeinen ließ der Aussteller alles, einschließlich Unterschrift und Beglaubigungen, kopieren und behielt oder registrierte (?) dann die Kopie.

[3]) Kr, S. 6. Ἀσφάλεια bezeichnet ein Darlehensschuldner-Darlehensgläubiger-Verhältnis; Steinwenter, Aegyptus, 11, 32[4], legt dar, daß gewisse Bürgschaftsurkunden, CO 29ff., ἀσφάλεια genannt wurden nur, weil der, welcher aus ihnen berechtigt war (der Bischof in diesen Fällen) als Gläubiger angesehen wird. Zum χάρτης siehe Crum, Monastery, 186f., und Belege in Ep 479 Anm. 3.

[4]) Anaš, „Eid", und der zweisprachige logos mpnoute, „Gottes Wort", scheinen die einzigen allgemein gebräuchlichen koptischen termini zu sein, obwohl natürlich blje, „Scherbe", plax, „Kalkstein" und shai, „Schreibstück", häufig für verschiedene griechische technische Ausdrücke verwendet werden.

[5]) Aus diesem Grunde nennt sie Steinwenter, Studien, 4, eine „Einführung in die koptische Urkundenlehre".

[6]) Besonders Studien, §§ 4 (Aktpräskripte) und 8 (Νομικός und Ὑπογραφεύς).

[7]) So ist die Bezahlungsformel typisch in Kaufvertragsurkunden, während die zahlreichen Formeln, die des Erblassers Beweggründe für die Fassung des Testaments angeben, sich nur in letztwilligen Verfügungen finden.

Urkunden[1]), nämlich Kaufverträgen, Testamenten, Schenkungen und διαλύσεις[2]). Im Gegensatz dazu entsprechen sich Darlehen, Bürgschaft, Quittungen, Versprechen und die anderen Urkunden auf Ostraka nicht, aber enthalten innerhalb einer besonderen Gruppe formelmäßige Klauseln[3]).

Die Papyrusurkunde enthält fünf Teile, Einführung, Hauptteil, Unterschrift, Beglaubigungen und des Schreibers completio[4]). Der erste Teil enthält Invokations- und Datierungsformeln[5]). Der Hauptteil enthält in Briefform nominatio-Formeln, Willensfreiheits-Klausel, Eid, Zession, Stipulation und verschiedene Strafformeln und Schlußklauseln[6]). Die Unterschrift, Beglaubigungen und des Schreibers completio sind auch ihrer Natur nach formelhaft[7]). Das arabische Protokoll und die griechische oder koptische Registrierung sind nicht im engeren Sinn Teil der Urkunde.[8])

---

[1]) Die Unterscheidung zwischen Papyri und Scherben-Urkunden in dieser Hinsicht stammt vom Verfasser. Über das Vorkommen ähnlicher Formeln, die von der byzantinischen tabellio-Urkunde herstammen, in den verschiedenen koptischen Urkunden, siehe Boulard, Vente, passim; Springer, ÄZ. 23, 132f.; Steinacker, Grundlagen d. frühmittelalt. Privaturk., 30[7]; Steinwenter, Studien, 61f., und SZ kan. Abt., 42, 178f.; Wenger, Volk, 24.

[2]) Außerdem in manchen Mietverträgen, aber nicht in Gesuchen, amtlichen Schriftstücken usw.

[3]) Gewisse Formeln, wie z. B. die nominatio, subscriptio und attestatio, entsprechen denselben Formeln in den Papyri, aber nicht die wesentlichen rechtlichen Formen. Zur Identität innerhalb einer Gruppe siehe Krall, Kr, S. 6, zu den Formeln der ἀσφάλεια-Urkunden; Krall, MR, 5, 21ff., zu denen von Privatbriefen; Steinwenter, Aegyptus, 11, 29ff., zu denen von Ordinationsbitten; Stern, ÄZ., 23, 145ff., zu den Gesuchsformeln für Erlaubnisse; und einen in Vorbereitung befindlichen Aufsatz des Verfassers zu den „Gottes Wort"-Texten. Formen wie die Verpfändung von Vermögen in der ἀσφάλεια, die Autorisationsklausel in landwirtschaftlichen Arbeitsverträgen usw., sind Papyrusurkunden fremd.

[4]) Die Einteilung stammt vom Verfasser, CLT, S. 6ff., und Jurid. Rev., 43, 216ff. Siehe auch die Einteilungen von Boulard, Vente, 10, 26f., 72 (vgl. Steinwenter, Studien, 26[1]); Schiller, Tijd., 7, 441ff.

[5]) Besondere Abhandlungen: Boulard, Vente, 11ff. (Invokationsformel), 13ff. (Datierungsformel); Steinwenter, Studien, 26ff. (Datierungsformel); Wenger, Sitz. Akad. München, 1914, 5, 19 Anm. (Invokationsformel).

[6]) Besondere Abhandlungen: Boulard, Vente, 16—72 erörtert alle diese Formeln; Krall, Kr. S. 20[4] (Eid); Schiller, Jurid. Rev., 43, 221f. (Willensfreiheit), 235 (Zession), 236f. (Stipulations- und Strafklauseln), und Tijd., 7, 448ff. (alle); Springer, ÄZ., 23, 134ff. und 143ff. (Strafklauseln), 141ff. (Eid); Steinwenter, Studien, 58ff. (Stipulationsformel); Wenger, Volk, 23f. (Willensfreiheit), 24f. (Eid), 48 Anm. 71 (Stipulation) und Sitz. Akad. München 1914, 5, 18 Anm. (Eid).

[7]) In den folgenden Paragraphen erörtert.

[8]) Das magnum opus über Protokolle ist Grohmann, Protokolle, Corpus

Die Stellung der koptischen Notare ist von Steinwenter gut untersucht worden[1]). Die δι' ἐμοῦ-Klausel byzantinischer Zeiten, die sich oft als des Schreibers completio in koptischen Texten findet, wird vom νομικός oder συμβολαιογράφος, privaten Notaren, geschrieben[2]). Ein auffälliger Unterschied zwischen byzantinischen und koptischen Urkunden liegt jedoch darin, daß in der früheren Epoche nur ausnahmsweise der Schreiber, gewöhnlich sein Assistent, den Hauptteil der Urkunde schrieb, die Ausnahme aber in koptischer Zeit zur Regel wird[3]). Neben diesen beiden Schreibern findet sich auch der sah ntime (γραμματεὺς τῆς κώμης), der Dorfschreiber, ein Assistent für Verwaltungsangelegenheiten[4]). Der νοτάριος, Sekretär von höheren Beamten, konnte als Schreiber fungieren, aber nicht in seiner Eigenschaft als Beamter[5]). Schließlich gab es noch den ὑπογραφεύς, den Privatmann, der die Zustimmung (Unterschrift) der Partei oder die Aussagen der Zeugen protokollierte, wenn diese des Schreibens unkundig waren[6]). Er konnte ein Zeuge, eine Partei oder sogar der Schreiber sein[7]), d. h. einfach jemand, der schreiben konnte.

Die Unterschrift unter eine koptische Urkunde wird gebildet durch die Zustimmung der Partei (στοιχεῖ) zum Inhalt der Urkunde[8]). Wenn die Partei schreiben konnte, bediente sie sich der στοιχεῖ-Klausel; wenn sie nur ihren Namen und aistoixe schreiben

---

Papyr. Raineri, Ser. III, I, 2; es enthält einen Überblick über die Literatur, XII ff., und CI f., eine Klassifizierung von Typen, XXVII ff., und eine Erörterung aller bekannten Protokolle, 3—293. Über Registrierungsvermerke siehe unten S. 261[3].

[1]) Studien, § 8; Zusammenfassung bei Meyer, ZvR, 39, 250.

[2]) Die griechische δι' ἐμοῦ-Klausel wird manchmal ersetzt durch die koptische aishai, aismn oder aisōmatize-Klausel, Boulard, Vente, 76 ff.; Steinwenter, l. c. Νομικός und συμβυλαιογράφος sind auswechselbar in Aphrodito-Texten; sie sind niemals in Djeme-completio-Klauseln wohl aber als solche im Text der Urkunde erwähnt, siehe Index zu KRU, unter nomikos. Über Diakonen als νομικοί siehe Krall, MR, 2/3, 44 f.

[3]) Steinwenter, Studien, 64 f.; es folgt eine Erörterung der Notariatsschulen und des von Notaren erteilten Rechtsunterrichts. Steinwenter hält das Abgehen von der byzantinischen Praxis für eine Folge des Mangels an Schreibern.

[4]) Er war mit Finanzangelegenheiten beschäftigt, BM 1079. In KRU 105 tritt der sah ntime als Schreiber für Privatpersonen auf.

[5]) Steinwenter, Studien, 66 f.

[6]) Ein nicht völlig übereinstimmendes Gegenstück zu dem χειροχρέστης, der zu byzantinischer Zeit ein Beamter war.

[7]) Beispiele in Steinwenter, Studien, 68[8—10].

[8]) Siehe allgemein Steinwenter, Studien, 69 ff.

konnte, füllte der ὑπογραφεύς den Rest aus. Wenn die Partei gar nicht schreiben konnte, so schrieb der ὑπογραφεύς die Klausel, und sie hatte nur ihr σημεῖον darunterzusetzen — drei Kreuze[1]). Koptische Dokumente erfüllen nicht immer diese Vorschriften des byzantinischen Rechts; Kreuze werden wahllos verwendet und oft fehlt das σημεῖον völlig[2]). In manchen Fällen existiert nicht einmal eine Unterschriftsklausel; Steinwenter schreibt dies dem fehlerhaften Aufsetzen des Dokuments zu[3]). Nur die Unterschrift der Partei, die die Urkunde ausstellt, findet sich; Urkunden, die von beiden Parteien unterschrieben werden, sind sehr selten[4]).

Fragen, wie die Verwendung von Zeugen, Siegeln und Archiven (? Registrierung) müssen noch näher untersucht werden. Die meisten Dokumente weisen Zeugenunterschriften auf, deren Zahl schwankt von nur einem bis zu zweiunddreißig[5]). Diese Tatsache bestätigt, daß Zeugen nicht nötig waren, um eine Urkunde rechtsgültig zu machen, daß sie vielmehr nur für den Fall eines künftigen Streites als Augenzeugen der tatsächlichen Ausstellung des Dokuments hinzugezogen wurden[6]). Siegel werden in einigen Dokumenten erwähnt, anderen sind sie beigedrückt; in noch anderen Fällen werden verschiedenartige Zeichen als Ersatz verwendet[7]). Zwei Urkundenarchive sind bekannt, die Bibliotheken der Klöster

---

1) Über das σημεῖον siehe auch Boulard, Vente, 22; Krall, Kr, S. 4 (νομικός statt ὑπογραφεύς!).

2) Steinwenter, Studien, 72.

3) Boulard, Vente, 75; Krall, Kr, S. 4; Meyer, ZvR, 26, 156; Steinwenter, Studien, 69.

4) Boulard, Vente, 72ff.; einzelne Fälle sind im Laufe dieser Arbeit behandelt.

5) In Djeme-Papyri von 2 (z. B. KRU 6) bis 32 (KRU 90), Zeugen in Kaufverträgen von 2 bis 11, Boulard, Vente, 76; in Testamenten von drei bis sieben, vgl. testamentum rustici, C. 6, 23, 31 und Schiller, Jurid. Rev., 43, 222; in hierodulistischen Schenkungen von drei aufwärts, vgl. Nov. 73, 1 und Steinwenter, SZ kan. Abt., 42, 179[3]. Apa Jeremias Bürgschaftsurkunden für Erlaubnisse haben im allgemeinen drei Zeugen, die oft Parteien oder Bürgen in anderen Urkunden derselben Serie sind, Krall, Rec., 6, 72f.; ein Zeuge, z. B. BM 1028.

6) So Boulard, Vente, 23; Krall, Kr. S. 4; Schiller, Jurid. Rev., 43, 217[12]. Anhalt dafür auch KRU 122, wo Zeugen erwähnt werden, die die Ausstellung einer Kaufvertragsurkunde beweisen sollen, siehe Boulard, Vente, 68. Außerdem, wenn viele Unterzeichner da waren, traten keine Zeugen auf, z. B. CLT 6, Kr 5. Der ὑπογραφεύς unterschrieb häufig für Zeugen, siehe oben S. 259.

7) Nachweisungen in Krall, MR, 5, 37; beigedrückte Siegel, siehe Crum, Monastery, 188[4]; Ryl 119. Die Zeichen finden sich auf Privatbriefen, Crum, l. c.

von St. Phoibammon und St. Paulus, beide in der Nähe von Djeme (Theben). In der ersteren Bibliothek wurden ungefähr einhundert Dokumente an Ort und Stelle ausgegraben[1]), während im zweiten Fall der Ankauf verwandter Papyri die Annahme rechtfertigt, daß sich dort ein Archiv befunden hat[2]). Die Dokumente sind Originale und haben, zum mindesten im ersten Fall, mit den Geschäften des Klosters zu tun und den Privatangelegenheiten der Dörfler von Djeme. Es ist möglich, daß die Registrierung einer Urkunde zur schnellen Identifizierung diente[3]). Warum diese Urkunden aber überhaupt gesammelt und wie sie registriert wurden, kann nicht mehr ermittelt werden[4]).

3. Personenrecht. Zum Personenrecht liegen nur wenige Forschungen vor, daher müssen wir uns hauptsächlich auf die spärliche Information verlassen, die den Urkunden selbst zu entnehmen ist. Zwei Ehe- und Geburtsprotokolle und ein Brief, der vielleicht eine Gebühr für die Registrierung einer Geburt betrifft, bilden das Material, das wir über die Geburt einer natürlichen Person haben[5]). Das Mündigkeitsalter steht nicht endgültig fest, doch scheint es, wenigstens für Männer, vierzehn Jahre zu sein[6]). Das Vorkommen der Ausdrücke ἐλεύθερος und ἐλευθέρα deutet zunächst auf das Bestehen von Sklaverei zu koptischen Zeiten hin, aber es kann sein,

[1]) Crum, CO, S. XII; diese bilden die Mehrheit der KRU. In KRU 89[36], 96[67], 100[51] erklären die Parteien, daß sie die Urkunden, hierodulistische Schenkungen, in den Archiven des Klosters niederlegen werden, Steinwenter, Studien 5[1] mit Nachweisungen.

[2]) Schiller, Jurid. Rev. 43, 217[12]; vgl. Bell, Jour. Egypt. Archeol., 12, 265 ff.

[3]) Die Registrierungsvermerke befinden sich auf dem Verso, gewöhnlich in anderer Handschrift; ein Ausnahmefall ist KRU 24, wo es dem Text vorausgeht (? Registrierungsvermerk).

[4]) Was oben Anm. 1 bezüglich hierodulistischer Schenkungen gesagt wurde, kann nicht zur Erklärung der Fälle dienen, in denen das Kloster keine Rolle spielt.

[5]) Die Geburtsurkunden sind Ep 99 und 100, während in CO 292 von der Festsetzung eines πρόστιμον (gewöhnlich „Geldstrafe") die Rede ist, weil einem Mönch ein lout (Bedeutung unbekannt) geboren wurde. Handelt es sich nun um eine „Gebühr" oder eine „Geldstrafe"? Crum entscheidet sich für das letztere.

[6]) In KRU 79[31] gab das dem Kloster geschenkte Kind seine Zustimmung zu dem Schenkungsakt; das läßt den Schluß zu, daß alle die übrigen geschenkten Kinder minderjährig waren, Steinwenter, SZ kan. Abt., 42, 178[1]; ferner hatten diese klösterlichen Leibeigenen von ihrem 14. Lebensjahr an Steuern zu zahlen, Steinwenter, l. c., 186[1]. Schließlich berichtet Lond 1554[8], daß Steuern von jedem Mann einzutreiben sind herab „bis zu einem Jüngling von 15 Jahren".

daß die so bezeichneten Personen nur „ehrenhaft" nicht „frei" zu sein brauchten[1]). Auf der anderen Seite nötigt das gelegentliche Vorkommen des Ausdrucks gauon zur Übersetzung „Sklave" (nicht „Diener" oder „Leibeigener")[2]).

Einen Status von Halbsklaverei hat Steinwenter untersucht und seine Ergebnisse seien hier zusammengefaßt[3]). Zahlreiche Urkunden von Djeme beweisen, daß Eltern ihre Kinder dem Kloster von St. Phoibammon geschenkt haben[4]). Die Schenkungen wurden vollzogen in Erfüllung eines zu Gott in Zeiten der Not getanen Gelübdes[5]). Die Urkunden zählen die verschiedenen Dienste auf, die die geschenkten Kinder zeit ihres Lebens dem Kloster zu leisten haben[6]). Die Untersuchung dieser Urkunden zeigt, daß das geschenkte Kind niemals ein Mönch wird. Unter gewissen Umständen durfte der Geschenkte außerhalb des Klosters arbeiten und eventuell seine Freiheit erkaufen. Wirtschaftliche Zustände erklären diesen Brauch und sie machen auch die Selbsttradition eines Mannes, die wir in einer Urkunde finden, verständlich[7]). Elemente des Verkaufs oder der Verpfändung sind nicht vorhanden; also handelt es sich um eine reine oblatio puerorum, Hierodulismus[8]).

---

[1]) Stern, ÄZ. 22, 151[1], behauptet, daß ἐλεύθερος „freier Mann" bedeutet im Gegensatz zum Sklaven und daß, ebenso wie im römischen Recht, nur die ersteren als Zeugen auftreten konnten. Aber Crum, Ep 155 Anm. 2 und 268 Anm. 4 neigt der Meinung zu, es heiße „ehrenhaft, ehrbar". Siehe ferner: BM 446. Fr. 2[1]; CLT 3[8]; Ryl 141. 144.

[2]) Besonders KRU 82[16]: „ein gauon, für Silber gekauft"; vgl. Krall, MR, 5, 30; Zoega, Cat. Cod. Copt., 538[9] f. Anderswo bedeutet es „Diener", BM 1134. 1180. Männer können Gegenstand der Zahlung in Ep 278[24] sein.

[3]) Kinderschenkungen an koptische Klöster, SZ kan. Abt., 42, 175—207 und 43, 385—386. Eine frühere Arbeit von de Villenoisy, RE, 6, 30ff., 150ff. und 7, 146ff., 199f., ist durch Steinwenter überholt. Vgl. auch Crum, Monastery, 139 (keine oblatio im Epiphanius-Kloster); Meyer, ZvR, 40, 177 (Zusammenfassung Steinwenters); Revillout, Precis, 2, 880, 954f. (Hierodulismus in Djeme zur Zeit des Amenhotep III.); Steinwenter, l. c., 178[2] (Bibliographie); Wenger, Volk, 55 Anm. 106.

[4]) KRU 78—103.

[5]) Während der Schwangerschaft oder bei der Geburt, während der Krankheit eines Kindes, die man für die Folge einer Sünde der Eltern hielt, die durch das Gelübde wiedergutgemacht wird, διαθήκη oder ὁμολογία siehe Steinwenter, op. cit., 183[1].

[6]) Aufzählung mit Nachweisungen bei Steinwenter, op. cit., 184f.

[7]) KRU 104; übers. Steinwenter, op. cit., 202[5].

[8]) Im Vergleich mit der mittelalterlichen benediktinischen Institution, Steinwenter, op. cit., 194ff.

Einige Eheverträge sind erhalten, aber sie gehören so verschiedenen Zeitperioden an, daß sich nur wenig allgemein Gültiges feststellen läßt[1]). Die Verträge haben verschiedene Namen[2]), diejenigen jüngeren Datums betreffen das Geschenk des Bräutigams an die Braut[3]), die älteren Datums handeln nur von der Ehe und dem Hochzeits-Zeremoniell[4]). Zahlreiche Urkunden beziehen sich auf das Verlöbnis[5]) und eine Reihe von Pesunthios-Texten beschäftigen sich mit der Intervention von Geistlichen in Verlöbnisstreitigkeiten[6]). Die wenigen Hinweise auf die Machtbefugnisse des Ehemannes lassen die Frau nicht in serviler Lage erscheinen und die häufigen Ehescheidungen und darauffolgenden Wiederverheiratungen von Mann oder Frau wurden offenbar erfolglos von der Kirche bekämpft[7]).

Vier Arten ehelichen Vermögens sind bekannt, deren Natur im einzelnen schwer zu bestimmen ist. Da ist zunächst das sχaat, Hochzeitsgeschenk des Bräutigams, in verschiedenartigen Urkunden erwähnt und Gegenstand vieler Rechtsstreitigkeiten[8]). Der Mann

---

1) Krall, Rec., 6, 70 f. (611 n. Chr.); Ryl 139 (VI.—VII. Jahrhdt.); Thompson, PSBA, 34, 173 ff. (946); Möller, ÄZ, 55, 67 (1208). Cf. Eheregister, Ep 99, 100.

2) Beziehungsweise ἀσφάλεια, δόξον, διαθήκη, oder συνάλλαγμα.

3) In beiden wendet sich der Bräutigam an den Vater der Braut und weist darauf hin, daß er 20 holocottinos (solidi) gezahlt habe und die restlichen 80 oder 100 innerhalb von fünf Jahren in Raten zahlen werde.

4) Rec. 6, 70, vom Vater der Braut ausgestellt; Ryl 139, vom Vater des Bräutigams, obwohl die Mutter der Braut unterschreibt.

5) BM 446. Fr. 2^{4}; Ep 268.

6) St P 14—16, 19.

7) Aus der Mahnung, daß eine Frau ihrem Mann zu gehorchen habe, CO Ad 13, und dem Auftreten des Mannes in Rechtsgeschäften, die von der Frau vorgenommen sind, KRU 23^{66} f. (Kauf), 35^{113} ff. (διάλυσις), läßt sich nicht mehr als das Zusammenwirken von Mann und Frau entnehmen. Ehescheidung: CO 130, Ep 161; Wiederverheiratung: Ep 137. 270 vo., cf. Revillout, RE, 1, 108; Wiederversöhnung: Ep 502, St P 17; Rechte der Frau nach der Trennung: CO Ad 29, St P 41, Sethe-Partsch, Bürgschaft, S. 512 (48) = CO 133, nach Sethes, aber nicht Crums, Übersetzung; geistliche Zirkulare mit Strafen für Ehescheidung und Wiederverheiratung: CO 72, Ad 1.

8) Nach ST 48 und St P 19^{6} macht der Bräutigam das Geschenk, während Ep 98. 256, KRU 17 sχaat im Besitz der Braut zeigen. Die Fälle, in denen nach Crum, Ep 479 Anm. 1, ein Geschenk der Braut an den Bräutigam vorliegt, handeln in Wirklichkeit von der Beschaffung der sχaat-Summe durch die Eltern des Bräutigams: CO 131, KRU 76^{43}; Ep 479 beweist Crums Behauptung nicht. Ep 98 bezieht sich darauf, welchen Gebrauch eine Frau von ihrer sχaat (Crum: „Mitgift"!) machen kann, während CO 131 und Ep 256 in Verbindung damit von Eid und Bürgschaft handeln. Weitere Fälle, KRU, Index, s. v. Cf. Boulard, Vente, 41; Ciasca, Papiri, 27 Anm. 81; Revillout, RE 1, 107.

bekommt von der Frau die šeleet, Mitgift[1]). Weniger sicher ist Wesen und Natur von rompe nouom, „Jahr des Essens“, und nouhr ebol (Bedeutung unbekannt). Revillout und Thompson sehen im ersteren das Gegenstück zu dem Jahresaliment, bestehend aus Geld- und Naturalleistungen, das der Mann seiner Frau in den demotischen *ἄγραφος γάμος*-Eheverträgen verspricht[2]); Nietzold hingegen glaubt, daß es sich dabei um die nach dem Tode des Mannes gezahlten Alimente handelt[3]). Die vierte Art ist gegenwärtig bedeutungslos[4]).

Was sich sonst noch in koptischen Urkunden über das Recht der natürlichen Personen findet, läßt sich in wenigen Worten sagen. Manche Urkunden sind von Kindern ausgestellt; sie verpflichten sich darin für ihre Eltern in deren Alter zu sorgen und sie zu beerdigen. Auch in anderen Texten werden derartige Verträge erwähnt[5]). Bezüglich der Adoption ist nichts überliefert und nur eine Urkunde betrifft Legitimation[6]). Aus den Hinweisen auf Vormundschaft läßt sich kaum mehr als ihr Vorkommen entnehmen und es ist nicht einmal sicher, ob Geistliche Vormünder sein konnten[7]).

Zwei Arten juristischer Personen dürfte das koptische Recht gekannt haben, die Dorfgemeinde und die geistlichen Organisationen. Die *κοινόν*, Gemeinde, ist in einigen Urkunden selbst Partei,

---

[1]) KRU 37^{25}. ^{57}. ^{81}. 44^{60}. ^{72}. 68^{71}; von Revillout, RE 1, 107 und Précis, 1047 mit der demotischen Mitgift verglichen.

[2]) Revillout, RE 1, 107 und Précis 1047; Thompson, in Ep 541 Anm. 3. Die Quellen selbst geben wenig Aufschluß: KRU 37^{25}. ^{57}. ^{81}. 44^{60}. ^{72} Ep 541^{3}.

[3]) Die Ehe in Ägypten, 5. Außerdem hält Müller es für ein jährliches Aliment und Krall meint, es ähnele dem demotischen Aliment; beide werden von Nietzold zitiert; Crum, Ep 541 sagt darüber nur, es sei eine Periode, während der die Frau nach Maßgabe des Ehevertrages Versorgung verlangte.

[4]) Nouhr ebol, Variante nahre ebol, CO 114, kommt in KRU 37^{58}. ^{81}. 44^{73}. 67^{59} vor, aber alle Mutmaßungen sind zusammengestellt bei Crum, Copt. Dict., s. v.

[5]) BM 439 = KRU 116 (Unterhaltung des Vaters der Frau durch Mann und Frau als Gegenleistung für die Schenkung eines Hauses); CO 352 (Unterhaltung, Beerdigung und Darbringung von Opfern durch den Sohn ohne wesentliche Gegenleistung). Erwähnt in BM 445, KRU 68^{28}ff.

[6]) St P 17; der Mann erklärt, seine Frau sei im Begriff einem unehelichen Kind das Leben zu geben, da sie erst seit sechs Monaten wiedervereinigt seien; der Geistliche hat zu entscheiden, was geschehen soll.

[7]) Hall 93, 1 scheint der Ansicht zu sein, daß das Kloster als Vormund der Tochter eines armen Mannes auftrat, aber Crum, Monastery, 133^{6} meint, es sei ein Laie gewesen; Hall 146, 23, vielleicht eine Nonne als Vormund. Cf. auch CO 51, Tor 31 ro, Krall, Rec. 6, 71.

während sie in anderen als juristische Person erscheint, die durch verschiedene Organe vertreten wird, insbesondere die lašane[1]). In wieder anderen Fällen unterschreibt dieser oder ein anderer Beamter Steuerquittungen mit den Worten „wir, die ganze Gemeinde, wir unterzeichnen"[2]). Mehr wissen wir über geistliche Organisationen, insbesondere Kirche und Klöster als juristische Personen[3]). Sowohl Kirche als auch Klöster, ja selbst Teile der ersteren, sind Gegenstand von Rechtsgeschäften gewesen; in diesem Sinne sind sie also zweifellos Rechtsobjekte gewesen[4]). In den koptischen Texten finden sich aber auch häufig Klöster als Rechtssubjekte[5]). Zu erwähnen sind *μοναστήριον*, allein oder vertreten durch geistliche Beamte, oder die letzteren allein und, vielleicht am interessantesten, das *δίκαιον* des Klosters (und auch der Kirche). Steinwenter ist der Ansicht, daß *δίκαιον* sich nur auf eine juristische Person bezieht, wenn es in Verbindung gebracht ist mit einer Kirche oder einem Kloster, die subjektive Rechte haben[6]). Es bedeutet also Vermögensrechte als eine wirtschaftliche Einheit, wenn es verbunden ist mit einer Kirche oder einem Kloster[7]). Aber das Kloster selbst kann Rechtspersönlichkeit haben, obwohl patrimoniale Befugnisse dem Vorsteher zugestanden zu haben scheinen[7]).

4. Sachenrecht. Die Arten von Sachen, die als Vermögen angesehen worden sind, sind natürlich so zahlreich, daß sie hier nicht

---

[1]) Die Gemeinde als Partei: Lond 1574; vertreten durch lašane: CO 115, KRU 105, Ryl 127. Anderswo kann der lašane nur als Vertreter in seiner amtlichen Eigenschaft auftreten: Lond 1494ff. Allgemein, siehe Steinwenter, Studien, 53; cf. Schiller, Jurid. Rev., 43, 231[4].

[2]) CO 407. 408.

[3]) Gründlich untersucht von Steinwenter, Die Rechtsstellung der Kirchen und Klöster nach den Papyri, SZ kan. Abt. 50, 1—50.

[4]) Bemerkenswert sind KRU 75 = Ep. App. III, KRU 65. 105; KRU 66 und 76 (Kirchenanteile). Ausführliche Erörterungen dieser Texte bei Steinwenter, op. cit., 8ff.; vgl. auch Schiller, Coptic Wills (Diss. Calif., 1926), 79ff.; Crum, Monastery, 160f.

[5]) Nachweisungen bei Steinwenter, op. cit., 31[2]. 39f.

[6]) Op. cit., 34; die meisten früheren Schriftsteller verstanden unter *δίκαιον* „juristische Person", Zitate bei Steinwenter, op. cit., 31[1] (außerdem Maspero, P. Cairo I S. 138; Vitelli, P. Flor. I S. 154). Crum, WS 164 und Preisigke, Fachwörter s. v., übersetzen „Verwaltungsbehörde".

[7]) Heneete, Kloster, spricht für juristische Persönlichkeit, BM 1031, KRU 106, ebenso die an den *ἡγούμενος* oder *οἰκονόμος*, Organe des Klosters, gerichteten oder von ihnen ausgehenden Urkunden. Andere Anzeigen bei Steinwenter op. cit., 33[3]. 39ff. 39[1]. 41[1].

alle erwähnt werden können. Die einzige Klassifizierung, die sich in den Quellen findet, ist folgende: unbewegliches Vermögen, bewegliches Vermögen, und sich selbst bewegendes Vermögen[1]. In der ersten Klasse sind bedeutungsvoll verschiedene Arten und Größen bebauten und unbebauten Landes[2]), Häuser und Hausteile, und Palmbäume[3]). Nahrungsmittel und fabrizierte Artikel bilden den größten Teil der zweiten Gruppe[4]), gezähmte Tiere wahrscheinlich die dritte[5]). Das Rechtsdenken war noch nicht weit genug vorgeschritten, um auch unkörperliche Rechte als Vermögen anzusehen[6]). Die im Eigentum und im Besitz wurzelnden Rechte und Befugnisse sind, im wesentlichen, aus den Zessionsformeln gewisser Urkunden ersichtlich, besonders Verkaufs- und Schenkungsurkunden[7]). Diese Formen enthalten (1) dominium und possessio, (2) ius utendi, (3) ius disponendi. In der ersten Klasse gibt es rpjoeis, „Herr zu sein", und amahte, „in Besitz zu sein", und die unerklärbaren griechischen Gegenstücke dazu[8]). Die zweite Klasse enthält die Macht zu handeln, das Recht die Sache selbst zu nutzen, d. h. darin zu wohnen, sie zu verbessern, zu bauen oder umzubauen, und sie rechtlich zu nutzen, d. h. zu vermieten und zu verpfänden[9]). Die dritte Klasse enthält die Macht zu verfügen, zu zerstören oder zu veräußern, d. h. zu verkaufen, tauschen, schenken oder im Wege der letztwilligen Verfügung zu vermachen[10]). Ein Versuch, einen erblichen Besitzstand zu begründen mag darin erblickt werden, daß

1) Diese Klassifizierung findet sich in KRU 65^{60}. 75^{44}.

2) Die verschiedenen Ausdrücke sind noch nicht völlig identifiziert, siehe Crum, Copt. Dict., anh, und CO 145 Anm. 2; Steinwenter, SZ kan. Abt., 50, 17.

3) Vielleicht auch Schiffe, Ryl 144. Über Häuser und Hausanteile siehe CO 145; Schiller, CLT, S. 64f.; Crum, Monastery 31^{1}.

4) Über Nahrungsmittel siehe Crum, Monastery, 144ff.; Inventare von beweglichem Vermögen sind z. B. Ryl 238, Lond 1631 (auch unbeweglichem).

5) Waren hierodulistische Diener in dieser Gruppe?

6) Doch wurden Anweisungen, Schulden einzuziehen, im Testamente an den Erben gerichtet, z. B. KRU 70^{41}ff.

7) Siehe darüber Boulard, Vente, 50ff.; Schiller, Jurid. Rev., 43, 235.

8) *Κυριεύειν* und *κελεύειν*.

9) Die allgemeinen Ausdrücke für „gebrauchen" und „kontrahieren" sind griechisch (*χρῆσθαι* und *διοικεῖν*), während viele besondere rechtliche Akte durch koptische Wörter bezeichnet wurden, Ausnahme *φιλοκαλεῖν*, „verbessern".

10) Ebenso wie in der vorigen Gruppe sind die allgemeinen Ausdrücke für verfügen und übergeben, *οἰκονομεῖν* und *παραχωρεῖν* griechisch, während die besonderen koptisch sind mit Ausnahme von *ἀλλάσσειν* und *δωρίζειν*.

der Verkäufer und Schenker diese Rechte nicht nur an den Käufer oder Schenknehmer abtritt, sondern auch an deren Erben[1]).

Gemeinsame Verkaufsurkunden usw. und die Tatsache, daß Vertreter häufig für sich selbst und andere handelten, zeigen deutlich das Vorkommen von Miteigentum[2]). Solches Miteigentum — im allgemeinen handelt es sich um unbewegliches Vermögen — entstand zweifellos in der Regel durch gemeinsame Erbschaft, obwohl es auch Miteigentümer gegeben hat, die nicht zu einer Familie gehörten[3]). Eine Djeme-Urkunde zeigt eine Verfügung eines Beamten, in der angeordnet wird, daß eine Mauer, da gemeinschaftliches Eigentum, von beiden Parteien gemeinschaftlich zu reparieren sei[4]). Eine Anzahl von Kauf- und *διάλυσις*-Verträgen nehmen ausdrücklich im gemeinschaftlichen Eigentum stehende Mauern, Treppen und Wasserröhren von dem verkauften oder verteilten Vermögen aus[5]).

Zum Schlusse des Kapitels Sachenrecht — die Arten des Eigentumserwerbs sind an anderer Stelle behandelt[6]) — soll noch auf den eigenartigen Fall Ryl. 165 hingewiesen werden[7]). Es handelt sich um die Vermietung eines Stückes Land, um dem Mieter ein Wegerecht von seinem Grundstück zur Straße zu verschaffen. Da beiden Parteien ein unbeschränktes Widerrufsrecht zusteht, unterscheidet sich dieser Mietvertrag wesentlich von anderen[8]).

5. Erbrecht. Koptische Testamente sind zahlreich und, obwohl die Urkunden fast alle aus Djeme stammen, geben sie doch manche

---

[1]) Der Verkäufer muß im englischen Common Law die Erben besonders erwähnen, anderenfalls ging nur eine lebenslängliche Berechtigung auf den Käufer über; hier byzantinisches Recht, siehe Schiller, Jurid. Rev. 43, 235^{6}.

[2]) Gemeinschaftliche Urkunden, z. B. KRU 5. 7. 21; Vertretung, Nachweisungen und Erörterung bei San Nicolò, Byz. Zeit. 24, 336ff.

[3]) So San Nicolò, l. c. Fall eines Nicht-Familienmitgliedes: KRU 1^{12}.

[4]) BM 441 = KRU 51; cf. Steinwenter, Studien, 21^{7}.

[5]) Z. B. im Miteigentum stehende Mauern: KRU 11^{60}. 35^{43}; Treppen und Wasserrohre: KRU 24^{127}; anderer Güter: KRU 39^{87}. 40^{43}.

[6]) Unten, unter Erb- und Obligationenrecht. Die einzige andere Art des Eigentumserwerbs ist erwähnt bei KRU 105^{15}: einem Kloster wird von der Gemeinde derelinquiertes Vermögen geschenkt.

[7]) Beachte auch Ryl 158^{23}, wodurch ein Mieter erlangt, „Eingang und Ausgang und alle Rechte, die sich auf diese Weinberge erstrecken".

[8]) Die Miete ist jährlich (?) in Korn zahlbar. Der Vermieter (Kloster) kann widerrufen, indem er die Annahme des Mietzinses verweigert, der Mieter, indem

wertvollen Aufschlüsse über das Erbrecht im allgemeinen[1]). Zwei Testamentsarten lassen sich unterscheiden, das geistliche, vom Vorsteher eines Klosters zum Zwecke der Ernennung seines Nachfolgers aufgesetzte Testament[2]), und das Testament des Laien oder Geistlichen, der über sein eigenes Vermögen verfügen will[3]). In beiden Arten werden fast alle die in Papyrusurkunden üblichen Formeln benutzt, und außerdem neuartige Formeln, insbesondere solche, die die Beweggründe des Testators zum Ausdruck bringen[4]). Das Testament wird im allgemeinen *διαθήκη* genannt und so von der donatio mortis causa unterschieden[5]).

Die Testierfreiheit scheint kaum beschränkt gewesen zu sein, denn es finden sich viel Testamente von Laien und Geistlichen, verheirateten und unverheirateten Männern[6]), verheirateten und unverheirateten Frauen mit oder ohne Vormund[7]). Auch gemeinschaftliche Testamente von Mann und Frau und von Mitvorstehern

er eine neue Tür in das Haus bricht und aufhört den Mietzins zu zahlen. Außer der Unterschrift des Mieters ist das *σημεῖον* eines lašane (Dorfschulzen) sichtbar.

[1]) Die einzige ausführliche Erörterung koptischer Testamente, Schiller, Coptic Wills, ist leider eine in Maschinenschrift hergestellte Dissertation (Univ. California, 1926), von der nur drei Exemplare existieren. Zu Lond. 1709, dem interessanten Beispiel eines mündlichen Testaments vgl. Wenger, Aus Novellenindex und Papyruswörterbuch, Sitz. Akad. München 1928, 4, 45 ff. und ausführlicher in der 2. Folge dieses Berichts.

[2]) KRU 65 = BM 395, KRU 75 = Ep, App. III, KRU 77 (Frag.); vgl. das griechische Testament eines koptischen Bischofs, P. Lond. I 77 = Mitteis, Chrest. 319. Die Bedeutung dieser Testamente für das Kloster als eine juristische Person und für die Organisation eines Klosters wird an anderer Stelle dieses Aufsatzes behandelt.

[3]) BM 445. 448, Ep 87, KRU 66—74. 76, Ryl 462, ST 56. 60.

[4]) Geistliche Testamente sind weniger formelmäßig als private, vgl. Crum, Monastery, 178; aber siehe Steinwenter, SZ kan. Abt., 50, 8 zu KRU 67 = Revillout, Trans. Soc. Bibl. Archeol. 6, 441 ff., das vom Erblasser selbst geschriebene Privat-Testament eines Mönches.

[5]) Cf. auch BM 445: *κοινὴ ὁμολογία*, und KRU 68[8]: n̄šajne n̄hae, „letzte Worte". Solch eine donatio causa mortis ist KRU 106 = Revillout, Précis, 857 ff. = Ciasca, Papiri, 1 ff., obwohl Revillout es unter die Testamente einreiht. Dient CLT 1 als Testament, siehe Schiller, Jurid. Rev. 43, 220.

[6]) Geistliche: Ep 87, KRU 67, vgl. Kreller, Erbrecht. Untersuch. auf Grund d. Papyri 306; verheiratete: KRU 74 = Steindorff, ÄZ. 29, 17 ff.; unverheiratete: KRU 67 und 71 (Witwer), ST 56 (? Junggeselle, Erbe ist der Bruder).

[7]) Ist der geistliche Vater, der Erbe in KRU 70 = BM 398, der Vormund der unverheirateten Erblasserin? Eine unverheiratete Frau in BM 448 trotz der Erwähnung von Kindern in der stipulatio-Formel; eine Witwe in KRU 66 = Revillout, Précis, 848 ff. und KRU 76 = Stern, ÄZ 22, 143 ff., beide Testamente derselben Erblasserin und ähnlich im Inhalt. Verheiratete Frauen in KRU 68 = BM 399, KRU 69 = Crum, Amherst Papyri, 59 ff.

(die geistliche Art des Testaments) hat es gegeben[1]). Unter den Personen, die auf Grund eines Testaments erwerbsberechtigt waren, sind zu erwähnen Mitglieder der Familie des Testators in mehreren Verwandtschaftsgraden und Fremde, geistliche Organisationen und Geistliche[2]). Der Testator bedient sich der üblichen Willensfreiheitsklausel und bleibt bis zu seinem Tode Inhaber des Vermögens[3]). Ob ein Testament widerruflich war, wissen wir nicht genau; die Beantwortung der Frage hängt davon ab, welche Bedeutung man der Unverletzlichkeitsformel beimißt und dem einzigen Fall einer stipulatio-Klausel in der eine auf Grund des Testamentes angestrengte Klage zu Lebzeiten des Erblassers zurückgewiesen wird[4]). In die entgegengesetzte Richtung weist ein Text, wo davon die Rede ist, daß ein Testament geändert und gemeinschaftliche Erben an Stelle eines einzigen eingesetzt worden sind[5]).

In fast allen Testamenten ist der heres (Testamentsvollstrecker) der Hauptbedachte und läßt sich leicht identifizieren[6]). Zu den Pflichten des Testamentsvollstreckers gehören Beerdigung, Darbringung von Opfern[7]), Zahlung von Schulden[8]), die Anstrengung von Klagen, entweder allein oder in Verbindung mit einem Vermächtnisnehmer. Das im Wege des Prozesses erlangte Vermögen behielt entweder der Testamentsvollstrecker oder er brachte es als Opfer für den Erblasser dar, oder er teilte es mit dem Legatar,

---

[1]) Mann und Frau: BM 445, KRU 72 = BM 401, Ryl 462; Mitvorsteher: KRU 75.

[2]) Die meisten Erben und Legatare sind Verwandte; bemerkenswert sind KRU 66 und 76 (Enkel), KRU 70^{24}. ^{34} (Fremde), ST 60 (Kloster), Ep 87 (Geistlicher).

[3]) Willensfreiheit: KRU 68^{14} ff., 70^{13}ff.; er bleibt Eigentümer: KRU 66^{23}. 74^{39}.

[4]) Unverletzlichkeitsformeln, z. B. KRU 66^{3}ff.: unbewegliches, unverletzliches und unerschütterliches Testament, nicht zu anullieren; vgl. KRU 68^{7}ff. 71^{17}ff. und 75^{50}. ^{59}. Der Ausnahmefall ist KRU 67^{111}f.; siehe allgemein Kreller, Erbrecht. Untersuch. 389^{3}.

[5]) Ep 264; ebenso KRU 66 und 76, zwei Testamente derselben Erblasserin mit nur geringen Abweichungen im Inhalt.

[6]) Außergewöhnlich KRU 74, es sei denn, daß Testamentsvollstrecker die Frau ist, welche die bedingte lebenslängliche Berechtigung erhält. In den geistlichen Testamenten ist der Erbe, der Nachfolger des Klosters, der einzige Bedachte; in BM 448 sind die Erben Gläubiger der Erblasserin.

[7]) KRU 66^{42}ff. und 76^{52}ff. (gemeinschaftliche Testamentsvollstrecker und Legatare); Erbe allein in BM 445, KRU 69^{30}ff. (das ganze Vermögen der Erblasserin), 70^{36}ff., ST 56.

[8]) KRU 67^{37}ff. (des verstorbenen Sohnes des Erblassers), ein fideicommissum, siehe Kreller, Erbrecht. Untersuch., 384.

dem Mitkläger[1]). Legate sind fast alle unbedingte, zeitlich unbeschränkte Vermächtnisse, deren Gegenstand alle Arten von körperlichem Vermögen sein können[2]); lebenslängliche Berechtigungen finden sich und Bestimmungen, die Vorsorge treffen für den Fall, daß ein Legatar vor dem Erblasser sterben sollte[3]). Auch das Rechtsinstitut der Enterbung kannten die Kopten: so sind Fälle von der Enterbung eines Sohnes bekannt, der zu Lebzeiten des Erblassers abgefunden wurde, eines anderen Sohnes wegen eines Vergehens, einer Tochter nebst Schwiegersohn und der Frau eines verstorbenen Sohnes und dessen Erben[4]); möglicherweise galt sogar das Prätermissionsprinzip[5]). Einige Testamente enthalten „Kodizille", die in der Hauptsache dem Testamentsvollstrecker neue Pflichten auferlegen[6]).

Die größte Gruppe von Urkunden außer Testamenten, die Aufschluß über das Erbrecht geben, sind die Erbschaftsauseinander-

---

[1]) KRU 67^{53} ff.. 70^{42} ff.. 71^{38} ff.; vgl. auch KRU 66^{76} ff. und 76^{75} ff. (Verteidigung gegen Klage), 69^{34} f. (im Besitz des Preises), 68^{86} ff. (enterbter Sohn, der Rechnung zu legen hat). Besondere Pflicht in KRU 66 und 76, siehe Kreller, Erbrecht. Untersuch., 386^{23}.

[2]) Land, Häuser und Hausanteile sind üblich. Beachte das Vermächtnis von Teilen einer Kirche in KRU 66^{29} ff., 70^{26} ff., cf. Steinwenter, SZ. kan. Abt. 50, 16 ff.; einer Mauer in KRU 67^{75} ff.; von Gebrauchsgegenständen für Mann oder Frau in KRU 66^{38} ff., 76^{38} ff., vgl. Kreller, Erbrecht. Untersuch., 13.

[3]) In KRU 67^{88} ff. wurde einer Tochter, die schon vorher eine inter-vivos-Zuwendung, vielleicht eine Mitgift, 67^{46} ff., erhalten hatte, ein Vermögen auf Lebenszeit vermacht, welches aufgegeben werden kann, wenn die Tochter nach der Verheiratung ihres Sohnes das ihr vermachte Haus verlassen will, vgl. Kreller, Erbrecht. Untersuch., 20^{6}. 146^{19}; KRU 74^{55} ff., ordnet an, daß die Frau des Erblassers das ganze Vermögen auf Lebenszeit haben soll, es sei denn, daß sie wieder heiratet; in diesem Falle sollen sich Sohn und Tochter des Erblassers in das Vermögen nach Maßgabe der Bestimmungen des Testaments teilen, vgl. Kreller, op. cit., 381^{8}. Außerdem können gemeinschaftliche Testamente von Mann und Frau eine lebenslängliche Berechtigung für die Frau vorsehen für den Fall, daß die Frau den Mann überlebt, z. B. Ryl 462. In KRU 66^{46} ff. und 76^{49} ff. wird bestimmt, daß ein männlicher Erbe einem vorverstorbenen männlichen Vermächtnisnehmer und eine weibliche Erbin einer weiblichen Vermächtnisnehmerin nachfolgen soll.

[4]) Siehe KRU 68^{40}. ^{68} ff., BM 445, KRU 71^{35}. 67^{32} ff.; unzutreffend Kreller, Erbrecht. Untersuch., 198^{45}. Vgl. auch ST 56^{6} ff.: keines meiner Kinder soll dir die Zuwendung meines ganzen Vermögens an dich, mein Sohn, streitig machen.

[5]) Gegründet auf die Beziehung zwischen CLT 1 und 2, siehe Schiller, Jurid. Rev. 43, 220; St P 48 kann ein Protest eines enterbten Sohnes sein.

[6]) In Wirklichkeit Ergänzungen, die sich in Urkunden aller Art finden, siehe Steinwenter, Studien, 45^{4}. In KRU 66^{76} ff. folgt das Kodizill der Unterschrift und den Beglaubigungen, geht aber der completio voraus; in KRU 76^{75} ff. folgt es der Unterschrift, geht aber den Beglaubigungen voraus. Der wesentliche Unterschied der beiden von derselben Erblasserin verfaßten Testamente liegt im Inhalt der Kodizille.

setzungen, *διαλύσεις*. Da diese Urkunden weiter unten[1]) behandelt werden, braucht hier nur darauf hingewiesen zu werden, daß sich unmöglich feststellen läßt, ob diese Auseinandersetzungen die Folge testamentarischer oder nichttestamentarischer Erbfolge sind; die Tatsache, daß ein Schiedsgericht eingreift, spricht allerdings vielleicht mehr für die letztere Annahme. Von der nicht testamentarischen Erbfolge ist nichts weiter bekannt außer vielleicht einer Erbfolgeordnung[2]). Aus anderen Urkunden geht hervor, daß die Bestimmungen der Testamente ausgeführt wurden, die Testamentsvollstrecker ihre Pflichten erfüllten und die Legatare ihre Vermächtnisse erhielten[3]).

6. Obligationenrecht. Auf keinem Gebiet des koptischen Rechts ist soviel Material vorhanden wie auf dem der Schuldverhältnisse. Der größere Teil dieses Materials betrifft Verträge im weitesten Sinne des Wortes, doch hat die Wissenschaft, mit Ausnahme einer ziemlich umfangreichen Arbeit zum Kaufrecht[4]), das Vertragsrecht bisher vernachlässigt. Um uns Aufschluß über die Rechtslage zu verschaffen, müssen wir hier, wie auch sonst in diesem Aufsatz, auf die Quellen zurückgehen[5]). Nicht alle denkbaren Vertragsbeziehungen finden sich im koptischen Rechte und die vorkommenden werden hier in willkürlicher Reihenfolge erörtert.

Darlehen. Es gibt nur einen einzigen Urkunden-Typus, der das Darlehensschuldner-Darlehensgläubiger-Verhältnis bezeugt[6]). Diese Urkunde, allgemein *ἀσφάλεια* genannt, ist ein vom Schuldner ausgestelltes Schuldanerkenntnis, d. h. er erklärt darin Geld oder Ware empfangen zu haben und verspricht spätere Rückzahlung. Aus den Urkunden geht hervor, daß die üblichste Darlehensart das Geld-

[1]) Im Abschnitt Zivilprozeß, Schiedsgericht, im zweiten Teil dieses Aufsatzes.

[2]) Schiller, Jurid. Rev., 43, 236².

[3]) KRU 54 handelt von einer vom *οἰκονόμος* eines Klosters ausgestellten Quittung für Geld, das ein Testamentsvollstrecker gemäß den Bestimmungen eines Testamentes gezahlt hat. Erbschaften vom Vater und von der Mutter her sind immer wieder in den Djeme-Urkunden erwähnt, siehe KRU, Index, ei ejn—.

[4]) Boulard, Vente. Sethe-Partsch, Bürgschaft, 496ff. 764f., stellt keinen Versuch dar, das Gebiet der Bürgschaft zu erschöpfen.

[5]) Daher werden die Anmerkungen zu diesem Abschnitt hauptsächlich aus Quellenangaben bestehen, ohne allerdings völlig erschöpfend zu sein.

[6]) Im allgemeinen *ἀσφάλεια* genannt. Privatbriefe handeln von Darlehen, aber mit Ausnahme der wenigen Urkunden, auf die weiter unten verwiesen wird, ist diese Behauptung für ganz Ägypten zutreffend.

darlehen mit Rückzahlungsversprechen war[1]). Unter den Schuldnern[2]) sowohl, wie unter den Gläubigern[3]) finden sich Personen aller Stände. Gesamtschuldner und -Gläubiger, sowie Erben und juristische Personen als Schuldner und Gläubiger kommen vor[4]). Verzinsung und Vermögensverpfändung finden sich in einigen dieser Urkunden, aber Bürgschaften für den Schuldner sind sehr selten[5]). Die Darlehenssumme bewegt sich im allgemeinen um einen solidus herum, einige Texte sind allerdings Belege für verhältnismäßig hohe Summen[6]). Einen regelmäßig üblichen Zeitpunkt für die Ausstellung dieser Urkunden, also die Gewährung der Darlehen, gibt es nicht[7]); es ist aber beachtlich, daß die meisten Darlehen im Payni zur Erntezeit rückzahlbar sind[8]), nachdem der Schuldner einen Teil eines Jahres im Genusse des Geldes gewesen ist[9]).

[1]) Einige Schuldanerkenntnisse, von denen nur Bruchstücke erhalten sind, so daß wir nicht wissen, ob in Geld oder Naturalien dargeliehen oder zurückgezahlt wurde, gehören höchstwahrscheinlich diesem Typus an. Gegenstand des Darlehens (Geld oder Naturalien?) nicht mehr vorhanden: BM 1033, ST 95. 427. 436. Gegenstand der Rückzahlung (Geld oder Naturalien?) nicht mehr vorhanden: BKU 72. Ep 92.

[2]) Frau: BM 1033, Ryl 192; niederer Beamter: Kr 53, Ryl 191; Geistlicher: CO 194, Ep 92, ST 436.

[3]) Frau: Ryl 192 (Nonne). 201; Beamter: Kr 53, Ryl 156. 193; Geschäftsmann: Ep 92, Kr 56; Geistlicher: Hall 105, 1. 120, 2. ST 436. Diese Nachweisungen, sowie die Tatsache, daß Geistliche das Kloster vertreten (siehe Anm. 4 unten) nötigen zu dem Schluß, daß Geistliche das Ausleihen von Geld betrieben; dagegen Crum, Monastery, 165f.

[4]) Gesamtschuldner: BKU 78 = St P 64 (Mönche), Kr 56, KRU 61 = BM 431 und Ryl 193 (Laie); Gesamtgläubiger: CO 194 und St P 64 (Mönche), Ep 92 (gemeinschaftliche Händler). Erbe des Gläubigers: BM 1030; Erbe des Schuldners: BM 1030, ST 424. Kloster als Schuldner vertreten durch verschiedene Stellvertreter: Ryl 201 (*δίκαιον*); als Gläubiger mit Stellvertretern: BM 1046 (*δίκαιον*), Kr 52 (*οἰκονόμος*). CLT 5 betrifft eine von zwei Klöstern umstrittene Schuld, siehe Schiller, Jurid. Rev., 43, 227; so auch BKU 78 (?).

[5]) Siehe unten, Zinsen und Pfand. Bürgschaft in BM 431 = KRU 61[17]; Sethe-Partsch, Bürgschaft, 504 (24), faßt CO 230 als Gelddarlehen mit Bürgschaft auf, anders Crum und Verfasser.

[6]) Kr 56 und Ryl 195: 20 solidi; Kr 25: $38^1/_3 + 5^1/_{12}$ solidi.

[7]) Gewöhnlich datiert zwischen Mesore und Mechir. In BM 1046 heißt es, daß das Geld geliehen wurde, während der Schuldner ein geistliches Amt bekleidete. Kr 25 behandelt Darlehen, die in den Monaten Thoth und Athyr gegeben und biede im Payni zahlbar waren.

[8]) Zahlbar im Payni: BKU 78. 99, BM 1033. 1035, CO 157, Ep 93, Kr 25, KRU 62. 64, Ryl 201, ST 92. 424. 429; zahlbar, sowie Gläubiger Zahlung verlangt: Ryl 191.

[9]) Z. B. Kr 48 (Mesore-Phaophi, 1½ Mte.), BKU 78, ST 92 und St P 64 (Mechir-Payni, 4 Mte.), BKU 99 (Mesore-Payni, 10 Mte.); BM 428 = KRU 58 behandelt die Stundung der Verbindlichkeit, ein Darlehen zurückzuzahlen und den

Es bleibt nur noch übrig, auf zwei besonders geartete Urkunden in dieser Gruppe hinzuweisen: in der einen bezeugen der Schuldner und Zeugen die Hingabe des Geldes und der erstere verspricht keine weiteren Ansprüche zu stellen, wobei aber nichts von Rückzahlung gesagt wird[1]), die andere ist eine von beiden Parteien ausgestellte Urkunde in der, außer dem Anerkenntnis des Schuldners und seinem Rückzahlungsversprechen, der Gläubiger sich verpflichtet, keine weiteren Ansprüche zu stellen — wahrscheinlich nach Zahlung — und dann unterschreibt[2]).

Der zweite Typus von Urkunden, in dem eine Schuld anerkannt und Rückzahlung versprochen wurde, ist das Sachdarlehen; gewöhnlich wurde in landwirtschaftlichen Produkten gezahlt und zurückgezahlt. Es könnte sich in diesen Urkunden vielleicht um commodatum handeln, aber da die Texte nichts über den Zweck des Geschäftes sagen, sollen sie hier mit als Darlehen erörtert werden. Am häufigsten sind Darlehen in Korn und Wein[3]). Bei Korndarlehen gibt es verschiedene Arten von Schuldnern und Gläubigern[4]). In dieser Gruppe ist eine Geldstrafe festgesetzt für den Fall, daß nicht am festgesetzten Tage gezahlt wird; bei Gelddarlehen gibt es etwas derartiges nicht[5]). Viele Kornschulden sind im Payni zu bezahlen, aber die Dauer des Schuldverhältnisses läßt sich nicht bestimmen[6]). Von Interesse ist ein Brief, in dem davon die Rede ist, daß Geld an die Stelle von geschuldetem Korn treten wird[7]). Aus der zweiten Klasse, Weinschulden, läßt sich entnehmen, daß die Schuldner vorwiegend Bauern sind und daß in einer Anzahl von Fällen Rück-

---

Verfall eines mit Hypotheken belasteten Gebäudes, falls zur Zeit der Fälligkeit nicht gezahlt werden sollte.

[1]) Lond 1596.

[2]) CO 157.

[3]) Fragmentarisch, aber wahrscheinlich Rückzahlung in Korn für Korn: Ryl 202, ST 420. 421, Tor 4; Wein für Wein: BM 1040.

[4]) Schuldner: BM 1031 und Ep 91 (Geistlicher), BM 1043 (Frau), CO Ad 18 (Mitbauer), ST 85 (Gesamtschuldner); Gläubiger: BM 1058 (Geistlicher), BM 1031 und 1043 (klösterlicher Beamter), Hall 111, 1 (Mit-Κῦρις).

[5]) So BM 1031. 1043, Kr 59; ein auf eine Scherbe geschriebener Vertrag, ST 40, der die Lieferung von Korn in Payni erwähnt und die Festsetzung einer Vertragsstrafe gehört wahrscheinlich zu dieser Gruppe.

[6]) Zahlbar im Payni: BM 1031, CO Ad 18 (Zahlung in Saat), Ep 91, ST 40. 87, Tor 30 (Brief, in dem verlangt wird, daß ein Dritter Saat schicke).

[7]) Ep 313.

zahlung zur Zeit der Weinernte, Mesore, zu leisten ist[1]). Das Vorkommen von sonstigen Sachdarlehen wird nur durch eine Urkunde für jede Klasse bezeugt, nämlich Gurken, orax, Linsen und Knoblauch, Futter und Weinkrüge[2]).

Anerkenntnis einer Geldschuld in Verbindung mit dem Versprechen, in Natura zurückzuzahlen (landwirtschaftliche oder industrielle Erzeugnisse) bietet noch keinen Beweis für einen Kaufvertrag mit künftiger Lieferungspflicht[3]). Wo die Texte die Rückzahlung in Korn festsetzen, ist das Auftreten von Mönchen und geistlichen Beamten als Gläubiger[4]) hervorzuheben, so in einer an einen Artischockenhändler als Vertreter des Gläubigers geleisteten Zahlung[5]), und in einem Brief, nach dem die Zahlung so zu leisten ist wie im Vorjahr[6]). Von den Urkunden, in denen die Lieferung von Wein versprochen wird, mag folgendes besonders erwähnt werden: das Auftreten der „großen Männer" als Gläubiger[7]), die Festsetzung einer Geldstrafe für den Fall, daß der Wein innerhalb von sechs Monaten zu Essig wird[8]), und die Rückzahlung in Mesore. Leinen und Käse gehören auch zu den Erzeugnissen, die als Rückzahlung für Gelddarlehen dienen[9]). Im Gegensatz zu dieser Gruppe von Urkunden stehen diejenigen, in denen eine Naturalschuld anerkannt, aber Rückzahlung in Geld versprochen wird; das sind mit einem hohen Grade von Wahrscheinlichkeit Kaufverträge; sie sind hier nur miterwähnt, weil sie der Form nach den vorher behandelten Urkunden

[1]) Bauern: BM 1039. 1040, CO 156, Kr 60, ST 88; Geistlicher (?) als Schuldner in Ep 90. Zahlung im Mesore, Weinernte: BM 1039. 1040, CO 156, ST 88. 89. Zwei Urkunden, BM 1036 und CO Ad 17, stellen Wein- und Geldschulden dar, die Weinschuld ist zur Zeit der Weinernte zahlbar.

[2]) Beziehungsweise Lond 1593, CO 161, Hall 110, 4, ST 90, Ryl 207 (Mitschuldner, die verschiedene Beträge zahlen, Gläubiger ist eine Frau); alle Schulden mit Ausnahme der letzten sind zur Erntezeit zahlbar. ST 91 ist ein Darlehen in Matten, rückzahlbar in einem Gegenstand nach Wunsch des Gläubigers (?).

[3]) Die Worte: „Ich bat dich um Geld, das ich nötig hatte", „Ich schulde dir", dürften Kauf ausschließen. Dennoch nennt Krall Kr 29 einen Kauf.

[4]) CO 158 und 165.

[5]) Ryl 196, Schuldner verpfändet sein ganzes Vermögen.

[6]) Ryl 332.

[7]) BM 461, offenbar ein Darlehen der Gemeinde an eines ihrer Mitglieder.

[8]) Kr 29, Schuldner verpfändet sein ganzes Vermögen.

[9]) Leinen in CLT 10, wobei der Schuldner anscheinend die Verbindlichkeit dahin abändert, daß Rückzahlung sich über eine Periode von Jahren erstreckt, siehe Schiller, Jurid. Rev., 43, 237f.; Ep 351, ein Brief. Käse in WS 166. In KRU 57 = BM 427 wird Rückzahlung in Land versprochen; der Ausdruck heißt ἐπιτροπή,

entsprechen. Korn, Hemden, ein Flachsfeld und ein Esel sind die Sachen, die in solchen Urkunden als „Darlehen" gegeben werden[1]).

Die übliche Methode, Beweis für das Erlöschen einer Darlehensverbindlichkeit zu schaffen, besteht darin, daß der Gläubiger dem Schuldner eine Quittung, *ἀπόδειξις* oder *ἐντάγιον* genannt, ausstellt[2]). Die Urkunden lassen den Gegenstand des Darlehens nicht immer klar erkennen, aber daß Geld, Korn und Wein zurückgezahlt worden sind, geht aus ihnen hervor[3]). In einer Quittung stellen die Gesamtschuldner fest, daß sie gezahlt haben und daß der Adressat einen Teil seiner Schuld gezahlt hat, während ein anderer Text sich mit der Teilzahlung der Schuld befaßt[4]).

Manchmal wird die Obligation auf andere Weise zum Erlöschen gebracht. In einer Djeme-Urkunde, Kauf, *πρᾶσις* genannt, überträgt ein Mann das Haus seiner Frau mit ihrer und seines Sohnes Zustimmung an den Gläubiger der Frau, da sie nicht imstande war zu zahlen, als die *ἀσφάλεια* präsentiert wurde[5]); ebenso eine nubische Urkunde. Ein nubisches Testament vermacht das ganze *κτῆμα* der Erblasserin erfüllungshalber drei Frauen für Darlehen, die ihre Großmutter, ihre Mutter und sie selbst aufgenommen hatten[6]).

Kauf. In der ausgezeichneten Arbeit **Boulards**[7]) über koptisches Kaufrecht ist der Gegenstand folgendermaßen eingeteilt: Kauf unbeweglicher Sachen in Djeme — untersucht auf Grund der Formeln, die sich in Djeme-Urkunden finden —, Kauf unbeweglicher Sachen anderswo, und Kauf beweglicher Sachen. Im ersten Ab-

---

daher handelt es sich kaum um ein Darlehen und doch auch nicht sicher um einen Kauf. ST 41 ist ein Versprechen, Geld durch Besäen eines Feldes zurückzuzahlen, vgl. landwirtschaftliche Arbeitsverträge.

[1]) Nämlich Ryl 198 (Schuldner verpfändet sein ganzes Vermögen), 203. 213 (mit festgesetzter Vertragsstrafe), ST 422 (Mitschuldner, Rückzahlung in Hemden, wenn nicht in Geld).

[2]) Eine ungewöhnliche Urkunde, Hall 113, 2, ein Verzicht des Gläubigers auf die Schuld, *ἀποταγή*, läßt die Frage unbeantwortet, ob das Geld zurückgezahlt worden ist oder nicht.

[3]) (1.) BM 430 = KRU 53, BM 1034. 1053, Ryl 134 vo., 152, ST 62. 86; (2.) BM 1055. 1057; (3.) BM 1031 vo. (das Recto ist ein Schuldanerkenntnis; die Parteien sind geistliche Organisationen, durch Stellvertreter vertreten), 1037 (eine *ὁμολογία*, in der es heißt, daß die *ἀσφάλεια* verloren gegangen ist); andernfalls würden sie wahrscheinlich zurückgegeben worden sein.

[4]) Ep 94 und Tor 1. [5]) BM 415 = KRU 16.

[6]) BM 447 (*πρᾶσις*), 448 (*διαθήκη*).

[7]) La vente dans les actes coptes, in Études Girard, 1, 1—94.

schnitt behandelt er neben dem eigentlichen Kaufrecht auch Erscheinungen, die sich in allen Papyrusurkunden finden[1]); hier soll nur ein Überblick über das Kaufrecht gegeben werden. Miteigentum am verkauften Gut ist ersichtlich aus dem Auftreten eines Vertreters in der nominatio-Klausel und aus gemeinschaftlichen Urkunden[2]). Das Rechtsgeschäft selbst wird mit dem technischen ti-ebol, „zu kaufen", bezeichnet nebst einer Aufforderung an den Käufer, in das Grundstück einzutreten[3]). Nach einer Erklärung, daß der Preis, der übrigens nicht immer nur aus Geld besteht, gezahlt worden ist[4]), folgt eine Aufzählung der dem Käufer übertragenen Rechte[5]). Die stipulatio- und sanctio-Klauseln sind zwar dem Kauf unbeweglicher Sachen nicht eigentümlich, aber doch wichtig in dieser Gruppe wegen ihrer Anzahl und Vollständigkeit[6]). Boulards Ausführungen zum Kauf unbeweglicher Sachen an anderen Orten bilden eine Art Ergänzung, da nur wenige Quellen vorhanden sind[7]).

Der Kauf beweglicher Sachen ist von dem unbeweglicher Sachen nach den Quellen zu unterscheiden[8]). Die Urkunde, die der πρᾶσις. dem Grundstückskaufvertrag, entspricht und die beim Kauf beweglicher Sachen verschieden, aber selten πρᾶσις, genannt wird[9]),

---

[1]) Boulard, Vente, 10—78. Außer KRU 1—32, CLT 7—9 sind noch Urkunden über den Kauf von Immobilien in Djeme.

[2]) Boulard, Vente, 19ff.; San Nicolò, Byz. Zeit. 24, 336ff. Vertreter für gemeinschaftliche Verkäufer, z. B. CLT 7, KRU 1 = BM 404, KRU 2 = BM 406, KRU 4 = BM 407, KRU 10; gemeinsame Kaufurkunden, Mitverkäufer: KRU 5 = BM 410, KRU 29; gemeinschaftliche Käufer: KRU 7. 21. 28.

[3]) Boulard, Vente, 34ff.

[4]) Boulard, Vente, 38ff. Siehe auch KRU 8 = BM 417 (Verkauf eines Grundstücksanteils für den Teilzahlung geleistet worden ist), KRU 19 (Übertragung von Vermögen an Kinder als Ersatz für anderweit verkauftes Gut), KRU 25 und 30 (Kauf auf Grund des Auftrags eines Beamten).

[5]) Siehe oben, Formeln, übertragene Rechte.

[6]) Boulard, Vente, 53ff.

[7]) Boulard, Vente, 78ff. Boulards Verweisungen lassen sich durch Briefe ergänzen, die den Kauf von Grundstücken betreffen, BM 582, 2. 1116. 1122 vo., und Urkunden, die den Kaufvertrag indirekt erwähnen, Ryl 188 (Übereinkommen, daß Käufer nur die vereinbarten Steuern zu zahlen habe; ihm solle auch die Vertragsurkunde ausgehändigt werden), ST 48 (Bestätigung des Empfanges der Kaufurkunde durch den Käufer).

[8]) Über den Kauf beweglicher Sachen siehe Boulard, Vente, 84ff.

[9]) Folgende Ausdrücke finden sich: ἀμεριμνεία (CLT 4), ἀσφάλεια (BKU 66, Ryl 216), ἀπόδειξις (Ryl 215), ἔγγραφον (KRU 34), ἐντάγιον (Ryl 215), ὁμολογία (Lond 1591), χάρτης (Lond 1591). Wo πρᾶσις gebraucht wird, soll wohl ein — nach koptischer Auffassung — Kauf unbeweglicher Sachen gekennzeichnet

enthält im wesentlichen Feststellungen des Inhalts, daß der Kaufpreis in Empfang genommen worden ist, m. a. W. diese Urkunden sind eher Quittungen als Kaufverträge[1]). Ferner weisen die Quellen zum Kauf beweglicher Sachen ein neues Element auf. Der gegenwärtige Vertrag über den Kauf beweglicher Sachen mit künftiger Lieferungspflicht wird bezeugt durch vom Verkäufer ausgestellte ἀσφάλεια-Urkunden[2]). Sie finden sich besonders häufig in den Hermopolis-Quellen und sind oft von mehreren Käufern oder Verkäufern gemeinschaftlich ausgestellt[3]). Die Lieferung der Waren, die gewöhnlich aus landwirtschaftlichen Erzeugnissen bestanden, hat auf Kosten des Verkäufers zur Erntezeit zu geschehen[4]). Für den Fall der Nichtlieferung ist häufig eine Vertragsstrafe vorgesehen[5]). Es gibt noch einige Briefe und Urkunden, die weiteren Aufschluß über den Kauf beweglicher Sachen geben[6]); daher wäre eine etwas ausführlichere Behandlung gerechtfertigt als Boulard diesem Rechtsinstitut hat angedeihen lassen.

Miete bzw. Pacht[7]). Im koptischen Recht gibt es zwei

werden, BM 1068 (Haustiere z. B., Gut, das sich selbst bewegt), KRU 27 (Webstuhl, vgl. Crum, Monastery, 156[5]), Ryl 189 (? Holz oder Wiese mit Bäumen).

[1]) Außer den oben vermerkten Quittungen siehe z. B. noch Hall 115, 2, Stern, ÄZ 23, 35, San Nicolò, Schlußklauseln altbabyl. Kauf- und Tauschverträge, 30[57], glaubt dennoch, daß diese Urkunden in ähnlicher Weise abgefaßt sind wie Grundstückskaufverträge.

[2]) In den Urkunden heißt es, daß Geld in Empfang genommen worden ist und daß die Ware zu einem späteren Zeitpunkt geliefert werden wird, vgl. Krall, Kr S. 11. Etwas abweichend sind Kr 6 (Empfangnahme von Geld nicht erwähnt) und Kr 34 (Lieferung am folgenden Tag).

[3]) Hermopolis-Urkunden, z. B. BM 1041. 1042 (Mitkäufer). 1044. 1045 (Mitkäufer), Kr 5 (14 Mitverkäufer). 6. 7 (Mitverkäufer). 10. 11 (Mitverkäufer). 22, Ryl 204 (Mitkäufer, Brüder). 208. 209—12. Lond 1589 aus Aphrodito dürfte derselbe Typus sein, und weniger wahrscheinlich ST 40 (? Djeme).

[4]) Korn: Kr 11, Ryl 204, ST 40; Wein: BM 1041. 1042, Kr 22, Ryl 208—10; Vermischtes: BM 1044 (Zwiebeln), 1045 (Rohrgras), Kr 5 (Flachs), 6 (Baumwolle), 7 (Heu), 10 (Frucht und Saat), 11 (Saat), Lond 1589 (Saat), Ryl 211 (Flachs). Frei ins Haus, athēme, Kr 22, Ryl 204. Aus der häufigen Erwähnung von Lieferungen zur Erntezeit darf man wohl folgern, daß sie immer zu dieser Zeit fällig waren.

[5]) BM 1042. 1044, Kr 6, ST 40. Vgl. Bürgschaft von λειτουργός in Kr 11 und Verpfändung des ganzen Vermögens in Kr 7.

[6]) BM 582 (Brief betreffend den Verkauf von Acker und Korn, welch letzteres an einen Dritten geschickt werden soll, für den der Schreiber die Bürgschaft übernimmt), CO 167 (Urkunde über einen in der Vergangenheit abgeschlossenen Weinkauf), Hall 109, 1 (Brief über einen Kamelkauf), Ryl 216 (Empfangnahme von Geld in Anrechnung auf den Preis für die Obsternte), ST 437 (Liste von Verkäufen und Zahlungen).

[7]) Im englischen Text heißt es ‚lease'. Das anglo-amerikanische Recht

Arten von Grundstücksmiete bzw. Pacht, die *μίσθωσις*, die Jahresmiete, und das *ἐμφύτευμα*, die Erbpacht. Die Jahresmiete kommt am häufigsten vor. Zwei Gruppen von Urkunden beziehen sich darauf, Mietverträge und Mietzinsquittungen. Mietvertragsurkunden werden entweder vom Vermieter oder vom Mieter ausgestellt, eine bei locatio-conductio-Obligationen übliche Situation[1]), die sich aber sonst im koptischen Vertragsrecht nicht findet. Warum diese ungewöhnliche Praxis hier geübt wurde, läßt sich nicht sagen[2]). In dem vom Vermieter unterzeichneten Mietvertrag[3]) wird das Grundstück beschrieben[4]), die Zeitdauer festgesetzt und in den meisten Fällen die Höhe des Mietzinses bestimmt. Der Vertrag wird oft für eine Reihe von Jahren geschlossen[5]). Für „Mietzins" gibt es verschiedene technische Ausdrücke[6]).

Die von Mietern unterzeichneten Verträge sind zahlreicher; eine Untereinteilung, die beim ersten Augenblick willkürlich sein mag, nämlich in solche Mietverträge, in denen für Mietzins das koptische Wort šgor und solche, in denen griechische Ausdrücke gebraucht werden, mag doch von rechtlicher Bedeutung sein. Die Verträge des ersteren Typus, immer *μίσθωσις* genannt[7]), werden gewöhnlich für ein Jahr abgeschlossen[8]), manchmal bis auf Widerruf des

kennt nur diesen einen Ausdruck für die beiden Rechtsinstitute (Anm. des Übersetzers).

[1]) Siehe unten, Arbeitsverträge.

[2]) Ein Grund ist vielleicht, daß beiden Parteien fortdauernde Rechte zustanden, d. h. der Vermieter muß dem Mieter Besitz, dieser dem Vermieter die Zahlung der Miete garantieren. Bei Kauf, Schenkung, Darlehen usw. hat nur eine Partei Rechte, die noch befriedigt werden müssen und sie ist daher diejenige, an welche die Urkunde sich wendet.

[3]) Vermieter: BM 1027 (Vertreter eines Klosters). 1067 (gemeinschaftlicher Mieter), Kr 127 und Ryl 166 (*δίκαιον* eines Klosters durch den Diakonen), Ryl 163 (Kloster).

[4]) Besonders eingehend in Kr 127. [5]) Kr 127 (3 Jahre), Ryl 163 (12 Jahre).

[6]) Mietzins in Geld: BM 1027 (*πακτόν*), Kr 129 (šom), Kr 127 (*φόρος*). Ryl 166 ist insofern eigenartig, weil der Vermieter erklärt, der Mieter könne bis zum Ende der Zeit bleiben, falls er eine Geldsumme als *δημόσιον*, hier „Miete", nicht „Steuer", zahle.

[7]) Z. B. BM 1016—18. 1020. 1023, Kr 125, Ryl 160. 171. Unter den Vermietern: BM 1016 (*κῦρις*). 1023 (Kloster durch Vertreter), Hall 105, 2 (Frau); unter den Mietern: BM 1016 (Bauer). 1020 (Geistlicher). 1022 (Steuereinzieher?). 1023 (*σύμμαχος*), CO Ad 15 (Frau), Kr 125 (Frau), Ryl 173 (gemeinschaftliche Mieter).

[8]) Das ist entweder ausdrücklich erwähnt, z. B. BM 1017, CO Ad 15, oder daraus, daß keine bestimmte Zeitdauer angegeben ist, zu schließen, z. B. Hall 95, 3. 105, 2, Ryl 171. 172. Die erwähnte Zeit ist niemals mehr als ein Jahr.

Vermieters[1]). Der Mietzins besteht aus Geld oder Naturalleistungen[2]). Wichtig in dieser Gruppe ist Ryl. 171, wo es heißt, daß die Urkunde aufgesetzt ist in Übereinstimmung mit einer vom Vermieter ausgestellten *ὁμολογία*[3]). Zu beachten ist der Mietvertrag, in dem der Mieter sich verpflichtet, die Ernte abzublättern, zu stoßen und zu krempeln und sie der Staatskasse abzuliefern[4]). Zwei weitere Urkunden behandeln besondere Situationen und unterscheiden sich etwas von den eben besprochenen[5]).

Wenn der Mietzins mit griechischen technischen Ausdrücken bezeichnet ist[6]), werden die vom Mieter unterzeichneten Mietverträge gewöhnlich *ἀσφάλεια* genannt[7]) und im Gegensatz zu den s̊gor-Mieten oft für eine Reihe von Jahren abgeschlossen[8]). Außerdem treffen verschiedene Klauseln Vorsorge für gewisse Fälle, so z. B. soll die Bezahlung der Angestellten des Vermieters durch den Mieter auf den Mietzins angerechnet werden[9]), ferner soll der Mieter, wenn er von dem ihm üblicherweise zustehenden Recht, nach einem Jahre auszuziehen, Gebrauch macht, keine Strafe zu zahlen haben[10]); schließlich verspricht der Mieter für den Fall, daß der Angestellte des Vermieters gehen sollte, die Arbeit des Angestellten auf dem Grundstück zu verrichten[11]). Zusammenfassend läßt sich sagen, daß von den beiden Fällen, obwohl ein wesentlicher recht-

---

1) Hall 105, 2. 112, 4, Ryl 173.

2) Geld: BM 1017. 1020. 1023, Hall 105, 2, Kr 129. Ryl 171—73; Mietzins in Gerste: CO Ad 15.

3) Beweis dafür, daß Mietverträge manchmal von beiden Parteien aufgesetzt wurden, siehe oben, Urkundenwesen.

4) Ryl 160, d. h. Zahlung des Mietzinses an die Regierung, um die Steuerschuld des Vermieters zu erfüllen.

5) Ryl 165, Vermietung einer Dienstbarkeit, oben erörtert, Sachenrecht i. f., jede Partei durfte widerrufen; Basel kopt. 1 (Spiegelberg, Abh. Göttingen, N. F. 16, 3, 75ff.), *ἀσφάλεια* genannt, betrifft Miete oder Leihe eines Teils eines Wasserrades mit Vertragsstrafe für den Fall, daß das Rad nach Ablauf der festgesetzten Zeit nicht zurückgegeben werden sollte.

6) *Ἀνάλωμα* (?): Krall, WZKM, 16, 258; *πακτόν*: BKU 75; *φόρος*: BM 1028. 1073, Ryl 158. 159. 164.

7) So BM 1028, Ryl 151; Ryl 158 *μίσθωσις* genannt. Unter den Vermietern: BM 1028 und Ryl 164 (*δίκαιον* des Klosters), BM 1073 (*κῦρις*), Ryl 165 (Kloster durch *φροντιστής*), Krall, WZKM 16, 258 (*οἰκονόμος*).

8) Ryl 158 (10 Jahre). 159 (mehr als ein Jahr). 164 (4 Jahre).

9) BM 1073, Miete in Korn; vielleicht auch Ryl 158, wo 19 Tage von ? erwähnt werden; der Mieter hatte Wein zu zahlen und Ausgaben zu bestreiten.

10) Ryl 158. 159.

11) Ryl 159.

licher Unterschied zwischen ihnen nicht besteht, der erstere der einfachere Typus ist.

Noch eine andere Gruppe von Urkunden wirft einiges Licht auf das koptische Mietrecht: die Quittungen, die der Vermieter bei Entgegennahme des Mietzinses ausstellt. Dabei ist wiederum eine Einteilung möglich nach den für Mietzins gebrauchten Ausdrücken, d. h. šgor, φόρος und πακτόν[1]). Die Quittungen selbst heißen gewöhnlich ἀπόδειξις[2]); es ergibt sich aus ihnen ein Überwiegen der Geld- über die Naturalleistungen, besonders in der πακτόν-Gruppe[3]). Verschiedene Arten von Vermietern und Mietern werden erwähnt[4]), aber sonst bieten diese im allgemeinen kurzen Urkunden nichts Wichtiges. Wir begegnen der Miete — δημόσιον wird der Mietzins genannt — als „Hinterlegung"[5]), und BM 1062 erklärt, daß der Mietzins gezahlt wurde in Übereinstimmung mit der vom Vermieter ausgestellten ἀσφάλεια[6]).

Die Erbpacht, ἐμφύτευμα, bei der Rechte und Pflichten des Verpächters und Pächters auf deren Erben übergehen[7]), findet sich in Vertragsurkunden, die sowohl vom Verpächter wie auch vom Pächter unterzeichnet sind[8]). Eine Urkunde allerdings wurde,

---

[1]) Šgor: BM 1054, Kr 74. 77. 106 (šgol für šgor); φόρος: Kr 80. 81. 85, Ryl 181; πακτόν: BKU 65, CO 169, Ryl 179. 180, ST 70.

[2]) BM 1049. 1054, CO 169, Kr 74. 77. 80. 85. 95. 106, Ryl 181. Andere Ausdrücke: BM 1062 und Lond 1594 (ὁμολογία), Kr 81 (διαποθή), ST 70 (ἐνταγιον).

[3]) Crum, Monastery, 157[10], verweist auf Hall 43, 4 als ein Beispiel für πακτόν in Naturalien, aber da hier ein Arbeitsvertrag (ἐπιτροπή) vorliegt, siehe unten, so heißt πακτόν nicht „Miete". Es gibt aber eine Liste von Mietzinsen (πακτόν), in der die Miete in Geld bzw. Naturalien gezahlt wurde, BM 1078.

[4]) Unter den Vermietern: BM 1049 (δίκαιον durch Vertreter), CO 405 (οἰκονόμος), Kr 80 (Erben durch Vertreter). 95 (Geistlicher), Hall 126, 1 (Mönch), Ryl 179 (gemeinschaftliche Vermieter). 180 (Frau). 181 (δίκαιον eines Klosters, vertreten durch einen Geistlichen). Unter den Mietern: BM 1049 (Ölhändler), Kr 77 (κῦρις). 81 (Bauer). 85 (Bauer). 95 (sah). 106 (Bauer), Lond 1592 (2 κύριοι), Ryl 180 (sah).

[5]) Kr 95 bestätigt den Empfang von δημόσιον für die Hinterlegung (arēb) von Äckern, BM 1049 für einen besäten Acker. Es ist nicht anzunehmen, daß δημόσιον hier der Steuer gleichkommt, die manchmal von dem Angestellten (den man als Pächter auffassen kann) in Arbeitsverträgen gezahlt wurde, vgl. Ryl 166. Über arēb siehe Mieturkunden, BM 1067, Ryl 158, und Crum, Copt. Dict., s. v. In Lond 1594 wird μίσθω/ für „Miete" gebraucht.

[6]) Beachte, daß die oben erwähnten vom Vermieter ausgestellten Vertragsurkunden μίσθωσις heißen.

[7]) Siehe BM 1013, Kr 76, Krall, WZKM 16, 266.

[8]) Vom Verpächter: BM 1014. 1015; vom Pächter Ryl 174.

obwohl sie von beiden Parteien unterzeichnet werden sollte, nur vom Pächter unterzeichnet[1]). Interessant ist, daß die Verpächter häufig Klöster sind[2]). Diese Urkunden dürfen Bestimmungen enthalten, die in Einklang stehen mit der Natur eines ἐμφύτευμα, z. B. die Berechtigung des Pächters weiterzuverpachten[3]). Quittungen über die Zahlung der Pachtsumme, immer πακτόν genannt[4]), wurden oft von Vertretern der Klöster ausgestellt[5]). Die Quittungen selbst heißen ἀπόδειξις und werden ausgestellt für die Zahlung in Geld oder Naturalien[6]).

Dienst- und Werkverträge. Eine Sphäre des Obligationenrechts, die durch eine recht große Anzahl von Quellen veranschaulicht wird, ist die locatio-conductio operis und operarum. Die Urkunden lassen deutlich eine Unterscheidung hervortreten, die man mit den Ausdrücken landwirtschaftliche und industrielle Dienst- und Werkverträge kennzeichnen kann[7]). Dies geht hauptsächlich aus den ἐπιτροπή-Verträgen hervor, vom Dienstherrn erteilten Arbeitsermächtigungen. Eine Prüfung dieser Urkunden ergibt, daß fast ausnahmslos die zu leistende Arbeit darin bestand, des Dienstherrn Feld zu besäen oder seine Kamele zu betreuen[8]). Diese Verträge sind mehr als bloße Dienstverträge, denn der Dienstverpflichtete hat etwa die Stellung eines mitberechtigten Pächters. So erhält in den Säeverträgen der Arbeiter-Pächter häufig die Hälfte der Ernte

---

[1]) In BM 1013, von einem Zeugen ἀντισύγγραφον genannt, heißt es, daß der Vertrag auch für die Erben beider Parteien bindend sein solle.

[2]) Δίκαιον des Klosters durch Vertreter: BM 1015. Ryl 174; Kloster: BM 1013. In BM 1014 ist eine Gemeinde Verpächter. Die in den Urkunden erwähnten Pächter sind BM 1013 (Weinbauer). BM 1015 (Diakon).

[3]) So BM 1015; vom Mieter bestelltes Pfand in BM 1014.

[4]) Vgl. Krall, Kr 86 Anm.

[5]) Kr 75. 76. 86; jedoch in BM 1056 setzt ein Vertreter (?) des Vermieters, ein gauon, die Quittung auf und in Krall, WZKM 26, 266 tun es die Erben einer Privatperson.

[6]) Geld: Kr 75 (?). 76. 86; Naturalien: BM 1056 und Krall, WZKM 16, 266, so getrennt wie in der Anm. oben.

[7]) Diese beiden Ausdrücke werden hier im weitesten Sinne gebraucht; ein dritter Typus, die Beziehungen zwischen einer Gemeinde, Arbeitgeber und Arbeitnehmer kann landwirtschaftliche oder industrielle Arbeit betreffen, siehe unten.

[8]) BKU 40 und CO 308 scheinen Bruchstücke einer Erlaubnis zum Säen zu sein; BKU 98 ein Bruchstück der Ermächtigung eines Kameltreibers (vgl. CO 218. 221), obwohl Crum es CO 106, einem industriellen Arbeitsvertrag an die Seite stellt. Hall 110, 2 erlaubt das „Essen" (? Ausgeben) eines solidus.

und die Ausgaben werden gemeinschaftlich getragen[1]). Manchmal zahlt der Arbeiter-Pächter die Steuer; wo er auch das πακτόν (? Pachtzins) bezahlt, nimmt er erst recht die Stellung eines Pächters ein[2]). In der anderen Gruppe bekommt der Kamelhirt oft einen Teil des Verdienstes, der durch die Verwendung der Tiere als Transportmittel erzielt worden ist oder die Hälfte der Futterernte als Bezahlung[3]); hier werden allerdings Ausgaben für Sattelung und sonstiges Geschirr der Kamele im allgemeinen von einer der Parteien bestritten[4]). Bestimmte Ermächtigungen, zu säen oder ein Kamel zu betreuen zeigen interessante Erscheinungen[5]); zu beachten ist auch die Zahl von Geistlichen oder geistlichen Organisationen, die als Arbeitgeber auftreten[6]).

Ebenso wie die Grundstückpacht, so wird auch die locatio-conductio für landwirtschaftliche Arbeit durch Verträge bezeugt, die vom Dienstverpflichteten unterzeichnet sind. Die Urkunden, in denen der Arbeiter sich verpflichtet, das Land des Arbeitgebers zu besäen, ἀσφάλεια oder ὁμολογία genannt, haben denselben Inhalt wie ἐπιτροπή-Urkunden[7]); eine nimmt sogar die Form

---

[1]) Ernte geteilt: CO 138. 139 (?); ebenso in Urkunden, die der Angestellte ausgestellt hat (siehe unten): BKU 48. Gemeinschaftlich getragene Ausgaben: CO 138. 482. ST 37—39; in Angestellten-Urkunden: BKU 48. 82.

[2]) Steuerzahlung: CO 138. Ad 26; in Angestellten-Urkunden: CO 303. Das πακτόν bedeutet höchstwahrscheinlich Mietzins in BKU 79, CO 206, Tor 6, Engelbach, Annales du Service 22, 170 (3). Die Zahlung eines Teiles der Ernte scheint Mietzins zu sein, in Ermächtigungen: BKU 95, CO 307, St P 68; in Angestellten-Urkunden: BKU 33. CO 303. Ryl 149 (in Geld).

[3]) Gewinnanteil, in Angestellten-Urkunden CO 219. Teilung der Futterernte, in Ermächtigungen, Ep 84; in Angestellten-Urkunden: CO 220. 222 (?). Mietzins in Geld: Hall 99, 2.

[4]) Vom Arbeitgeber, Ep 84; in Angestellten-Urkunden, vom Angestellten: CO 218. 221.

[5]) Gottes-Wort-Formel in Ermächtigungen, siehe unten, öffentliches Recht: CO 206, Hall 99, 2, Krall, WZKM 16, 265 i. f. Zwei Ermächtigungen zu säen sind am selben Tage demselben Mieter erteilt, ST 37 und ST 38; CO 206 sieht die Lieferung der Ernte an den Arbeitgeber vor. Bestimmungen über besondere Reisen für den Eigentümer in Ermächtigungen an Kameltreiber: BKU 282, Ep 84, Hall 99, 2.

[6]) Geistliche als Arbeitgeber in Ermächtigungen und Angestellten-Urkunden: BKU 48. 79. 282 (?), CO 218—21. 303. 307 (ein Mitarbeitgeber), Ep 84. 85, Hall 99, 2. Krall, WZKM 16, 265 i. f. Beachte auch BKU 95 (Arbeitgeber ?, κῦρις). BKU 33, CO 138. 303. 307, Ep 95 (in allen Mitarbeitnehmer). CO 139 und Ad 26 (Arbeitgeber, lašane), Ryl 134 (Arbeitgeber, sah). 177 (Arbeitgeber, Frau, und Arbeitnehmer, ἱερεὺς σχολαστικός), ST 39 (viele Mitarbeitgeber); alle Angestellten, die Kamele betreuen, sind von Beruf Kameltreiber.

[7]) Z. B. BKU 33. 48. 82, CO 303, Ryl 134 (mit Bürgschaft dafür, daß

einer *ἐπιτροπή* an und ist von beiden Parteien unterzeichnet[1]). Ebenso ist das Versprechen des Kamelhirten, dem Eigentümer der Herde gegenüber abgegeben, inhaltlich den Ermächtigungsverträgen ähnlich[2]). Der Form nach erinnern die vom Dienstverpflichteten unterzeichneten Verträge an die Schuldanerkenntnisse und Rückzahlungsversprechen[3]). Außerdem nehmen noch einige Privatbriefe auf diese landwirtschaftlichen Arbeitsverträge Bezug[4]); aber die wenigen Urkunden, die Löhne von Bauern betreffen, scheinen darauf hinzudeuten, daß ein reines Arbeitgeber — Arbeitnehmer-Verhältnis neben dem üblichen mitberechtigenden Pachtvertrag bestand[5]).

Die hier als „industrielle" bezeichneten Dienst- und Werkverträge sind entweder vom Arbeitgeber oder Arbeitnehmer aufgesetzt; ein solcher Dienstvertrag heißt allgemein *σύμφωνον;* der Werkvertrag hat mehrere Namen[6]). Außer den Urkunden, in denen die Art der Arbeit nicht genannt ist, werden gelernte Arbeiter wie Zimmerleute, Schneider und Matrosen und ungelernte, d. h. Dienstboten (*παραμονάριος*) erwähnt[7]). Die meisten Verträge sind für ein Jahr oder weniger abgeschlossen, und Löhne werden in Naturalien gezahlt, nicht in Geld[8]). Unter den vom Dienstherrn unterzeich-

ein anderer den Acker bebaut). 149. 177; Ep 85 und ST 41 sind etwas abweichend, insofern das Säen erfüllungshalber für eine Schuld besorgt und infolgedessen die Ernte dem Eigentümer des Landes übergeben wird.

1) BKU 48.

2) CO 218—21. 299; CO 222 betrifft die Besorgung von Vieh.

3) Oben, Darlehen.

4) Ryl 340 (Bauer ist angestellt gewesen), 385 vo (Aufforderung, geflohene Winzer zu ersetzen).

5) BKU 45 setzt die Löhne fest, die dem Farmarbeiter und seiner Frau zu zahlen sind. In Hall 120, 1 gibt der Arbeitgeber zu, dem Kameltreiber einen solidus als Lohn zu schulden; Zahlung soll geleistet werden, sobald Geld zur Stelle ist. Kr 91. 93 und 112 sind Quittungen für bezahlte Löhne, die beiden ersteren für Arbeit auf den Äckern, die letztere für Eseltreiben.

6) *Σύμφωνον*: BM 1063—66, Kr 154. 155. 157, WS 163. In den Urkunden vom Angestellten ausgestellt: CO 106, Ryl 141. 142. 144 (alle *ὁμολογία*), CO 88 und 223 (shai, „Schriftstück"). CO 159 (plax, Kalkstein).

7) Zimmerleute: BM 1064. 1066, WS 161; Schneider: CO Ad 44; Matrose: Ryl 144; ungelernt: Kr 152. 153. 155 (?). Über *παραμονάριος* siehe Lewald, Personalexekution 15; und jetzt Wenger, *Ὅροι Ἀσυλίας* Philologus 86, 427f.

8) Zeitdauer eines Jahres oder weniger, z. B. BM 1063. 1064. 1066, CO 223 Kr 152. 157 (4 Mte.), Ryl 144 (6½ Mte., mit Erneuerungsrecht), WS 161. 162. 164. Ausnahmefälle der Lohnzahlung in Geld: Ep 84 A (Teil von Löhnen), Hall 104, 3, Ryl 142 (Teil von Löhnen).

neten Verträgen stammen viele von Geistlichen[1]); wo der Handwerker als Dienstherr auftritt, liegt ein Lehrlingsvertrag vor[2]). Die vom Arbeitnehmer unterzeichneten Verträge weisen einen größeren Prozentsatz ungelernter Arbeit auf als die vom Arbeitgeber unterzeichneten; in einigen Fällen zeigt sich die ungewöhnliche Praxis, daß der Arbeitnehmer eine Kopie des *σύμφωνον* zeichnet, wahrscheinlich nachdem der Arbeitgeber das Original unterschrieben hat[3]). Eine manchmal gefundene Bestimmung, nach der der Arbeitnehmer „seine Freiheit rettet", läßt sich verschieden auslegen[4]). Außer den Urkunden, die den industriellen Arbeitsvertrag verkörpern, haben noch verschiedene andere Urkunden eine Beziehung zu diesem Rechtsgeschäft. Einige Lohnquittungen sind vorhanden, wovon eine auch als Quittung für den vom Baumeister errichteten Mühlstein dient[5]). Eine Erklärung, daß das Werk vollendet ist, eine Baukostenrechnung[6]) und Briefe, in denen die Vornahme verschiedener Arbeiten gefordert wird[7]), machen das Bild der gewöhnlichen nichtlandwirtschaftlichen Arbeitsverträge vollständig.

Es bleiben noch diejenigen Arbeitsverträge zu erörtern, in denen drei Parteien auftreten, die Gemeinde, die einen ihrer Einwohner an einen dritten vermietet. Diese Urkunden[8]), die sogenannten lebeke, Lohnarbeiter-Texte sind von den Gemeindeorganen ausgestellt und richten sich an den künftigen Arbeitgeber[9]). Sie bestimmen, unter anderen, daß der Arbeiter für eine bestimmte Zeitdauer arbeiten soll[10]), daß die Löhne an die Gemeinde und durch

---

[1]) BM 1066, CO 200, WS 161; so auch in Angestelltenverträgen: CO 89. 106. 223.

[2]) BM 1065 (Dauer: 2 Jahre), Kr 154.

[3]) Kr 152. 153, in beiden unterzeichnet der Arbeitnehmer, der als *παραμονάριος* tätig sein soll, die Kopie (*ἴσον*) des *σύμφωνον*, siehe oben, Urkundenwesen.

[4]) Ryl 141. 144; siehe Crums Anm. zu diesen Texten.

[5]) CLT 4, vgl. Schiller, Jurid. Rev. 43, 225. Andere Lohnquittungen: ST 46, Crum, Aegyptus 3, 279 (10); vgl. Crum, Monastery 159[14], [16].

[6]) Ryl 143 und Ryl 252.

[7]) Briefe betreffend das Schneidern: CO 403 (vgl. Crum, Monastery 158), St P 28, Jernstedt, Racc. Lumbroso, 282 ff., Bell u. Crum, Jews and Christians in Egypt, Num. 1920 (330—40 n. Chr.). Andere Briefe: BM 589, Ep 397, Ryl 139. 369.

[8]) Genannt *λόγος* (Kr 145) und *ἀσφάλεια* (Kr 149).

[9]) Kr 140 (von der Gemeinde und ihren Einwohnern), Kr 145. 147 und 149 (durch Vertreter).

[10]) Ein Jahr: Kr 140, 145.

sie an den Arbeiter zu zahlen sind[1]), daß die Gemeinde berechtigt sein soll eine Provision für die Arbeitsbeschaffung vom Lohn abzuziehen[2]), und, daß der Arbeiter zum Staatsdienst nicht verpflichtet ist[3]). Zum Schluß dieses Abschnittes soll noch auf Urkunden verwiesen werden, die teils von der Besäung von Privatland durch Gemeinden[4]), teils von Löhnen handeln, die Privatpersonen für dem Staat geleistete Dienste gezahlt wurden[5]).

Pfand und Hypothek. Im koptischen Recht gibt es zwei Arten von Verpfändung, die neben anderen Rechtsgeschäften hergehen; entweder wird das ganze Vermögen verpfändet[6]) oder, weniger häufig, bestimmte bewegliche oder unbewegliche Sachen[7]). Im letzteren Falle finden sich Pfand oder Hypothek häufig in Verbindung mit Urkunden, in denen eine Schuld anerkannt oder Rückzahlung versprochen wird[8]). Besitz geht auf den Pfandgläubiger zur Zeit der Ausstellung der Schuldanerkennungsurkunde über; das Eigentum aber erwirbt er nur, falls am Fälligkeitstage nicht gezahlt wird; einige Texte beschäftigen sich mit dieser Frage[9]). Einige andere Urkunden dürften wohl von der Pfandleihe im allgemeinen handeln, aber die meisten Texte sind so unbestimmt, daß es schwer ist, Rechtssätze aus ihnen zu entnehmen[10]).

---

[1]) In Kr 140 ist von Zahlung an die Gemeinde die Rede. Hall 103, 1 der einzige thebanische Text, handelt von der Zahlung der Bezirksvorsteher an einen Angestellten für Arbeiten, die er auf dem Acker eines Dritten verrichtet hatte.

[2]) Kr 145, Anhang. [3]) Kr 145.

[4]) Ryl 127, ein Teil (?) einer Ernte wird von der Gemeinde erworben, und der Eigentümer hat die Kornsteuer und Fracht zu zahlen.

[5]) Lond 1501, Urkunde über Ausrüstung und Löhne der Matrosen für den cursus, und Lond 1505, Bestätigung des Empfangs von Löhnen.

[6]) Z. B. in *ἀσφάλεια*-Urkunden: BM 1039, Kr 48. 56, Ryl 196; in Garantien bezüglich Staatsdienst: Kr 118, Lond 1573. *Ὑποκεῖσθαι* ist der übliche Ausdruck.

[7]) Die Ausdrücke für Pfand sind koptisch arēb und euō, siehe Crum, Copt. Dict., s. v., und griechisch *ἐνέχυρον*, siehe Ep 95 Anm.

[8]) CLT 10 (Hypothek an einem Haus, vgl. Schiller, Jurid. Rev. 43, 237), KRU 58 = BM 428 (Hypothek an einem Haus, vgl. Boulard, Vente, 46), ST 92 (Verpfändung von Hausgerät). Crum, Aegyptus 3, 278 (9) (Hypothek an einem Haus).

[9]) Zwei Urkunden, die ein Pfand begründen, scheinen vernichtbares Eigentum zu übertragen: KRU 58 und Crum, Aegyptus 3, 278 (9), aber andere Urkunden lassen sich für die entgegengesetzte Meinung verwenden, CLT 10, ST 92. Sätze des Inhalts, daß der Pfandgläubiger Eigentümer wird infolge Schuldner-Verzuges, dürften beweiskräftig sein, CO 183 (?), Turaev, Bull. Acad. Imp. St. Peters., 1899, 439 (5), Engelbach, Annales du Service, 22, 269.

[10]) Pfandleihe: Ep 95 (?). 491 (?). 531, ST 439 = Klio, 13, 173; vgl. Crum,

Bürgschaft. Während die Sicherung einer Verbindlichkeit durch Pfand oder Hypothek verhältnismäßig selten vorkommt, ist die persönliche Bürgschaft eine im koptischen Recht häufige Erscheinung. Das koptische Material, welches sich bei Sethe in seiner Untersuchung der demotischen Bürgschaft findet [1]), sollte und kann kein umfassendes Bild der Bürgschaft geben; so ist dieses Gebiet noch heute ein fruchtbares Forschungsfeld. Daher muß hier eine kurze Beschreibung einzelner Grundsätze, die durch spätere Forschungen gerechtfertigt oder nicht gerechtfertigt werden mag, genügen.

Das ganze Bürgschaftsrecht läßt sich wahrscheinlich folgendermaßen einteilen: erstens, eine Gewähr dafür, daß eine Person entweder vorgeführt werden wird oder sich in Fällen, in denen das öffentliche Interesse auf dem Spiel steht, in bestimmter Weise verhalten wird [2]); zweitens, die Bürgschaft dafür, daß jemand eine privatrechtliche Verbindlichkeit erfüllen wird. In der ersten Gruppe läßt sich nicht immer genau bestimmen, zu welchem Zweck jemand vorgeführt werden soll, aber in der Hauptsache hat es sich um die Zahlung von Steuern und die Leistung von Staatsdiensten gehandelt [3]). So dienten die an Beamte gerichteten Urkunden, in denen Bürgen versprachen, auf Wunsch der Regierung Flüchtlinge vorzuführen, dazu, höhere Steuereinnahmen zu erzielen oder Kopten bei der Hand zu haben, die man zum Staatsdienst heranziehen

---

Monastery, 166. Ep 271 betrifft einen Fall, in dem das Pfand dem Pfandgläubiger genommen wurde und er es wieder zurückgefordert hat; Ep 458 behandelt Pfänder, die von Bürgen gestellt werden müssen. Siehe auch BKU 311, Ep 274, ST 435, Schiller, JAOS, 48, 152, Turaev, Zapiski Arch. Soc. St. Peters., 18,025.

[1]) Demotische Urkunden zum ägyptischen Bürgschaftsrechte, vorzüglich der Ptolemäerzeit, mit einer rechtsgeschichtlichen Untersuchung von J. Partsch, Abh. Akad. Leipzig, XXXII, 496ff.; die juristische Untersuchung von Partsch, 764f., ist ziemlich kurz; über weitere Arbeiten zur Bürgschaft siehe Schiller, CLT S. 6.

[2]) Bell und Crum, Einl. zu P. Lond. IV, geben ein klares Bild von der Besteuerung und den öffentlichen Dienstleistungen, die von den arabischen Herrschern angeordnet wurden, d. h. zu jener Zeit, in der die meisten dieser Urkunden verfaßt wurden.

[3]) Über Besteuerung und Staatsdienst im allgemeinen siehe unten, öffentliches Recht. Eine Erörterung von Bürgschaftsurkunden im öffentlichen Interesse siehe bei Steinwenter, Studien 11[4]; in Revillout, Mem. Cong. Inter. Orien., 1873, 3, 55ff. (1 und 7) scheint es sich um Bürgschaften direkt für Steuerzahlungen zu handeln.

konnte[1]). Denselben Zwecken dienten Bürgschaftserklärungen in Urlaubsgesuchen[2]) und möglicherweise viele andere Vorführungsbürgschaften[3]). Anderseits verfolgen Bürgschaften dafür, daß Matrosen und Arbeiter ihre öffentlichen Pflichten erfüllten, nur das letzterwähnte Ziel[4]). Schließlich gehören noch die der Erhaltung der Staatsordnung dienenden Garantieurkunden dieser Gruppe an[5]).

Vor Erörterung der Bürgschaft für privatrechtliche Verpflichtungen empfiehlt es sich, die technischen Besonderheiten der Bürgschaftsurkunden beider Gruppen hervorzuheben. Es gibt verschiedene Ausdrücke für Bürgschaft, besonders *ἐγγύη*, *ἀντιφώνησις* und ihre verbalen oder adjektivischen Formen und das koptische šore[6]). Mitbürgen sind häufig, besonders in den öffentlichrechtlichen Texten, in einem Fall zwanzig Bürgen für einen Schuldner[7]). Auch die Selbst-Bürgschaft ist bekannt[8]), es kommt sogar vor, daß ein

[1]) Z. B. Lond 1518. 1519. 1521. 1522. 1523; in den meisten Fällen mehrere Mitbürgen (oft Dorfbeamte) und Mitschuldner.

[2]) CLT 3 (vgl. Schiller, Jurid. Rev., 43, 224f.), Kr 120—22. Die Apa Jeremias-Texte, Revillout, Mem. Cong. Inter. Orien., 1873, 3, 55ff. (2. 3. 4. 5. 6. 8), richtig von Stern, ÄZ. 23, 145ff., und Krall, Rec. 6, 64ff. (Komment. 71ff.), erläutert, in gekürzter Form bei Sethe-Partsch, Bürgschaft, 510f. (43), wenden sich nicht an Staats-, sondern an geistliche Beamte, aber dienen denselben Zwecken.

[3]) Z. B. Kr 113. 116. 117, Lond 1529—32. 1536—38, Ryl 128—32.

[4]) Bürgschaftsurkunden dafür, daß gewisse Personen als Matrosen im cursus dienen sollen: Lond 1494. 1495. 1497—99. 1502. 1505. 1506; oder als Arbeiter: Lond 1511.

[5]) BM 438 = KRU 115 (Entlastung von Bürgen, nachdem die, für die gebürgt wurde, ins Gefängnis eingeliefert worden sind), BM 1047 (*ἀσφάλεια*, die die Garantie, jemanden ins Gefängnis einzuliefern, erwähnt). 1107 (Brief, der die Erlangung von Bürgschaft für gewisse Personen behandelt). 1148 und 1211 (Briefe, die für Friedensstörer gegebene Garantien erwähnen). 1156 (Brief des Inhalts, daß Bürgen eingekerkert worden sind), Ryl 280 (Brief des Inhalts, daß Bürgschaft geleistet wurde gegen weitere Störung der Ordnung), Tor 11 (Gottes-Wort und Bürgschaft, daß eine Frau nicht belästigt werden solle, solange sie nicht wieder den Frieden stört).

[6]) Die Quellen sind zu zahlreich, um sie alle zu erwähnen. Zu beachten aber Lond 1494, eine *ἐγγυητικὴ ὁμολογία*, die besagt „wir übernehmen die Bürgschaft (ti-šore), wir sind verantwortlich für (*κινδυνεύειν*), wir treten als Bürgen auf (*ἐγγυᾶν*), wir haften für (*αἱρεῖσθαι*)", und die Liste von Bürgen und Schuldner, KRU 119 = BM 457. Bürgschafts-Urkunde manchmal nur *ὁμολογία*, Ryl 128. 129 vo. Über koptische termini technici siehe Sethe-Partsch, Bürgschaft, 496ff., und über Abwesenheit der *ἀλληλεγγύη* siehe Segrè, Aegyptus 5, 58[3].

[7]) Lond 1536; vgl. die 25 Bürgen in Lond 1549 (siehe Steinwenter, Studien, 53[4]), Zahl der Schuldner unbekannt.

[8]) Z. B. CO 42 = Sethe-Partsch, Bürgschaft, 508f. (40), vgl. Partschs Bemerkungen, 764f.

Gläubiger als Bürge für seinen Schuldner auftritt[1]). Aufforderungen, Bürge zu sein, Befehle, Bürgen zu stellen, und Weigerungen des Gläubigers, jemanden als Bürgen anzunehmen, liefern uns weiteren Aufschluß über das Rechtsinstitut[2]). Aus einer einzigen Urkunde geht hervor, daß das Erlöschen der Bürgenverpflichtung gewöhnlich durch Rückgabe der Bürgschaftsurkunde bekundet wurde[3]). Eine Bürgschaftsformel hat zu vielen Erörterungen Anlaß gegeben[4]). Schließlich scheint der Ausdruck „Bürgschaft" auch in nichtjuristischem Sinne gebraucht zu werden.

Bürgschaft in Verbindung mit Privat-Rechtsgeschäften geht entweder neben den verschiedenen Rechtsinstituten, besonders Vertragsobligationen, her oder dient dazu, die Ausführung einzelner bestimmter Verpflichtungen oder Vornahme einzelner bestimmter Handlungen des Schuldners zu garantieren. In der ersten Gruppe findet sie sich am häufigsten in Verbindung mit Darlehen, aber auch bei vielen anderen Rechtsgeschäften[6]). In der zweiten Gruppe sind Gewährleistungen dafür, daß Inhaber geistlicher Ämter ihre Amtspflichten getreulich erfüllen werden am zahlreichsten[7]). Diese Texte bilden einen erheblichen Teil der koptischen Bürgschaftsurkunden, die Sethe behandelt; neuerdings sind sie eingehend von Steinwenter untersucht worden[8]). Ferner gehören in diese

---

[1]) KRU 61[4. 16] = BM 431, als Gläubiger in der ersten, als Bürge in der zweiten Linie zitiert.

[2]) Beziehungsweise Stern, ÄZ 23, 74 und Ep 255; Ryl 369; CO 133.

[3]) In KRU 115 = BM 438, einem ἔγγραφον, erklärt ein lašane, daß er die ἐγγύα verloren hat, daher schreibt er diese Urkunde als Beweismittel für das Erlöschen der Obligation; aufgehobene Bürgschaftsurkunden erwähnt: Ryl 361 und CO 229 = Sethe-Partsch, Bürgschaft, 512 (46. 47).

[4]) „Stelle ohne Wort, ohne Kreuz, ohne Festtag (Variante: Mönchskleid)", Kr 114, Lond 1518. 1521. 1531, Ryl 130. 132 vo.; siehe Anm. zu diesen Texten.

[5]) So in Schiller, JAOS 48, 147ff. (1).

[6]) Bürgschaft für Zahlung einer Schuld in Geld oder Naturalien: BM 1039, CO 173 = Sethe-Partsch, Bürgschaft, 511 (44), Kr 54. 63, ST 55. 246. 426; Texte bezüglich desselben Gegenstandes: BM 582. 1148, CO 166 = Sethe-Partsch, Bürgschaft 511 (45). CO 189, St P 29. So auch in Verbindung mit Arbeitsverträgen: Ryl 134. 135. 369. 384. 463, ST 245; mit Kaufverträgen: Kr 11, St P 12 (?); mit Mietverträgen: Ep 255. Kr 139; verschiedenes: BKU 50 und St P 52 (Vergleich). CO 305 und Hall 61, 4 (vor Gericht abgegebene Erklärungen), Ep 256 (Mitgift), Hall 96, 3 (Auftrag).

[7]) BKU 70, CO 29. 31—33. 36. 37. 45. 87. 92. 301. 302. Ad 9. Diese sind in der Hauptsache von Sethe-Partsch, Bürgschaft, 504ff. (27ff.) wieder veröffentlicht.

[8]) Steinwenter, Die Ordinationsbitten koptischer Kleriker, Aegyptus 11, 31ff.; vgl. auch Sethe-Partsch, Bürgschaft, 764.

Gruppe Garantien dafür, daß in Zukunft keine Gotteslästerungen mehr geäußert werden und daß der Schuldner vor Gericht erscheinen wird[1]).

Auftrag und Stellvertretung[2]). Auffällig ist hier das völlige Fehlen eines Vertrags, der dem mandatum nahe käme. Das Auftrags- bzw. Stellvertretungsverhältnis wird entweder indirekt durch eine Klausel oder einen Satz in einer Urkunde ausgedrückt; häufiger wird es formlos in einem Privatbrief oder schließlich in ganz kurzen schriftlichen Befehlen begründet[3]). In Vertragsurkunden findet sich die erstere Form, z. B. ein Verkäufer, der als Vertreter für die anderen Mitverkäufer handelt, schreibt dem Käufer, usw.[4]), während manchmal in einem formlosen Brief der Empfänger aufgefordert wird, etwas für den Absender zu kaufen[5]).

Es ist vielleicht am besten den größeren Teil der Urkunden, die sich mit Auftrag bzw. Stellvertretung befassen, nämlich Befehle, Geld oder Ware auszuhändigen, als eine Klasse zu behandeln, da sich oft nicht feststellen läßt, ob es sich um Darlehen, Kauf, Löhne, Mietzins oder Geschenke usw. handelt. Sehr zahlreich sind die — gewöhnlich in Privatbriefen enthaltenen — Aufträge des Absenders an den Empfänger, Geld oder Ware einem Dritten zu senden. Unter den Geldzahlungsaufträgen finden sich solche, in denen der Einkauf bestimmter Ware und Zahlung von Steuern für den Auftraggeber angeordnet wird und schließlich der Fall der Anweisung[6]). Unter den Waren spielten hauptsächlich Wein, daneben andere Erzeugnisse

[1]) Gotteslästerung: CO 81. 300. Ad 41 = Sethe-Partsch, Bürgschaft, 507f. (36—38), St P 32; vor Gericht zu erscheinen: CO 42. 48. 86. 155 = Sethe-Partsch, op. cit., 508ff. (40—42), CO 297.

[2]) Im englischen Text heißt es ‚agency' (Anm. des Übersetzers).

[3]) Die letztere Methode ist in den WS-Texten üblich, sowohl in koptischen wie griechischen.

[4]) Über Vertretung einer Mehrheit von Personen in einem Privatrechtsgeschäft durch eine Person, wenigstens soweit es sich um die Ausstellung von Urkunden handelt, gibt es eine Studie von San Nicolò, Das eire mprosōpon als Stellvertretungsformel in den koptischen Papyri, Byz. Zeit., 24, 336ff.; vgl. auch Boulard, Vente, 20; Kuhn, Antinopolis, 168[5]; Schiller, Jurid. Rev., 43, 233[6]; Steinwenter, Studien, 12[1].

[5]) BM 606, WS 86; vgl. Lond 1637.

[6]) Waren zu kaufen, d. h. dem Handwerker eine Summe Geldes zwecks Herstellung eines Gegenstandes auszuhändigen: Ep 397, Ryl 362; Steuern zu zahlen: St P 69; Anweisung: CO Ad 38. Siehe auch Ep 294, St P 61, Krall, MR 5, 52.

ein Rolle; in vielen Fällen handelt es sich um die Zahlung von Löhnen[1]).

Für die anderen Fälle von Auftrag bzw. Stellvertretung, die Geldzahlungen betreffen, ist je eine Urkunde vorhanden. Folgende Situationen finden sich: der Beauftragte soll von einem Dritten Geld einziehen, um es dann einem Vierten auszuhändigen[2]), der Beauftragte soll von einem Dritten Geld einziehen und es dem Überbringer des Auftrags aushändigen, damit es dieser dem Auftraggeber geben kann[3]) und schließlich, der Adressat, der Auftraggeber, wird aufgefordert, dem Überbringer des Briefes eine Summe Geldes zu geben, damit der Absender, der Beauftragte, sie einem Dritten aushändigen kann[4]). Die anderen Aufträge, betreffend Zahlung in Naturalien, sind noch mannigfaltiger; hier finden sich Aufträge, dem Überbringer etwas zu übergeben[5]), einem Dritten etwas zu übergeben, der es dann an einen Vierten weitergeben soll[6]), den Gegenstand an einen bestimmten Platz oder an den Absender zu schicken[7]), den Gegenstand von einem Dritten herauszuverlangen, um ihn dann an den Auftraggeber zu verschicken[8]) und schließlich Korn für Netze auszutauschen, offenbar ein Kauf durch den Stellvertreter[9]). Außerdem betreffen noch einige Einzelnachrichten den Auftrag; darunter ist zu erwähnen eine Rechtsfeststellung der Aktivität des Stellvertreters und eine Feststellung, daß Vollmacht nicht erteilt worden sei[10]). Trotz der zahlreichen Quellen ist ersichtlich, daß die Kopten keinen klaren, festumrissenen Begriff „Auftrag" kannten und daß es — außer wenn der Empfänger des Auftrags

---

[1]) Dabei handelt es sich fast ausnahmslos um kurze stereotype Befehle, die Geistliche an ihre Angestellten oder Untergebenen richteten; Wein: CO 500—03 (vgl. Crum, Monastery, 162), WS 90. 167. 168. 171. 173. 178. 180. Auch Ep 400 (Ziegelsteine), Hall 83, 4 (Korn), WS 181 (Öl und Fleisch). 182 (Salpeter). 183 (Datteln). 184 (Rohre).

[2]) Kr 237, die vierte Person ist ein Kameltreiber; womöglich in Verbindung mit seinem Arbeitsvertrag, siehe oben.

[3]) Ep 303, Brief, in dem der Aussteller versucht, einen Kaufvertrag über Korn mit einem Dritten abzuschließen.

[4]) Hall 145, 19.

[5]) CO 114, Ep 323, ST 50, WS 89.

[6]) BM 657, WS 169. 170.

[7]) Ort: BM 1167—69, CO 505; Absender: CO 504.

[8]) Ep 380; vgl. Ryl 352.

[9]) WS 86.

[10]) Ep 98 und 528. Siehe auch WS 95 (Beauftragter sollte den Wert von Scherben feststellen). 104 (Beauftragter sollte den Träger zu Fiber-Händlern

ein Angestellter war — völlig im Belieben des Adressaten stand, ob er die Wünsche des Schreibers erfüllen wollte oder nicht[1]).

Verschiedene andere Verträge. Aus der Erwähnung von Hinterlegung folgt nicht, daß den Kopten ein dem römischen depositum entsprechendes Rechtsgeschäft bekannt war. Tatsächlich hat „hinterlegen" in verschiedenen Texten die Bedeutung von „verpfänden", „schenken" oder „verkaufen"[2]). Nur in zwei Texten ist die Rede von „Hinterlegung" im eigentlichen Sinne und auch dort nur auf kurze Zeit, der Verwahrer ist verpflichtet, den hinterlegten Gegenstand einem Dritten herauszugeben[3]); in zwei anderen Texten bleibt die Bedeutung des Wortes „Hinterlegung" im Dunkel[4]).

Die gemeinschaftlichen Säverträge, schon oben erwähnt, können als Beweis für das Vorkommen von Gesellschaftsverträgen im koptischen Recht angesehen werden. Noch entscheidender aber sind einige isolierte Texte, in denen Tatbestände behandelt werden, die ganz offensichtlich unter den Begriff „Gesellschaftsvertrag" fallen. Ein *ἔγγραφον*, eine Art Auseinandersetzungsurkunde, erklärt, daß ein von mehreren gemeinschaftlich betriebenes Geschäft aufgelöst worden sei[5]). Dem ähnlich ist eine Abmachung zwischen einem Diakon und einer anderen Person des Inhalts, daß ihre gemeinschaftlich unternommene Arbeit aufgegeben und ein sekot (? Weinkeller) unter ihnen geteilt werden solle[6]). Ein anderes *ἔγγραφον* sieht vor, daß zwei Parteien gemeinsam Land bebauen sollen, die eine im einen Jahr, die andere im nächsten; da aber die Parteien verwandt zu sein scheinen, dürfte es sich wohl kaum um eine geschäftliche Abmachung handeln[7]). Nach einem Vertrag zwischen zwei Parteien sollen die Angestellten beider Parteien, jeder die Hälfte der gewonnenen landwirtschaftlichen Erzeugnisse zuweisen[8]).

---

geleiten zwecks Ein- oder Verkauf), Jernstedt, Racc. Lumbroso, 282ff. (Beauftragter sollte ein Kleid reparieren lassen).

[1]) Das *πρόσωπον* bedeutet eher „Vertreter" als „Beauftragter".

[2]) Beziehungsweise in Ep 491 und 531; Hall 93, 1; Hall 115, 2.

[3]) CO 404, Geld um Steuern zu bezahlen; Hall 83, 4, Korn.

[4]) Hall 73, 2 (*καταθησία*), Crum, MSS Fayyum, 19 (set ehoun, Hinterlegung).

[5]) BM 437 = KRU 55.

[6]) CO 306, genannt *ὁμολογία* und *σύμφωνον*; offenbar unterzeichnete nur der Diakon.

[7]) Ep 89.

[8]) CO 304, *ὁμολογία*, beide Parteien zeichnen.

Schließlich existiert noch eine Quittung für den Jahresgewinnanteil an einem Laden[1]).

Fälle von reinem Tausch gibt es, im Gegensatz zum Kauf, verhältnismäßig wenig im koptischen Recht. Wenn man Erzeugnisse wie Korn und Wein als übliche Zahlungsmittel anzusehen hat, wie sich daraus ergibt, daß häufig Löhne in diesen Erzeugnissen gezahlt wurden, so wird die Zahl der Tauschfälle noch geringer[2]). Nach einer *ἀσφάλεια* wird eine Art gegen einen unbekannten Artikel ausgetauscht und doch wird der letztere als „Preis" der ersteren übertragen[3]). Zwei Briefe erwähnen Tausch, aber offenbar nicht in technischem Sinn[4]), und in den Djeme-Texten finden sich nur zwei Fälle von Tausch, obwohl in der Klausel, die die Befugnisse des Eigentümers enthält, ständig von Tausch die Rede ist[5]); in einem der zwei Fällen handelt es sich in Wirklichkeit um Kauf, *πρᾶσις* genannt[6]).

Einige koptische Texte, besonders in der Wadi Sarga-Gruppe, betreffen Verfrachtung und Verschiffung. Die Arbeitsverträge mit Kamelhirten sind bereits in anderem Zusammenhang erwähnt worden, und viele dieser Verträge hatten zweifellos die Beförderung von Kamelen zum Gegenstand[7]); auch die Klauseln über freie Beförderung in den Rückzahlungsversprechungen und die Kaufverträge mit künftiger Lieferungspflicht sind bereits erwähnt worden[8]). Außerdem sind noch Fakturen von verschifften Gütern hervorzuheben[9]) und Frachtbriefe, die die Ware begleiten sollten, um Lieferung zu gewährleisten[10]). Schließlich ist da noch der Brief an

---

[1]) BM 1052, *ἀπόδειξις*; Laden *ἀποθήκη* genannt.

[2]) Nach einer Rechnung wurde Leinen für Korn ausgetauscht, Ep 361.

[3]) Hall 99, 1.

[4]) Ep 340, Wein für ein Sieb, und Tor 30, diskaria (Brot) für Gerste.

[5]) Z. B. KRU 9^{56}. 16^{35}. 28^{28}. 44^{46}. 50^{52}. 68^{91}. 106^{151}.

[6]) Der Tausch wird in KRU 24^{48}ff., *πρᾶσις* genannt, siehe Boulard, Vente, 49; der andere Fall ist KRU 7^{22}.

[7]) Oben, Obligationen, Arbeitsverträge; siehe ferner Crum, Monastery, 165.

[8]) Oben, Obligationen, Darlehen und Kauf.

[9]) WS 187—93, kurze vom Versender an den Empfänger gerichtete Vermerke, in denen manchmal der Frachtführer erwähnt wird.

[10]) WS 194. 196—99. 275, geben nur die Namen des Empfängers und die Menge verfrachteter Güter an. Hengstenberg, ÄZ. 66, 51ff., besonders 66f., sieht die 39 jüngst entdeckten moulon-Texte als ähnlich an; diese geben Datum, Herkunft, Art der Beförderung, Verpackung, Quantum des verfrachteten Korns

einen hohen Beamten zu erwähnen, der von Beförderung auf dem Wasserwege handelt und die Namen der Schiffe, die Superkargoen und die Orte festlegt, an denen die Ladung, Akazienbäume, verladen werden solle[1]).

Schenkungen. Die zahlreichste Gruppe von Schenkungsurkunden ist die, welche bereits oben in Verbindung mit Hierodulismus erörtert worden ist[2]). Was die Form anlangt, so weisen diese Schenkungen von Kindern an Klöster, ebenso wie viele Schenkungsurkunden die bewegliches und unbewegliches Vermögen betreffen, die üblichen Formeln und Klauseln der koptischen Papyrusurkunden auf[3]). Sehr häufig sind Schenkungen von unbeweglichem Vermögen, im allgemeinen von Land, wobei die Schenknehmer oft Klöster sind[4]). Solche Schenkungen an Klöster sind auch in später verfaßten Kaufurkunden erwähnt[5]). Schenkungsurkunden, die bewegliches Vermögen zum Gegenstand haben oder sich selbst bewegendes Gut, gibt es nur wenige[6]). Die meisten Opfergaben, die für einen Verstorbenen dargebracht wurden, sind nicht als Schenkungen anzusehen, sondern als Erfüllung einer Verbindlichkeit, die der Erblasser in seinem Testament in der Person des Testamentvollstreckers begründet hatte[7]). Eine wichtige, besonders lange

und den Bestimmungsplatz (eine Mühle) an. Mallon, Rev. de l'Eg. anc., 1, 152ff. und 2, 89ff., erläutert die Scherben in anderer Weise. Vgl. zu Hengstenberg a. a. O. und ÄZ. 66, 122ff. auch Wenger, Archiv f. Papyrusforschung 10, 150. Die zahlreichen anderen Wadi Sarga-Fakturen, Frachtbriefe usw. (WS 205—339. 341. 345—54. 365—68), können hier nicht erörtert werden, da sie griechische Urkunden sind.

[1]) Ryl 338; vgl. auch WS 131.

[2]) KRU 78—104; siehe oben, Personenrecht.

[3]) Siehe oben, Urkundenwesen. Die Aussteller dieser Urkunden sind mit Ausnahme von KRU 104 die Eltern des geschenkten Kindes; Adressaten sind die Mönche, das δίκαιον, oder das Kloster, vertreten durch seine Beamten, siehe im allgemeinen Steinwenter, SZ kan. Abt., 42, 175ff. und 50, 39f.

[4]) KRU 105—11 (einige von Revillout, Précis, 830ff. übersetzt), CO Ad 3. Hall 94, 2. Die meisten dieser Urkunden, wie alle Schenkungsurkunden, werden δωρεαστικόν genannt; es findet sich aber auch χάρτης und ἔγγραφον. Die in KRU 110 und 111 = BM 392 angegebenen Gegenstände sind Palmbäume.

[5]) Als Opfergabe für einen Verstorbenen, deshalb vielleicht in Übereinstimmung mit seinem Testament: KRU 13^{27}ff., 15^{32}ff., $18^{31.36}$ff.

[6]) KRU 113 = BM 393, Wasserrad und andere Gegenstände; KRU 112, Schafe und Ziegen.

[7]) KRU 54, Quittung für Geld, das gemäß einem Testament gegeben wurde; CO 135, klösterliche Beamte verpflichten sich, die bei der προσφορά-Schenkung gemachten Auflagen zu erfüllen; cf. Crum, Monastery, 175.

Urkunde voller Formeln ist eine donatio mortis causa, in der das Vermögen einem Kloster als Opfergabe für die Seele der Erblasserin geschenkt wird[1]).

Allgemeines. Einige Elemente, die sich in verschiedenen Vertragstypen finden, sollen noch kurz erörtert werden, um das Bild des koptischen Obligationenrechts abzurunden. Zunächst Zinsen. Obwohl Zinsen in einer Anzahl von Texten, hauptsächlich Schuldanerkennungs- und Rückzahlungsversprechensurkunden erwähnt werden, läßt sich über die Häufigkeit von Zinsvereinbarung und den Prozentsatz nur wenig feststellen. Die meisten Urkunden sagen nur, daß Geld zu zahlen ist, „mit Zinsen" [2]). Nur in zwei Urkunden läßt sich die Rate erkennen, in einer ist sie monatlich vier Maß Wein oder Öl je solidus[3]) und in der andern 33% des Kapitals[4]). In anderen Texten läßt sich entweder die Kapitalsumme oder der Zinssatz nicht feststellen[5]). Auf einige andere Texte soll in der Note noch verwiesen werden[6]).

Es ist schon früher erwähnt worden, daß Erlöschen der Obligationen oft durch die Rückgabe der Schuldurkunde bekundet wurde. Aber auch sonst wird manchmal noch die Aufhebung einer Obligation erwähnt[7]). Sollen die Striche, die sich kreuz und quer in manchen Urkundentexten finden, zum Ausdruck bringen, daß die Verbindlichkeit erfüllt ist?[8])

---

[1]) KRU 106 = Ciasca, Papiri, 1ff. Interessant sind auch KRU 121 = BM 436 (χάρτης, die auf eine einem Kloster gemachte Schenkung verweist und weitere Prozesse darüber verbietet). KRU 116 = BM 439 (ein Geschenk als Gegengabe für die Unterhaltung des Schenkers), Ryl 294 (Hinweis auf die δωρεά eines Gartens), CLT 1 (eine Urkunde, die zur Gültigkeit eines Schenkungsvertrages erforderlich ist, siehe Schiller, Jurid. Rev., 43, 219[1]).

[2]) BKU 61, Kr 48, KRU 64[12], ST 95, St P 70. Beachte jedoch CO Ad 17 und Bodleian Copt. Inscr. 428: „ohne Zinsen".

[3]) Kr 54.

[4]) Crum, Monastery, 173[16].

[5]) CO 162 (Zinsen, ? per Monat), Hall 120, 2 (Schuld von 5 jou [?], Zinsen 10 auf das halbe trimesion), Ryl 192 ($^1/_3$ % Zinsen von ?), ST 86 (Geld Schuld, Korn als Zinsen). 92 (ebenso). 424 (Geld Schuld, 6 maaje von Korn als Zinsen), Tor 3 (Geld Schuld, Flachs als Zinsen).

[6]) CO 189 (Bürge zahlte 2 Jahre Zinsen für den Schuldner), CLT 10 (? Zinsen, siehe Schiller, Jurid. Rev., 43, 237[5]), Ryl 191 (Zinsen vom Tage der Verpflichtung an, sonst zwei trimesia zu zahlen).

[7]) Ryl 361; vgl. Ep 286.

[8]) BM 1041, Ryl 156. 196. 197.

Endlich sollen hier noch die Sachverständigen und Schiedsmänner genannt sein, deren Aufgabe darin bestand, den Wert von Vermögen festzustellen[1]).

Unerlaubte Handlungen. Das Gebiet der Deliktsobligation ist in den koptischen Texten kaum vertreten; über die rechtliche Natur des Schuldverhältnisses läßt sich daher nur wenig sagen. Verletzung der Person ist in zweifacher Weise möglich, Verletzung des Körpers und der Ehre. Die Urkunde, welche die Körperverletzung bezeugt, ist eine Erklärung des Verletzten, daß er den Verletzer aus der Verbindlichkeit entläßt, nachdem dieser den vom Pagarchen festgesetzten Schadensersatz bezahlt hat[2]). Neben einem Brief, der von verleumderischen Anschuldigungen spricht[3]), soll hier auch auf Gotteslästerung hingewiesen werden, obwohl es sich dabei natürlich nicht um Verletzung eines Menschen handelt[4]). Der einzige Hinweis auf Eigentumsverletzung findet sich in einem Brief, der „die Kopie einer Eigentumsverletzung" [5]) erwähnt. Der Diebstahl schließt das Gebiet der unerlaubten Handlungen ab. Ein nach dem Prozeß abgeschlossener Vergleich, der gestohlenes Gut betrifft, oder richtiger Gut, das bei der Erbschaftsteilung zurückbehalten worden war[6]), ein Brief, der die Rückgabe gestohlenen Guts, das von den Behörden zurückgefördert wurde, bestätigt[7]) und die Entlastung einer Frau, der man unrechtmäßigen Besitz vorgeworfen hatte[8]), geben bis zu einem gewissen Grade ein Bild des koptischen Diebstahlsrechts.

7. Schlußbemerkungen. Ein Überblick über die noch fehlenden Rechtsgebiete, nämlich Zivilprozeß, Strafrecht und Strafprozeß, und öffentliches Recht, nebst Ergänzungen zu dem vorliegenden Artikel, werden in einem späteren Aufsatz erscheinen. Zum Schluß soll noch einmal darauf hingewiesen werden, daß für die Zusammen-

---

[1]) Der Baumeister, kōt, als Sachverständiger in der Bewertung von Häusern, KRU 7[29]. 42[12] siehe Steinwenter, Studien, 21[2]. Kalkulation bei Aufführung von Bauten, CLT 4, vgl. Schiller, Jurid. Rev., 43, 225f.

[2]) BM 1059, siehe Steinwenter, Studien, 13.

[3]) St P 32.

[4]) Ep 141; vgl. Bürgschaftsurkunden betr. Gotteslästerung, CO 81. 300. Ad 14.

[5]) BM 616.

[6]) KRU 52 = BM 426, vgl. Steinwenter, Studien, 21.

[7]) Lond 1610.

[8]) Lond 1611 (διαλυτικὴ ὁμολογία); cf. auch Listen von gestohlenen Gegenständen, Ep 548, Ryl 239.

stellung und Gruppierung der einzelnen Urkundentypen im wesentlichen der Verfasser verantwortlich ist, und daß diese Gruppierungen keinen endgültigen Charakter haben, vielmehr noch weitere Forschungen notwendig sind.

Obwohl das Studium koptischer Institutionen noch in den Kinderschuhen steht, kann vielleicht dieser Überblick über die Urkunden sowohl wie die bereits veröffentlichten Abhandlungen dazu beitragen, das Interesse der Rechtshistoriker an diesem wichtigen Gebiet des antiken Rechts zu wecken.

New York, 1. Oktober 1931.

Prof. Dr. A. Arthur Schiller.
School of Law. Columbia University.

Zusatz der Redaktion.

Ich darf als geschäftsführender Herausgeber dem mit deutscher Forschung eng verbundenen Verfasser auch meinerseits den besten Dank dafür aussprechen, daß er in mühevoller Arbeit auf weithin noch unerforschtem Gebiete hier diesen „Sammelbericht" hat erscheinen lassen. Dieser Bericht stellt, wie Herr Schiller selbst schon bemerkt hat, eine notwendige Ergänzung zu den ägyptologischen Sammelberichten Dr. Seidls über das national-ägyptische alte Recht dar und zeigt — womit auch Fernerstehenden der Wert des koptischen Rechtsstudiums deutlicher werden mag — in der koptischen Rechtsentwicklung trotz aller Aufnahme hellenistischen und römischen Rechtsgutes das starke Wiederaufleben des nationalen Elementes im Rechtsleben Ägyptens, nachdem so viele Fremdherrschaften über das Land hinweggegangen sind. Von der hier angeführten Literatur möchte ich meinerseits nur auf eine zwar schon herangezogene, aber nicht gebührend hervorgestellte eigene Studie des Herrn Verfassers hinweisen, Coptic Law, erschienen in der Septembernummer 1931 von The Juridical Review, vol. 43. Hier gibt Schiller eine großzügige Übersicht, die trefflich auch als Einführung in den uns überlassenen Sammelbericht dienen kann. L. W.

4. Spiegelberg, Wilhelm †, Die demotischen Papyri Loeb. Mit Zusätzen von Walter Otto. München, C. H. Becksche Verlagsbuchhandlung 1931.

Mit Wehmut gehe ich an die Aufgabe, eines der posthumen, nunmehr erschienenen Werke meines unvergeßlichen Lehrers Wilhelm Spiegelberg (1870—1930)[1]) anzuzeigen. Galt doch gerade diesem Werke die Arbeit seiner letzten Lebenstage. Wenn Verf. aber in der Einleitung davon schreibt, er habe sich hier mit einer Pionierarbeit begnügt, so trifft dies höchstens insoferne zu, als die gesamte Demotistik heute noch vielfach Pionierarbeit leisten muß, im übrigen liegt hier ein Werk vor, das auf Schritt und Tritt den bewährten Altmeister erkennen läßt. Und wenn im folgenden einige Wünsche oder Zusätze eines Rechtshistorikers zu den Papyri Loeb veröffentlicht werden sollen, so wird es dem Kundigen nicht entgehen, daß es sich hiebei um Wünsche handelt, die sich nicht an dieses Werk, sondern an die gesamte moderne Publikation demotischer Rechtsurkunden richten.

Die wichtigsten demotischen Papyri Loeb gehören der vorptolemäischen und frühptolemäischen Zeit an und haben schon dadurch für die rechtshistorische Papyrusforschung großen Seltenheitswert[2]). Die Ausgabe beginnt mit dem schon wiederholt veröffentlichten[3]) Papyrus Loeb 1, dem amtlichen Bericht eines ägyptischen Unterbeamten an den persischen Satrapen Pherendates. Der Text bietet eine willkommene Ergänzung des Bildes von der persischen Verwaltung in Ägypten, das bisher vor allem aus den aramäischen Urkunden von Elephantine gewonnen werden mußte.

Schon Pap. 3 ist eine Privatrechtsurkunde und zwar ein Getreidedarlehen vom Jahre 306/5 v. Chr. Sehr interessant ist die Vereinbarung über die Rückzahlung. Zwar läßt die Urkunde nicht ohne weiteres erkennen, ob das Darlehen zu Beginn oder zu Ende des Monats Tybi gegeben wurde, so daß sich zunächst nicht sagen

---

[1]) Sein Wirken und seine Bedeutung für die Rechtswissenschaft schildern die Nachrufe von Wenger, Ztschr. d. Savigny-Stiftung R. A. 51, 606; Bergsträßer, Jahrbuch d. bayr. Akad. d. Wiss. 1930/31 S. 27; Seidl, Aegyptus XI 195.

[2]) Die Stellung der vorptolemäischen Urkunden in dem bisherigen Material habe ich schon oben S. 234 angedeutet.

[3]) Spiegelberg, Drei demotische Schreiben aus der Korrespondenz des Pherendates, Sitz.-Ber. Akad. Berlin 1928 XXX 13 u. Festschrift für James Loeb, München 1930, 95.

läßt, ob die Zinsen für die erste Periode des Darlehens für zwei oder für drei Monate berechnet sind. Indes dürfte man weiterkommen, wenn man beachtet, daß die drei gegebenen Zinsversprechen nach dem System des Anatocismus gestaffelt sind. Während der ersten Periode des Darlehens (entweder 2 oder 3 Monate) wird es in natura verzinst und zwar mit einem Jahreszins von 200% bei Annahme von 2 Monaten (wenn das Darlehen also am Ende des Monats Tybi gegeben wurde) oder von 133⅓% bei Annahme von 3 Monaten (wenn es am Anfang des Monats Tybi gegeben wurde). Nach Ablauf dieser Periode kann das Darlehen zurückerstattet werden. Wenn nicht, werden die Zinsen zum Kapital geschlagen und das Ganze nunmehr mit einem Jahreszins von 600% in natura verzinst. Dieser enorm hohe Zins trägt wohl auch den Charakter einer Vertragsstrafe in sich. Nach Ablauf eines weiteren Monats kann der so errechnete Betrag in natura zurückgegeben werden; wenn nicht, so werden abermals die Zinsen zum Kapital geschlagen. Dieses somit auf 10 Artaben Weizen angeschwollene Kapital wird nun nicht mehr in natura verzinst, sondern es gilt nach Ablauf eines weiteren Monats als um den von vorneherein festgesetzten Preis von 2 Silberlingen verkauft. Es ist anzunehmen, daß dieser Preis so hoch ist, daß er abermals eine Verzinsung und eine Vertragsstrafe in sich enthält[4]). Aber der Darlehensnehmer ist nun gar nicht mehr berechtigt, Weizen zurückzugeben: die Getreideschuld hat sich in eine Geldschuld umgewandelt. Aus der Klausel, die die Umrechnung in Geld angibt (Z. 18): „je 5 Artaben zum Preis von 1 Silberling, macht 2 Silberlinge" sieht man, daß dem ganzen Verzinsungssystem der Anatocismus zugrunde gelegt ist. In dem Umstande, daß der Zinssatz der 2. Periode, 600% ein Vielfaches von 200% und nicht von 133⅓% darstellt, kann man vielleicht ein schwaches Argument dafür sehen, daß das Darlehen am Ende des Tybi gegeben wurde, was ja auch Spiegelberg selbst in seinem Kommentar zu vertreten scheint.

Nr. 4—30 kann man wohl nicht als Rechtsurkunden schlechtweg

---

[4]) Vgl. dazu Angelo Segrè, Circolazione monetaria. Roma 1922. Tafel 1 S. 100; Fr. Heichelheim, Wirtschaftliche Schwankungen der Zeit von Alexander bis Augustus, Jena 1930 Tafel VIII S. 118.

bezeichnen, es sind vielmehr Briefe, vielfach Geschäftsbriefe. Aber sie stecken so voll von Redewendungen, die auch in Rechtsurkunden vorkommen, daß sie als eine Art „indirekter" Rechtsquellen betrachtet werden können und ihr Studium auch der Rechtsgeschichte zugute kommt. So begegnet 4, 24 das Zeitwort sch „schlagen", was Spiegelberg Veranlassung zu philologischen Erörterungen gibt (S. 14 Anm. 16). Spiegelberg zeigt, daß es sich um denselben Wortstamm handelt, der auch in dem Verbum schj enthalten ist, das in unzähligen Rechtsurkunden bisher der juristischen Auslegung Schwierigkeit bereitete. Die herkömmliche Übersetzung ist „Macht haben", vgl. z. B. das Formular der Kaufvertrags-Silberschrift (Spiegelberg, Ägyptologische Mitteilungen, Sitz.-Ber. Akad. München 1925 X S. 26) § 9: „Nicht soll irgend ein Mensch darüber Macht haben können außer dir"[5]). Dieses „Macht haben" geht also auf ein „Schlagen" zurück[6]). In den Briefen unter den Loeb-Papyri übersetzt Spiegelberg das Verbum sch mit „antasten, sich vergreifen an etwas"[7]), es bedeutet hier eine Beeinträchtigung des Eigentums, steht also in einem scheinbaren Gegensatz zu dem „Macht haben" (schj) der Rechtsurkunden.

Das tertium comparationis scheint mir nur die Rechtsvergleichung liefern zu können. Als das für die ägyptische Rechtsgeschichte nächstliegende Vergleichsmaterial sind zunächst die keilschriftlichen Rechtsquellen heranzuziehen. Da zeigt sich im babylonischen Recht ein Verbum baqâru „schlagen", dessen Begriff sich völlig mit sch deckt. Baqâru ist, wie San Nicolò gezeigt hat[8]), der für die Eigentumsverfolgung typische Akt. Wer das Eigentum an einer in fremdem Besitz befindlichen Sache in Anspruch nehmen will, schlägt in symbolischer Weise die Sache und behauptet damit sein rechtmäßiges

---

[5]) Vgl. Griffith, Catalogue of the Demotic Papyri in the John Rylands library. Manchester 1909 Bd. III S. 388 unten u. 389 oben; Junker, Sitz.-Ber. Akad. Wien 197, 2, 39[3]; Reich, Papyri juristischen Inhalts aus dem British Museum, Wien 1914, 47; Spiegelberg, Demotische Papyri aus den badischen Papyrussammlungen, Heidelberg 1923 S. 16.

[6]) Die Bedeutung „Schlagen" für sch ist durch die bei Griffith a. a. O. S. 388 unten angeführten Stellen auch für das Zeitalter der demotischen Schrift gesichert. Vgl. Erman-Grapow III S. 466 unten.

[7]) 4, 24. 5, 23. 6, 26. 11, 23. 16, 6; 17; 25. 22, 4.

[8]) Die Schlußklauseln der altbabylonischen Kauf- und Tauschverträge. München 1922 S. 165.

Eigentum. Das ist zunächst eine außergerichtliche Rechtsbehauptung, die aber, wenn der Besitzer der Sache nicht weicht, zum Vindikationsprozesse führt. Nicht viel anders ist es im römischen Recht. Gai 4, 16 lesen wir, daß der Vindikant die Formel spricht: Hunc ego hominem ex jure quiritium meum esse aio secundum suam causam · sicut dixi, ecce tibi vindictam imposui[9]). Dieses Anlegen des Stabes an den in Anspruch genommenen Sklaven kommt einem „Schlagen" doch sehr nahe. Das Schlagen ist eben ein äußerst naheliegender symbolischer Ausdruck für die Berechtigung, mit einer Sache nach Belieben verfahren zu können und daher sehr geeignet das uneingeschränkte Eigentum zu dokumentieren. Und so finden sich auch noch in anderen Rechten, z. B. im germanischen[10]) Recht ganz ähnliche Gebräuche, die durch ein symbolisches Schlagen die Behauptung, Eigentümer zu sein, zum Ausdruck bringen.

So geht auch das demotische schj in den Rechtsurkunden auf ein symbolisches sch „Schlagen" zurück. Wie soll man es nun übersetzen? Man könnte etwa die Kaufvertragsformel wiedergeben: „Nicht soll irgend ein Mensch darauf ein Schlagen machen können". Aber das würde dem Sprachunkundigen die Tatsache verschleiern, daß eben sch und schj im Demotischen doch verschieden geschrieben werden. Denn man kann aus dieser etymologischen Beobachtung Spiegelbergs nicht den Schluß ziehen, daß noch im enchorischen Vindikationsprozeß der Ptolemäerzeit tatsächlich ein symbolisches Schlagen der Prozeßeinleitung vorausging. Die Frage, ob man etymologisch wörtlich übersetzen solle, wird ja auch bei keilschriftlichen Rechtsurkunden erörtert[11]). Schj ist im Zeitalter der demotischen Schrift schon zu einem rein juristischen Ausdruck geworden,

---

[9]) Zum römischen Recht vgl. Betti, La vindicatio Romana primitiva, in: Il Filangieri 1915, 1 mit reichen Literaturangaben; Betti, La vindicatio quale atto del processo reale legittimo. Rendiconti del R. Istituto Lombardo di scienze. Vol. 48 fasc. 11; Wenger, Institutionen des römischen Zivilprozeßrechts, München 1925, vor allem S. 121 u. 121[14]. Lévy-Bruhl, Le simulacre de combat dans le sacramentum in rem. Studi Bonfante III 83.

[10]) Der bekannte Anefang. Vgl. für den Mobiliarprozeß etwa: Heinrich Brunner, Deutsche Rechtsgeschichte Bd. II Lpz. 1892 S. 498ff. „Wer ihn vornimmt, schlägt die Hand an die Sache, mittit manum super rem". Vgl. für den Immobiliarprozeß S. 498[26] u. S. 513.

[11]) San Nicolò, Deutsche Literaturzeitung 1931 S. 1188 zu Eißer u. Lewy, Die altassyrischen Rechtsurkunden vom Kültepe I u. II, Leipzig 1930.

es heißt: „Einen Eigentumsanspruch erheben", vindicare. Die sprachgeschichtliche Trennung des schj von sch liegt jedenfalls in vorsaïtischer Zeit, das zeigen die Belegstellen in den Rylands- und jetzt in den Loeb-Papyri. Es ist also ausgeschlossen, daß etwa in der Perserzeit das babylonische baqâru vom ägyptischen Rechte rezipiert worden wäre.[12])

Vorstehenden Deutungsversuch des schj auf rechtsvergleichende Methode durfte ich noch mit Spiegelberg selbst durchsprechen. Er hat sich mir insoferne angeschlossen, als er in Pap. Loeb 52, wo man mit der Bedeutung „Macht haben" nicht durchkommt, versuchsweise ebenfalls schj mit „einen Eigentumsanspruch erheben" übersetzt hat. Doch wollte er bei den übrigen Rechtsurkunden, die schj belegen, offensichtlich noch die Aufnahme dieser nunmehr an die Öffentlichkeit tretenden Deutung von ägyptologischer Seite abwarten und so beließ er es bei Pap. 43, 4. 63, 6 und in den Ergänzungen 44, 4; 8. 68, 6 bei der bisherigen Übersetzung „Macht haben". Ich glaube, daß nach dem Ausgeführten in allen diesen Urkunden das „Macht haben" durch „einen Eigentumsanspruch erheben" ersetzt werden sollte. Denn dann besteht der scheinbare Gegensatz zwischen sch „das Eigentum beeinträchtigen" und schj „einen Eigentumsanspruch erheben" nicht mehr: es handelt sich im Grunde um dasselbe, nur daß im ersteren Falle die Sachlage vom Standpunkt des Besitzers der Sache, im letzteren Falle vom Standpunkt des nichtbesitzenden Eigentümers aus gesehen wird.

Ein anderer dieser Briefe, Nr. 17, ist nicht weniger lehrreich. Der Briefschreiber beklagt sich fortwährend, z. B. Z. 50: „daß anders war dein Mund als dein Herz". Der also Angeredete hatte Versprechungen gemacht, aber unter geheimem Vorbehalt, reservatio mentalis. Das zeigt wieder deutlich, daß das Herz für den Ägypter Sitz und Ausdruck für den freien Willen ist[13]). Rede und

[12]) Anmerkungsweise sei erwähnt, daß es sich bei schj nicht um das Verbum handelt, das Partsch in den Papyri Hauswaldt S. 27* zu ganz ähnlichen rechtsvergleichenden Studien anregte. Doch zeigt auch Partschs Untersuchung, daß sich die ägyptischen Rechtsvorstellungen dieser Zeit in diesen Gedankengängen bewegten.

[13]) Vgl. Erman-Grapow III 27, insbesondere die Bedeutungen: „Sitz des Denkens", „Sitz des Mutes, der Ausdauer" und die Redewendungen: „sein Herz hinter etwas geben" = „sich sorgen", „nach jemands Wunsch handeln".

Wollen stimmen bei der reservatio mentalis nicht überein. Wenn es also in der Kaufvertrags-Silberschrift (Spiegelberg, Sitz.-Ber. Akad. München 1925 II 26) § 2 heißt: „Du hast mein Herz zufriedengestellt mit dem Silber des Wertes meiner Liegenschaft", so soll das nichts anderes bedeuten als „Du hast meinen freien Willen zufriedengestellt". Ich möchte damit gewiß nicht vorschlagen, daß der Philologe von der gewohnten wörtlichen Übersetzung „Herz" abgehen sollte, wohl aber möchte ich für den Juristen bemerken, daß die auf den ersten Blick so poetisch klingende Formel einen sehr nüchternen juristischen Gedanken ausdrücken will, nämlich, daß der Empfänger des Geldes ohne Beeinträchtigung seiner Willensfreiheit befriedigt zu sein erklärt.

Der Erwähnung wert ist ferner Nr. 18. Der Papyrus geht Z. 7 dazu über, aufzuführen: „Ihr Verzeichnis im einzelnen: Wert von Myrrhen usw." Man fragt sich zunächst, wessen Verzeichnis, da ein Sammelname in dem Vorausgegangenen nicht zu stehen scheint. Man wird, um die Antwort zu finden, die Redewendung in Z. 2 „Ich habe Briefe gemacht[14]" in dem Sinne deuten müssen, daß man unter „Briefen" Rechtsurkunden wie Sethe-Partsch, Bürgschaftsurkunden Nr. 4. 6. 22. 23. Lille dem. 4 versteht, die sich ja selbst als „Briefe" bezeichnen[15]). Das „Verzeichnis" von Z. 7 ab soll dann im einzelnen ausführen, was in diesen Rechtsurkunden „verbrieft" war.

Von Nr. 31 ab folgen hauptsächlich Rechtsurkunden. Sehr bemerkenswert ist Nr. 41, aus saïtischer Zeit, worin ein Gausoldat namens Staamengui anerkennt, daß ein anderer Gausoldat Miteigentümer an einer Kuh sei. Hier liegt eine Gemeinschaft nach Bruchteilen pro partibus indivisis vor. Dieses von E. Weiß[16]) in griechischen Papyri festgestellte Rechtsinstitut läßt sich also in die

---

[14]) Da der Artikel fehlt, wörtlich: „ich habe verbrieft".

[15]) 4, 16. 6, 13. 22, 24. 23, 9. Lille 4, 17. Der „Brief" begegnet auch in der äg. Zivilprozeßordnung. Ausführlicher hierüber in meinem demnächst in der Chronique d'Égypte erscheinenden Vortrag auf dem 18. Int. Orientalistenkongreß, wo ich diese Gruppe von Urkunden als „Verpflichtungsscheine" ähnlich den babylonischen zu charakterisieren versuche [Nr. 13—14 S. 213].

[16]) Communio pro diviso und pro indiviso in den Papyri. Arch. Pap. 4, 330; insbes. 358. Vgl. auch Partsch in den Bürgschaftsurkunden (Abhd. Akad. Leipzig XXXII) 690.

Saïtenzeit hinaufverfolgen. Jeder der beiden Gemeinschafter ist Eigentümer an einer ideellen Hälfte der Kuh. Eine solche ideelle Hälfte der Kuh wäre ein durchaus taugliches Objekt für einen Vindikationsprozeß, sowohl gegen den anderen Gemeinschafter, wenn er sich etwa in den Alleingenuß der Sache setzen sollte, als auch gegen einen Dritten. Actio pro socio und rei vindicatio partiaria scheinen hier gleichartig behandelt zu sein. Denn P. Loeb 41 sagt Z. 3: „Nicht soll irgend ein Mensch auf der Welt, (sei es) Vater, Mutter usw. . . ., ich selbst eingeschlossen, einen Eigentumsanspruch erheben können auf ihre (d. h. der Kuh) Hälfte und die Hälfte ihrer Jungen, die sie gebären wird". Es ist freilich auch möglich, daß diese Formel nur gedankenlos aus dem Formular der Kaufsilberschriften abgeschrieben wurde. Hinweisen möchte ich auch auf den Ausdruck „Kaufen", inj (r) db' hd, Pap. 41, 2, wörtl. „für (Äquivalent in) Silber an sich bringen". Der Ausdruck ist vom Bargeschäft hergenommen, bei dem dingliches und obligatorisches Geschäft zusammenfallen und bestätigt Partschs Auffassung der πρᾶσις, die gleich bei Pap. 43 zu erwähnen ist. Vgl. Sethe, Bürgschaftsurkd. S. 268.

Pap. 43 ist die derzeit älteste Kaufabstandsschrift (525 v. Chr.). Spiegelberg möchte ihr in Übereinstimmung mit der älteren Lehre doch wieder den Wert einer Eigentumsübertragung beimessen (S. 75). Trotz des hohen Alters der Urkunde vermag sie m. E. die Lehre Partschs[17]) nicht zu entkräften; denn auch die ältesten Silberschriften, wie etwa P. Ryl. 1 sprechen vom vollzogenen Bargeschäft; die Eigentumsübertragung geht also bereits der Silberschrift voraus. Die Deutung der Abstandsschrift als vorweggenommener Prozeßrezeßerklärung würde auch für P. 43 gut passen. Die nächstälteste Kaufabstandsschrift ist Corp. pap. I 3 (Louvre E 2430). Es ist dies eine Urkunde, die von den Zeugen nicht einfach unterzeichnet ist, sondern bei denen jeder Zeuge noch einmal den gesamten Vertragsinhalt eigenhändig wiederholt. Das höhere Alter des P. Loeb 43 zeigt demgegenüber, daß in der Saïten- und Perserzeit diese Form der Urkundserrichtung doch nicht mehr notwendig war, wenn sie auch noch häufig angewandt wurde. Das einfache

[17]) Hauswaldt-Papyri S. 16*. Vgl. meinen Eid im ptol. Recht. Münch. Diss. 1929 S. 80² u. Reg.

Unterzeichnen der Zeugen, das P. Loeb 43 zeigt, hatte dieselbe rechtliche Wirkung für die Gültigkeit der Urkunde.

Bisher waren nur wenige demotische Urkunden bekannt, die das Rechtsinstitut der Teilpacht beleuchten[18]). Die Loeb-Papyri enthalten deren nun gleich zwei. Nr. 45 stammt aus der Perserzeit (497 v. Chr.). Zwei Miteigentümer verpachten einen Acker. Die Ernte soll ½ zu ½ zwischen Verpächtern und Pächter geteilt werden. Nr. 52 gehört der Ptolemäerzeit an. Teos, der Sohn des Semtheus hat von Timokrates, dem Sohne des Pyrrhos einen Acker auf Teilbau gepachtet, so zwar, daß $^1/_5$ an Timokrates abzuliefern ist[19]), während $^4/_5$ ihm, dem Teos, gebühren. Ferner hat Teos gemeinsam mit seinem älteren Bruder Pekysis von Areios, dem Sohn des Diogenetos, einige Äcker in der Weise gepachtet, daß dem Areios ¼, den beiden Brüdern zusammen ¾ zustehen sollen. Nun errichtet Teos die vorliegende Urkunde, worin er seinem Bruder Pekysis — für welche Schuld, ist nicht genau ersichtlich, vgl. Z. 9ff. — verpfändet: 1. die Erzeugnisse, die ihm nach dem Teilpachtvertrag mit Timokrates gebühren, 2. die Erzeugnisse, die nach dem Teilpachtvertrag mit Areios den Brüdern gemeinsam gehören. Das geschieht in der Weise, daß der Verpfänder erklärt (Z. 2), er sei verpflichtet, dem Pfandgläubiger gegenüber sein Eigentum nicht geltend zu machen (durch das oben S. 299 besprochene schj). Es handelt sich hier also nicht um eine Verpfändung in unserem eigentlichen Sinne, um Bestellung eines dinglichen Rechts, sondern nur um eine obligatorische, nur dem Pfandgläubiger gegenüber gesche-

---

[18]) S. Kobler, Der Teilbau im römischen u. ital. Recht. Münch. Diss. 1928, insbes. S. 13 u. S. 18. Dazu: Eißer, Sav. Ztschr. 49, 552; Wenger, Archiv für Papyrusforschung 10, 166; Schönbauer, Beiträge zur Geschichte des Bergbaurechts, München 1929, 54 u. dazu Wenger a. a. O. S. 171. Demotische Urkunden zur Teilpacht: Corp. Pap. I 10 (Taf. XI) = Griffith Inv. Nr. 32: der Verpächter erhält ½. Corp. Pap. I 14 (Taf. XV) = Griffith Nr. 34: der Verpächter, der auch das Pfluggespann stellt, erhält $^5/_6$. Corp. Pap. I 15 (Taf. XVI) = Griffith Nr. 35: der Verpächter erhält $^4/_9$. Bei diesen Ziffern muß man aber noch die unbekannt hohe Abgabe an den Tempel des Amon hinzu-, bzw. abrechnen. Aus der Ptolemäerzeit käme hinzu: Straßb. 9, wonach der Verpächter $^1/_{10}$ erhält. In P. Ryl. 26 dagegen ist die Teilpachtabrede nur von Griffith nach Straßb. 9 ergänzt.

[19]) Man könnte zur Not an das umgekehrte Verhältnis denken und das „welche" in Z. 4 u. Z. 6 auf „Nutzen des Ackerbauers" beziehen. Aber Spiegelbergs Deutung ist nicht nur sprachlich bequemer, sondern wird auch durch P. Hib. I 90 gestützt, wo der Verpächter ebenfalls $^1/_4$ des Weizens erhält.

hende Verpflichtung, nicht zu vindizieren. Und diese relative Verpflichtung solle solange dauern, bis sich Pekysis für seine Forderung befriedigt habe. (Das mh—k—tj Z. 9 ist doch nicht in mh—j zu verbessern, wie Spiegelberg S. 84 Anm. 11 annimmt, sondern in mh—k, es muß Z. 9 heißen: bis du dich befriedigt hast.)[20])

Von den übrigen Texten sei noch auf P. 47 hingewiesen, worin ein Gemeinschaftsverhältnis an 10 Gänsen erwähnt ist, endlich auf Pap. 68, eine Kaufsilberschrift aus persischer Zeit, die das Bild vom altägyptischen Vindikationsprozeß, das die obige Untersuchung des Wortes schj geliefert hat, wirkungsvoll abrundet. Der Verkäufer bestätigt in Z. 6 dem Käufer, daß niemand in Zukunft das Recht haben solle, an dem verkauften Acker einen Eigentumsanspruch geltend zu machen. Wenn es aber doch geschehe, wenn also doch jemand ein solches symbolisches „Schlagen" an dem Acker vornehmen sollte, so würde er, der Verkäufer, dafür sorgen, daß dieser dritte Vindikant sich entfernen müsse. Wenn der Verkäufer nicht dafür sorgen werde, werde er eine Vertragsstrafe entrichten müssen. Dem dritten Vindikanten solle diese Teilnahmslosigkeit des Verkäufers nichts nützen, „indem dir dein obiger Acker dennoch gehört", sagt die Urkunde in Z. 10. Das Wort 'n, das Spiegelberg hier mit „dennoch" übersetzt, heißt wörtlich „wiederum" und kehrt wörtlich in dem aramäischen Papyrus Sachau 31 (Pap. 30) = Cowley 1 Z. 7 wieder, was in Sachaus Übersetzung deutlich wird, während Cowley einen anderen Ausweg suchte (s. seine Anmerkung zu Z. 7 S. 3), der aber durch die demotischen Parallelen widerlegt zu sein scheint. Auch „wiederum" gäbe einen guten juristischen Sinn: durch das schj des Vindikanten ist dem rechtmäßigen Besitzer die Sache für die Dauer des Prozesses entwehrt. Hat er aber den Prozeß gewonnen, so wird die Sache nun „wiederum" die seinige[21]). So ist auch die Vorstellung im babylonischen Recht[22]), wo der siegreiche Besitzer der Kaufsache feierlich „die Stirne des Hauses reinigt". Dieselbe Auffassung zeigt nun P. Loeb 68; denn er fährt nach der Klausel „indem dir dein obiger Acker dennoch gehört" fort: „indem

[20]) Ebenso Z. 14.

[21]) Dasselbe 'n findet sich in gleicher Bedeutung auch in P. Ryl. 1. 2. 4. 5.

[22]) S. San Nicolò, Schlußklauseln S. 171; Koschaker, Babylonisch-assyrisches Bürgschaftsrecht, Leipzig 1911 S. 193.

er für dich bereinigt ist von heute fürderhin bis in Ewigkeit"[23])[24]). Sowohl das „wiederum" wie das „bereinigen" sind nun schon in saïtischen Texten belegt; eine Rezeption vorderasiatischen Rechts in der Perserzeit kann man darin also nicht sehen.

Eine Fülle wertvollsten Materials für die antike Rechtsgeschichte, namentlich für schwierige und umstrittene Fragen, bringen diese Loeb-Papyri bei[25]). Walter Otto hat den Band noch um große Zusätze bereichert, die in chronologischen und kulturgeschichtlichen Fragen das Werk bedeutend fördern. Heribert Schuler überwachte die Drucklegung, um die sich auch Otto und Sethe bemühten. Ich möchte den Dank des Schülers Spiegelbergs mit dem Dank des Rechtshistorikers verbinden: Wir stehen vor einem schönen und würdigen Denkmal für den verstorbenen Meister; doch ist es noch nicht das letzte: bald wird in dem 3. Bande der demotischen Urkunden von Kairo ein weiteres folgen.

München. Erwin Seidl.

5. Arangio-Ruiz, Vincenzo, Persone e famiglia nel diritto dei papiri. Milano, Società editrice «Vita e pensiero» 1930. 8°. XVI/84 S.

Die Abhandlung befaßt sich mit ausgewählten Kapiteln zum Personen- und Familienrecht der Papyrusurkunden aus Ägypten. Großes Gewicht ist dabei dankenswerterweise auf Rechtsvergleichung gelegt: römisches, griechisches und nationalägyptisches Recht werden zu jedem Thema vergleichend dargestellt. So zeigt die Abhandlung in lebendigster Darstellung, worin die Schwierigkeit und zugleich der Reiz der Beschäftigung mit den juristischen Papyrusurkunden liegt: in der Aufgabe diese Vielheit der nationalen Rechte voneinander zu trennen und sie in ihrer Ursprünglichkeit wie in ihrer Synthese zu erkennen.

Gleich in dem ersten Kapitel, das vom status der Sklaven

---

[23]) Es handelt sich hierbei um das Verbum n', das nicht zu verwechseln ist mit w'b, an das San Nicolò in den Schlußklauseln 172[80] dachte.

[24]) Weitere Belege für n' s. in Spiegelbergs Anm. 6 (S. 104).

[25]) Einige unbedeutende Druckfehler sind bei einem so großen Werke unvermeidlich. S. 66 zu Pap. 33: nach: [der Götter sollte wieder eine] folgen. S. 78 Anm. 7: statt: s. Bem. 1: s. Bem. 1a. S. 103 zu Pap. 68 Z. 5 vor: Bezahlungs-Schrift sollte keine [stehen. Endlich ist die Angabe S. 75: Corp. Pap. 3 bis mißverständlich, es handelt sich um Corp. Pap. I 3 (Pl. II—III) = Griffith, Inv. Nr. 66.

handelt, beweist Verf. seine langjährige bewährte Meisterschaft auf dem Gebiete der juristischen Papyrologie. Er legt dar: während das römische Recht den Sklaven als Sache behandelt (S. 2), woraus sich völlige Rechts- und Prozeßunfähigkeit logischerweise ergeben müsse, fasse das griechische und das ägyptische Recht den Sklaven als rechts- und prozeßfähig auf: die Sklaveneigenschaft habe nur relativ, in Beziehung auf den Herrn rechtsmindernde Bedeutung (S. 4). Als ein Beispiel dieser mit dem römischen Recht unvereinbaren freieren Stellung der Sklaven erscheint die Möglichkeit der Halbfreiheit, die dadurch entsteht, daß von zwei Miteigentümern des Sklaven der eine die Freilassung vollzieht, der andere nicht (S. 8). Nach römischem Recht (z. B. Ulp. Reg. 1, 18, Paul. Sent. 4, 12, 1) würde in diesem Falle dem anderen Miteigentümer der Miteigentumsanteil des Freilassers anwachsen. Die Freilassung hätte also ihr Ziel verfehlt; der Sklave bliebe Sklave, aber nur nicht mehr zweier Herrn, sondern er stünde nur mehr im Alleineigentum eines Herrn. Anders entscheidet das byzantinische Recht, das den favor libertatis zum Prinzip erhoben hat (Cod. Just. 7, 7, 1): Der Sklave wird da frei, aber der Freilasser muß den Miteigentümer entschädigen. Eine ganz andere Lösung treffen nun die Papyri: der Sklave bleibt Halb-Sklave und gleichzeitig Halb-Freier (S. 10). Das ist im Orient nichts Ungewöhnliches: auch im talmudischen Recht wird diese Frage erörtert[1]). Dort findet die Rechtsschule des Schamai folgende praktische Durchführung der Halbfreiheit: der Halb-Sklave solle abwechselnd einen Tag seine Arbeitskraft dem Halb-Eigentümer zur Verfügung halten, den anderen Tag könne er wieder nach Belieben über sich wie ein Freier verfügen. Auch das Corpus iuris des Patriarchen Jesubocht[2]) kennt diesen Zustand der Halbfreiheit V, 13, 7 (vgl. auch §§ 5 u. 6). Verf. erklärt nun diese vom römischen Recht ganz abweichende Lösung im Zusammenhang mit der griechischen und ägyptischen[3]) Auffassung, daß der Sklave überhaupt auch ein Rechtssubjekt sei (S. 8). Denn nur so

---

[1]) S. Rotondi, Studii varii di diritto Romano ed attuale III 60; 78. Verf. S. 9.

[2]) Sachau, Syrische Rechtsbücher III, Berlin 1914.

[3]) Daß auch das nationalägyptische Recht dem Sklaven Rechtssubjektivität zugesteht, zeigen zwei Papyri der Saïtenzeit: Ryl. dem. 6 und 7. In letzterem

ist es möglich, daß der Halb-Sklave mit seinem Halb-Herrn über das Maß und die Art der Sklavendienste, die die halbe Arbeitskraft umfassen sollen, ebenso eine Vereinbarung treffen kann, wie sich sonst die beiden Miteigentümer über die Verteilung der Arbeitskraft unter sich einigen müßten.

Die Richtigkeit dieser Erklärung findet, wie mir scheint, eine glänzende Bestätigung, wenn man — über den Verf. hinausgehend — das Ergebnis vom Standpunkt des Gemeinschaftsrechts nachprüft. Den Untersuchungen von Weiß, Archiv für Papyrusforschung 4, 330 verdanken wir die genaue Kenntnis von der communio pro indiviso im Recht der Papyri[4]). Neuerdings haben zwei demotische Papyri Loeb[5]) (Nr. 41 u. 47) die zugrundeliegende Denkform in helles Licht gestellt: Miteigentum wird nicht so aufgefaßt, daß zwei Miteigentümer zusammen den Eigentümer repräsentieren, sondern so, daß man sich die im Miteigentum befindliche Sache in zwei (ideell zerlegte) Sachen gespalten denkt, von denen eine jede Gegenstand des freien Rechtsverkehrs, taugliches Objekt eines Vindikationsprozesses, kurzum, juristisch eine selbständige Sache darstellt. Diese Denkform liegt auch der Halbfreiheit zugrunde: Der von einem Miteigentümer freigelassene Sklave ist also — da er ja, obwohl Sklave, Rechtssubjekt ist — Eigentümer einer juristisch selbständigen Sache, nämlich der einen Hälfte seiner Arbeitskraft. Eigentümer der — ebenfalls als selbständige Sache vorgestellten — anderen Hälfte seiner Arbeitskraft ist der andere „Miteigentümer", der nicht freigelassen hat.

Das zweite Kapitel ist der Frage nach der Rechtsstellung der Griechen und Ägypter der Römerzeit und dem Nationalitätsprinzip gewidmet. Das bietet dem Verf. Gelegenheit, sich mit den Lehren von Bickermann und Schönbauer, sowie mit den Augustusedikten aus Cyrene[6]) auseinanderzusetzen.

---

erneuert ein Sklave seinem Herrn die bereits vor 5 Jahren ausgestellte Kaufsilberschrift (Pap. 6), durch die er sich in die Sklaverei begeben hatte. Also kann auch der Sklave mit dem eigenen Herrn kontrahieren.

[4]) Vgl. auch Partsch(-Sethe), Demotische Urkunden, Abhd. Akad. Leipzig 32, 689ff.

[5]) S. oben S. 297, insbes. S. 302.

[6]) Stroux-Wenger, Die Augustusinschrift auf dem Marktplatz von Kyrene, Abhd. Akad. München 34, 2.

Im dritten Kapitel kommt Verf. zur Lehre vom Aufbau der Familie. Auch hier herrschen große Verschiedenheiten in den drei konkurrierenden Rechten. Das römische Recht hat die Idee der patria potestas am stärksten ausgebildet; es gibt dem Hausvater das ius vitae ac necis und das Recht des Verkaufes auch über den erwachsenen Sohn (S. 45). Dagegen läßt das Recht der griechischen Demokratien die väterliche Gewalt mit dem Zeitpunkt endigen, in welchem der Sohn alt genug ist, seine Angelegenheiten selbst zu erledigen (S. 50). Noch weiter scheint sich das ägyptische Recht und das gräkoägyptische Mischrecht von der römischen Struktur der Familie zu entfernen, wenn man die demotischen sog. Eheverträge zugrunde legt, in welchen regelmäßig eine Klausel begegnet, daß der älteste gemeinsame Sohn Herr des ganzen gegenwärtigen und zukünftigen Vermögens des Familienvaters sei bzw. werden solle. Verf. vergleicht dieses Anwartschaftsrecht des Erstgeborenen, wie mir scheint, zutreffenderweise mit dem ius ad rem des kanonischen Rechts (S. 52) und legt unter Heranziehung von Pirennes Forschungen zum ägyptischen Recht des Alten Reiches dar, daß dieses ius ad rem des Erstgeborenen keineswegs Enterbung der jüngeren Geschwister bedeute (S. 53). Vielmehr entstehe eine Familiengemeinschaft, deren Repräsentant der älteste Sohn sei. Diese Familiengemeinschaft habe auch Bedeutung schon zu Lebzeiten des Vaters: darum erscheinen etwa im Edikt des Mettius Rufus (P. Oxy. II 237 VIII 34 = Meyer, Jur. Pap. 59) die Söhne als berufen, zu Geschäften des Hausvaters ihre Zustimmung zu erklären (S. 55). Damit wäre der Gegenpol zur römischen patria potestas erreicht: der pater familias wäre in seinen Geschäften abhängig von der Zustimmung seiner Kinder! Auch die von Pap. CPR. I 18 (= Meyer, Jur. Pap. 89) überlieferte Testierfreiheit im ägyptischen Recht habe zwar theoretische, aber nur spärliche praktische Bedeutung (S. 59), da praktisch das ius ad rem der Kinder häufiger sei.

Ein solches ius ad rem der Kinder am Vermögen des Vaters scheint schon in einem hieratischen Papyrus des Neuen Reiches, Pap. Turin 2021[7]) belegt zu sein — was die Ergebnisse Arangio-

[7]) Ed. Černy und Peet, Journal of Eg. Arch. 13, 30ff.; vgl. meinen Sammelbericht I, diese Ztschr. 3. Folge Bd. XXIV S. 64 mit einem Hinweis

Ruizs nachdrücklichst bestätigen würde. Dort setzt sich ein Vater mit seinen Söhnen erster Ehe auseinander, überläßt ihnen Teile seines (?) Vermögens, um von ihnen die Bestätigung zu erlangen, daß er mit dem ihm verbleibenden Teile des Vermögens nach Belieben verfahren könne; er will nämlich dieses Vermögen seiner zweiten Ehefrau verschreiben.

Freilich liegen in allen diesen Fällen Verträge zwischen den Eltern vor, die die patria potestas zugunsten der Kinder in einem so großen Maße einschränken. Sie beantworten aber nicht die Frage, wie es mit der gesetzlichen Regelung der väterlichen Gewalt steht, wenn keine Verträge sie einschränken. Wie so oft bleibt es in den Papyrusurkunden ungewiß, wie weit gesetzliche Vorschriften und wie weit bloße Sitten die tatsächlichen Verhältnisse gestaltet haben, die uns hier entgegentreten — ich erinnere an die gleich beim vierten Kapitel zu besprechenden sog. Eheverträge. Und so dürfte es anderseits nützlich sein, auch auf einige Texte hinzuweisen, die ein ganz anderes Bild von der väterlichen Gewalt im nationalägyptischen Recht zu geben scheinen.

Da wäre zunächst der saïtische Papyrus Louvre E 7832 = Corp. Pap. I 8 (Taf. IX)[8]) zu nennen. Hor, der Sohn des Peteesi erklärt in dieser Geldäquivalentschrift dem Choachyten Jeturoz: „Du hast (mein) Herz[9]) veranlaßt mein Silber anzunehmen dafür, daß ich dir Sohn bin. Ich bin dein Sohn mit meinen Kindern, welche mir geboren werden werden und allem was mir gehört und allem was ich erwerben werde. Nicht wird ein Mensch in der Welt einen Eigentumsanspruch auf mich erheben[10]) können außer dir einschließlich Vater, Mutter, Bruder, Schwester, Sohn, Tochter, Oberer, Obere bis (herab zu) jedem kleinen[11]) Kläger (??), ich ebenso(wenig)." Diese Urkunde scheint nicht eben dafür zu sprechen, daß das nationalägyptische Recht keine patria potestas kannte.

auf einen Papyrus des Mittleren Reiches, der möglicherweise ebenso zu erklären ist.

[8]) = Rev. Ég. 3 (Tafel). Neueste Übersetzung: Griffith, Dem. Rylandspapyri S. 57 u. S. 22 Nr. 28.

[9]) D. h. meinen freien Willen, s. oben S. 301.

[10]) S. oben S. 301.

[11]) S. Spiegelberg, Koptisches Handwörterbuch, Heidelberg 1921 S. 35: gwj.

Denn sie ist nach einem Formular errichtet, das in zahlreichen anderen Urkunden wiederkehrt, nur steht bei diesen statt „Sohn": „Sklave" (bk)[12]. Bei dieser Hauptserie von Urkunden besagt die Formel, daß der Verkäufer fortan Sklave des Käufers sein wolle, er sich also selbst in die Sklaverei verkauft. Bei Pap. Louvre E 7832 legt die Gleichartigkeit des Formulars mit diesen Versklavungsurkunden nun nahe, daß sich der Verkäufer in den status filii verkauft habe. Das würde, um wirtschaftlich sinnvoll zu sein, voraussetzen, daß der Vater auch über die Arbeitskraft eines erwachsenen Sohnes so beliebig schalten und walten könne wie über die Arbeitskraft eines Sklaven. Auch würde die gleichzeitige Übereignung des gegenwärtigen und zukünftigen Vermögens des Verkäufers die Annahme nahelegen, daß das Vermögen eines Haussohnes nur ein peculium sei, woran dem Vater das Eigentum zustehe. Um endlich noch ein im Sinne ausgebildeter väterlicher Gewalt sprechendes Indiz zu nennen: es scheint eine vindicatio filii vorgesehen zu sein, die ganz wie eine rei vindicatio aussieht. Allerdings ist, solange die Urkunde allein steht, auch die Erklärung Revillouts möglich[13]), wonach ein nachgeformtes Rechtsgeschäft vorliege, die Parteien also Adoption gewollt, aber sich des Kaufformulars bedient hätten, um das Rechtsgeschäft in einem gewohnten Formular beurkunden zu können.

Indes gibt es noch andere vorptolemäische Urkunden, die auf eine sehr starke patria potestas im nationalägyptischen Recht hinzudeuten scheinen. In den erwähnten Selbstverkäufen in die Sklaverei kommt es gelegentlich vor, daß der Verkäufer auch seine bereits geborenen Kinder mit in die Sklaverei verkauft, z. B. Ryl. dem. 3. 5. 6. 7. Das scheint doch darauf hinzudeuten, daß auch der ägyptische pater familias wie der römische seine Kinder verkaufen

---

[12]) S. Griffith a. a. O. S. 50ff. über die contracts of servitude. Neuerdings hat Koschaker, Über einige griechische Rechtsurkunden, Abhd. Akad. Leipzig 42, 1, 64[1] Zweifel geäußert, ob bk wirklich „Sklave" bedeutet. Ich halte aber die Übersetzung „Sklave" für sicher. Einmal begegnet das koptische bôk nach Crum, A Coptic dictionary, Oxford 1929, 30 im Neuen Testament für δοῦλος, οἰκέτης und παῖς, sodann ist in den demotischen Selbstverkäufen in die Sklaverei die rei-vindicatio des Sklaven vorgesehen, der außerdem noch sein gesamtes Vermögen dem neuen Herrn überträgt. Vgl. auch Arangio-Ruiz S. 4.

[13]) S. meinen Sammelbericht I, diese Ztschr. 3. Folge Bd. 24 S. 69.

konnte[14]). So bleibt auch nach den verdienstvollen Ausführungen des Verf.s für weitere Untersuchungen noch ein dankbares Feld offen.

Im letzten Kapitel bespricht Verf. das Eherecht, das ja nunmehr seit Erscheinen seiner Abhandlung wiederholt behandelt worden ist[15]). Mit Rücksicht auf diese neuen Arbeiten darf ich mich hiezu an dieser Stelle ganz kurz fassen. In der Wertung der demotischen sog. Eheverträge schließt sich der Verf. hier an die ältere Lehre an, wonach einmal zwischen den sog. Alimentationsschriften und den übrigen sog. Eheverträgen ein grundsätzlicher Unterschied zu machen sei (S. 61), und wonach man in dieser anderen Gruppe der sog. Eheverträge Eheschließungsverträge erblicken dürfe. Junkers gewichtige Einwände gegen diese Lehre[16]) scheinen Verf. nur indirekt bekannt geworden zu sein (S. 67[1]). Heute, nachdem auch Edgerton das Material neuerdings nachgeprüft hat, wird man dem Verf. hierin nicht mehr folgen dürfen. Nichtsdestoweniger enthält auch dieses Kapitel viele wertvolle Beobachtungen zu den griechischen Papyrusurkunden. So sei darauf hingewiesen, daß auch Verf. gegen die Annahme von Polygamie zur Erklärung des Pap. UPZ. 118 = Tor. 13[17]) berechtigte Bedenken vorbringt (S. 65). Seine Annahme, daß dem Sohne Zmanres auf Grund einer Alimentationsschrift des Vaters ein ius ad rem an dessem ganzen Vermögen zustehe, verdient Zustimmung. Indes möchte ich in der Erklärung des Textes insoferne abweichen, als ich nur eine Frau namens Thaues annehmen und glauben möchte, daß dieser Mutter Thaues auf Grund einer Geldäquivalentschrift fiduziarisches Eigentum an dem gesamten Vermögen des Mannes zugestanden sei[18]).

[14]) Vergleichsweise möchte ich auch die koptischen Kinderschenkungen an Klöster erwähnen, die Steinwenter, Ztschr. d. Savigny-Stiftg. Kan. Abt. 43, 182 eingehend untersucht hat.

[15]) G. Petropoulos, *Τινὰ περὶ γάμου ἐν Αἰγύπτῳ*, Prakt. Akad. Athen 6, 115; William F. Edgerton, Notes on egyptian marriage chiefly in the ptolemaic period. Studies in ancient oriental civilization Vol. I part. I. Chicago 1931; vgl. meine demnächst erscheinende Besprechung in Ztschr. d. Savigny-Stiftg. R. A. 52; Stawros G. Huwardas, Beiträge zum griechischen u. gräkoägyptischen Eherecht, Leipzig. rechtswiss. Studien 64, Leipz. 1931.

[16]) Papyrus Lonsdorfer I, Sitz.-Ber. Akad. Wien 197, 2.

[17]) So Lewald bei Spiegelberg, Demotische Papyri aus badischen Sammlungen, Heidelberg 1923, S. 43ff. Ihm folgend Wilcken, UPZ. I S. 549.

[18]) S. darüber ausführlicher in meiner Besprechung von Edgertons Studie

Die ganze Abhandlung des Verfassers ist zugleich die schriftliche Niederlegung einer Reihe von Vorlesungen, die derselbe an der Università Cattolica del Sacro Cuore in Mailand im Frühjahr 1929 gehalten hatte. Diese Vorträge müssen sicherlich ihre werbende Kraft auf die Hörer ausgeübt haben. Aber auch aus seinem Buche können wir mit Spannung verfolgen, wie sich die Problemstellungen des römischen Rechtes erweitern, wenn sie im Zusammenhang mit anderen antiken Rechten dargestellt werden.

München. Erwin Seidl.

6. Grosso G., La Finzione di adempimento nella condizione. (Pubblicazioni della facoltà di giurisprudenza della R. Università di Modena, Num. 47). Gr. 8⁰ 61 S. Modena 1930 (Presso l'università degli studi). L. 8.—.

Verfasser gibt in der Hauptsache eine Darstellung der Lehre von der Fiktion des Eintritts einer Bedingung im klassischen römischen Recht. Es darf dabei zunächst die Frage aufgeworfen sein, inwiefern aus methodischen Gründen eine solche dogmatische Arbeit, wie sie hier vorliegt, zu rechtfertigen ist.

Mit Recht sagt Wenger[1]): „Der Erkenntnis auch der juristischen Dogmengeschichte oder weiterhin der Geschichte des juristischen Denkens muß Erkenntnis des zu irgendeiner Zeit in Geltung gestandenen Rechts der Vergangenheit, muß, wie man kurz sagen darf, die Dogmatik der vergangenen Jurisprudenz vorangehen. Solche Arbeiten erst dienen dann wiederum, wie jede dogmatische Arbeit, dem Rechtshistoriker für die Erkenntnis der Abfolge der Rechtstatsachen, für das Durchschauen der übereinander gelegten Rechtsgeschichten, für das Verstehen möglicher Beeinflussung gleichzeitiger oder in geschichtlicher Folge bei verschiedenen Völkern begegnender Rechtserscheinungen."

---

in der Ztschr. d. Savigny-Stiftg. Bd. 52. Die Klausel der Geldäquivalentschrift bedeutet nach Möller, Zwei ägyptische Eheverträge, Abhd. Akad. Berlin 1918, 3, 28: „Ich quittiere dir über die Geldsumme für alles und jedes, was ich habe und was ich erwerben werde an unbeweglicher und beweglicher Habe". (§ 1 des Schemas). Vgl. dazu das Edikt des Mettius Rufus (Meyer Jur. P. 59, 34 = Ory 237 VIII).

[1]) Byzantinische Zeitschrift Bd. 27, S. 409; s. auch Wenger, Archiv für Rechts- und Wirtschaftsphilosophie, Bd. 14, S. 4ff., ders., Der heutige Stand der römischen Rechtswissenschaft, Münchener Beiträge zur Papyrusforschung und antiken Rechtsgeschichte, H. 11, München 1927, S. 10.

Fragen wir uns, wie methodisch eine solche Darstellung der Dogmatik aufzubauen ist. Nicht dürfen die Grundsätze angewendet werden, die für eine dogmatische Bearbeitung des geltenden Rechtes maßgebend sind, insonderheit die Methoden der Gesetzesauslegung. Dogmatik der früheren Zeit erfordert andere Methoden als Dogmatik der Gegenwart. Dies erscheint paradox, sinnwidrig, ist es aber nicht: das geltende Recht ist nichts Starres, mag auch die geltende Rechtsnorm etwas Starres sein (wenn wir einmal annehmen, die Theorie der historischen Interpretationslehre sei, was sie nicht ist[2]), richtig). Die Dogmatik des geltenden Rechts hat daher stets nicht nur das gegebene Gesetzesgut anzuwenden, sie hat vielmehr auch die Gesetzeslücken und die dehnbaren Gesetzesbegriffe mit ihrem Geist zu erfüllen; mit eben diesem Geist, mit dem sie, sei es betrachtend, sei es beschreibend oder systematisierend dem geförmelten Recht gegenübertritt, hat sie auch dieses zu erklären. Dieser Geist nun ist aber der Geist der Zeit des schreibenden oder lehrenden Dogmatikers. Von ihm durchdrungen schafft dieser Neues, wenn er auch sich mit alten Gesetzen befaßt und alte Probleme in den Kreis seiner Erörterungen zieht; er muß die Dinge weiterführen, durchdrungen von der Leidenschaft die schlechthin richtige Lösung des durch den Lebenstatbestand (bei gegebener Rechtsordnung) geschaffenen rechtlichen Problems zu bieten. Er erschließt nicht nur den Sinn der Gesetze, er arbeitet mit Analogie und Schluß a maiori ad minus, a minori ad maius, mit Zweckerwägungen und besonders mit der Anwendung von allgemeinen Obersätzen, die teils erst von einer Rechtsentwicklung (Wissenschaft, Praxis, Gesetz) nach Erlaß des gerade in Frage stehenden Gesetzes geschaffen sind[3]).

Ganz anders der „historische" Dogmatiker: Er hat auszugehen von den Tatbeständen des Lebens, von den Problemen, deren Lösung das Leben vom Recht verlangt; von hier aus hat er zu fragen, ob dieser Fall für die Alten ein Problem war oder ob sie die Problematik nicht erkannt haben. Ergeben nun die Forschungen, daß dieser

[2]) Vgl. etwa Heinrich Lehmann, Der allgemeine Teil des Bürgerlichen Gesetzbuches, 3. Aufl., Berlin 1928, S. 52.

[3]) Vgl. in diesem Zusammenhang Heinsheimer, Lebendiges Recht, Heidelberger Universitätsreden Nr. 5, Heidelberg 1928.

Fragenkomplex für sie bestand, auch vielleicht von vorneherein unrichtig erkannt, so ist zu erforschen, wie sie das Problem zu meistern versuchten. Dabei braucht man nicht bei den Äußerungen, die die Quellen überliefern, stehen zu bleiben, ja darf es nicht, man muß vielmehr die den Alten vielleicht unbewußten juristischen Hintergründe ihrer Erwägungen klarlegen, muß hierbei aber stets im Historischen (wenn auch nicht in dem in der Welt der Wirklichkeit vorhanden gewesenen Historischen — dies ist wiederum kein Paradoxon —) verweilen und darf nie das für den Fall schlechthin und zeitlos Richtige herauszubringen suchen[4]). Die historische Dogmatik darf nie Neues schaffen (natürlich muß ein Buch dieses Gebietes Neues bringen, aber das ist ja etwas anderes); ihr sind die Analogie, die Schlüsse a maiori ad minus und umgekehrt, die Anwendung allgemeiner Obersätze verschlossen; historische Dogmatik könnte auch nie mit den Methoden der Konstruktions- oder der Interessenjurisprudenz getrieben werden; sie kann nur die tatsächlich (wenn auch vielleicht unbewußt) geschützten Interessen herausarbeiten; sie kann auch nur mit Vorsicht generalisieren, sei es aus einem konkreten Fall einen allgemeinen Rechtssatz (was nicht immer zulässig ist; nur die Beweggründe der Entscheidung oder Urkunde können hierüber Klarheit schaffen) oder aus Spezialbestimmungen allgemeinere Sätze. Meist kann sie nur Durchbruchspunkte allgemeinerer, noch unfertiger Gedanken konstatieren, im übrigen kann sie nur beschreiben und würdigen, immer bedacht, den allgemeinen Zeitgeist oder die Grundeinstellung des zu behandelnden Juristen nicht zu vernachlässigen.

Man könnte nun die Ansicht aufstellen, es sei doch heute möglich Dogmatik zu treiben, wie es ein Dogmatiker jener Zeit getan hätte. Das ist unrichtig. Einmal kann ein Mensch von heute nicht so denken wie ein Zeitgenosse der Alten gedacht hat: Er ist zu sehr mit dem Traditionsgut an geistiger Forschung belastet, als daß er sich derart umstellen könnte und zwar, und das ist das Entscheidende, mit Traditionsgut, das er nicht als spätere Errungenschaft erkennt, sondern für schlechthin selbstverständliches menschliches Gedankengut

[4]) Vgl. in diesem Zusammenhang Riezler, Venire contra factum proprium, Leipzig 1912, S. 2.

aller Zeiten hält. Zum anderen wäre diese Darstellung auch keine historische mehr, denn, da es im Wesen der Gegenwartsdogmatik liegt, nicht nur zu beschreiben, sondern Neues zu schaffen, würden hier in die früheren Zeiten Gedanken hineingetragen, die damals eben gerade nicht bestanden. Die Ergebnisse dieser Forschung würden daher nicht den Unterbau für die Darstellung der Geschichte des Rechts abgeben können, d. h. sie würden ihrem Zweck nicht gerecht.

Hat man nun die juristische Erklärung der Rechtsdenkmäler gefunden, so ist es weitere Aufgabe, die Ursachen und Gründe gerade dieser Lösungen zu erforschen (nur dann werden wir der Gefahr entgehen, ähnliche Lösungen ähnlicher Probleme unter falsche Obersätze einzuordnen). Hierbei sind die Quellen, aus denen die rechtsbildenden und rechtsfortbildenden Faktoren schöpfen, klarzulegen, insonderheit der Zeitgeist und die allgemeine Bildung jener Zeiten, bei den Römern vor allem Philosophie und Rhetorik neben der allgemeinen Lebensauffassung.

All dies bietet der Forschung schon wahrlich genug Probleme, die nur durch eingehende Quellenanalyse der Lösung zugeführt werden können (wobei der Forscher die Verpflichtung hat, das gesamte zu untersuchende Material den Lesern zu unterbreiten). Für den Romanisten ist dies aber noch nicht genug der Schwierigkeiten. Für ihn gilt es erst noch für die Zeit der Klassiker das Material der Untersuchung herzurichten, es von späteren Überarbeitungen und Zusätzen zu befreien. Der Einstieg für diese Untersuchungen muß von einer zweifellos echten Stelle aus unternommen werden oder von einer Stelle, die aus nicht auf dem Gebiet des Dogmas liegenden Gründen in ihrer echten Fassung hergestellt werden konnte. Von der richtigen Wahl dieses Ausgangspunktes hängt die Richtigkeit aller weiteren Forschung über den gerade zu untersuchenden Gegenstand ab. Warum diese Stelle aber als Ausgangspunkt angenommen wurde, muß begründet und dargetan werden. Ist dieser Beweis erbracht, so ist aus ihr nach den eben erörterten (historischen) Methoden eine dogmatische Darstellung zu unterbreiten. Mit Hilfe dieser Ergebnisse kann dann das übrige einschlägige Material auf seine Echtheit, seinen klassischen oder byzantinischen Kern geprüft werden, wobei stets zu berücksichtigen ist, daß auch voneinander abweichende

Meinungen, vor allem Schulgegensätze, innerhalb des Kreises der Klassiker möglich sind, daß wir auch mit abweichenden Ansichten der Vorklassiker und mit ihrer unmotivierten Herübernahme durch Kommentare und andere Schriften der Klassiker zu rechnen haben.

Mit dem Bericht über Grossos Schrift soll nun die Frage verbunden sein, inwieweit die vorliegende Arbeit auch solchen Anforderungen entgegenkommt.

Grosso unterscheidet zwei Gruppen von Fällen, in denen die Erfüllung als eingetreten betrachtet wird: den, daß die Erfüllung der Bedingung von dem verhindert wird, der an ihrem Nichteintritt ein Interesse hat, und den der Weigerung seitens eines Dritten, dessen Mitwirkung zum Eintritt erforderlich ist. Für die erste Gruppe finden wir eine allgemeinere Lösung (D. 35, 1, 24; D. 50, 17, 161), für die zweite nur Kasuistik, aus der nur schwer ein allgemeineres Prinzip entnommen werden könne. Da G. das leitende Prinzip der Byzantiner in der Frage nach der Schuld dessen erblickt, der die Bedingung nicht erfüllt (s. darüber seine Ausführungen: Contributo allo studio dell'adempimento della condizione, R. Università di Torino, Memorie dell'Istituto giuridico Ser. II, Mem. VI, 1930, wo er den Satz ,per eum non stare quominus condicioni non pareat', dem wir etwa in D. 40, 7, 20, 3 begegnen, als interpoliert dargetan hat), so scheint es ihm mit Recht reizvoll, den Gedankengängen der Klassiker nachzugehen, insonderheit da es sich ja um Probleme handelt, die auch in den geltenden Rechtsordnungen noch nicht zur Ruhe gekommen sind.

Der erste hierher gehörige Fall, der bei den Römern Behandlung fand, war nach G. der der testamentarischen Freilassung; dann folgten Fälle anderer Verfügungen von Todes wegen und schließlich Handlungen unter Lebenden. Dies mag richtig sein[5]), einen Beweis erbringt Verfasser zwar freilich nicht; aber dieser mag darin gefunden werden, daß die meisten der für unsere Frage einschlägigen Stellen von der Freilassung durch letztwillige Verfügung sprechen[6]).

---

[5]) Jhering, Geist, Bd. 2, 4. Aufl., S. 170 Anm. 235; Rabel, Grundzüge des römischen Privatrechts, S. 502; Siber, Römisches Recht, Bd. 2, S. 422; vgl. auch Riccobono, Mélanges Cornil, 1926, S. 342.

[6]) Girard-Senn, Manuel, 8. Aufl., 1929, S. 506 Anm. 6 sehen den Beweis in D 50, 17, 161 und D 35, 1, 24.

Für diesen ursprünglichen und ersten Fall sei der Gedanke, der angewandt wurde, die Begrenzung der Macht des dominus, also etwas rein Objektives gewesen, ein Gedanke, der sich auch in der Aufrechterhaltung der Lage eines statuliber trotz Veräußerung zeigt. Aber warum diese Begrenzung? G. dürfte sie in dem favor libertatis finden. Uns scheint es nötig, daß ein anderer Grund zum mindesten in den Kreis der Betrachtungen gezogen werde: der Erbe darf sich nicht zu den Wünschen des Erblassers in Gegensatz stellen; das bedingte Recht auf Freilassung, das ein Sklave gerade so gut erwerben kann, wie eine ganze Erbschaft, steht dem servus zu; der Erbe als Fortsetzer der Persönlichkeit des Erblassers würde contra factum proprium handeln, wenn er den Eintritt der Bedingung unmöglich machte. Es ist möglich, daß diese Erwägungen der Grund für die Entscheidungen der Juristen waren, vielleicht aber auch rein ethische. Für eine Aufklärung des ganzen zur Untersuchung stehenden Institutes wäre die Aufhellung gerade dieser Frage von ausschlaggebender Bedeutung; nur so können wir erkennen, ob wir annehmen können, daß die übrigen einschlägigen Stellen von den gleichen Grundsätzen getragen werden. Solange wir nicht aus philosophischen oder rhetorischen Werken Aufklärung über den Fall bekommen — dies erscheint nicht unmöglich [7]) — müssen wir hier ein ‚non liquet' setzen. Diese Bemerkungen lassen es daher auch zweifelhaft erscheinen, ob man hier wirklich von etwas rein Objektivem, Unabhängigem vom Willen des Erblassers sprechen kann, ob nicht vielmehr auch die Pflicht zur Handlung oder Unterlassung nach der Meinung der Klassiker eine Ausstrahlung des in der bedingten manumissio liegenden Willens des Erblassers gewesen sein kann, ähnlich wie es heute einem Kaufmann, der sein Geschäft verkauft hat, nicht gestattet ist, in der Nähe einen Laden derselben Branche aufzutun, also doch wohl nicht wie G. meint, der Wille lediglich ‚serviva a determinare la promessa' (S. 5) (wobei allerdings zuzugeben, daß auch hier durch ständige Auslegung eine Objektivierung eingetreten sein kann).

Im folgenden (S. 6ff.) stellt G. die weitere Entwicklung des Instituts der Erfüllungsfiktion aus diesen beschränkten Anfängen heraus dar. Die erste Stufe sieht er in den Fällen von D. 40, 7, 3,

[7]) S. etwa die Themen von Quintilian Decl. 311, 340, 342.

deren gemeinsames Prinzip er einmal in der volontarietà des Hindernden sieht (nicht im animus impediendae libertatis, der, wie G. in Atti della R. Accademia di Torino Bd. 65, 1930, Classe di scienze morali, storiche e filologiche, S. 455ff., näher dargelegt hat, justinianische Interpolation ist). Diese Begrenzung allein sieht aber Verfasser für nicht genügend an; um nun weitere Grenzpunkte zu gewinnen bringt er nun freilich Ausführungen, die wir nicht mehr als „historische" Dogmatik in dem oben erörterten Sinn bezeichnen können, sondern als „geltende", und damit im Rahmen einer historischen Darstellung nach unserer oben gegebenen Ausführung nicht angängige Dogmatik ansehen müssen. Er führt D. 40, 7, 30 an und fährt nach einigen anderweitigen Erörterungen fort (S. 8): „Non si può dire, da un punto di vista puramente obbiettivo, che l'atto dell'erede è in condicione, che la condizione dipende della volontà dell'erede; infatti, quando l'interpretazione della condizione porta a determinare che questa consiste in un resultato, ogni atto che può impedire il resultato può a rigore dirsi in condicione; e la nostra finzione di adempimento, operando esteriormente rispetto al meccanismo della condizione, mira appunto a sottrarre gli atti a cui si applica dalle cause che possono influire sul verificarsi di quella; essa non si può dunque applicare che a fatti che sarebbero in condicione e dalla sua mancata applicazione si induce appunto che questi restano tali. — Il vero fondamento dell'eccezione è riposto nella volontà del testatore (S. 9). — In questo senso si può dire che la finzione non trovava luogo quando l'attività dell'erede fosse in condicione, nel senso cioè che il disponente aveva voluto che la deficienza o meno della condizione dipendesse dalla libera attività dell'erede (S. 10)." All diese Erörterungen können richtig sein, sie sind aber aus dem bloßen Wortlaut der von den Juristen entschiedenen konkreten Fälle entnommen, ohne den wahren Beweggründen der Klassiker nachzugehen. Vielleicht leitete sie nur der juristische, unreflektierte Takt, der unbewußt auf Erwägungen, wie sie G. bringt, fußte; darüber muß sich aber der historische Dogmatiker aussprechen.

Mußten wir hier unsere prinzipiellen methodischen Bedenken äußern, so bringt Verfasser an anderen Stellen die richtige Methode zur Anwendung, ohne freilich wieder den Sprung von der einen zur anderen Betrachtungsweise zu rechtfertigen. So wenn er (S. 12) fragt, warum Ulpian die Bedingung als Handlung des statuliber erklärte: die Antwort ist aber auch hier wieder nicht belegt: „Escludendo l'esistenza di quella volontà (des Erblassers) che rappresentava il limite negativo dell'applicazione della finzione di diritto, tale presupposizione (che l'erede aveva accettato) veniva così ad essere un elemento positivo per quest'applicazione."

So habe die Fiktion der Erfüllung, ursprünglich ein Rechtsprinzip, durch die Kasuistik eine Umbildung erfahren und schließlich ihre Rechtfertigung im Willen des Erblassers gefunden, „in quanto questi aveva presupposto o si presumeva in base a criteri obbiettivi d'interpretazione, che avesse presupposto, che l'erede non si sarebbe comportato in modo da impedire il verificarsi della condizione (S. 12)". (Für diese sehr wohl möglichen Sätze wünschten wir nun freilich eingehende Beweise.) Hier sieht G. nun die Brücke von den Fällen, in denen die Bedingung wegen eines Hindernisses seitens eines Interessierten nicht eintritt zu denen, in welchen dies die Folge der Weigerung eines Dritten ist, denn auch hier kann mit der Voraussetzung gearbeitet werden. Aber dürfen oder müssen wir nicht wieder fragen, ob denn die Römer mit dieser Voraussetzung an die Probleme herangegangen sind?

Die weiteren Ausführungen folgen der Methode der Interpretation des geltenden Rechts und setzen sich daher mit den Schriftstellern des gemeinen Rechts eingehend auseinander. G. weist sie teilweise mit der Begründung zurück, daß ihre Ausführungen über ein allgemeines Prinzip nicht alle in Betracht kommenden Fälle decken (S. 19). Diese in den Zeiten der Pandektenharmonistik zulässige Methode scheint uns heute hier nicht mehr anwendbar, denn wer sagt, daß den kasuistischen Entscheidungen der römischen Juristen stets der gleiche Gedankengang zugrunde liege, wenn sie auch systematisch zusammengehören? Ist es ja doch gerade das Kennzeichen der Kasuistik, daß sie Prinzipien ad hoc (reflektierend oder unbewußt) aufstellt, ohne zu bedenken, daß diese für andere Fälle nicht gelten, daß sie nur in beschränktem Umfange anwendbar sind [8]).

[8]) Diesen Fehler aufzuzeigen und zu bessern ist eine der Hauptaufgaben der

Endlich führt der Verfasser noch die Beschränkung dieses Grundsatzes der Voraussetzung, den er hier also angewendet sieht, auf gewisse klare Fallgruppen und klare Einzelfälle an und bemerkt, daß der Grundsatz im übrigen keine Anwendung gefunden habe.

Von hier aus gelangt G. zur Behandlung allgemeinerer Probleme, zunächst dem der Unteilbarkeit des bedingten Geschäftes und findet für die Möglichkeit der Teilung in D. 28, 5, 9, 5 u. 6 Beweise; sodann erörtert er das Problem der Voraussetzung, soweit es für das vorliegende Thema bedeutsam ist (S. 33), Darlegungen, die der Methode der Pandektenlehrbücher entsprechen.

Zum Schluß seiner Ausführungen über das klassische Recht spricht G. über den Unterschied, den die Quellen zwischen den Fällen des Nichteintritts der Bedingung infolge des Todes und infolge der Weigerung eines Dritten machen (S. 41ff.). Die Antwort lautet: (S. 45) „La morte ed altri casi fortuiti si ritenevano in massima prevedibili, il rifiuto, in determinati casi, poteva essere per il testatore imprevedibile, e tale carattere si poteva desumere dalla disposizione stessa." Hiezu wären noch die einzelnen Schriftsteller zu untersuchen, deren Stellung zu Zufall, Unmöglichkeit und anderen Rechtserscheinungen.

Sodann bringt Verfasser noch einen guten Überblick über den Stand der Gesetzgebung und Lehre über den Gegenstand in Deutschland, Österreich, Frankreich und Italien (S. 52ff.).

Alle Ausführungen des Verfassers sind für denjenigen, der sich mit der Dogmatik der Fiktion der Erfüllung der Bedingung und mit der Lehre von der Voraussetzung im geltenden Recht beschäftigt, sehr zu beachten. Das Buch Grossos scheint uns daher für die Rechtsvergleichung, insbesondere durch seine Literaturangaben wertvoller noch als für die rechtsgeschichtliche Forschung. Denn nach unseren methodisch-prinzipiellen Auseinandersetzungen setzt wohl das hier behandelte Spezialproblem der Romanistik noch eine eingehendere Durcharbeitung der Lehren von der Billigkeit und vom Willen voraus. Es sollen darum aber die kritischen Bemerkungen, wie nochmals hervorgehoben sei, die positiven Vorzüge des Buches

juristischen Wissenschaft; diese hat daher schon aus diesem Grunde neben der Praxis auch eine Existenzberechtigung.

und seinen Wert für die Rechtsvergleichung nicht irgendwie schmälern. Hierzu kann dem Verfasser nur Dank und Zustimmung ausgesprochen werden.

München. Ludwig Schnorr von Carolsfeld.

7. Wahrmund, Dr. L., Quellen zur Geschichte des römisch-kanonischen Prozesses im Mittelalter. Band V. Heft 1. 4°. XLIV/165 S. Heidelberg 1931 (C. Winter). Mk. 15.—.

Mit diesem Hefte eröffnet Wahrmund den 5. und, wie es nach dem Vorwort scheint, letzten Band seiner für eine Geschichte des römisch-kanonischen Prozesses im Mittelalter grundlegenden Quellenpublikationen, die jetzt ohne wesentliche Änderung des äußeren Gewandes aus dem Universitätsverlag Wagner in Innsbruck an den Verlag Karl Winter in Heidelberg übergegangen sind. Die Prozeßschrift Invocato Christi nomine, um 1198 entstanden lag bisher in einem älteren sehr fehlerhaften und seltenen Druck von Justin Gobler, Basel 1543 und in der Ausgabe von Friedrich Bergmann 1842 vor, von welch letzterer W. sagt, daß sie auch heute noch die vollste Anerkennung verdiene. Gegenüber Bergmann, der in seiner Ausgabe auch die wissenschaftliche Weiterbildung und Auswirkung des in der Prozeßschrift behandelten Rechtsstoffs in der späteren Literatur verfolgt, beschränkt sich W. auf die Wiedergabe des Textes; mit Recht, denn was Bergmann in seiner Ausgabe, in gewiß dankenswerter Weise, angebahnt hat, das ist doch erst Sache einer künftigen quellenmäßigen Darstellung der Prozeßgeschichte, nicht des Herausgebers einer Quellenschrift. Bergmann hat ferner die von ihm für unecht gehaltenen Stellen aus dem Texte ausgeschieden und unter „Sp. add." (= Spurii addant) in den Notenapparat verwiesen. Dies ist aber ein gefährliches Unterfangen. W. ist ihm hierin wiederum mit Recht nicht gefolgt; er gibt den Text nach der ältesten, einer Bamberger Handschrift des 13. Jahrhunderts, hat aber im Notenapparat auf Bergmanns abweichende Textgestaltung verwiesen. Dem Editionsgrundsatz W.s ist unbedingt beizupflichten, daß die Ausgabe den handschriftlichen Text möglichst getreu, auch in der Einteilung, in den Titeln und Paragraphenüberschriften, wiederzugeben hat. Seine weiteren Beobachtungen kann der Herausgeber ja im Notenapparat niederlegen; der wissenschaftliche Benützer aber will und soll unmittelbar an den ursprünglichen Text der Handschriften herankommen. Als Autor der Prozeßschrift galt bisher allgemein Pillius aus Medicina und auch W. hält an dessen Autorschaft gegen Emil Seckel fest, der den Verfasser in Siena unter den romanistisch gebildeten Praktikern der weltlichen Gerichte sucht und, um eine bestimmte Vermutung zu äußern, an Bencivenne von Siena denken möchte, der ja auch einmal in der Schrift als Kläger sich nennt. Man wird abwarten müssen, bis die Studien Emil Seckels zu unserem Ordo aus seinem Nachlaß von Professor Erich Genzmer herausgegeben sein werden. Nach W. ist die Schrift in Modena entstanden — obwohl Siena wiederholt im Ordo genannt ist —, und ihr Verfasser war Magister, aus dessen Vorlesungen sie hervorgewachsen ist, keine große Leistung, aber „immerhin eine Arbeit, welche dem Bedürfnisse ihrer Zeit entgegenkam". Der Stoff hat keine gleichmäßige Behandlung erfahren; manches ist sehr breit behandelt, so der Kalumnieneid und das Beweisverfahren, anderes wie das Endurteil und die Appellation sind sehr kurz geraten. Die Positionenbildung ist überhaupt noch nicht erwähnt. Das Gesetzesmaterial ist reichlich, die Literatur weniger herangezogen. W. reiht den Ordo in die Periode ein, in welcher das neue Recht der Kirche, also das Dekretalenrecht dem alten Recht der Imperatoren „den Herrensitz erfolgreich streitig macht".

Die Ausgabe ist nach den von W. bisher befolgten Editionsgrundsätzen gestaltet, derentwegen er von H. Kantorowicz in dessen „Kritischen Studien" (Sav. Ztschr. 49. Rom-Abt. S. 55ff.) heftig angegriffen worden ist. W. hat darauf im 50. Bd. derselben Zeitschrift S. 456ff. erwidert und nimmt in einem Anhang zu der Ausgabe S. 142ff. nochmals gegen seinen Kritiker Stellung, zum Teil in sehr heftiger und, wie mir scheint, nicht immer ganz einwandfreier Weise. So wird von einem „Handschriften-Frisiersalon des Herrn K.", von einer „weitläufigen Fragenbrühe" gesprochen. Was W. aber sachlich zugunsten seiner bisher befolgten Editionsgrundsätze vorbringt, das scheint mir gegenüber anderen jedenfalls schwer durchführbaren Forderungen praktisch immer noch den Vorzug zu verdienen.

München. E. Eichmann.

8. Weider, Dr. M., Das Recht der deutschen Kaufmannsgilden des Mittelalters. Gr. 8°. XXII/518 S. Breslau 1931 (M. & H. Marcus). Mk. 28.—.

Das Vorwort dieses Buches zeigt uns, daß in ihm „das Recht der deutschen Kaufmannsgilden des Mittelalters" nicht dargestellt werden sollte und konnte. Vielmehr sollte danach das Recht der deutschen Kleinhändler-Genossenschaften den Gegenstand der Darstellung bilden unter grundsätzlicher Ausscheidung der „vor allem den interlokalen und internationalen Großhandel betreibenden Kaufleute, die uns hauptsächlich bloß (?) in den Seestädten Deutschlands sowie in den süddeutschen Handelszentren und auch dort lediglich ... in verhältnismäßig geringer Anzahl begegnen". Die Begründung dieser Ausscheidung damit, daß diese Großkaufleute „infolge der Eigenart ihres Gewerbes innerlich nur lockerer mit ihrer Heimatsstadt verbunden waren" — sie waren tatsächlich meist ihre Bürgermeister und Ratsherrn — und „daß das Recht ihrer Gilden für die Kenntnis des mittelalterlich-städtischen Wirtschaftsrechtes nicht gleich wertvoll erscheint", ruft sofort unseren inneren Widerspruch wach, weil ja damit die Bedeutung der großen norddeutschen See- und süddeutschen Binnen-Handelsstädte herabgedrückt würde, auch wenn wir nicht daran denken, daß Heinrich Bechtel in seinem schönen Werke über den „Wirtschaftsstil des deutschen Mittelalters von 1350—1500", München 1930, in der Hauptsache das Gegenteil dartut. Mit einer weiteren Einschränkung wird dann die Darstellung „in erster Linie" auf das Recht der „Sondergilden der Einzelhändler" beschränkt, es wird das Recht der ausländischen Gilden und, danach eigentlich begriffsnotwendig, die „Behandlung ex professo" der Fragen über den Ursprung der Gilde und die Entstehung des Zunftwesens einschließlich der Gildetheorien von Wilda und Nitzsch ausgeschlossen. Mit großem Bedauern sehen wir, daß wir damit über die wichtigsten Teile des Rechts der deutschen Kaufmannsgilden des Mittelalters keinen Aufschluß erwarten können und wenn nun doch in einzelnen Punkten auf die Entstehung der Gilden eingegangen wird, so können wir nach dem Gesagten damit nicht rechten, weil ja das Material nicht beisammen ist und eine Erklärung ex professo ausdrücklich abgelehnt ist. Aber noch etwas Weiteres müssen wir zu unserem Bedauern aus dem Vorwort entnehmen. Der 1. Satz sagt uns unter Berufung auf v. Below, daß „eigentliche Großhändler in Deutschland nur vereinzelt auftreten". Die Anm. 1 nimmt selbst schon auf den Widerspruch von Keutgen und Rörig Bezug, ein Widerspruch, der auch von manch anderer Seite aufgenommen wurde und den Bechtel (a. a. O. S. 308) zusammenfaßt. Es kann wohl kaum bezweifelt werden, daß damit der zuerst von Sombart aufgestellte und gerade meinen Einwendungen gegenüber (im Nachtrag zur 2. Auflage des „Modernen Kapitalismus" Bd. I S. 309f.) verteidigte Grundsatz vom „schlechthin handwerksmäßigen Charakter" des Handels jener Zeit widerlegt ist. Aber wie dem auch sein mag, wenn die Arbeit sich auf Kleinhändler-Genossenschaften beschränken sollte, dann mußte eine eingehende Untersuchung über den Groß- und Kleinhandel der damaligen Zeit an die Spitze der Arbeit gestellt werden, diese durfte nicht unter einfacher Bezugnahme auf v. Below sich damit begnügen, Großhändler im Mittelalter als etwas Vereinzeltes und die ausschließlich behandelten Kleinhändler als die Regel zu betrachten. Damit hängt eine weitere grundlegende Frage eng zusammen: das Verhältnis des Kaufmanns zum Handwerker und der Kaufmannsgilde zur Handwerksgilde. Wenn hier gesagt wird (S. 7), daß die Grenzen flüssig sind, so mag das im Endergebnis richtig sein, aber auch diese Frage mußte zur Festlegung des Umfangs der Arbeit zunächst geklärt werden, etwa dahin, ob und inwieweit die Handwerker dazu übergingen, auch Klein- oder Großhandel zu betreiben (vgl. Bechtel a. a. O. S. 308f.) oder ob der Handel sich entschlossen hat, die Waren selbst herzustellen oder ob in gewissen Fällen von Anfang an Herstellung und Handel vereinigt waren. Wenn S. 6 als Arten der Gilden („Amt, Werk, Bruderschaft, Innung") geistliche und weltliche genannt und letztere wieder in Schutz- oder Friedens- und in Gewerbsgilden geteilt werden, die dann ihrerseits in Kaufmanns- und Handwerkergilden zerfallen sollen, so zeigt sich damit die ganze Problematik der Fragestellung. Der Begriff der Gilde ist ohne eingehende Untersuchung ihrer Entstehung (ist sie germanisch, ist sie römisch, ist sie indogermanisch? vgl. dazu Silberschmidt, Die Bedeutung der Gilde, insbesondere der Handelsgilde, für die Entstehung der italienischen Stadtfreiheit, in Z. der Savigny-Stiftung f. Rechtsgesch. 51. Band, Germ. Abteilung, 1931 S. 132f.) nicht festzustellen und wenn man diese Feststellung ablehnt, nützt es nichts zu erklären (S. 7 A. 1), daß „unsere Anschauung" „mit der von Gierke Ähnlichkeit hat, aber die Sonderstellung der Eidbruderschaft mehr betont" oder wenn man erklärt, daß „wir der Gierkeschen Meinung nahekommen, wenn wir annehmen, daß ... die Urgilde durch besondere Betonung eines oder einiger ihrer Zwecke hier zu einer geistlichen, dort einer weltlichen Gilde wurde" (S. 7 A. 4). All das ist davon abhängig, was die Urgilde war und woher sie kam. Ist sie, wie S. 1f. stillschweigend (vgl. auch S. 3—5) angenommen wird, germanisch, was wohl nicht zu bezweifeln ist und was in Italien früher auch z. B. Arrigo Solmi in seinem Buche ‚Le associazioni in Italia avanti le origini del commune, Modena 1898, festgestellt hat, dann ist sie etwas anderes, als wenn sie, wie die italienische Doktrin ziemlich einmütig heute annimmt, aus römisch-rechtlichen Genossenschaften entstanden wäre. Für den Begriff dieser Urgilde sind die Typen der Unternehmergilde, der Kauffahrergilde, der coniuratio zunächst zu untersuchen, die freilich alle auf den großen Handel und seine Verbindung mit der Handelsstadt hinweisen, während Weider den Großhandel für eine seltene Ausnahme und etwas Nebensächliches, die Sondergilden der Einzelhändler für die große Regel hält. Dabei muß sich der einer Urgilde vielleicht am nächsten stehende Typus der „politischen Gilde" gefallen lassen, nur nach Ehrenberg in einer Anmerkung und S. 365 ziemlich absprechend erwähnt zu werden (vgl. dagegen meinen oben genannten Aufsatz). Der Unterschied zwischen der ursprünglichen Gilde, wie sie abgeschwächt auch W. annimmt (S. 5) als Ersatz des Sippenverbandes, und die dann angeblich doch wieder nur die äußere Rechtsform von der Blutsbruderschaft angenommen haben soll, einerseits, der Kauffahrergilde andererseits, gegenüber der späteren Kleinhandelsgilde, der Kramerzunft, ist ein himmelweiter, das sehen wir wieder aus der italienischen Entwicklung mit ihrer Compania (Silberschmidt a. a. O. S. 149f.), ihren artes maiores und minores, meist innerhalb der großen mercantia (S. 153f. ebenda), mit der überragenden Stellung der Großkaufmannszunft im Staate und ihr gegenüber etwa die Kramerzunft in Deminutivform, arte dei pizzicarii, pizzicaiuoli (S. 156f. ebenda). So wird die Annahme, daß der Großkaufmann eine seltene Ausnahme gewesen sei, verhängnisvoll für die Gestaltung dieses Buches, das einen ungeheuren Fleiß an diese artes minores verschwendet und dabei an der großen Geschichte der artes maiores vorbeigeht. Wenn dabei auch der Begriff der Zunft „aus jedem organischen Zusammenhang mit irgendeinem älteren Verband" (S. 12) gelöst und auf einen „Zusammenschluß gleichartiger Gewerbetreibender, sobald sie die Nachfrage decken konnten, zur Abwehr des Wettbewerbs" zurückgeführt wird, so kann auch das nicht befriedigen, weil auch hier unter dem Gedanken des späteren kleinen Handwerks der ursprüngliche große Begriff verschwindet, abgesehen davon, daß sich die gebrauchten Bezeichnungen der Bruderschaft, der Gilde, des Amts usw. (vgl. besonders S. 18), die Einrichtung des Eides und vieles andere sich so nicht erklären lassen. Die Frage der Anlehnung an das römische Recht läßt sich, insbesondere gegenüber der Stellung der italienischen Literatur und Ernst Mayers, der sie kennt, nicht einfach damit abtun, daß diese Anlehnung kaum mehr ernstlich verfochten werde (S. 9).

Eine letzte, zum Teil freilich nur Folgerungen ziehende Beschränkung ergibt sich aus der Bestimmung des Umfangs der Quellenuntersuchungen in sachlicher, örtlicher und zeitlicher Beziehung und aus der Art des benutzten Materials. Soweit z. B. Seefahrerzünfte ausgeschlossen sind, fehlt natürlich auch das ganze, darauf bezügliche Material, soweit es auch etwa für die gegenwärtige Untersuchung Bedeutung hätte. Im übrigen wird geprüft, ob sich eine konkrete handelsgewerbliche Vereinigung unter den Genossenschaftsbegriff ihrer Zeit bringen läßt, was zu billigen wäre, aber mit der Einschränkung, daß das ältere Material vielfach nur für denjenigen von Bedeutung sein soll, der die Entstehung des Zunftwesens untersucht, während „die jüngeren Quellen wegen ihrer größeren Ausführlichkeit uns reichere Ausbeute liefern". Auch wenn man dies nicht wörtlich nimmt, sieht man die Gefahr wieder, daß die spätere, kleinere, Zeit die frühere, große, überwuchert. Dabei dürfte die grundsätzliche örtliche Einstellung auf das Gebiet des heutigen verkleinerten Reiches in einer rechtsgeschichtlichen Arbeit nicht zu rechtfertigen sein, man wird auch hier für jede Frage mindestens das Deutschland seiner Zeit entscheiden lassen müssen, ganz abgesehen davon, daß ich eine ausreichende Behandlung des Gildewesens ohne Ausblicke auf den Norden, Flandern und Italien für unmöglich erachte. Daß endlich die Beschränkung auf überwiegend Gilde- und Stadtordnungen die Rechtstatsachenforschung zu kurz kommen läßt, wird S. 27 A. 1 zugegeben.

Hat man sich nun mit all diesen Einschränkungen abgefunden, so muß man zugestehen, daß das Buch eine abgerundete Darstellung des Rechts der einzelhändlerischen Sondergilden aus der Zeit etwa um die Wende des 16. Jahrhunderts enthält. Es behandelt in Hauptteilen je die Gildeordnungen (1.), Aufnahmevoraussetzungen (2.), Organe der Gilde (3.—5.), Einrichtungen der Gilde (6.—7.), den Zunftzwang (6.), die Gildepolizei und Gildegerichtsbarkeit (7.), je die Gilde als kirchliche (8.), als gesellige (9.), als politische und militärische Organisation (11.), das Gildevermögen und seine Verwaltung, Hanse und Hansgraf (10.), den Handel der Genossen (12.), einzelne ihrer Pflichten (13.), den Schreiber und den Knecht der Gilde (14.), Übertragung des Mitgliedschaftsrechts (15.) und sein Erlöschen (16.), worauf dann die Ergebnisse zusammengefaßt werden.

Dabei ist hervorzuheben, daß, wie immer wieder einmal in der Einzeldarstellung auf die Entstehung der Gilden zurückgegriffen wird, so auch die Großhandels- und Seefahrergilden gelegentlich behandelt werden.

So wird im 1. H.St. (= Hauptstück) die Gilde-Autonomie zur Erlassung von Gildeordnungen ohne die Mitwirkung und Aufsicht der Obrigkeit als Ausnahme für sozial hochstehende Verbände behandelt. Als letztere kommen natürlich die Großhandels- und Seefahrer-Gilden, so die „Hamburger Gilde der Englandfahrer, denen insbesondere die Gewandschneider Hamburgs angehören" (S. 28) und sonst die Gewandschneider in Frage, von denen Bechtel S. 311 uns sagt, daß bei ihnen der Wunsch zum Großhandel den Einzelhandel zurückdrängt, was wir auch sonst schon wußten. Vgl. Stoeven, Der Gewandschnitt in den deutschen Städten des MA., Heft 59 der Abh. z. mittl. u. neuer. Gesch. 1915 mit Bespr. von Techen in der Vjschr. f. R. u. WGesch. Bd. XIV (1918) S. 152f. Da das materielle Recht der Zunft sich im Zunftzwang ausdrückt, so kehren dort (S. 161 f.) dieselben Fragen wieder und mit Recht tritt W. der Ansicht v. Belows bei, daß der Zunftzwang zum Wesen der Gewerbsgilde gehöre, da so der Händler zum Eintritt in die Gilde gezwungen werden sollte (S. 163). Und das gilt nun besonders für die Großhandelszünfte einschließlich der Gewandschneider (S. 163 f.) als Tuchhändler gegenüber den Leinwandschneidern, Krämern, Schneidern, Tuchscherern und unverzünfteten Bürgern (S. 177 f.), vor allem gegenüber den Wollwebern als den Vertretern des Handwerks und der Arbeit, wobei der Ansturm des Kapitals offen zutage tritt (S. 190 f.), das auch den Wollwebern den Eintritt in die Gewandschneidergilde verwehrt (S. 193). Über das Verbot der Doppelzünftigkeit mit wenigen Ausnahmen vgl. S. 194, aber auch über die Grenzen des Rechts „der Gewandschneider und der ihnen nahestehenden, vor allem in den Ratskollegien der Städte ihren Einfluß ausübenden Kreise" vgl. S. 195 f. und besonders für Süddeutschland S. 201. Diese Ausführungen über den Zunftzwang gehören zu den besten und ertragsreichsten des Buches. Bechtel macht S. 173 darauf aufmerksam, daß die Weber früher in Italien kauften, später vom Einfuhrhändler, von dem sie abhängig wurden. Im neueren Verkehr bildet sich ein ähnlicher Gegensatz aus zwischen Schlächtern und Knochenhauern als Fleischhändlern. Bechtel S. 170 f. Soweit das Verbot des Gästehandels hereinspielt, muß, wie wir es auch in der Frage des Zunftzwangs getan haben, das Recht der großen Handelszünfte besonders hervorgehoben werden. Was den übrigen, schon kurz skizzierten, Inhalt des Buches betrifft, so treten hier, insbesondere bei den Organen, Aufnahmebedingungen, dem Vermögen, den Einrichtungen, dem Schreiber und dem Knecht der Gilde Bedenken nicht hervor, einerseits mit Rücksicht auf die gewissenhafte Arbeit des Verfassers, andererseits weil hier die erwähnten „Einschränkungen" des Stoffes nicht zur Wirkung gelangen. Anders ist das schon bei der Gildepolizei und der Gerichtsbarkeit, denen die gleiche „entscheidende Bedeutung wie dem Zunftzwang" (S. 238) abgesprochen wird. Tatsächlich verliert sich die Darstellung der Zunftpolizei (S. 238 f.) dieser Kleinhändlerzünfte in kleinbürgerliche Gewerbepolizei, während Bechtel S. 177 etwa die Bedeutung der

Schaumarke für die einzelnen Städte hervorhebt und gar in Italien die Großzünfte vielfach das ganze Straßenwesen sowie das Repressalienwesen an sich bringen und regeln (vgl. Silberschmidt S. 154, 161 usw.). Eine noch größere Bedeutung als der Gildepolizei kommt der Gildegerichtsbarkeit zu, aus der unsere Handels- und Gewerbegerichte hervorgegangen sind. Der Gilde stand als schweres Druckmittel die Strafe des Ausschlusses und der Verfehmung zu, wodurch sie Rechtsstreitigkeiten in kürzerer Zeit und zum Teil auch sachgemäßer erledigen konnte als die Gerichte. Das kommt in der fleißigen Zusammenstellung der bürgerlich- und strafrechtlichen Zuständigkeiten der Gilden und ihrer Ausschüsse (S. 251) nicht zum Ausdruck. Dazu kommt, daß, wenn ein Bruder den andern nur vor der Morgensprache der Gilde belangen darf (S. 252), der Nachdruck nicht auf Morgensprache, sondern auf Gilde liegt: hier haben wir es mit der sonst so bedeutungsvollen ausschließlichen Zuständigkeit der Gilde für Streitigkeiten der Gildegenossen untereinander zu tun, nicht so sehr, wie W. in einem anderen Falle meint (S. 254), mit der lex specialis gegenüber der lex generalis. Vgl. für diese ausschließende Zunftgerichtsbarkeit (etwa sunder wunden) S. 255 f., 266 f., für Einzeldelikte, insbesondere wieder gewerbepolizeilicher Art, S. 257 f. und von Beleidigungen (S. 261 f.) und Körperverletzungen (S. 262) unter Gildegenossen, manchmal erstreckt sich die Zuständigkeit der Gilde auch auf Nichtgildegenossen, insbesondere wenn die Handlung auf der Zunftstube erfolgte oder sich gegen Zunftsachen richtete (S. 264 f.). Von besonderer Bedeutung ist die Zuständigkeit der Gilde über die Gewerbegehilfen der Genossen (S. 268), hier hätte hervorgehoben werden können und wohl sollen, wie diese Gerichtsbarkeit über die „Jungen", Boten usw. der Gilde und Gildegenossen über die Handelsgerichtsbarkeit (Silberschmidt, Entstehung der deutschen Handelsgerichtsbarkeit, 1894, S. 69), insbesondere das Nürnberger Merkantil-Friedens- und Schiedsgericht (Silberschmidt, Die deutsche Sondergerichtsbarkeit in Handels- und Gewerbesachen, 1904, S. 7 f.) in die Handels- und Arbeitsgerichtsbarkeit ausmündet. Ob regelmäßig ein Rechtsmittel vom Gildegericht an den Rat oder die Obrigkeit ging, möchte nach der Natur der Gildegerichtsbarkeit zu bezweifeln sein. Diese wird allerdings manchmal dahin abgeschwächt, daß sie „in erster Linie" oder als Schiedsgerichtsbarkeit oder als Sühneversuch (S. 255) vor der ordentlichen Gerichtsbarkeit angeordnet ist. Die Gilde als kirchliche, gesellige, politische und militärische Organisation ist nur ganz verständlich, wenn man über den Standpunkt dieses Buches von einer gelegentlichen Entstehung der Gilden als Abwehrmittel unter Wettbewerbern hinaus auf das Herauswachsen der Gilde aus uralten geschichtlichen Zuständen zurückgeht. Und Ähnliches gilt von den Betrachtungen über „Hanse und Hansgraf" (S. 380) in einer auf Kleinhandelszünfte beschränkten Arbeit. Damit kehren wir selbst zu dem Ausgangspunkt zurück und wollen damit die Besprechung dieses auf großen Vorarbeiten aufgebauten und leider in einen zu engen Rahmen gespannten Buches beschließen.

München. Wilhelm Silberschmidt.

IV.

Bürgerliches Recht.

1. Sammelbericht zum Wirtschaftsrecht, insbesondere zum Handels- und Arbeitsrecht.

I. Wenn bisher das neue Wirtschaftsrecht seine Hauptkraft aus der Betonung der wirtschaftlichen Grundlagen des Rechts gezogen hat, so sehen wir in der allerneusten Zeit eine Rückkehr zu rein rechtlichen Gesichtspunkten. Nachdem im Schuldrecht das Reichsgericht in ständiger Rechtsprechung eine strenge Trennung des schuldrechtlichen Verpflichtungs- und des dinglichen Erfüllungsvertrages, etwa beim Kauf die Trennung der Verpflichtung zur Eigentumsverschaffung von der Eigentumsübertragung, durchgeführt hat, sehen wir jetzt auch in der Lehre des Schuldrechts eine starke Betonung des dinglichen Elements. Wie dieses sich im Gesellschaftsrecht und im Arbeitsrecht geltend macht, sei an zwei Neuerscheinungen durchgeführt:

1. A. Dr. jur. Gerhard Schroth, Der Aufbau der Gesellschaft des BGB. als Schuldverhältnis und als Gemeinschaftsverhältnis. Ein Beitrag zu den Grundlagen des Gesellschaftsrechtes 1931. 8°. 193 S.

B. Dr. phil. Dr. jur. Peter Dehen, Schreinermeister, Eine neue Auffassung vom Arbeitsrecht 1931. 8°. 114 S.

Zu A.

Sch. (= Schroth) will den Nachweis führen, daß sich alle Rechtsverhältnisse der Gesellschaft restlos in obligatorische und dingliche Rechtsbeziehungen scheiden lassen und daß damit sowohl die Fiktion einer den einzelnen Gesellschaftern gegenüberstehenden Gesamtheit der Gesellschafter als selbständiges Individuum wie die Annahme eines zwischen den Gesellschaftern bestehenden „Personenrechtsverhältnisses“ entfalle.

1. Zu den obligatorischen Rechtsbeziehungen.

Bei der vorausgeschickten Prüfung der bisherigen Lehrmeinungen wendet sich Sch. mit Recht sowohl gegen die Theorien, welche die Gesellschaft als juristische Person (S. 5) als gegen die, welche sie als „unechte", „relative", juristische Person (S. 6) betrachten. Aber seine eigene Auffassung über die Gesamthand und ihr Verhältnis zur Körperschaft, wonach ein grundsätzlicher Unterschied zwischen Körperschaft und Gesellschaft nicht bestehen soll, kann nicht gebilligt werden. Mit Binder[1]) betrachtet er als Subjekt der gemeinschaftlichen Rechte die Gesamthand, der insgesamt „diejenige Macht zustehe, die ein Alleinberechtigter haben würde"[2]). Gleichwohl sollen die Gesellschafter Anteile an jedem gemeinsamen Gegenstand haben, demgegenüber sie eine, „wenn auch unselbständige, dingliche Rechtsstellung"[2]) haben sollen. Die „Verbandsperson" Gierkes sei eine Fiktion, die nicht angenommen werden könne, weil die Gesamthand im Sinne Sch.s als Summe obligatorischer und dinglicher Rechte keine Lücke und kein Bedürfnis für eine Fiktion entstehen lasse[3]). Damit nähert Sch. seine Gesamthand so sehr der Korporation, daß er nicht einsehen kann, „weshalb die Rechtsverhältnisse der Mitglieder . . . einer Gründergesellschaft mit dem Eintritt der Korporationseigenschaft der Personenvereinigung von Grund auf anders konstruiert werden sollen als vorher"[3]). Auch bei der Aktiengesellschaft gehöre[4]), auch nach Affolter[5]), das Vermögen in gleicher Weise wie bei der Gesellschaft des BGB. materiell den Aktionären als gemeinschaftliches Vermögen. Die Gesamthand, welche gewöhnlich keine durch den Gesellschaftsvertrag eingehend normierte Verfassung habe, könne jedoch genau so organisiert sein wie die Körperschaft und gleiche ihr dann wie ein Ei dem andern. Bei der Körperschaft als modifizierter Gesellschaft stehe das gemeinschaftliche Vermögen „genau wie bei der gewöhnlichen Gesamthand" allen Mitgliedern zu und ein Schuldverhältnis verbinde die einzelnen Mitglieder mit der Gesamtheit der übrigen[6]). Deshalb

[1]) Problem der juristischen Persönlichkeit, Leipzig 1907, S. 86f., 92f.
[2]) S. 30, 165.
[3]) S. 56, vgl. Schönfeld in „Die Reichsgerichtspraxis", Bd. 2 (1929), S. 225.
[4]) S. 57 A. 9. [5]) Arch. f. bürg. R. Bd. 35 S. 236.
[6]) S. 58, 81, 131, 165, 166.

bestünden weder bei der Gesellschaft[7]) noch bei der Körperschaft Beziehungen der Mitglieder „personenrechtlicher Art". Fasse man die Gesamthandstheorie als Schuldverhältnis zwischen dem einzelnen und der Gesamtheit aller auf, so würde der einzelne „teilweise sein eigener Gläubiger und sein eigener Schuldner"[9]). Das dingliche Rechtsverhältnis der Körperschaft unterscheide sich von dem der Gesellschaft nur dadurch, daß „die gemeinschaftlich zustehenden Rechte vereinbarungsgemäß nur von den sog. Organen der Körperschaft ausgeübt werden können"[10]). Trotzdem aber Sch. das Schuldverhältnis der Gesellschaft zwischen dem einzelnen und der Gesamtheit der übrigen bestehen läßt, soll die Übertragung des vollen Rechtes nötig sein, wenn es aus der alleinigen Berechtigung eines Mitglieds in die Gesamthandberechtigung aller übrigen überführt werden soll[11]), da am Gesamthandsvermögen keine Bruchteile selbständiger Art beständen, auch nicht ideeller Art[12]). Der Anteil sei nicht anders beschaffen als sonstige dingliche Rechtsstellungen, die Summe der Anteile komme dem dinglichen Recht des Alleinberechtigten gleich[13]). Aber: die Gesellschaftergesamtheit habe kein einheitliches Recht an dem als Ganzes gedachten Vermögen, da das BGB. keine dinglichen Rechte an einem Vermögensganzen kenne [14]), in § 719 BGB. sei das Wort „Anteil am Gesellschaftsvermögen" untechnisch gebraucht, die Gesellschafter hätten jeden einzelnen Gegenstand des gemeinsamen Vermögens zur gesamten Hand inne[15]). So kann, wie schon die Hervorhebung der Widersprüche zeigt, die Sache nicht sein und wenn z. B. Sch.[16]) für seine „Korporation als modifizierte Gesellschaft" und dafür, daß das Vermögen der Aktiengesellschaft materiell den Aktionären gehöre, auf meine Arbeit über „Beteiligung und Teilhaberschaft" S. 137/41 Bezug nimmt, so heißt es dort S. 137 ausdrücklich, die Hauptbedeutung der Aktie liege „neben dem Anspruch auf Rückzahlung des bei der Beendigung noch vorhandenen Kapitals oder des entsprechenden Teils davon in dem Anspruch auf die der Einlage zukommenden Erträgnisse des Unternehmens", und S. 141: bei der Kapitalgesell-

[7]) S. 14. [8]) S. 59, 66.
[9]) S. 67, 135 vgl. mit S. 63. [10]) S. 131. [11]) S. 137.
[12]) S. 171, 174. [13]) S. 175. [14]) S. 156. [15]) S. 157.
[16]) S. 57 A. 9.

schaft trete „an Stelle der allgemeinen Rechtsgemeinschaft am Vermögen die Rechtspersönlichkeit der Kapitalgesellschaft“[17]). Der Unterschied zwischen beiden Figuren ist folgender: Die Gesamthand ist eine gesellschaftliche, wegen ihres geschichtlichen Ursprungs aus Stamm und Familie zunächst gütergemeinschaftliche Beziehung, hier in der Form der Rechtsgemeinschaft, nach welcher sich die Verhältnisse während der Gemeinschaft und die Auseinandersetzung richten[18]). Wie zweifellos bei der römischrechtlichen societas haben wir es auch bei der Gesamthand noch mit schuldrechtlichen, wenn auch regelmäßig enger verbundenen, Beziehungen zu tun, während in der Körperschaft aus der Vereinigung eine neue Rechtspersönlichkeit erwächst, der das bei der Gesamthand den Gesellschaftern in Gütergemeinschaft zustehende Vermögen gehört. Wenn Müller-Erzbach[19]) den Gesellschaftsvertrag schlechthin nicht als gegenseitigen Austauschvertrag, sondern als Organisationsvertrag betrachten will, so gilt das nicht für die Gesellschaft als Gesamthand, bei der zur Gründung der Gesellschaft die Leistung des Gesellschafters A mit Rücksicht auf die Leistung der Gesellschafter B und C, wenn auch nicht mit Umsatzzweck, erfolgt, wohl aber für die Körperschaft, bei der für die Leistung des Mitglieds A die Nichtleistung des Mitglieds B gleichgültig ist. In der Körperschaft entsteht eine neue Persönlichkeit, die wie die natürliche Person Rechtssubjekt sein kann

[17]) Vgl. dazu Silberschmidt, Gewerkschaft, Gesellschaft, Juristische Person im Arch. f. RuWPh. Bd. 11 S. 239ff., Bd. 12 S. 136f., 144: „In dem Augenblick, in dem die Gesellschaft Juristische Person wird, ... läßt sich dieser Gesellschaftsbegriff ... nicht mehr verwenden. Hier liegen nicht mehr Verträge vor, durch welche gesellschaftliche Beziehungen von mehreren Personen zur Erreichung eines gemeinsamen Zweckes begründet werden, sondern hier wird vor allem durch Zusammenlegen von Kapital eine neue Rechtspersönlichkeit geschaffen, indem die Frage der Rechtszuständigkeit, die bei der Gesellschaft gestellt werden mußte, sich in eine solche nach dem Rechtssubjekt verwandelt.

[18]) Bet. u. Teilh. S. 105.

[19]) Deutsches Handelsrecht 1928 S. 99. Vgl. aber Hoeniger, Die gemischten Verträge in ihren Grundformen S. 241: „Es bedarf wohl auch keines weiteren Wortes darüber, daß bei der entgeltlichen Sozietät nach dem übereinstimmenden Willen aller Personen eine jede ihre Leistungspflicht in allen ihren Beziehungen von den Leistungen der übrigen Vertragsparteien in Abhängigkeit gesetzt wissen will.“ Eine unentgeltliche Sozietät im Sinne Hoenigers mit Beteiligung ohne Beitrag ist nicht Gesellschaft, sondern partiarische Beteiligung, d. h. gesellschaftsähnliches Rechtsgeschäft. Vgl. Silberschmidt, Das gesellschaftsähnliche Rechtsverhältnis in ZHR. Bd. 79 (1916), S. 465f., 477.

und wird[20]), und damit entsteht eine „unüberbrückliche begriffliche Kluft"[21]) zur Gesellschaft. Die Gesamthand kann nicht klagen und verklagt werden; wenn Sch.[22]) meint, die Gesellschafter in ihrer Gesamtheit stehen (als Rechtssubjekte) in einer Beziehung, die als subjektives Recht zu bezeichnen wäre, so ist eben die Gesamthand zwar „Rechtssubjekt", aber nie „Person"[22a]). Ist sie damit grundverschieden von der Körperschaft, so bildet sie doch auch selbst eine Einheit, indem die einzelnen Gesellschafter über ihren Anteil an den einzelnen Gegenständen des Gesellschaftsvermögens nicht verfügen können, sondern nur noch der Gesamtwille herrscht: das Gesellschaftsvermögen ist ein der Gesamtheit zustehendes Sondervermögen[23]). So steht der Einzelne der Gesamthand, nicht aber den übrigen Gesellschaftern, gegenüber, nicht diese, sondern die Gesamthänder als solche haben allenfalls aufzulassen. Mit Rücksicht auf deren Einheit kann davon keine Rede sein, daß der Einzelne dabei teilweise sein eigener Gläubiger oder Schuldner würde. Gibt die Gesamthand einem Gesellschafter ein Darlehen, so hat sie den Rückforderungsanspruch, nicht haben ihn die übrigen Gesellschafter[24]). Für die Gesamtheit klagen freilich die sämtlichen Gesellschafter, die Körperschaft klagt selbst. Im einzelnen wird der Gegensatz und insbesondere die personenrechtliche Bedeutung der Gesellschaft erst durch rechtsgeschichtliche Darlegungen verständlich, die ich besonders in den bei und in A. 17 genannten Arbeiten[25]) zu machen versucht habe.

Damit gehen wir nunmehr

2. zu den dinglichen Rechtsbeziehungen über, an denen vor allem die Neuheit der Sch.schen Ausführungen zu erweisen wäre. Sch. nimmt bei der Darstellung „der Gesellschaft als dinglichem Gemeinschaftsverhältnis"[26]) Bezug auf meine Ausführungen[27]), indem er sagt, daß man allerdings aus § 705 HGB. noch nicht auf

---

[20]) Engländer, Die regelmäßige Rechtsgemeinschaft, Teil I, 1914, S. 60 f.
[21]) Gierke, Die Genossenschaftstheorie u. die deutsche Rechtsprechung, 1887, S. 339.
[22]) S. 166. [22a]) Vgl. Schönfeld a. a. O. S. 225.
[23]) Staudinger Vorbem. IV vor Titel 14. [24]) Gegen S. 135.
[25]) Vgl. jetzt „Das partiarische Rechtsverhältnis in rechtsvergleichender und geschichtlicher Darstellung", ZHR. Bd. 96 (1931) S. 267 f., 271 f.
[26]) S. 130. [27]) ZHR. Bd. 79 a. a. O. S. 466.

das Vorhandensein eines dinglichen Gemeinschaftsverhältnisses neben dem Schuldverhältnis schließen kann, wie ich es a. a. O. tue: daß außerhalb des schuldrechtlichen Bereichs eine Rechtsgemeinschaft zwischen den Gesellschaftern bestehe, die mit unter den Begriff der Gesellschaft falle, ergebe sich erst aus §§ 718—720 BGB. und anderen Vorschriften. Nun habe ich wie mancher andere den Begriff der Dinglichkeit ausdrücklich gar nicht erwähnt. Ich bin in „Beteiligung und Teilhaberschaft"[28]) von dem Gesamteigentum ausgegangen, das dem Einzeleigentum vorausging, und habe in ihm die Wurzel aller späteren gesellschaftlichen Bildungen gefunden, insbesondere der zwei Grundformen, der compania-Form und der commenda-societas-Form, die sich gegenseitig beeinflussen. Die compania, die besonders deutsch-rechtliche Brot- und Lebensgemeinschaft, bilde die innere Grundlage der Hauptform der Handelsgesellschaften, die in Deutschland „Offene Handelsgesellschaft", sonst Firmengesellschaft usw., genannt werde. Aber auch die römische societas, aus der letzten Endes die commenda-societas-Form abgeleitet wurde, sei wie der nach außen wirkende deutsch-rechtliche Gesamthandvertrag aus der Familiengemeinschaft, dem altrömischen consortium, hervorgegangen. Aus der gemeinschaftlichen Tätigkeit der Familie sei die gemeinschaftliche Haftung und die Rechtsvermutung erwachsen, daß die Familienangehörigen Teilhaber des Unternehmens seien. „Ja die Haftung wird, selbst wenn gemeinschaftlicher Haushalt nicht besteht, allein auf die Tatsache der Gütergemeinschaft gegründet, soweit die Abschichtung nicht in bestimmter Weise nachzuweisen ist"[29]). Die Gütergemeinschaft habe dann eher zur Körperschaft als zur Gesellschaft gedrängt, dem Wesen der Gütergemeinschaft und dem in ihr herrschenden Grundsatz der fraternitas habe die gleiche Berechtigung nach innen entsprochen[30]). Die Gesellschaftsformen seien besonders durch das Hinzutreten[31]) der Commenda zur Gütergemeinschaft entstanden, societas, Gesamthand und Rechtspersönlichkeit hätten eine Stufenleiter gebildet[32]). So habe ich versucht, zunächst geschichtlich die dingliche

[28]) S. 98. [29]) S. 99. [30]) S. 101.
[31]) Vgl. jetzt „Das partiärische Rechtsverhältnis" a. a. O. S. 283 f.
[32]) S. 102.

Grundlage auszuführen. An der von Sch. erwähnten Stelle habe ich gesagt, das Gesetz beschränke sich in der grundlegenden Begriffsbestimmung[33]) des § 705 darauf, die Verpflichtung der Gesellschafter eines Zusammenwirkens zum gemeinschaftlichen Zweck festzustellen, setze in § 718 die Beiträge stillschweigend als gegeben voraus und stelle es in § 722 den Gesellschaftern frei, die Anteile an Gewinn und Verlust zu bestimmen. Mit diesen Sätzen, also nicht nur mit § 705, gelange man tatsächlich zu einem, wie weiter ausgeführt wird, allen Anforderungen genügenden Gesellschaftsbegriff, da vor allem den sämtlichen Gesellschaftern als der Rechtsgemeinschaft am Unternehmen gemeinschaftlich der Anspruch gegen die einzelnen Gesellschafter auf Zusammenwirken zu dem gemeinschaftlichen Zweck, insbesondere auf die notwendig geldwerten und damit stets ein Gesellschaftsvermögen bildenden[34]) Gesellschaftsleistungen zustehe. Sch.[35]) will aber auch die Titelüberschrift „Gesellschaft" ausdrücklich auf das Verhältnis der Gesellschafter zum Vermögen beziehen. So führt Sch. die Grundlagen der Dinglichkeit aus. Auch das gesellschaftliche Schuldverhältnis ziele im Gegensatze zu den Austauschverträgen auf die Vergemeinschaftung von Werten. Auf alle Fälle liegen in der Scheidung der „Gesellschaft als Schuldverhältnis" und der „Gesellschaft als dingliches Gemeinschaftsverhältnis" und ihrer eingehenden Darstellung[36]), mit den zutreffenden Unterteilungen

a) Gegenstände des Gesellschaftsvermögens,
b) Zuständigkeit des gemeinsamen Vermögens an alle Gesellschafter (richtig: die Gesamthand),
c) Anteil des einzelnen Gesellschafters am gemeinsamen Vermögen,

die unbestreitbaren Verdienste des Buches. Freilich: die unter 1. beanstandeten, nicht unwesentlichen Mängel machen sich auch unter 2. geltend. Es ist nicht richtig, daß die „Mitglieder einer juristischen Person" die gleichen obligatorischen und dinglichen Rechte am Ver-

[33]) Wenn bezweifelt wird, ob § 705 eine Begriffsbestimmung enthalten soll, vgl. das Folgende.

[34]) Dagegen Hedemann, Schuldrecht des BGB. 1931 S. 393: „nicht gerade begriffsnotwendig."

[35]) S. 131 A. 5.

[36]) S. 130—193.

bandsvermögen hätten[37]), sie haben nur Verwaltungs-, Nutzungsrechte und das Recht auf das Liquidationsergebnis. Grundsätzlich wäre hier die Bedeutung der Gesamthand (vgl. zu b) vor den Rechten an einzelnen Gegenständen zu erörtern gewesen. Was nun

zu a) diese Gegenstände betrifft, so wurde bereits bezüglich der Forderungen auf Leistung der Beiträge[38]) Stellung genommen, ebenso dahin, daß die Beiträge an die Gesamthand[39]) zu erfolgen haben; das Darlehen an einen Gesellschafter[40]) steht auch der Gesamthand zu, der es nach Rückzahlung zugeführt wird. Das Gesellschaftsvermögen ist kein „relativer Begriff", die Gesellschaftskasse wirklich an sich nur von sämtlichen Gesellschaftern gemeinschaftlich zu öffnen. „Die Einlagen müssen vergemeinschaftet werden"[40a]), die Pflicht hiezu liegt auf Seite der Gesellschaft dem Geschäftsführer ob[41]). Bei den Gesellschaftsschulden vertritt Sch.[42]) die nicht zu billigende Ansicht, daß sie keinen Teil des Gesellschaftsvermögens bilden: Aktiva und die daraus erwachsenden Passiva lassen sich meist gar nicht trennen.

Zu b) wäre zunächst die Bedeutung und Stellung der Gesamthand eingehend darzustellen gewesen. Aus ihr folgen dann erst die Einzelheiten: Geschäftsführung, Aufrechnung[43]) usw. Wenn Sch. die Wirkung der Gesamthand auch im Liquidationsstadium fortdauern läßt, so dürfte eher anzunehmen sein, daß, wie bei der Körperschaft, mit der Auflösung der Anspruch auf die Liquidationsquote eintritt[44]).

Zu c). Mit Recht erklärt sich Sch.[45]) dagegen, daß die Anteilsrechte nach außen unbeschränkt und nur nach innen beschränkt seien: nur der Gesamtwille wirkt. Hier sieht Sch. auch ein, daß die dingliche Berechtigung eines Mitglieds dem Vollrecht nicht wesensgleich ist, wenn er aber doch wieder meint, daß sie dem Vollrecht ähnlich sei und daß deshalb die Summe der Anteilsrechte dem Vollrecht gleichkomme, so kann eine Summe beschränkter Rechte nicht ein

---

37) S. 131. 38) S. 133.
39) Vgl. dagegen S. 134. 40) S. 135. 40a) S. 137.
41) S. 141. 42) S. 144, vgl. dagegen Hedemann a. a. O. S. 394.
43) S. 148. 44) Vgl. S. 155 A. 69.
45) S. 173, vgl. Schönfeld a. a. O. S. 226 f.

unbeschränktes ergeben, so wenig wie die Summe aufgeteilter Servituten das Eigentum darstellt (es bleibt immer noch die nuda proprietas). Dabei soll von den obligatorischen Rechten der Anteilsbesitzer gegenüber den anderen Mitgliedern ganz abgesehen werden[46]). Daß Sch. zu Unrecht die personenrechtliche Stellung des Mitglieds bestreitet (er läßt sie mit „jeder sonstigen dinglichen Rechtsstellung übereinstimmen")[47]), wurde bereits erwähnt; mit Recht wird aber die Annahme jeder, auch „ideeller", Quotenstellung hier abgelehnt[48]). Wenn Sch. meint[49]): Wenn man ohne Verstoß gegen das Gesetz die Wahl hat zwischen der einfachen und schlichten Auffassung der Körperschaft als einer besonders gearteten Gesellschaft und ihrer geschraubten Konstruktion als gedachtes Individuum, wird man sicher der ersteren den Vorzug geben, so besteht eben eine solche Wahl nicht. Und wenn Sch. eingehend[50]) über die Gründe der Unverfügbarkeit hinsichtlich des Anteils handelt, die eben notwendig aus dem Persönlichkeitsrecht folgt, so liegen hier die Grenzen des an sich verdienstlichen Buches.

Zu B.

Wenn wir zu A. sehen, wie im Gesellschaftsrecht das dingliche Element betont wurde, so sehen wir zu B. das gleiche im Arbeitsrecht.

Dehen (= D.) drückt schon im Titel „eine neue Auffassung vom Arbeitsrecht" aus, die bei Potthoff[50a]) Widerhall gefunden hat: „Wie neben dem Kaufvertrage das dingliche Vollzugsgeschäft steht, so gehört auch zum Vollzuge des Arbeitsvertrages ein auf anderem als schuldrechtlichem Gebiete liegendes Rechtsgeschäft oder vielmehr eine Fülle von Rechtsgeschäften, die mit der Einweisung in die Stelle beginnen. Diese Rechtsgeschäfte gehören teilweise dem Sachenrecht an, . . . zum Teile gehören die Vorgänge aber einem anderen, einem personenrechtlichen, Gebiete an, für das es noch keine dinglichen Regeln gibt." Auch hierin sehen wir das Gegenstück zu den Erörterungen unter A.

1. In einer „Einleitung" legt D. seinen Plan dar, die Linien eines einheitlichen konstruktiven Aufbaus „unseres Arbeitsvertragsrechtes, Betriebsrechtes und Tarifrechtes aufzuzeigen", ausgehend,

[46]) S. 174. [47]) S. 175. [48]) S. 177. [49]) S. 181. [50]) S. 185 f.
[50a]) Arbeitsrecht 1931 Sp. 547 f., 554.

nicht von einer nach D. unbefriedigenden Lehre, sondern „vom einheitlichen Arbeitsrecht als rechtsdogmatischer Tatsache“ und beginnend mit der Frage: „Was schuldet der Dienstverpflichtete auf Grund des Arbeitsvertrages?“ D. will in einem 1. Teil zeigen, daß darauf die herrschenden Lehrmeinungen eine unzureichende Antwort erteilen, daß die Theorie „unvollkommen, uneinheitlich und systemlos“ ist. Dagegen soll der 2. Teil die zutreffende Lösung auf Grund der Gesetze und der Rechtsanwendung ergeben.

2. Was nun diesen 1. Teil und damit die Frage nach dem Stande der Lehre betrifft, so hat gewiß nach dem Kriege, abgeschlossen in den Werken etwa von Kaskel, Hueck-Nipperdey, Jacobi, Sinzheimer und Molitor, eine fruchtbare Tätigkeit eingesetzt und man sollte sich wundern, warum sie so sehr zu beanstanden wäre. D. gibt

a) zunächst als Antwort auf die gestellte Frage nach der Pflicht des Arbeitnehmers die Einteilung der Theorie in Arbeits-, Gehorsams- und Treupflicht, wobei er sich besonders gegen meine Ausführungen im „Deutschen Arbeitsrecht“ Bd. I S. 224, 225 und gegen die genannte Dreiteilung wendet, die er nur dann für einigermaßen begründet erklärt, wenn man sich grundsätzlich für ihre kumulative und alternative Bedeutung einsetze. Er gibt 3 Beispiele: im 1. führt der Arbeiter einen ihm aufgetragenen, nicht zweckmäßigen Auftrag durch Nicht-Arbeit, Nicht-Gehorsam und Treue, im 2. den Auftrag zur Nicht-Arbeit mit Treue und Gehorsam, im 3. den unzweckmäßigen Auftrag zweckmäßig durch Arbeit, Treue und Nichtgehorsam aus. Wenn D. nun daraus die Folgerung zieht, die Pflicht des Arbeiters sei, je nachdem Arbeit oder Nichtarbeit, Gehorsam oder Nichtgehorsam gegen Lohn, nicht stets Arbeit und Gehorsam gegen Lohn, so ist der berechtigte Kern dieser Antwort auch bisher schon anerkannt worden, es ist aber auch nicht richtig, daß damit die Grundthese „Arbeit gegen Lohn“ falsch werde. Ich selbst habe a. a. O. mit Kreller hervorgehoben, daß Gehorsam und Treue nur „als die Art, wie die Arbeit geleistet werden soll,“ in Betracht kommen, „daß sie also nur zur Erfüllung der Arbeitspflicht hinzutreten sollen“, mit der „weiteren Pflicht“, die gemeinschaftlichen Interessen oder die des Arbeitgebers „selbst außerhalb der eigentlichen Arbeitsleistung“ zu fördern und jedenfalls nicht zu schädigen. Entscheidend ist die

Leistung der zugesagten Arbeit (S. 228) durch den Arbeitnehmer, mit „der bestmöglichen Verwendung seiner Fähigkeiten" (S. 238) und der Verpflichtung nach § 16 EAAVG., Störungen im Arbeitsvorgang unverzüglich anzuzeigen (S. 238). Handlungen, die sich nicht als geschuldete Arbeit darstellen, kommen überhaupt nicht als Erfüllung in Betracht" (S. 239). Und bei der Gehorsamspflicht (S. 245) führe ich als selbstverständlich aus, daß unsittliche, strafbare, gesundheitsschädigende Befehle nicht ausgeführt werden müssen und von den Anordnungen abgewichen werden darf, wenn der Arbeiter nach den Umständen annehmen darf, daß der Arbeitgeber, dessen Entscheidung bei hinreichender Zeit einzuholen ist, die Abweichung billigen werde. Aber wenn einmal die geschuldete Arbeit aus bestimmten Gründen nicht geleistet werden kann oder soll, dann ist noch lange nicht die Antithese richtig, daß aus dem Arbeitsvertrag Arbeit oder Nichtarbeit geschuldet oder der Arbeitsvertrag durch Arbeit oder Nichtarbeit zu erfüllen ist oder daß Nichtarbeit und Nichtgehorsam ebenfalls in obligatione sind.

b) D. beanstandet dann weiter, daß die Lehre vom Arbeitsrecht auf dem vieldeutigen und deshalb schon nicht verwendbaren Begriff der Arbeit und dem angeblich von der Praxis nicht übernommenen Kraftgedanken aufgebaut sei. Dann darf natürlich auch das Handelsrecht nicht auf dem mehrdeutigen Begriffe des Handels aufgebaut werden und Gleiches würde vom Jugendrecht, Rechte des geistigen Eigentums usw. gelten. Dabei übersieht D., daß die Arbeit gar nicht absolut, sondern nur insoweit die Grundlage des Arbeitsrechts bildet, als[51]) über den auch von D. beanstandeten[52]) Arbeitsbegriff Lotmars hinaus ein Mensch einem andern auf Grund eines persönlichen Unterwerfungsvertrages seine Kraft gegen Entgelt zur Verfügung stellt, also mit Ausschluß der Arbeit des selbständigen Unternehmers, Kaufmanns, Arztes, Rechtsanwalts, Beamten usw., wozu noch kommt, daß den weitaus wichtigsten Teil des Arbeitsrechts überhaupt nur das Recht des abhängigen Arbeiters bildet und daß diese Abhängigkeit betrieblich oder persönliche und wirtschaftliche Abhängigkeit sein kann[53]). Wenn D. daher meinen Arbeitsbegriff beanstandet, so

---

[51]) Silberschmidt, Deutsches Arbeitsrecht Bd. II (1929) S. 4f.

[52]) S. 21f. [53]) Ebenda S. 18f. — 68.

hat er weder diese, schon im I. Bande in der Hauptsache enthaltenen, Ausführungen berücksichtigt noch sind seine Einwendungen richtig, daß nicht jede Kraftaufwendung für andere in meinem Sinn Arbeit sei,[54]) daß das Spiel an sich unter meinen Arbeitsbegriff falle und daß nach ihm die Dreiteilung der Arbeitspflichten[55]) unnötig sei. Zur Beanstandung des Arbeitsbegriffs Lutz Richters kann ich auf dessen Entgegnung[56]) verweisen. Auch das, was gegen Hueck und Molitor vorgebracht wird[57]), insbesondere gegen die Erklärung des Ersteren, Arbeit sei alles, was wirtschaftlich als Arbeit gewertet werde, ist unzutreffend, Arbeitsbereitschaft ist eine Form der Arbeit, bei der Muskel- und Nervenkraft im Zuwarten aufgewendet wird. Und wenn D. auch den Entwurf wegen des Wortes „Arbeit", das nur Modewort sei, und wenn er Molitors Auslegung der Arbeit, „jede Tätigkeit, die als Arbeit gewertet werde" beanstandet, man müsse den Mut haben, das Modewort „Arbeit" als ungeeignetes Mittel wissenschaftlicher Gedankenvermittlung ganz aus der Diskussion herauszulassen, so war es gewiß nicht Mode und Drang nach Volksgunst, was vom Ende des vorigen Jahrhunderts an in Deutschland das Wort „Arbeit" und in Frankreich das Wort „travail" an Stelle der Leistung von „Diensten", „services" setzte, sondern die damals sich durchringende Überzeugung, daß der römischrechtliche und sklavenrechtliche Begriff der Dienstmiete den heutigen Auffassungen nicht mehr entspreche. Und wenn heute D. das Wort „Dienst", das übrigens ebenso vieldeutig ist wie das Wort „Arbeit", an dessen Stelle setzen will, so erinnert ihn Potthoff[58]) mit Recht auch daran, daß das Wort die Erinnerung an die alten Untertänigkeiten weckt, die durch das neue Arbeitsrecht endgültig überwunden werden sollen: „Begriff und Inhalt des Arbeitsrechts" haben sich so fest mit den eingelebten Worten verbunden, daß es unmöglich erscheint, diese Verbindung wieder zu lösen".

3. Im 2. Teil[59]), der Lösung auf Grund des Gesetzes, geht D. nun unter A. auf die „geschuldete Leistung der Dienste" und damit

[54]) Vgl. dazu meine Ausführungen Bd. I a. a. O. S. 81 und meinen demnächst in der NZ. f. ArbR. erscheinenden Aufsatz über „Das ArbR. auf Grund der Lehre vom AR. und der a. n.-ähnlichen Person".

[55]) Oben zu 2a.
[56]) NZ. f. ArbR. 1931 Sp. 627 f.
[57]) S. 18, 21.
[58]) Arbeitsrecht 1931 S. 548.
[59]) S. 23 f.

auf das BGB. zurück, das noch halb in den römisch-rechtlichen Auffassungen der locatio conductio operis und operarum mit seinem Dienst- und Werkvertrag steckt (das Schweizerische Obligationenrecht hat schon den Gesamtarbeitsvertrag und den Normalarbeitsvertrag) und entnimmt aus § 611 BGB. „die versprochenen Dienste" an Stelle meiner „zugesagten Arbeit"[60]) als Antwort auf die gestellte Frage.

a) Aus dem Begriffe „Dienst" wird, unter Außerachtlassung der Grundbedeutung „untergeordnet sein", abgeleitet: tatsächliche Einordnung eines Menschen zur Förderung fremder Interessen. Obwohl Dienst nur „Unterordnung eines Menschen unter einen andern zu dessen Nutzen" ist (auch der Rechtsanwalt und der Lehrer, wenn sie Dienste leisten, ordnen sich den Interessen des andern unter, Lotmar[61]) bezeichnet den Schüler geradezu als Arbeitgeber des Lehrers) und obwohl Ein- und Unterordnung nur über die gegenseitige Beziehung, nicht über die Tätigkeit aussagen, mag die Begriffsbestimmung hingehen, wenn sie dasselbe besagt wie die Aufwendung von Kraft für einen andern mit Unterwerfung unter diesen. Die tatsächliche Einordnung eines Menschen zur Förderung fremder Interessen wird nämlich erst dann Arbeit, wenn der Eingeordnete tätig wird, die Verpflichtung zur Einordnung und die Einordnung selbst = Einreihung allenfalls in den Betrieb, ist noch nicht Arbeit, auch nicht, wenn „die Einordnung auf ein fremdes Interesse gerichtet ist"[62]). Auch in den graphischen Darstellungen des Verfassers zeigt der Pfeil nur die Richtung, nicht eine Tätigkeit. Wenn der Eingeordnete sofort nach der Einordnung stirbt, wenn er nur aus Neugierde den Betrieb betrachtet und sofort wieder austritt, dann hat er keine Arbeit geleistet. Was muß er getan haben, um den Begriff der Arbeit zu erfüllen? Er muß Kraft aufgewendet haben für den andern.

b) Auch die Einreihung in den gewerblichen[63]), Handels-[64]) usw. Betrieb ergibt noch keine Arbeit. Sehr wichtig ist aber, gegenüber der Sinzheimer'schen Auffassung, daß die abhängige Arbeit

[60]) Bd. I S. 228.
[61]) Der Arbeitsvertrag Bd. I (1902) S. 80.
[62]) S. 28. [63]) S. 32. [64]) S. 34.

Ausfluß des Eigentums des Arbeitgebers an den Betriebsmitteln sei, die Erkenntnis D.s[65]), daß dem Schneidermeister nicht die Schere gehören kann, mit der er arbeitet und daß er trotzdem Betriebsinhaber ist.

c) Nun geht D. selbst zum Erfordernis der „Leistung" der versprochenen Dienste als „Kernproblem"[66]) über. Wichtig ist die Fragestellung: Besteht die Leistung in einem rein tatsächlichen Verhalten oder muß noch ein rechtsgeschäftliches Handeln hinzutreten? Ich würde fragen: Genügt die Einreihung oder muß noch ein bestimmtes Handeln dazukommen? Hier beginnt die Frage der Dinglichkeit. D. setzt stillschweigend voraus, daß der Arbeiter nicht nur in den Betrieb eingetreten ist, sondern auch dort „mit Fleiß und Gewissenhaftigkeit in der Reihe marschiert" d. h. arbeitet, wovon allein er bisher noch nicht gesprochen hat; aber auch das Arbeiten genügt nicht für D., er verlangt zwar nicht einen schuldrechtlichen Arbeitsvertrag, den er für „unwesentlich" ansieht, aber den Dienstantritt als abstraktes Rechtsgeschäft für den Erwerb der Betriebszugehörigkeit. Er erleichtert aber den Abschluß dieses abstrakten Vertrages, indem er die Öffnung der Türe für den Arbeiter als Angebot und die Benutzung des Eingangs als Annahme (das ergibt zusammen nur einen formell gestatteten Eintritt, dem alsbald nach Befragung eine Ausweisung folgen kann), die manchmal übliche Benutzung eines bestimmten Eingangs und Abstempelung einer Karte als formbedürftiges Rechtsgeschäft betrachtet. Zweifellos muß ein schuldrechtlicher Arbeitsvertrag wenigstens stillschweigend, durch Annahme der Arbeit unter angeschlagenen Bedingungen, vorliegen. Regelmäßig wird damit der Dienstantritt verbunden, manchmal aber auch gesondert sein, wenn er etwa erst später erfolgt, was im Arbeitsvertrag regelmäßig festgelegt sein wird, der dann gleichzeitig Vertrag über den Dienstantritt ist. Dieser selbst ist dann rein tatsächlicher Vorgang wie auch die Arbeitsaufnahme am 2., 3. usw. Tage. Hier beginnt nun tatsächlich der Kernpunkt von D.s neuer Auffassung. Er hält, wie früher schon Pott-

[65]) S. 33 A. 1, dagegen vgl. Silberschmidt in LZ. 1927 S. 420 u. Arch. f. RuWPh. 1928/9 S. 151.
[66]) S. 38.

hoff[67]), das Schuldverhältnis für das Arbeitsrecht entbehrlich, wesentlich dagegen das, wie er annimmt, sachenrechtliche Verhältnis der Einordnung in den Betrieb. Er stellt der Eigentumsübertragung beim Kauf, der Wohnungseinräumung bei der Miete den Dienstantritt, verbunden mit Zuweisung des Arbeitsplatzes, von Werkzeugen, Stoffen usw., gleich. Die Beschäftigung „gegen Entgelt" oder „als Lehrling"[68]) könne nur als Erfüllung eines Dienstvertrages — das ist sie wirklich — oder als besonderes Rechtsgeschäft erfolgen, das D. stets für gegeben hält,[69]) wenn es auch im Gesetz nicht geregelt sei. D. stellt unter B. die Wirkungen des rechtsgeschäftlichen Dienstantritts zusammen[70]):

1. Aufnahme in die Rechtsgemeinschaft „Betrieb" im Sinne des BRG.[71]),

2. Aufnahme in die Rechtsgemeinschaft „Betrieb" im Sinne der Gesetze über betrieblichen Personenschutz[72]), der nur an die Aufnahme, nicht an den Vertrag geknüpft sei,

3. Aufnahme in die Rechtsgemeinschaft „Betrieb" im Sinne der Normen des Anstellungsrechts[73]).

Diese Wirkungen seien unmöglich Folgen des Schuldverhältnisses, das bei Auszahlung des Entgelts durch das Sachenrecht abgelöst werde und bei der Frage der Verfügung über die Dienste (Arbeit) ebenfalls einer Form bedürfe, wie sie im Herrschaftssystem des Herrn über den Sklaven, im patriarchalischen System des Vaters gegenüber der Familie, im hierarchischen System der absolutistischen Staatsherrschaft, auch im Militär- und Beamtenverhältnis[74]) gegeben gewesen sei. Diese Form sei jetzt durch „die freie Übereinkunft" des § 105 GewO. begründet, die zwar „schuldrechtliche Vertragsfreiheit" bedeuten könne, wofür kein zwingender Grund spreche, aber tatsächlich „rechtsetzende Vereinbarung" oder „autonomes Satzungsrecht" oder „autonomes Anstellungsrecht"[75]) bedeute: „Die Freiheit des Abschlusses und der Inhaltsbestimmung des Dienst-

---

[67]) JW. 1922, 551, dagegen Silberschmidt ebenda 1923 S. 221 und „Deutsches Arbeitsrecht" Bd. I S. 56f.

[68]) § 11 BRG., vgl. D. S. 40, 42, 43f.

[69]) Vgl. dagegen Lutz Richter a. a. O. [70]) S. 43f. [71]) S. 43.

[72]) S. 45 Sp. 627. [73]) S. 46. [74]) S. 48f.

vertrags und seiner Unterarten gehört ins Schuldrecht"[75]), aber § 105 l. c. sei geschichtlich Begründung der Autonomie der Anstellung[76]), müsse inhaltlich eine gesetzliche Delegation dazu enthalten, da das Schuldrecht nicht hinreiche[77]), die Rechte erst durch das „Arbeitsverhältnis", nicht schon durch den Vertrag entstünden und da regelmäßig das Anstellungsrecht kraft rechtsetzender Vereinbarung geschaffen werde. Rechtsquelle für die Betriebsorganisation als Rechtsordnung sei neben der Gesetzgebungsgewalt des Staates die Satzungsgewalt der einzelnen Parteien.[78]) Diese sei inhaltlich an sich frei, nur durch den Inhalt des § 105 beschränkt auf „die Verhältnisse zwischen den selbständigen Gewerbetreibenden und den gewerblichen Arbeitern"[79]) — nicht der schuldrechtliche Vertrag, nur der Dienstantritt gebe einem Menschen die Qualität des § 105 — und „unter Vorbehalt der durch Reichsgesetz begründeten Beschränkungen" (§§ 138 BGB., 134 b II, 134 c II, 127 a II, 120 b, 139, 134 a—g usw. GewO.).

In wertvoller Einzelanführung gibt nun D.[80]) die Übung der Partner „im Rahmen ihrer normativen Satzungsgewalt" wieder in bezug auf

1. die anstellungsrechtlichen Verhältnisse im allgemeinen und
2. die anstellungsrechtlichen Rechtsgeschäfte.

Zu 1. insbesondere über das Besitzdienerverhältnis an den Sachen des Betriebes (Arbeitsplatz, Werkzeugen) im Sinne des Üblichen, da der Arbeiter sich als Schlosser, Dreher, Fräser und ohne Rücksicht auf das Direktionsrecht verpflichtet habe[81]), über die Ordnung zwischen den Personen des Betriebes, den Mitarbeitern, Vorarbeitern, insbesondere über Leitungs-, Kontroll- und Verwaltungsnormen[82]), Leitungsorgane, den Rahmen der Leitungsbefug-

---

[75]) S. 56. [76]) S. 57. [77]) S. 59. [78]) S. 59.

[79]) S. 63. [80]) S. 67.

[81]) S. 69. An sich sehr wichtig und bedeutungsvoll gegenüber der Theorie, „daß der AN. nicht einzelne Arbeitsleistungen verspricht, sondern das Verfügungstellen seiner Arbeitskraft" (noch Potthoff a. a. O. Sp. 549; vgl. dagegen mein Deutsch. ArbR. Bd. II S. 17 f.).

[82]) S. 71, 77 und Nikisch, Der Anstellungsvertrag in Jher. Jahrb., Bd. 80 (1930), S. 1 f.

nis, ihre Formen[83]), über den Zwiespalt zwischen Leitungs- und Mitarbeiternormen[84]).

Zu 2. zählt D. auf: Sachübergaben, Zuweisung der Arbeitsaufgabe, Dienstantritt, Dienstaustritt[85]), normative Vereinbarung auch zu einseitigen Verfügungen beider Partner. So kann Urlaub einseitig entweder durch Arbeitgeber oder durch Arbeitnehmer oder durch Vereinbarung erlangt und durch organisatorische Anordnung trotz schuldrechtlichen Anspruchs verweigert werden, was dann schuldrechtlich Unmöglichkeit ergibt[86]). Vom schuldrechtlichen Standpunkt kann auch jetzt schon der bewilligte Urlaub wie im Beamtenrecht mit Rücksicht auf den Betrieb widerrufen oder trotz Anspruchs verweigert werden.[86]) Im übrigen soll der Dienstantritt, was zweifellos richtig ist, einheitlich die Folgen des BRG. und der Betriebsschutzverordnungen, aber auch der Partei-Autonomie herbeiführen. D. betrachtet das Ganze als einheitliches Rechtsgebiet sui generis, als das „Anstellungsrecht"[87]), indem er sogar annimmt, daß die Parteien die etwa außer Kraft gesetzten gesetzlichen Bestimmungen durch die Privatautonomie ersetzen könnten, die öffentlichen Organe und Strafbestimmungen durch private. § 105 GewO. schließe schon jetzt den numerus clausus der schuldrechtlichen Formen aus. Eine solche Autonomie lasse sonst höchstens noch § 59 HGB. zu. Im Erfolg soll hienach[88]) das Anstellungsrecht zum Schuldrecht wie Eigentumsübertragung zum Kaufvertrag sich verhalten, es soll ohne Schuldvertrag bestehen und trotz desselben nicht bestehen können, für das Anstellungsrecht soll familienrechtliche Verpflichtung genügen, ebenso Übereinkunft des Betriebsinhabers mit dem einzelnen Angestellten, die auch ohne Vertrag an die Normen der Betriebsordnung bindet. Dabei sucht D.[89]) den Unterschied des Anstellungsrechts vom Schuldrecht darin zu finden, daß letzteres statisch (§ 305 BGB.),

---

83) S. 73. 84) S. 136f., 75.

85) Nach Molitor, Arbeitnehmer u. Betrieb, 1924, S. 22 ist Ein- und Ausordnung einseitige tatsächliche Erklärung. So auch oben. Friedrichs, „Einführung in die Stellung" im Arbeitsrecht 1928 S. 13 hält nicht einmal Klage auf solche Einführung für möglich.

86) Silberschmidt in der ÖsterrRZ. 1929 S. 214, D. ArbR. Bd. II S. 184.

87) S. 83. 88) S. 86f. 89) S. 91.

ersteres dynamisch, an die clausula rebus sic stantibus gebunden ist, auch an Rahmenvorschriften, die der betrieblichen Entwicklung Spielraum lassen,[89]) an die „freie Übereinkunft", ja nicht Vertrag, zwischen Betriebsinhaber und dem einzelnen Angestellten. Damit sinkt natürlich die Bedeutung der kollektiven Regelung, vor allem des Tarifvertrags[90]). Der Betrieb hat dann die Herrschaft über die Umstände (Vergrößerung, Umbau, mit gewissen Einengungen nach §§ 78 Ziff. 8, 82, 83 BRG.) und kann dann über die früheren Vereinbarungen hinwegkommen, ebenso kann der Betriebsinhaber dann aus gleichem Grunde mit der Betriebsvertretung über die gleichen Vereinbarungen gegenüber dem einzelnen Arbeitnehmer hinweggehen wie ein Richterkollegium, das die neuen Betriebsgegebenheiten mit den alten vergleicht[91]); erst recht kann dies der Schlichtungsausschuß. Stets wird so die ursprüngliche autonome Übereinkunft in autoritativer Rechtsfindung ausgelegt, sei es durch Betriebsübereinkunft, Schiedsspruch oder Gerichtsentscheidung. Freilich: die Tarifvertragsparteien sind bezüglich der anstellungsrechtlichen Normen Organ höherer Ordnung mit Bindung an ihre Normenfindung, zugleich finden sie das Recht[92]) bezüglich der arbeitsvertraglichen Bindungen der ihnen angehörigen Parteien und zwar ohne die Fiktion von der statischen Natur der schuldrechtlichen Bindungen, mit autoritativer Rechtsfindung.

D. schließt damit, daß die Judikatur die Dreiteilung der Pflichten (Arbeit, Gehorsam, Treue) als Maßstab für die Rechtsfindung nicht hingenommen habe[93]), sie habe auf § 242 BGB. in unbefriedigender Weise greifen müssen[94]). Dagegen entscheide D.[95]) die gestellte Frage befriedigend: Die Leistung erfolgt in den durch Gesetz und Autonomie geschaffenen Rechtsformen des Anstellungsrechts.

---

[90]) Vgl. die Ausführungen Potthoffs a. a. O. Sp. 556: „Die BetriebsO. muß auf anderm Grund gebaut werden als die individuelle Vereinbarung der einzelnen Arbeitsparteien. Sie muß einen sozialen, einen kollektiven Rechtsgrund haben."

[91]) S. 95. [92]) S. 99.

[93]) Vgl. aber die im Generalregister zu den Entscheidungen des RAG. und der LAGe Bd. 1—10, bearbeitet von Ollendorff, Bensheimer 1931 S. 31 unter den Stichworten Arbeitspflicht, Treupflicht, Gehorsamspflicht mitgeteilten Entscheidungen.

[94]) Der Wert als „subsidiäres Orientierungsmittel" wird S. 111 nicht bestritten. [95]) S. 108.

Wenn wir nun zu einer abschließenden Besprechung übergehen, nachdem wir zum 1. Teil gezeigt zu haben glauben, daß der unserer Lehre gemachte Vorwurf im Ganzen unberechtigt ist und nachdem wir auch zum 2. Teil schon manche Widersprüche und Unrichtigkeiten hervorgehoben haben, so haben wir schon durch die Gegenüberstellung von A und B und damit durch die Bezugnahme auf die Ansicht Müller-Erzbachs, daß auch der Gesellschaftsvertrag kein Austausch-, sondern ein Organisationsvertrag sei, was Potthoff für den Arbeitsvertrag seit langem behauptete[96]), gezeigt, daß der Kernpunkt D.s in der Richtung vielfach geteilter Bestrebungen liegt. Molitor hat wiederholt[97]) hervorgehoben, daß nicht die Verpflichtung zur Arbeit, sondern erst die Erfüllung dieser Verpflichtung gewisse Folgen, insbesondere die organisatorische Eingliederung des Arbeitnehmers in den Betrieb, herbeiführe. Und wenn man das „Beschäftigungsverhältnis ohne Vertrag" regelmäßig als stillschweigenden Vertrag erkannt hat[98]), so betrachtet es Dersch[99]) als etwas Tatsächliches, als „Annex am Betrieb" und weist nach Vorgang von Molitors Schrift über „Arbeitnehmer und Betrieb", auf welche D. sich schon bezogen hat, mit diesem darauf hin, daß das Arbeitnehmer-Verhältnis, der Arbeiterschutz usw. sich nur an das Beschäftigungsverhältnis knüpfe, wenn auch die überragende Rolle nach wie vor der Vertrag spiele. Das Beschäftigungsverhältnis beruht aber nach Molitor und Dersch auf der Einordnung des Arbeitnehmers in den Betrieb oder unter die tatsächliche Direktionsgewalt des Arbeitgebers, als zweiseitiges, durch nicht rechtsgeschäftliche Willensübereinstimmung[100]) entstandenes Rechtsverhältnis, dessen Wirkungen sich (neben Urlaub) auf Fälle des Betriebsübergangs beschränkten. Das müßte dann auch für den Dienstantritt ohne Arbeitsvertrag gelten, während der Dienstantritt mit Arbeitsvertrag schon als Teil des letzteren erklärt wurde. Das „autonome Anstellungsrecht", soweit es etwas anderes sein soll als der Arbeitsvertrag, hat auch Pott-

---

[96]) Vgl. jetzt a. a. O. Sp. 549.

[97]) Vgl. Molitor-Hueck-Riezler, Der Arbeitsvertrag (1925) S. 38.

[98]) Kausen und Molitor im Arbeitsrecht 1930 Sp. 673f., 687.

[99]) Arbeitsrechtspraxis 1930 S. 142f., 181f. Dazu Kausen in N. Z. f. ArbR. 1931 Sp. 142 und ebenda Sp. 155f. wieder Dersch.

[100]) Vgl. etwa RGZ. Bd. 68 S. 324, Bd. 79 S. 437 und S. 305, Jur. Rundschau 1929 Höchstr. Rspr. Nr. 2117.

Hoff[101]) mit zutreffender Begründung, auf die Bezug zu nehmen ist, abgelehnt. § 105 GewO. hat, zumal da man ihn aus seiner Zeit erklären muß, Vertragsfreiheit, auch hinsichtlich der Betriebsregelung, im Auge. Das meiste, was D. als Rechtsgeschäfte ansieht, sind keine solchen, vielfach Handlungen ohne rechtsgeschäftliche Natur, Einweisungen, Besitzergreifungen, wofür auf Dersch und Friedrichs Bezug genommen werden kann. Daneben aber bleibt, gerade in den Fällen, in denen kein schuldrechtlicher Vertrag abgeschlossen wurde und werden sollte, insbesondere familienrechtlicher Art, das von Dersch näher dargelegte Rechtsverhältnis. Aber, wenn man auch vieles von D.s Darlegungen nicht sofort annehmen kann, so bleibt sein Verdienst, eine schwierige Frage der Lösung weiter zugeführt, vor allem aber unsere Kenntnis der Betriebsvorgänge durch lebensvolle Darstellung der Wirklichkeit wesentlich bereichert zu haben.

II. Kehren wir nunmehr zum Gesellschaftsrecht zurück, so zeigt uns die Tatsache, daß es in den letzten Monaten wiederholt Gegenstand des Notverordnungsrechts geworden ist, die Bedeutung des Buches von

Dr. Franz Laufke über „Die Handelsgesellschaften und das zwingende Recht", J. G. Calve'sche Universitätsbuchhandlung Rob. Lerche, Prag 1931, 8°, XV und 279 SS., Preis 10 RM.

Die neuen Notverordnungen sind natürlich in dem Buche, dessen Vorwort in Prag im Oktober 1930 geschrieben wurde, noch nicht berücksichtigt, obwohl es neben dem Rechte der Tschechoslowakei und Österreichs besonders das deutsche Recht im Auge hat und obwohl die Vorwegnahme des Stoffes aus einer allgemeinen Untersuchung des zwingenden Rechtes im Handelsrecht gerade auch schon mit dem erhöhten aktuellen Interesse, insbesondere soweit die Kapitalgesellschaften in Betracht kommen, gerechtfertigt wird.

Natürlich muß die Untersuchung von der Natur und der Bedeutung des zwingenden Rechts ausgehen. Sie müßte das Verhältnis der Freiheit zum Zwang im Recht nach dessen innerem Wesen darlegen, vor allem prüfen, ob wirklich das Recht selbst schon „die

[101]) a. a. O. Sp. 553.

Sicherung der Lebensbedingungen der Gesellschaft in der Form des Zwanges"[102]) oder „die ihrem Sinne nach unverletzbar geltende Zwangsregelung menschlichen Zusammenlebens[103]) darstellt", wie sich der Rechtszwang im Gegensatze zur freien Konventionalregel rechtfertigt und sich zu ihr verhält. Eine solche Untersuchung ist hier nicht angestellt, vielmehr geht L. (= Lauske) sofort[104]) in medias res mit der Frage nach der Berechtigung der beim Versuche, den Begriff „zwingendes Recht" zu umreißen, auftretenden Streitfrage, ob der Gegensatz das ganze Rechtsgebäude durchzieht oder nur für Rechtsgeschäfte von Bedeutung ist, ohne aber auch diese Streitfrage zu entscheiden, und erklärt dann, der so gefaßte Begriff „zw. R." (= zwingendes Recht) sei nunmehr zu entwickeln. Dabei geht L. vom Begriffe der Normen und Normenkomplexe aus, die er in 1. unentrinnbare, 2. entrinnbare, 3. gewillkürte und 4. ausschließbare Normenkomplexe einteilt,[105]) die ersten auf dem Gebiete des öffentlichen und seltener auf dem des Privatrechts, die 2. auf dem Gebiete des Verwaltungs- und dem des Strafrechts, die 3. vor allem im Gebiete des öffentlichen und die 4. besonders im Gebiete des Privatrechts heimisch. Diese hienach wenig ergiebigen Ausführungen sind dann erst der Übergang zur Einteilung der Bestandteile der Normenkomplexe in kogente, dispositive und gewillkürte[106]), von denen letztere an die Stelle der ausfallenden dispositiven treten können. Da somit die gewillkürte Norm leicht verständlich ist, werden in der Folge nur die beiden andern unterschieden und zwar die kogenten, die besonders in Frage kommen, einerseits in primär und sekundär kogente, andererseits in speziell und nicht speziell bedingte eingeteilt, beide wieder in absolut und relativ kogente, die nicht speziell bedingten auch in die entrinnbaren kogenten.[107]) Unter das zw. R. fallen dann alle entrinnbaren und unentrinnbaren Normenkomplexe und alle kogenten Normen. Diese Einteilung ist vielfach an Ehrlichs „Zwingendes und nichtzwingendes Recht" angelehnt, aber in einer oft ungewandten Ausdrucksweise, wie etwa die selbstverständliche Tat-

[102]) Jhering, Der Zweck im Recht I (1877) S. 434.
[103]) Stammler, Wirtschaft und Recht nach der materialistischen Geschichtsauffassung (1896) S. 498.
[104]) S. 1. [105]) S. 3. [106]) S. 11.
[107]) S. 19.

sache, daß dispositives Recht im Gebiete des öffentlichen Rechts seltener ist, sprachlich und sachlich unrichtig mit dem Satze begründet wird: „Das hängt einerseits damit zusammen, daß das öffentliche Recht Verhältnisse von allgemeinem Interesse regelt" — ein andererseits" fehlt.[108]) Eine besondere Art der zwingenden Normen sind schließlich die Legaldefinitionen = synthetische Begriffsbestimmungen, bei denen der Begriff nicht primär, vor der Begriffsbestimmung, bestand, sondern erst durch sie geschaffen wurde.[109]) Schließlich unterscheidet L. zwischen Zweck und Wirkung (Funktion) der Norm.

Indem hienach das zw. R. der Handelsgesellschaften untersucht wird, gelangt L. zu dem verständlichen und auch sonst schon dem Sinne nach vertretenen Satz, daß die Dichtigkeit des zw. R. zunimmt, je mehr die gesetzliche Form der Handelsgesellschaft von der Personalgesellschaft aus sich der Kapitalgesellschaft nähert und zwar in der Stufenfolge OHG., KG., GmbH., AG., während die KGaA. hinsichtlich der personalgesellschaftlichen Seite wenig zwingendes und hinsichtlich der kapitalgesellschaftlichen Seite wenig dispositives Recht enthält.[110]) Mit Recht wendet sich L.[111]) dabei gegen die Auffassung der OHG. als Haftungsform nach außen, während nach innen Gesellschaft nicht vorzuliegen brauche, wohl aber ist es richtig, daß das zw. R. der Personalgesellschaften vor allem dem Schutze der Gläubiger dient, während es bei den Kapitalgesellschaften besonders auch die Gesellschafter und mehr wie bei der Personalgesellschaft auch die Volkswirtschaft schützen soll. Die Stille Gesellschaft als Innengesellschaft hat die wenigsten zwingenden Vorschriften.[112]) So bleibt von Bedeutung vor allem das zw. R. der Kapitalgesellschaften, als Schutznormen im Interesse der Gesellschaft,[113]) insbesondere gegen gesellschaftsfeindliche Handlungen der Gesellschafter,[114]) als Schutznormen der Gesellschaft im Gründungs-

[108]) S. 19. [109]) S. 17. [110]) S. 236 f.

[110]) S. 236 f. [111]) S. 26.

[112]) S. 63, vgl. aber jetzt Müller-Erzbach, Die Haftung und die Vermögensbeteiligung des Kommanditisten und des stillen Gesellschafters, besonders im Fall ihrer Anteilnahme an der Unternehmensverwaltung in den Beiträgen zum Wirtschaftsrecht Bd. II 1931 S. 737 f.

[113]) S. 81 f. [114]) S. 97 f.

stadium,[115]) als Schutznormen im Interesse der Geschäftsfreunde, insbesondere hinsichtlich des Grund- und Stammkapitals,[116]) der Umwandlung der Kapitalgesellschaften[117]) und der Publizitätsnormen,[118]) als Schutznormen im Interesse der Gesellschafter,[119]) insbesondere zur Sicherung ihrer Anteilnahme an der Verwaltung,[120]) ihrer finanziellen Rechte einschließlich des Rechts auf den Liquidationserlös[121]) und der Sicherheit der Kapitalanlage, zur Begrenzung ihres Pflichtenkreises,[122]) zur Erhaltung der Rechts- und Interessenlage[123]) und des Rechts auf das Ausscheiden aus der Gesellschaft.[124]) Wertvoll ist die zusammenfassende Betrachtung über die sozial- und wirtschaftspolitischen Zwecke des zw. R.[125]) und über die zwingenden Normen im Gesellschaftsrecht überhaupt.[126]) Der wirtschaftlich Unerfahrene wird, soweit er nicht von der Beteiligung zurückgehalten werden kann, tunlichst geschützt, den einzelnen Unternehmungsformen soll ihre typische Art weitgehend bewahrt werden, neuerdings werden auch in Deutschland nach österreichischem Beispiel Sonderregelungen (z. B. für Aktienbanken) vorgeschlagen, von größerer Bedeutung ist auch in Österreich wegen seines Konzessionssystems die Auflösung der Kapitalgesellschaften durch die Verwaltungsbehörde,[127]) während hier wie dort noch das Strafrecht der Kapitalgesellschaften hinzukommt.[128]) Schließlich gipfelt die Darstellung in der Frage nach der Bedeutung des zw. R. überhaupt, die hier zutreffend und abstechend von der gequälten Einleitung aus sozialpolitischen Erwägungen beantwortet wird: Schutz des Schwachen, Ungeborenen, Unbeteiligten[129]) gegen die fast ins Ungemessene gesteigerte Macht des Großbetriebs gerade bei den Kapitalgesellschaften (Betrachtung der Kleinaktionäre), aber auch Schutz der Allgemeinheit und des Staates.

Das Buch in seinem Hauptteil ist ein fleißiges und unsere Kenntnis mehrendes Hilfsmittel für die Erkenntnis der Handelsgesellschaften.

---

115) S. 101 f. 116) S. 102. 117) S. 135.

118) S. 141 f. vgl. mit S. 192 f. Hier wäre noch zu bemerken gewesen, daß die Vorschriften über die Veröffentlichungen während der Inflationszeit zum erheblichen Teil außer Kraft gesetzt, aber auf Drängen der Öffentlichkeit alsbald wiederhergestellt wurden. 119) S. 149. 120) S. 153. 121) S. 172.

122) S. 179. 123) S. 196. 124) S. 230. 125) S. 222.

126) S. 258. 127) S. 231. 128) S. 259. 129) S. 261 f.

III. Im Anschluß hieran ist über ein Lehrmittel zu berichten:

Juristischer Anschauungsstoff, herausgeg. von Prof. Dr. Helmut Rühl, Mannheim. Heft 1: Bürgerliches Recht und Arbeitsrecht von Dr. Helmut Rühl. Großoktav. VIII, 148 S. Verlag von Walter de Gruyter & Co., Berlin und Leipzig. 4.— RM.

Der Plan, für „Vorlesungen und Übungen", juristischen Anschauungsunterricht durch eine Sammlung von Urkunden zu geben, ist sehr gut und geeignet in die Wechselbeziehungen zwischen wirtschaftlichen Vorgängen und Rechtsordnung einzuführen. Das 1. Heft enthält die Grundlagen für das bürgerliche und Arbeitsrecht. Wenn Rühl glaubt, daß von Werken ähnlicher Art ein arbeitsrechtlicher Teil fehle, so ist „die Praxis des Arbeitsrechts", 2. Aufl. 1928, von Pick und Weigert auf gleichen Grundsätzen aufgebaut. Aber natürlich sucht jeder die ihm entsprechenden Beispiele aus und es ist Platz genug für die neue Sammlung. Daß der Herausgeber der geeignete Mann für sie ist, hat er durch seine akademische Rede über „Rechtsschöpfung durch die Wirtschaft" 1931 bewiesen, wo er gerade auf das ungemein wertvolle Material in Tarif-, Kartell-, Verdingungs-, Speditions- usw. Verträgen hinwies. Was nun aber die Ausführung anlangt, so sind für den Unterricht besonders geeignet die aus größeren Vereinbarungen entnommenen Beispiele für Einzelabreden (Form, Wirksamwerden, Unwirksamwerden von Willenserklärungen,[130]) Freizeichnungsklauseln[131]) usw.), aber auch die vollständigen Satzungen, Vertragswerke usw., wie sie bei Pick-Weigert mit Vorliebe gegeben wurden, vermitteln den Lernenden einen Einblick in das Wirtschaftsleben, weniger vielleicht die ganz einfachen Winke wie die Volljährigkeitserklärung.[132]) Entbehrlich sind wohl auch die Auszüge aus dem Vereinsregister, Grundbuch usw., da die Einsicht am Gericht jederzeit erfolgen kann und einen ganz anderen Überblick gewährt wie ein solcher Auszug, weshalb ich meine Schüler zu deren großer Freude stets an diese Quelle führe. Auf alle Fälle aber ist dieser „Juristische Anschauungsstoff" hochwillkommen.

Silberschmidt.

---

[130]) S. 13f. [131]) S. 22. [132]) N. 1.

2. Staudingers Kommentar zum Bürgerlichen Gesetzbuch und dem Einführungsgesetz herausgegeben von Loewenfeld †, Riezler, Werner, Kober, Nipperdey, Geiler, Engelmann †, Herzfelder, Raape, Keidel. 9. Aufl., Bd. I—VII in 11 Bänden, 1925—1931, München, Berlin, Leipzig, J. Schweitzer Verlag. Halbleder gebd. RM. 433.80.

Die nunmehr abgeschlossen vorliegende 9. Auflage des bekannten Kommentars stellt eine Gesamtleistung von imponierendem äußerem Ausmaß und innerem Werte dar. In diesen stattlichen 11 Bänden der neuen Auflage findet man den Niederschlag der gewaltigen Arbeit, welche während der letzten 30 Jahre Praxis und Theorie an die Auslegung und Fortentwicklung des deutschen bürgerlichen Rechts verwendet haben. Und wer den ungemein reichen Stoff überschaut, der in diesen Bänden aufgestapelt ist, wird wieder lebendig gemahnt an die Wahrheit des alten Satzes, daß ein Gesetzbuch, mag es noch so gründlich vorbereitet und durchdacht sein, doch nicht viel mehr zu bieten vermag, als ein paar allgemeine Leitsätze, welche erst durch die Forschung der Rechtslehre und durch die Anwendung der Gerichte zu lebendiger Entfaltung gebracht und den mannigfaltigen Bedürfnissen der Praxis dienstbar gemacht werden können.

Man tritt den übrigen Kommentaren des BGB., unter denen bekanntlich mehrere wissenschaftlich hochwertige zur Verfügung stehen, gewiß nicht zu nahe, wenn man feststellt, daß in den Kreisen der Praxis der „Große Staudinger" wohl die größte Beliebtheit und Verbreitung gefunden hat. Dieser äußere Erfolg muß doch wohl seine tieferen Gründe haben. Diese sind teils innerer, teils äußerer Art.

Zu den ersteren gehört vornehmlich die Tatsache, daß es gelungen ist, einen Stab besonders geeigneter Mitarbeiter zu gewinnen, welcher in glücklicher Weise aus angesehenen Gelehrten und hervorragenden Vertretern der Praxis gemischt ist, deren Zusammenarbeit und wechselseitige Anregung sich als sehr fruchtbar erwiesen hat. Dadurch ferner, daß jedem Herausgeber ein abgeschlossenes, nicht zu weites Rechtsgebiet zugewiesen ist, war die Möglichkeit besonders gründlicher Spezialisierung geschaffen, einer Spezialisierung, die der Gediegenheit der Durcharbeitung zustatten kam und die einem einzigen Bearbeiter des Ganzen bei der Fülle des Stoffes nicht mehr erreichbar gewesen wäre.

Allerdings muß man hierbei den Nachteil in Kauf nehmen, daß bei der selbstverständlichen wissenschaftlichen Unabhängigkeit der einzelnen Herausgeber gelegentlich entgegengesetzte Beantwortungen einer und derselben Frage zu finden sind. An solchen sind mir u. a. folgende aufgestoßen. Das sog. Flaschenpfand wird in der Lehre vom Kaufrecht (S. 25) anscheinend anders konstruiert, als im Sachenrecht (zu § 1204). — Zu § 447 wird (wie mir scheint, mit Recht) angenommen, daß bei Versendung von Gattungssachen in Sammelladung die Gefahr des zufälligen Untergangs oder der zufälligen Verschlechterung noch nicht auf den Käufer übergeht, während in dem Allgemeinen Teil der Schuldverhältnisse die entgegengesetzte Ansicht vertreten zu werden scheint. — Die Frage, ob gegenüber der Eigentumsstörungsklage der Einwand unverhältnismäßiger Kosten der Wiederherstellung in entsprechender Anwendung des Gedankens des § 251 Abs. 2 BGB. erhoben werden kann, wird im Recht der Schuldverhältnisse bejaht (§ 251 II 3), dagegen im Sachenrecht, wohl zutreffender Weise, verneint (§ 1004, 6). — Hinsichtlich des Problems, ob das zum Gesellschaftsvermögen gehörende Recht auf eine teilbare Leistung von dem einzelnen Gesellschafter entsprechend § 432 geltend gemacht werden kann, wird die bejahende Meinung bei der Lehre von der Gesellschaft vertreten, dagegen in den Erläuterungen zu § 432 verneint; die letztere Auffassung scheint mir die richtige. — Der Ausschluß des Zurückbehaltungsrechts in den Fällen der aus sozialen Gründen unzulässigen Aufrechnung wird von Werner in dem Allgemeinen Teil des Schuldrechtes bekämpft, durch Nipperdey in dem Recht des Dienstvertrages in überzeugender Weise vertreten. — Auch scheinen mir die Ausführungen des Allgemeinen Teils und diejenigen des Erbrechts über die Besonderheiten des Leichnams nicht in jeder Hinsicht aufeinander abgestimmt.

Durch die Verteilung des Stoffes auf eine größere Anzahl von Herausgebern ist vor allem eine Gewähr dafür geboten, daß Rechtsprechung und Schrifttum, wenigstens in den wichtigsten Erscheinungen, mit tunlichster Vollständigkeit verwertet sind, teils unter Beschränkung auf einen Hinweis, der dem Leser die weitere Nachforschung ermöglicht, teils (und regelmäßig) unter sachlicher Stellungnahme, gegebenen Falles unter angemessener Kritik.

An äußeren Vorzügen, die namentlich dem praktischen Gebrauch zustatten kommen, ist zu nennen die durchweg knappe und klare Sprache; die übersichtliche, durch allerlei typographische Mittel herausgehobene Disposition, die weitgehende Gliederung des Stoffes, die vielfachen Verweisungen auf Zusammenhänge, die Zusammenstellung der Hauptliteratur in Anmerkungen, die alphabetische Stoffübersicht bei besonders anmerkungsreichen Bestimmungen, die gewissen Paragraphengruppen vorausgehenden allgemeinen Bemerkungen, die vortrefflichen Sachregister, und was dergleichen äußere Mittel zur Unterstützung des Lesers sind.

Schließlich mag erwähnt werden, daß Ausstattung und Satz durchaus gefällig sind, und daß angesichts des Umfanges des Werkes der Gesamtpreis als angemessen bezeichnet werden muß. Freilich kann man in diesem Zusammenhang die betrübliche Frage nicht unterdrücken, wie viel Gelehrte, Richter und Rechtsanwälte bei der gegenwärtigen materiellen Niederdrückung dieser für die Rechtspflege maßgebenden Kreise sich noch die Anschaffung eines solchen Werkes leisten können. Sind doch sogar die meisten akademischen und gerichtlichen Bibliotheken bei ihrem zusammengeschnittenen Haushalt vielfach selbst nicht in der Lage, derartige Serien zu erwerben.

Bei einem Werke der vorliegenden Art kann es noch weniger als sonst die Aufgabe des Referenten sein, eine genauere, auf jede Einzelheit eingehende Stellungnahme zu geben, vielmehr muß es gestattet sein, jeweils den einen oder anderen Punkt herauszuheben, wie er sich beim Zufall der Lektüre dargeboten hat. Die hierbei gelegentlich zum Ausdruck gebrachten Zweifel wollen, wie ein für allemal vorausbemerkt werden mag, die wissenschaftliche Gesamtwertung der einzelnen Teile in keiner Weise berühren.

I.

Der Allgemeine Teil ist von Erwin Riezler bearbeitet. Wenn auch der sehr verdiente frühere Kommentator der Anfangspartie dieses Buches, Loewenfeld, in pietätvoller Weise unter den Herausgebern weiter geführt wird, so handelt es sich doch im wesentlichen, auch bei den von ihm behandelten Teilen, nunmehr um ein neues Werk, das in seiner Gesamtheit das Gepräge des nunmehr alleinigen Bearbeiters trägt.

Der Name des Verfassers bürgt dafür, daß das Werk den strengsten wissenschaftlichen Anforderungen genügt. So wird denn überall zu den gerade hier besonders häufig auftretenden allgemeinen Rechtsproblemen in maßvoll besonnener Weise, mit klarem Urteil und in durchaus selbständiger Weise Stellung genommen. Der Leser hat hierbei durchweg das sichere Gefühl, daß jeder vorgetragene Satz in aller Reiflichkeit erwogen, wissenschaftlich gründlich durchdacht und zugleich unter dem Gesichtspunkt des praktisch zweckmäßigen Ergebnisses sorgfältig geprüft ist. Gediegenheit und auf selbständiger Kritik beruhende Fortschrittlichkeit scheinen mir die charakteristischen Eigenschaften der Stoffbehandlung zu sein.

Kennzeichnend für diese vorsichtig abwägende, darum zu durchaus vernünftigen und beifallswerten Ergebnissen gelangende Behandlungsweise scheinen mir besonders die Ausführungen der Einleitung über die Probleme der Rechtsanwendung, der Gesetzeslücken, der Analogie. Was hierbei über die „freie Rechtsfindung" dargelegt wird, verdient m. E. volle Zustimmung. Dankenswert wäre es, wenn in den nächsten Auflagen auch zu den Methoden der Interessenjurisprudenz grundsätzlich Stellung genommen würde.

An Einzelheiten des kommentatorischen Teiles wäre etwa Folgendes herauszuheben.

Im Rechte der natürlichen Personen finden sich interessante und, wie mir scheint, zutreffende Ausführungen über das Verhältnis der Geistesdefekte zur Entmündigung. — Mit Recht wird ferner die Ansicht vertreten, daß es kein „Gebrauch" des Namens im Sinne des § 12 ist, wenn der letztere einer fingierten Persönlichkeit, etwa in einem Roman oder Bühnenwerk, beigelegt wird. Zu billigen ist es auch, daß der Namensschutz auf juristische Personen übertragen wird.

Der juristischen Person wird Handlungsfähigkeit, also Geschäftsfähigkeit einerseits, Deliktsfähigkeit anderseits, zugeschrieben. — Mit Recht wird die Meinung vertreten, daß ein Verein, der im Verhältnis der Gleichordnung neben idealen auch wirtschaftliche Zwecke verfolgt, Rechtsfähigkeit durch staatliche Verleihung erlangt, daß ferner ein Verein, der trotz mangelnder Eintragungsfähigkeit in das Register aufgenommen wird, dadurch die Rechtsfähigkeit erlangt. Dies entspricht in der Tat allein dem Bedürfnis der Verkehrssicherheit. — Recht wertvoll ist die Kasuistik zu dem Begriff des verfassungsmäßigen Organs des Vereins im Sinne des § 31; hier wird auch mit guten Gründen gegen die etwas zu enge Auffassung des Reichsgerichts über das Erfordernis der Verfassungsmäßigkeit angekämpft.

Die Definition des Sonderrechts eines Vereinsmitgliedes dürfte die richtige sein. Ebenso die Auffassung, daß die Mitgliedschaft selbst kein Sonderrecht sei. — Dagegen ist es mir nicht unzweifelhaft, ob man den Sonderrechten auch die von Riezler sog. „erworbenen Mitgliedschaftsrechte" zuzählen darf, insbesondere das Recht auf den zugeteilten Gewinn oder Anteil am Vereinsvermögen. Natürlich können solche Rechte, ebenso wie Sonderrechte, ohne den Willen ihres Trägers durch verfassungsmäßigen Vereinsbeschluß nicht mehr beeinträchtigt werden; allein sie scheinen mir um deswillen keine Sonderrechte mehr zu sein, weil sie von der Fortdauer der Mitgliedschaft unabhängig sind, wie dies namentlich bei dem Anspruch auf den zugeteilten Gewinn ersichtlich ist. Zum Begriffe des Sonderrechtes aber dürfte es gehören, daß es nicht nur in seiner Entstehung, sondern auch in seinem Fortbestand an die Mitgliedschaft gebunden ist. — Ebenso würde ich bei dem Versicherungsverein auf Gegenseitigkeit die Rechte des Mitgliedes aus dem Versicherungsverhältnis nicht als Sonderrechte ansprechen; daß sie durch den einseitigen Willen des Versicherungsvereines als Versicherungsschuldners nicht beeinträchtigt werden können, erklärt sich m. E. aus einem anderen Gesichtspunkt, nämlich daraus, daß hier die Mitgliedschaft als Hauptbestandteil ein Versicherungsverhältnis umfaßt, das als solches, wenn auch nicht seiner Entstehung nach, so doch seinem Inhalte nach, der gewöhnlichen Vertragsversicherung gleichbehandelt wird, bei welcher natürlich die vertraglichen Rechte einer Partei nicht ohne ihren Willen durch die andere eingeschränkt oder aufgehoben werden können.

Hinsichtlich des Ausschlusses eines Vereinsmitgliedes wird die herrschende Lehre vertreten, daß ein solcher auch ohne satzungsmäßigen Vorbehalt statthaft ist, wenn ein wichtiger Grund hierfür vorliegt. Demgegenüber möchte ich der Meinung den Vorzug geben, daß ein Ausschluß, der nicht in der Satzung vorgesehen ist, gegen den Willen des einzelnen Mitgliedes nicht statthaft ist. Dies läßt sich aus dem zwar nicht ausdrücklich im Gesetze festgelegten, aber dem Wesen der Sache entsprechenden Grundsatz von der Gleichbehandlung der Mitglieder ableiten: ein Mitglied darf ohne seinen Willen nicht schlechter gestellt werden, als die anderen; es wäre aber die denkbar schärfste Schlechterbehandlung, wenn man ihm die Grundlage aller seiner mitgliedschaftlichen Rechte, nämlich die Mitgliedschaft selbst, ohne sein Einverständnis entziehen könnte. — Wie man sich aber auch zu dem Problem stellen mag: es wäre eine interessante Frage, auf welche in dem vorliegenden Kommentar, wie übrigens auch, soweit ich sehe, in den übrigen, keine Antwort zu finden ist, ob der Grundsatz, daß ein Mitglied nicht willkürlich ausgeschlossen werden darf, in der Weise umgangen werden kann, daß mit der vorgeschriebenen Mehrheit die Satzung selbst geändert wird, und zwar in der Weise, daß die Erfordernisse der Mitgliedschaft (mit rückwirkender Kraft!) nunmehr in der Weise eingeschränkt werden, daß einzelne Mitglieder, auf deren Ausschluß es abgesehen ist, den neuen Anforderungen nicht mehr genügen: die Mitgliedschaft wird z. B. mit rückwirkender Kraft auf Männer oder auf Christen beschränkt. Müssen sich die bisher dem Verein angehörenden Frauen oder Nichtchristen diese Änderung gefallen lassen?

Die Meinung, daß der Verein auch bei Wegfall der bisherigen Angehörigen bis auf einen einzigen fortdauere, scheint mir gewissen Bedenken zu unterliegen. Was für die Kapitalgesellschaften, bei denen der Kernpunkt der Mitgliedschaft in dem urkundlich verkörperten Anteil an Kapital besteht, vertretbar und allgemein vertreten ist, braucht nicht ohne weiteres auf den Verein des bürgerlichen Rechtes zu passen.

Eine besonders gründliche und beifallswerte Behandlung ist dem nichtrechtsfähigen Verein gewidmet.

Gut gelungen ist auch die Darlegung des Stiftungsrechts. Hier wird mit Recht angenommen, daß die Ausstattung der Stiftung mit Vermögensmitteln, wenn sie auch die Regel bildet, doch nicht zu den begriffsnotwendigen Bestandteilen des Stiftungsgeschäftes gehört. Vielleicht wäre in einer Richtung noch näher auf das juristische Wesen dieser Vermögensausstattung einzugehen gewesen. Handelt es sich bei derselben um einen Willensakt des Stifters, der als ein Verpflichtungsgeschäft oder (hinsichtlich der durch bloßen Willensakt übertragbaren Gegenstände) als ein Verfügungsgeschäft von derselben Natur anzusehen ist, wie wenn ein Dritter der schon entstandenen Stiftung gegenüber unentgeltliche Zuwendungen verspricht oder vollzieht (aber mit dem Unterschied, daß hier kein Vertrag vorausgesetzt ist, sondern eine einseitige Willenserklärung genügt)? Oder handelt es sich um einen Tatbestand eigener Art, bei welchem das Gesetz die Verpflichtung zur Ausstattung oder auch den Übergang bestimmter Vermögenswerte an einen Parteiakt knüpft, der wesentlich nur auf Schaffung eines Rechtssubjekts gerichtet ist, dagegen den Verpflichtungs- oder Verfügungswillen nicht in sich aufzunehmen braucht?

Mancherlei Interessantes bietet die Lehre von den Sachen. Hinsichtlich der getrennten Teile des menschlichen Körpers wird ein ausschließliches Aneignungsrecht des betreffenden Individuums angenommen. Mir schiene es der unbefangenen Betrachtung des Lebens mehr entsprechend, einen unmittelbaren, von selbst sich vollziehenden Eigentumserwerb des Subjektes anzunehmen. Wenn auch für die Zeit der Ungetrenntheit ein Eigentum im streng rechtlichen Sinne an dem betreffenden Teil nicht bestand, so unterlag er doch einer Art von Herrschaft des Subjektes, die sich mit der Trennung in der Form des Eigentums ohne weiteres fortsetzen wird, falls nicht einer der gewöhnlichen Eigentumsverlustgründe eintritt, etwa Übertragung auf einen Anderen (etwa hinsichtlich des gezogenen Zahns auf den Zahnarzt), oder Dereliktion, so etwa bezüglich der beim Friseur abgeschnittenen Haare. — Hinsichtlich der Behandlung des menschlichen Leichnams wird eine Art von Aufbewahrungsrecht angenommen, dessen Träger sich nach Gewohnheitsrecht bestimmen, in Ermangelung eines solchen die Erben sein sollen. — Hinsichtlich des Eigentums an dem überbauten Gebäudeteil wird, und zwar, wie mir scheint, mit Recht, Eigentum des Überbauenden vertreten, und zwar auch für den Fall, daß es an den Voraussetzungen des duldungspflichtigen Überbaues fehlt. Dies ist mit dem positiven Recht durchaus verträglich und dürfte der natürlichen Rechtsauffassung wie auch den Bedürfnissen des Wirtschaftslebens am besten entsprechen, wenn es auch bekanntlich keineswegs allgemein vertreten wird, z. B. nicht von Wolff. — Dagegen ist es mir zweifelhaft, ob zu den „Rechten an einem fremden Grundstück", in deren Ausübung Bestandteile mit jenem Grundstück verbunden werden, auch solche obligatorischer Natur, wie Miet- oder Pachtrecht, gerechnet werden dürfen. Man wird hier m. E. die Bestandteilsnatur nur im Hinblick und nur unter Beschränkung auf die Fälle annehmen dürfen, in denen die Verbindung (etwa durch den Mieter oder Pächter) als eine solche anzusehen ist, die bloß „zu einem vorübergehenden Zweck" erfolgt.

Das Kernstück des Bandes bilden naturgemäß die Ausführungen über das Rechtsgeschäft. Hervorzuheben ist schon die Vorbemerkung zu diesem Abschnitt; ich verweise etwa auf die wohlabgewogenen Ausführungen zu dem Problem, inwiefern der Parteiwille, inwiefern das Gesetz als für die Rechtswirkungen schöpferisch anzusehen ist. Zu erwähnen sind auch die Darlegungen über den Begriff der „Unwirksamkeit" der Rechtsgeschäfte, bei denen die Stellungnahme des Verfassers eine durchaus selbständige ist, wie sich z. B. darin zeigt, daß bezüglich der Verfügungen des Gemeinschuldners über einen Gegenstand der Konkursmasse die Annahme einer relativen „Nichtigkeit" abgelehnt wird. — Wenn unter V E 2 d bemerkt wird, daß auch ein nichtiges Rechtsgeschäft, wenngleich nicht gerade den gewollten, so doch überhaupt einen „Rechtserfolg" haben könne, so würde ich hier den Ausdruck „Rechtsfolge" vorziehen, da der Begriff des Erfolges, namentlich in Verbindung mit einem Rechtsgeschäft, eher auf eine angestrebte, also gewollte Rechtswirkung hindeutet.

Die Erläuterungen zu gewissen grundlegenden Gesetzesbestimmungen weiten sich fast zu monographischer Ausführlichkeit aus, so etwa zu § 119, § 123, § 131, § 138, § 157, § 167. Unter anderem sind mir besonders lehrreich erschienen die Unterscheidungen zwischen „bösem" und einfachem Scherz, zwischen Beweggrund und Geschäftsinhalt, zwischen einseitigem Irrtum und Dissens. Billigenswert ist es m. E., wenn (namentlich entgegen Titze) der Irrtum über die Rechtsfolgen der Willenserklärung nicht als Anfechtungsgrund anerkannt wird; wenn ferner die Anfechtung auch bei Irrtum über Eigenschaften eines anderen Gegenstandes als einer Sache zugelassen wird; wenn im Falle der Nichtigkeit des Geschäftes (gegen Kipp) die Anfechtung versagt wird. — Dagegen bin ich nicht von der Richtigkeit der Meinung überzeugt, daß dem Käufer einer mangelhaften Sache die Rechte der Irrtumsanfechtung und der Wandelung nach Kaufrecht wahlweise zur Verfügung stehen.

Mit Recht wird die Auffassung des Reichsgerichtes zurückgewiesen, daß der durch unrichtige Zusicherung einer Eigenschaft getäuschte Vertragsteil aus dem Gesichtspunkt der unerlaubten Handlung das Erfüllungsinteresse beanspruchen, d. h. verlangen könne, so gestellt zu sein, als ob die Eigenschaft tatsächlich gegeben wäre. Ebenso ist es als zutreffend anzusehen, daß ein Kontrahent nicht, wie dies Gradenwitz annahm, die Irrtumsanfechtung des anderen dadurch abschneiden kann, daß er bereit ist, den Vertrag mit dem Inhalt gelten zu lassen, den jener Andere (irrtümlich) für gegeben ansah. — Dagegen kann darüber gezweifelt werden, ob es richtig ist, daß eine in guter Absicht begangene Täuschung des Geschäftsgegners keine arglistige sei und daher keine Anfechtung begründe. Man kann m. E. mit guten Gründen als „arglistig" jede Täuschung ansehen, die im Bewußtsein des täuschenden Verhaltens und mit dem Zweck der Einwirkung auf das Zustandekommen des Rechtsgeschäfts oder seines Inhaltes vorgenommen wird, sei es auch zum eigenen Besten des Getäuschten; Schutzobjekt des § 123 BGB. ist das Interesse einer Partei daran, daß ihr rechtsgeschäftlicher Wille nicht seitens eines Anderen durch vorsätzliche Erregung eines Irrtums beeinflußt werde.

Auf Seite 467 wird zu dem bekannten Urteil RG. 36, 249 Stellung genommen, und zwar im Ergebnis zutreffend. Namentlich wird die Wendung von einem „simulierten Judikat" mit Recht bemängelt. In diesem Zusammenhang ist zu bemerken, daß man überhaupt mit dem Ausdruck „Scheinprozeß" sehr vorsichtig sein muß. Der darunter vielfach (allerdings nicht vom Verfasser) gebrachte Fall, daß die Parteien verabredeter Maßen auf Grund fingierter Ansprüche oder Tatsachen ein Urteil bestimmten Inhaltes, und zwar unrichtigen Inhalts, herbeiführen, bildet begrifflich überhaupt keinen Fall des Scheinprozesses. Vielmehr führen die Parteien hier einen wirklichen Prozeß. Denn sie wollen, daß auf Grund ihrer Prozeßhandlungen ein Urteil ergehe; sie wollen also die Wirkung ihrer prozessualen Tätigkeit. Dadurch, daß der erhobene Anspruch und daß die behaupteten Tatsachen fingiert sind, werden nicht die Prozeßhandlungen der Klageerhebung und des Parteivorbringens zu Scheinhandlungen, d. h. zu solchen, deren Wirkung nicht gewollt wäre. Von einem Scheinprozeß könnte höchstens nur dann gesprochen werden, wenn die Parteien die prozessualen Wirkungen der von ihnen vorgenommenen Handlungen nicht wollen; aber selbst dann kann, genau genommen, von einem Scheinprozeß keine Rede sein, weil ja der Prozeß als ein Ganzes auch die Tätigkeit des Gerichtes mit umfaßt, so daß der Prozeß in seiner Totalität nur dann ein Scheingebilde wäre, wenn sich im Einvernehmen mit den Parteien auch der Richter zu einer nicht ernstlich gewollten Tätigkeit herbeilassen würde, was praktisch als ausgeschlossen zu gelten hat.

Bezüglich des Zustandekommen des Rechtsgeschäfts sind mir folgende Punkte aufgefallen. Bei Erwähnung des unrichtigen „Bestätigungsschreibens" (S. 621) wäre ein Hinweis auf VVG. § 5 interessant, nach welchem unter bestimmten Voraussetzungen vereinbart werden kann, daß der Inhalt eines Versicherungsscheines, der sich mit den wirklichen Vertragsabreden nicht deckt, durch Nichtwiderspruch des Versicherungsnehmers maßgeblich werden kann. — Auf S. 455 wird ausgeführt, auch wer chinesisch verstehe, brauche sich in Deutschland eine chinesisch gefaßte Erklärung nicht gefallen zu lassen. Allein es ist nicht recht zu ersehen, welches schutzwürdige Interesse des Adressaten in einem solchen Falle die Unwirksamkeit der ihm zugegangenen und verständlichen gegnerischen Willenserklärung erheischen soll: man denke etwa an den Fall, daß ein chinesischer Studierender seinem deutschen Zimmervermieter, welcher infolge langjährigen Aufenthalts in China die Sprache beherrscht, auf chinesisch kündigt. — Wenn ferner als Beispiel für die Empfangsbedürftigkeit einer Erklärung unter Anwesenden der persönlich überreichte Brief angeführt wird, so ist mir zweifelhaft, ob man eine Erklärung, die durch eine Urkunde vermittelt wird, auch bei körperlichem Gegenüberstehen der beiden Beteiligten noch im Sinne des Gesetzes als eine „Erklärung unter Anwesenden" auffassen darf. — Gewisse Bedenken habe ich auch gegen die Ansicht, daß der Vertrag auch durch zwei sich kreuzende Erklärungen konstituiert werden kann, von denen keine durch die andere veranlaßt ist; zum Begriff der „Annahme" des Vertragsantrages scheint mir das Bewußtsein zu gehören, daß die eigene Erklärung durch diejenige des Gegners veranlaßt ist oder doch — bei Simultanabschluß, etwa eines Gesellschafts- oder Vereinsgründungsvertrages — mit Bezug auf dieselbe erfolgt. — Dagegen halte ich es für richtig, daß man nicht den Besitzerwerb an dem die Erklärung verkörpernden Ding als Mindesterfordernis des „Zugehens" ansehen muß, wie dies bei Titze geschieht.

Bei den sehr förderlichen Ausführungen über den Kontrahierungszwang ist mir aufgestoßen, daß der Begriff in einem weiteren Sinne aufgefaßt wird, als es gewöhnlich geschieht. Meist versteht man darunter den Zwang, mit Jedem, der es wünscht, einen Vertrag eingehen zu müssen. Demgegenüber wird hier (S. 606) ein, wenn auch nicht rechtlicher, so doch tatsächlicher Kontrahierungszwang in den Fällen angenommen, in welchen die Einzelheiten des Vertrages, dessen Abschluß an sich im Belieben der Beteiligten steht, durch ein feststehendes Schema (allgemeine Versicherungsbedingungen, Börsenregeln, Formulare) geregelt sind, dem sich zu unterwerfen der eine Teil, wenn er überhaupt den Vertrag schließen will, tatsächlich genötigt ist. Dies geht m. E. etwas zu weit. Ganz abgesehen davon, daß speziell bei der Versicherung Abweichungen von den Allgemeinen Versicherungsbedingungen auf Wunsch des Versicherungsnehmers, namentlich wenn er ein gewisses wirtschaftliches Gewicht bei den Vertragsverhandlungen in die Wagschale werfen kann, durchaus keine Seltenheit sind, scheint mir der Kontrahierungszwang auf den Abschluß, nicht auf den Inhalt des Vertrages bezogen werden zu müssen.

Sehr interessant ist die Konstruktion des Vorvertrages (S. 610). Das Wesen desselben wird in der Begründung einer sog. Vorverpflichtung erblickt, von der es heißt:

„Der wesentliche Inhalt der Vorverpflichtung besteht in der Leistungsbereitschaft. Die Verpflichtung hierzu ist nicht eine bedingte, weshalb der sog. „Vorvertrag" nicht als ein bedingter Vertrag zu charakterisieren ist. Auf Verlangen des Gläubigers wird aus der Verpflichtung zur Leistungsbereitschaft eine Verpflichtung zur Leistung. Aus dieser Konstruktion ergibt sich, daß, wenn eine Vorverpflichtung zum Eintritt in einen sog. Realkontrakt, insbesondere einen Darlehensvertrag, besteht, dieser dadurch seine Natur als Realkontrakt verliert; denn hier wird das Vertragsverhältnis nicht, wie es dem Realkontrakt entsprechen würde, durch die Hingabe perfekt, sondern die Leistungspflicht entsteht schon durch das Verlangen des Berechtigten... Da der Berechtigte die Verpflichtung zur Leistungsbereitschaft, welche dem Vorverpflichteten obliegt, durch sein einfaches Verlangen ... in eine Leistungspflicht verwandeln kann, kann er, wenn er dieses Verlangen rechtmäßig fruchtlos gestellt hat, auf Leistung klagen und braucht nicht erst auf „Vertragsschluß" zu klagen."

Ich gestehe, daß ich durch diese Ausführungen nicht überzeugt bin. Zwar ist zuzugeben, daß nach dem Prinzip der Privatautonomie Verträge denkbar sind, nach denen ein Teil sich zu einer Leistung, wie sie den typischen Inhalt eines Kausalvertrages bildet, mit der Maßgabe verpflichtet, daß die Leistungspflicht durch ein diesbezügliches Verlangen des anderen Teiles ausgelöst wird. Ich kann eine Sache verkaufen unter der Bedingung, daß der Käufer will (ein Anwendungsfall hierfür wäre der Kauf auf Probe). Hier braucht in der Tat der Käufer, wenn er die Sache will, nicht erst gegen den Verkäufer auf Vertragsschluß zu klagen, sondern er kann, wenn er den Kaufwillen kundgegeben hat, sogleich auf Sachlieferung klagen. Allein in solchen Fällen spricht man üblicherweise nicht von einem „Vorvertrag". Bei demjenigen Institut, welches diesen letzteren Namen verdient, verpflichtet sich eine Partei (oder jede von beiden Parteien), auf Verlangen der anderen oder (auch ohne solches Verlangen) unter bestimmten sonstigen Umständen, mit ihr einen Vertrag zu schließen. Alsdann ist nicht direkt die jenem Hauptvertrag entspringende Leistung geschuldet, sondern erst der

Willensakt, welcher der genannten Leistungspflicht zugrunde liegen wird. Dies wird allerdings in den Fällen etwas verschleiert, in denen der Hauptvertrag selbst ein Konsensualkontrakt ist, in denen er ferner keiner besonderen Form bedarf, und in denen eine Partei nach den einschlagenden Prozeßregeln (namentlich § 259 ZPO.) mit der zum Abschluß des Hauptvertrages nötigen Willenserklärung sogleich auch schon die aus jenem Vertrag zu gewärtigende Leistungspflicht (z. B. zur Lieferung der Kaufsache) einklagen kann. Hier wird leicht der äußere Eindruck erweckt, als ob nur eine Leistung, nämlich diejenige aus dem Hauptvertrag, verlangt würde. In Wirklichkeit ist aber auch hier zur Entstehung des Hauptvertrages, etwa des Kaufvertrages, ein Willensakt des Beklagten erforderlich, welcher nötigenfalls durch das auf seine Abgabe gerichtete rechtskräftige Urteil ersetzt werden muß (§ 894 ZPO.). Besonders deutlich wird die wirkliche Sachlage aber in zwei Fällen: einmal, wenn sich jemand, ohne daß hierzu eine Form erforderlich wäre, zu einem formbedürftigen Rechtsgeschäft verpflichtet; A verspricht dem B, ihm für den geschuldeten Kaufpreis einen Wechsel zu zeichnen; hier ist B offensichtlich nicht in der Lage, nach vergeblicher Mahnung des A auf die Wechselsumme als solche zu klagen, sondern er kann nur auf Ausstellung des Wechsels klagen, wozu A auf Grund des Vorvertrages verpflichtet ist und wodurch erst der Hauptvertrag zustande kommt. Ebenso tritt die wirkliche Rechtslage hervor bei der vertraglichen Zusage einer Darlehensgewährung. Gewiß kann hier der Gegner unmittelbar auf eine reale Leistung klagen, nämlich auf Übereignung einer bestimmten Geldsumme. Aber der Anspruch geht nicht auf Zahlung dieser Summe im Sinne einer Erfüllung des Darlehensvertrages, denn dieser Vertrag kann überhaupt nicht durch den Darlehensgeber, sondern nur durch den Darlehensnehmer erfüllt werden; vielmehr wird die Hingabe der Summe verlangt im Sinne eines Abschlusses des Darlehensvertrages, also mit der besonderen causa credendi, und die Zahlung der Darlehenssumme hat mithin den doppelten Charakter der Erfüllung des Vorvertrages einerseits, der Begründung des Darlehensvertrages anderseits. Der letztere bleibt also als solcher ein Realkontrakt. Das Darlehensversprechen ist mithin keineswegs ein konsensualer Darlehensvertrag, sondern ein Vorvertrag (der als solcher immer konsensual sein muß) zu dem realen Darlehenskontrakt.

Aus ähnlichen Erwägungen heraus halte ich es für bestreitbar, wenn an der angegebenen Stelle weiter ausgeführt wird:

> „Dagegen kann man überhaupt nicht mehr von „Vorverpflichtung" beim sog. zweiseitigen Vorvertrag sprechen, bei welchem sich die Verpflichtungen zweier Kontrahenten, in denselben Vertrag einzutreten, gegenüberstehen; ein solcher gegenseitiger Vorvertrag ist nichts anderes, als ein (regelmäßig durch Bedingungen oder andere Akzidentalien modifizierter) fertiger Hauptvertrag."

Ich möchte annehmen, daß es sich auch hier durchaus um einen echten Vorvertrag handeln kann und nicht selten handeln wird, dann nämlich, wenn das Zustandekommen der Hauptverpflichtung noch an einen (ausdrücklichen oder stillschweigenden) Willensakt der beiden Parteien geknüpft sein soll, auf welchen allerdings jeder Teil gegen den anderen einen klagbaren Anspruch hat.

Ob es noch ein Institut der unvordenklichen Verjährung gibt, wie der Kommentar annimmt, möchte ich bezweifeln.

In ziemlich weitem Umfang wird ein Angebot an unbestimmte Personen als tatsächlich gegeben angesehen. Hinsichtlich der meisten Fälle wird man dem Verfasser zustimmen können. Ob dagegen die Auslage von Waren mit Angabe des Preises im Schaufenster nach der Verkehrsanschauung in der Regel als Antrag zu gelten habe, wird sich bezweifeln lassen. Jedenfalls müßte noch genauer unterschieden werden. Einmal: liegt in dieser Auslage ein Angebot des Inhaltes, daß man Waren von der Art, die ausgelegt, zu dem dabei angemerkten Preis anbietet, also ein Gattungsangebot? Sodann: liegt in dem Vorgang das Angebot zum Verkaufe gerade des in der Auslage befindlichen Stücks, und zwar zu dem angemerkten Preis, also ein Speziesangebot? Das letztere scheint mir in aller Regel verneint werden zu müssen. Aber auch für den ersten Fall möchte überwiegend kein Angebot zu unterstellen sein. Es entspricht, glaube ich, nicht dem Willen des Kaufmanns, durch die Auslage jedem beliebigen Kauflustigen gegenüber, der eine auf Erwerb dieser Ware gerichtete Willenserklärung abgibt, (in klagbarer Weise!) verpflichtet zu sein. Man denke an den mir von einem Münchner Juwelier erzählten Fall, daß in der Inflationszeit ein Amerikaner mit Hilfe seiner Dollars alle oder doch eine ungebührlich große Zahl der vom Juwelier ausgelegten und mit Preis ausgezeichneten Waren kaufen zu wollen beanspruchte!

Dagegen verdienen m. E. vollen Beifall die Ausführungen über die Behandlung der unbestellt zugesandten Ware, über die Ablehnung des negativen Vertragsinteresses bei Dissens (das in RG. 68, 6ff. erwähnte Phantasiewort heißt übrigens nicht Similodei, sondern Semilodei), über die Konstruktion des durch den Vertreter abgeschlossenen Rechtsgeschäfts, über die abstrakte Natur der Vollmacht, sowie über eine große Zahl einzelner weiterer Punkte.

Mein Gesamteindruck kann dahin zusammengefaßt werden, daß der Rieglersche Kommentar zu den wertvollsten wissenschaftlichen Darstellungen der allgemeinen Lehren unseres bürgerlichen Rechts gehört.

II.

Die Bearbeitung des Rechts der Schuldverhältnisse, die auf drei stattliche Bände angewachsen ist, hat man auf eine Reihe von Verfassern verteilt.

1. Die allgemeinen Lehren sind von Werner übernommen worden, der gegenüber der früheren Bearbeitung ein völlig neues Werk geschaffen hat, und zwar, um es gleich vorweg zu nehmen, ein Werk, welches nicht nur den Bedürfnissen der Praxis in hohem Maße zu dienen geeignet ist, sondern auch vom wissenschaftlichen Standpunkte aus größte Anerkennung verdient. Dasselbe beweist die große Vertrautheit des Verfassers nicht nur mit der gerade hier besonders reich vorhandenen Judikatur, sondern auch mit dem weit verzweigten Schrifttum der einzelnen behandelten Institute. Die Behandlung ist so gründlich, daß zu einzelnen Lehren oder Paragraphen förmliche kleine Abhandlungen geboten werden. Überall ist die Stellung des Verfassers gegenüber den landläufigen Meinungen durchaus selbständig, vielfach neu und eigenartig, und nicht selten gegenüber der früheren Auflage verändert. Auch dort,

wo sie nicht schlechthin überzeugt, wird sie durchgängig auf sehr beachtliche, vielfach geradezu geistreiche Argumente gestützt.

Als besonders eingehend und wissenschaftlich beachtlich ist gleich zu nennen die dem Werk vorausgeschickte Einleitung, bei der es zu begrüßen ist, daß der in seiner Bedeutung vielfach überschätzte Gegensatz oder, besser gesagt, Unterschied zwischen Schuld und Haftung auf das — wenigstens vom Standpunkt des geltenden Rechts — richtige Maß zurückgeführt wird.

Eine imponierende Leistung ist ferner die Kommentierung des § 242, aus der namentlich erwähnt sei die Darlegung über die allgemeine Bedeutung dieser grundlegenden Vorschrift, über die exceptio doli generalis (interessant das Verhältnis dieses Einwandes zur gegnerischen Berufung auf die Formverletzung eines Geschäftes!), vor allem die Darstellung des Aufwertungsrechtes, in welcher ein ganz beträchtliches literarisches und judizielles Material eingearbeitet ist.

Auch andere Institute haben eine sehr eingehende Darstellung gefunden, z. B. dasjenige des Schadensersatzes (§ 249), des mitwirkenden Verschuldens (§ 254), die Lehre von Erfüllungsort und -zeit (§§ 269, 270), von der Zurückbehaltung (§ 273), von der Unmöglichkeit (§§ 275, 279, 306 ff.), von dem Verschulden (§ 276), von dem Erfüllungsgehilfen (§ 278), die Behandlung von Unmöglichkeit, Verzug und positiver Vertragsverletzung beim gegenseitigen Vertrag (§§ 325, 326) u. a. m.

Es ist natürlich nicht möglich, alle diejenigen, selbstverständlich die große Mehrheit bildenden Punkte aufzuzählen, in denen ich dem Kommentar zustimme. Immerhin möchte ich, als mehr zufällige Lesefrüchte, zustimmend hervorheben die Auffassung über das Wesen der Geldschuld (keine Wertschuld, sondern eine Sachschuld und zwar eine Gattungsschuld!), die Polemik gegen Krückmann zu § 306 und hinsichtlich der Unmöglichkeitslehre überhaupt, die Annahme eines privatrechtlichen Hinterlegungsvertrages bei der sog. öffentlichen Hinterlegung, die entschiedene Vertretung der Klageabweisungstheorie (im Gegensatz zu der bekannten Stölzelschen Klagbeweistheorie) bei der Eventualaufrechnung, und vieles andere mehr.

Im Wesen einer Besprechung (soll sie wissenschaftlich förderlich sein) liegt es, daß mehr diejenigen Punkte hervorgekehrt werden, in denen dem Referenten Zweifel aufgestoßen sind. Als solche seien etwa folgende berührt.

Zutreffenderweise wird die begrenzt generische Schuld als Gattungsschuld angesehen. Hinsichtlich ihres Verhältnisses zur Wahlschuld aber soll die begriffliche Unterscheidung nicht schwierig sein: „Bei der Wahlschuld werden die zur Wahl gestellten Leistungsgegenstände einzeln gedacht, bei der begrenzten Gattungsschuld wird die Summe der möglichen Leistungsgegenstände als Menge vorgestellt." Ich fürchte, mit dieser Vorstellung ist nicht viel gewonnen. Sowohl bei der Wahlschuld wie auch bei der begrenzten (ja sogar auch bei der unbegrenzten) Gattungsschuld wird naturgemäß und mit logischer Notwendigkeit gleichzeitig an die Gesamtheit gedacht, aus der geleistet werden soll, und an die einzelnen Stücke, die aus dieser Gesamtheit zum Zweck der Erfüllung verschafft werden sollen. Ob zehn Bücher aus meiner Bibliothek (wahlweise) oder zehn Exemplare eines bestimmten Werkes (gattungsmäßig) geschuldet sind, hier wie dort werden sowohl die zehn zu leistenden Stücke wie auch das größere Ganze, aus welchem sie zu entnehmen sind, durch die Parteien vorgestellt. Das Unterscheidungsmerkmal wird also in irgendeinem anderen, und zwar konkreteren Umstand gesucht werden müssen.

Kann der Gattungsschuldner, der den Gläubiger durch Angebot bestimmter Stücke in Verzug gesetzt hat, über diese Stücke noch verfügen? Die Rechtsprechung bejaht die Frage: Der Schuldner soll nach Treu und Glauben nicht genötigt sein, gerade die gleichen Stücke für den Gläubiger zur Verfügung zu halten, anderseits habe der Gläubiger kein schutzwürdiges Interesse an der Erlangung gerade dieser Stücke. Dies war auch die Meinung der früheren Auflage. Nunmehr wird das Gegenteil gelehrt, weil kein Grund bestehe, den Schuldner besserzustellen, als wenn er von Anfang an eine Speziessache geschuldet und dem Gläubiger vergeblich angeboten hätte. Allein es scheint mir doch zwischen beiden Fällen ein wesentlicher Unterschied zu bestehen. Wer sich von vornherein eine bestimmte Sache versprechen läßt, gibt damit zu erkennen, daß es ihm gerade auf diese ankommt. Wer sich dagegen eine Gattungsleistung ausbedingt, der hat von vornherein auf individuelle Stücke keinen besonderen Wert gelegt und kann sich nicht darüber beschweren, daß ihm statt der vergeblich angebotenen Stücke andere gleichartige und gleichwertige schließlich geleistet werden. Insofern scheint mir die herrschende Lehre doch nicht so ganz abwegig zu sein.

Des weiteren legt bei der Lehre von der Gattungsschuld Verfasser besonderen Wert darauf, daß hier das Wort „Gefahr" in einem doppelten Sinne gebraucht wird. In der Tat muß man unterscheiden zwischen der Gefahr (des Gläubigers), bei Untergang bestimmter Gattungsstücke keinen Ersatz aus der Gattung zu erhalten; in diesem Sinne wird die Gefahr aufgefaßt, wenn von der Konzentration der Gattungsschuld die Rede ist. Daneben gibt es beim gegenseitigen Vertrag die Gefahr (wie sie übrigens auch bei Speziessachen vorkommt), daß der Gläubiger trotz Untergangs des ihm geschuldeten Gegenstandes die eigene Gegenleistung zu bewirken hat. Während nun die herrschende Lehre dahin geht, daß nicht nur in § 243 Abs. 2, sondern auch in § 300 Abs. 2 BGB. die Gefahr in dem ersteren Sinne (als Gefahr des Nichtersatzes) gemeint ist, glaubt Verfasser beim § 300 Abs. 2 die Gefahr in der zweiten Bedeutung verstehen zu müssen. Diese Auffassung scheint mir mit der Entstehungsgeschichte der genannten Bestimmungen nicht vereinbar. Dem jetzigen § 300 Abs. 2 entsprach im ersten Entwurf der im wesentlichen inhaltsgleiche § 257 Abs. 2. Dieser Paragraph war gedacht als Ergänzung zu dem § 214 des ersten Entwurfes, welcher den Vorgänger des jetzigen § 243 bildete, aber einen anderen Inhalt hatte, nämlich lautete: „Die Auswahl gilt erst dann als vollzogen, wenn die Leistung durch Übergabe der ausgewählten Stücke bewirkt oder, sofern schon in einem früheren Zeitpunkt die Gefahr auf den Gläubiger übergeht, wenn dieser Zeitpunkt eingetreten ist." Diese Ergänzung war erforderlich, weil bei Annahmeverzug des Gläubigers noch keine „Übergabe" stattgefunden hat. Wenn nun aber der ursprüngliche § 257 (gleich jetzt § 300) lediglich eine Ergänzung des ursprünglichen § 214 (gleich jetzt § 243) bilden sollte, so muß in der erstgenannten Bestimmung die „Gefahr" dieselbe Bedeutung haben, in welcher der Begriff bei der letztgenannten Bestimmung unterstellt wird, nämlich als die Gefahr des Nichtersatzes aus der Gattung. Nachdem nun aber § 243 den Zeitpunkt der „Beschränkung“ (Konzentration) anders und viel allgemeiner bestimmt hat, nämlich dieselbe eintreten läßt, wenn der Schuldner das seinerseits zur Leistung Erforderliche getan hat, ist der jetzige § 300 Abs. 2, was anscheinend nicht bemerkt worden ist, in der Hauptsache überflüssig geworden, da im Falle des Annahmeverzuges des Gläubigers der Schuldner regelmäßig das seinerseits zur Leistung Erforderliche getan hat. Demgemäß hätte § 300 Abs. 2 praktische Bedeutung nur noch, wenn es Fälle gäbe, in denen der Gläubiger durch Nichtannahme der ihm angebotenen Sache in Annahmeverzug geraten kann, *bevor* der Schuldner das zur Leistung seinerseits Erforderliche getan hat. Der Verfasser nimmt einen solchen Fall an; nach ihm soll der Gläubiger unter Umständen durch *wörtliches* Angebot in Annahmeverzug gesetzt werden können, obgleich der Schuldner die nötigen Leistungsobjekte *noch nicht ausgeschieden*, also noch nicht alles seinerseits zur Leistung Erforderliche getan hat. Dieser Fall scheint mir indessen rechtlich undenkbar. Eine nicht ausgeschiedene Gattungssache kann nicht mit der Wirkung angeboten werden, daß eine Konzentration eintritt; dies ist eine begriffliche Unmöglichkeit. Wenn *Werner* hier die Gefahr als diejenige des Untergangs der *ganzen* Gattung auffaßt, so hat mit *dieser* Gefahr weder § 243 noch § 300 zu tun, da dieselbe von der Frage der Konzentration ebenso unabhängig ist wie von derjenigen des Annahmeverzuges.

Interessant sind die allgemeinen Ausführungen über den Schadensbegriff (S. 112ff.). Hier ließe sich vielleicht noch genauer differenzieren. Das Wort „Schaden“ wird in sehr verschiedener Bedeutung verwendet: bald (begrifflich ungenau) als das schädigende Ereignis, bald als die (nachteilige) äußere Veränderung des Vermögensbestandes (man spricht vielfach hier von konkretem Schaden), bald als die dadurch verursachte Wertverminderung (man nennt dies meist den abstrakten Schaden). Dem Unterschied zwischen den zwei letzteren Bedeutungen kommt eine gewisse Wichtigkeit zu für das Problem: Naturalrestitution oder Gelderſatz? Der „abstrakte“

Schaden wiederum läßt sich verschieden auffassen, teils als Wertverlust des betroffenen Einzelgutes (Einzelschaden), teils als die durch Beeinträchtigung dieses Einzelgutes verursachte Wertverminderung des Vermögens im ganzen (Gesamtschaden); diese Unterscheidung ist besonders wichtig für die Behandlung des Schadensbegriffs im Versicherungsrecht einerseits, im allgemeinen bürgerlichen Recht anderseits. Während im letzteren der Gesamtschaden ersetzt wird, kommt für die Schadensversicherung nur der Wertverlust am einzelnen Vermögensgut in Betracht. Schließlich läßt sich — und dies ist für die Lehre von der Vorteilsausgleichung bedeutsam — unterscheiden zwischen dem Brutto- und Nettoschaden, je nachdem die mit dem Schadensereignis adäquat zusammenhängenden Ersparungen oder „Vorteile“ als sozusagen negative Schadensberechnungsposten mit berücksichtigt werden oder nicht; mir persönlich scheint die letztere Auffassung den Vorzug zu verdienen: die auszugleichenden „Vorteile“ scheinen mir nicht den „Schaden“ selbst zu mindern, sondern nur die Schadensersatzpflicht; Verfasser vertritt S. 120 anscheinend die entgegengesetzte Auffassung.

Bei Behandlung des sog. mitwirkenden Verschuldens (§ 254) wird die Ansicht vertreten, daß ein solches auch dann Verschulden des Betroffenen voraussetze (daß also bloß mitwirkende Verursachung nicht ausreichend sei), wenn der Ersatzpflichtige seinerseits auf Grund bloßer Kausalität, d. h. ohne subjektives Verschulden, haftbar gemacht wird. Diese Stellungnahme, die im Gegensatz zu derjenigen früherer Auflagen und zu der Rechtsprechung steht, scheint mir, namentlich für den Fall der Tierhaftung, zu unbilligen Folgerungen zu führen, wenn auch zuzugeben ist, daß sie durch den Wortlaut der Gesetzesbestimmung näher gelegt wird als die herrschende Lehre.

Zu § 268 wird die Auffassung verteidigt, daß der Satz, nach welchem der Eintritt des zahlenden Dritten in die Forderung des befriedigten Gläubigers nicht zum Nachteil des letzteren geltend gemacht werden darf, sich nicht nur auf die befriedigte Forderung, sondern auch auf etwaige andere Forderungen des Gläubigers bezieht, die durch die Konkurrenz des Dritten gefährdet werden könnten. Dieser Standpunkt scheint mir nicht billigenswert.

Zu § 269, 3b wäre vielleicht die Besonderheit des VVG. § 36 zu erwähnen gewesen, wonach Leistungsort für die Prämienschuld der jeweilige Wohnsitz des Versicherungsnehmers ist, nicht für die ganze Vertragszeit der Wohnsitz bei Begründung der Prämienschuld.

Der Unterschied zwischen objektiver Unmöglichkeit (Unmöglichkeit im Sinne des BGB.) und subjektiver Unmöglichkeit (Unvermögen im Sinne des BGB.) wird darin erblickt, daß letztere dann gegeben sei, wenn der Hinderungsgrund ausschließlich in der Person des Schuldners liegt (S. 255). Demgegenüber scheint mir die, wohl auch überwiegende Meinung den Vorzug zu verdienen, nach welcher Unvermögen dann vorliegt, wenn die dem Schuldner unmögliche Leistung einem Dritten möglich wäre, objektive Unmöglichkeit dann, wenn überhaupt niemand die Leistung zu erbringen vermag. Diese Unterscheidung soll nach dem Verfasser an den Fällen der höchst persönlichen Leistungen scheitern. Daran ist nur so viel richtig, daß bei höchstpersönlichen Leistungen Unvermögen und (objektive) Unmöglichkeit zusammenfallen, und zwar um deswillen, weil es dem Gläubiger auf die Leistung gerade dieses Schuldners ankommt, welche gleichwertig nicht von dritter Seite erbracht werden kann. Ist also hier der Schuldner, sei es auch aus Gründen in seiner Person, zur Leistung außerstande, so ist objektive Unmöglichkeit gegeben. Daraus ergibt sich für das von Werner gebildete Beispiel: Wenn ein berühmter Maler das von ihm verlangte Gemälde nicht malen kann, weil sein Arm schon bei Vertragsschluß gelähmt ist, so liegt anfängliche objektive Unmöglichkeit vor, d. h. der Vertrag ist nichtig; aber der Künstler hat unter den Voraussetzungen des § 307 BGB. dem Vertragsgegner das negative Vertragsinteresse zu ersetzen. Verfasser muß folgerichtig die entgegengesetzte Ansicht vertreten, d. h. eine Verpflichtung zum Ersatz des Erfüllungsinteresses auf Grund gültigen Vertrages annehmen. Er meint, dieses Ergebnis sei allein erträglich. Dies scheint mir nicht überzeugend. Wer sich eine Leistung versprechen läßt, die nicht gerade an die Person des Schuldners geknüpft ist, sondern auch von dritter Seite zu erbringen wäre, z. B. eine bestimmte Sache oder vertretbare Dienste, der kann den Schuldner dafür haftbar machen, daß dieser bei Übernahme der Verpflichtung nicht durch Gründe in seiner Person an dieser (objektiv möglichen) Leistung seinerseits gehindert ist: hier hat es einen guten Sinn, das Risiko der persönlichen Leistungsunfähigkeit des Schuldners diesem selbst (und nicht dem Gläubiger) aufzuerlegen. Wenn aber der Gläubiger, wie bei höchst persönlichen Leistungen, von vornherein weiß, daß er auf die Leistung gerade dieses Schuldners angewiesen und beschränkt ist, so ist es nicht ungerechtfertigt, ihm das Risiko der (sei es auch anfänglichen) persönlichen Leistungsunfähigkeit dieses Schuldners aufzubürden, jedenfalls in dem Sinne, daß er nicht das volle Erfüllungsinteresse, sondern, wie in sonstigen Fällen anfänglicher objektiver Unmöglichkeit, höchstenfalls das negative Vertragsinteresse und — bei Gutgläubigkeit des Schuldners — nicht einmal dieses verlangen kann.

Übrigens ist gegenüber weiteren Bemerkungen des Verfassers in demselben Zusammenhang zu bemerken, daß der Gesichtspunkt des Verschuldens bei Vertragsschluß keine Erklärung für die unterschiedliche Behandlung zwischen anfänglicher subjektiver und objektiver Unmöglichkeit zu bieten vermag. Denn die im ersten Fall gegebene Haftung des leistungsunfähigen Schuldners für das positive Erfüllungsinteresse ist bekanntlich unabhängig von jedem Verschulden, insbesondere von einem schlechten Glauben dieses Schuldners. Auch würde der Gesichtspunkt der culpa in contrahendo bestenfalls dazu führen, den Schuldner auf das negative Vertragsinteresse haften zu lassen, wie dies in der Tat bei der anfänglichen objektiven Unmöglichkeit zutrifft, bei welcher die Haftung einerseits an ein Verschulden geknüpft und andererseits auf das negative Vertragsinteresse beschränkt ist. Daraus ergibt sich, daß die abweichende Behandlung des anfänglichen Unvermögens gerade nicht auf den Gesichtspunkt des Verschuldens bei Vertragsschluß zurückgeführt werden kann.

Bei den sehr anregenden Ausführungen zur positiven Vertragsverletzung ist mir ein Punkt aufgefallen. Hier wird die Haftung des den Vertrag verletzenden Teiles aus § 276 abgeleitet, und zwar auf dem Wege der sog. sekundären Unterlassungspflicht, d. h. der Pflicht, alles zu unterlassen, was den Vertragszweck gefährden könnte: dies sei der einzige Sinn, der mit dem Worte „Vertretenmüssen" verbunden werden könne. Dagegen bei dem gegenseitigen Vertrag sei ein etwaiges Rücktrittsrecht des anderen Teiles nicht aus § 326 (oder 325), sondern aus § 242 abzuleiten. Mir will es scheinen, als ob der Wendung „Vertretenmüssen" eine zu enge Bedeutung beigemessen würde. Man kann darunter auch den Umstand verstehen, daß der Schuldner für sein vertragsbrüchiges Verhalten andere Nachteile als gerade die Schadensersatzpflicht zu gewärtigen hat (man denke etwa an eine Vertragsstrafe), insbesondere auch das Recht des Gegners, sich vom Vertrage loszusagen. Gerade diese Bedeutung des „Vertretenmüssens" liegt den §§ 325, 326 zugrunde. Deshalb ist es nicht ungerechtfertigt, aus diesen beiden Bestimmungen einen allgemeineren Gedanken abzuleiten, den Gedanken nämlich, daß bei schuldhafter Verletzung eines gegenseitigen Vertrages durch den einen Kontrahenten dem anderen und zwar — je nach Lage des Falles — mit oder ohne Setzung einer Nachfrist die Wahl zwischen Rücktritt und Schadensersatz wegen Nichterfüllung zustehen soll. Solche Heranziehung ist umso eher am Platze, als es nur mittels derselben möglich ist, dem Vertragsgegner einen Schadensersatz (nicht bloß wegen Nichterfüllung der ihm gegenüber bestehenden Schuldnerverpflichtung, wie dies allein aus § 276 abzuleiten wäre, sondern) wegen Nichterfüllung des Vertrages als solchen zuzubilligen, was gerade dann bedeutsam ist, wenn man für die Gestaltung dieses Schadensersatzes nicht die sog. Surrogat- oder Umtauschtheorie, sondern die Differenztheorie vertritt, wie dies der Verfasser tut.

Daß die Erben eines Schuldners dessen Selbstmord dem Gläubiger gegenüber nicht zu vertreten hätten, wird damit begründet, daß diese Handlung nicht objektiv rechtswidrig sei. Mit demselben Rechte ließe sich behaupten, daß die vorsätzliche Zerstörung der geschuldeten Sache durch den Leistungspflichtigen die Erben desselben nicht haftbar mache, da die Vernichtung der eigenen Sache ebenfalls nicht rechtswidrig ist. Worauf es ankommt, ist die Obligationswidrigkeit, und diese liegt im Falle des Selbstmordes ebensogut vor, wie in demjenigen der Sachzerstörung. Hier wie dort hat der Schuldner (wofür auch seine Erben als Rechtsnachfolger einzustehen haben) gegen die auch vom Verfasser mit Recht angenommene sog. sekundäre Unterlassungspflicht verstoßen, d. h. gegen die Pflicht, alles zu unterlassen, was die eigene Leistung unmöglich machen kann. Wenn also die Erben des Selbstmörders haftungsfrei sein sollen, so kann dies nicht mit dem Fehlen der Rechtswidrigkeit des Selbstmordes, sondern allenfalls (in den tatbestandlich hierfür geeigneten Fällen) mit dem Fehlen eines Verschuldens, insbesondere eines klaren Bewußtseins des Selbstmörders begründet werden.

Die Wirkung des Rücktritts wird (S. 608) dahin bestimmt, daß durch denselben die ursprünglichen Vertragspflichten erloschen sind. Demgegenüber scheint mir die Theorie den Vorzug zu verdienen, nach welcher durch den Rücktritt der ursprüngliche Vertrag nicht berührt wird, wohl aber ex lege die Parteien verpflichtet werden, die Vertragswirkungen rückgängig zu machen, woraus dann folgt, daß bei noch nicht erfülltem Vertrag kein Teil die gegnerische Leistung beanspruchen kann, ohne daß ihm die exceptio doli nach dem bekannten Satz entgegengehalten werden könnte: dolo facit, qui petit, quod statim redditurus est. Gerade darin, daß nicht der Vertrag selbst beseitigt, sondern eine Verpflichtung zur Rückgängigmachung seiner Wirkungen begründet wird, liegt der Unterschied des Rücktritts von der Anfechtung, ebenso von der Kündigung, welche (für die Zukunft) den Vertrag und damit die Verpflichtungen aus demselben zum Erlöschen bringt.

Nicht beifallswert scheint mir die zu § 273 vertretene Ansicht, daß auch dort, wo aus sozialen Gründen die Aufrechnung ausgeschlossen ist, namentlich gegenüber unpfändbaren Lohn-, Gehalts- und Alimentenforderungen, wenigstens die Zurückbehaltung ausgeübt werden könne.

Die im Vorstehenden gemachten Vorbehalte, die sich natürlich noch vermehren ließen, treten selbstverständlich zurück hinter den überaus zahlreichen Punkten, in denen mir die Ausführungen des Verfassers Beifall zu verdienen und gegenüber dem bisherigen Stand der Lehre förderlich zu sein scheinen. Der Wernersche Teil bedeutet zweifellos eine ganz entschiedene Bereicherung des Gesamtkommentars.

2. Gleiches gilt von dem durch Nipperdey übernommenen Teil, der den Dienstvertrag zum Gegenstande hat. Ich glaube nicht, daß irgendein anderer Kommentar zum BGB. eine so umfassende und inhaltsreiche Darstellung des Arbeitsrechts im weiteren Sinn enthält. Schon die Vorbemerkung zum betreffenden Abschnitt, dann aber die Anmerkungen zu den wichtigsten Einzelbestimmungen (etwa §§ 611, 615, 616, 618), die allgemeinen Ausführungen über das Kündigungsrecht und andere Partien mehr zeichnen sich durch außerordentliche Gründlichkeit und kaum überbietbaren Stoffreichtum aus.

Der ganzen Bearbeitung der Materie kommt es zustatten, daß der Verfasser, bekanntlich ein vortrefflicher Kenner des Arbeitsrechtes, die gerade auf diesem Gebiet besonders vielseitige und tiefschürfende Arbeit des letzten Jahrzehntes in organischen Zusammenhang mit dem von Haus aus ziemlich dürftigen Dienstvertragsrecht des BGB. gebracht hat und so ein geschlossenes Bild des Arbeitsrechtes im ganzen darbietet.

An beachtenswerten Punkten, hinsichtlich deren die Darlegungen des Verfassers besonders überzeugend wirken, möchte ich erwähnen: die Frage des Betriebsrisikos, die Ablehnung der vom Reichsgericht bekanntlich vertretenen Betriebsgemeinschaft, die Kennzeichnung des abhängigen Arbeitsvertrages als eines (nicht personenrechtlichen, sondern) schuldrechtlichen, die Frage des Rechts auf Beschäftigung, die Beschränkung des § 616 auf subjektive Hinderungsgründe in der Person des Leistungspflichtigen, die juristische Stellung des Gerichtsvollziehers u. dgl. m., während mir die (wenigstens terminologische) Unterscheidung zwischen „abstraktem" und „konkretem" Prinzipal nicht sehr einleuchtend ist.

Daß die Ausführungen des Verfassers auf voller Beherrschung des weitschichtigen Materials beruhen und daß sie durchweg die volle Sachkunde einer anerkannten Autorität des behandelten Spezialgebietes verraten, bedarf kaum der Hervorhebung. Durch seine zusammenfassende Darstellung hat sich Verfasser den besonderen Dank der vielen Juristen verdient, welche, ohne sich zu Spezialisten des Arbeitsrechtes ausbilden zu können oder zu wollen, doch das Bedürfnis empfinden, sich rasch, zuverlässig und doch mit ausreichender Gründlichkeit über die zahlreichen und interessanten Probleme des Arbeitsrechts im weiteren Sinne des Wortes zu unterrichten.

3. Ein glücklicher Gedanke war es auch, die Bearbeitung des Gesellschaftsrechts Geiler zu übertragen. Dieser bekannte Vertreter des Wirtschaftsrechts, insbesondere des Gesellschaftsrechtes, erschien besonders geeignet, die genannte Materie zu bearbeiten.

Die an sich nicht sehr eingehenden Vorschriften des BGB. über die Gesellschaft haben infolge der starken wirtschaftlichen Konzentrationsbewegung der letzten Jahrzehnte eine ungeahnte Bedeutung erlangt. Eine ganze Reihe von Organisationen des Großhandels und der Industrie hat die Form der bürgerlich-rechtlichen Gesellschaft gewählt, allerdings nicht, ohne dieselbe den verschiedenartigen wirtschaftlichen Bedürfnissen des Einzelfalles anzupassen. Um diese reich differenzierten Gebilde richtig zu erfassen, bedarf es einer weitgehenden Vertrautheit mit dem modernen Wirtschaftsleben und Wirtschaftsrecht, wie sie der Verfasser in zahlreichen früheren Veröffentlichungen in besonderem Maße bewiesen hat. Es wäre indessen ein Irrtum, so wie es vielfach geschieht, zu glauben, daß zu einer ersprießlichen Behandlung des Gebietes die Kenntnis der Wirtschaft ausreicht; vielmehr gehört zu ihrer juristischen Durchdringung ein nicht geringes Maß rechtsdogmatischen Könnens, wie es ebenfalls dem Verfasser zur Verfügung steht.

So beweist denn schon die Darlegung des Rechtes der normalen bürgerlichen Gesellschaft vollste Beherrschung des Stoffes. Man wäre verlegen, die Partien herauszuheben, die gegenüber anderen als besonders gelungen hervorragen; man müßte so gut wie alle Teile der Bearbeitung aufführen. Fast zu jedem Paragraphen finden sich ebenso tiefschürfende wie belehrende Ausführungen. Aufs Geratewohl nenne ich die Ausführungen über die Abgrenzung zwischen Gesellschaft und partiarischem Geschäft (hier wären übrigens aus der Lehre von der Rückversicherung interessante Grenzgebilde zu erwähnen gewesen), über das Wesen der Gesamthand, über die Natur des Gesellschaftsvertrags, der mit Recht als ein gegenseitiger, wenn auch nicht als ein Austauschvertrag gekennzeichnet wird, über das Ineinandergreifen der allgemeinen Vorschriften des gegenseitigen Vertrages und der besonderen Normen des Gesellschaftsrechtes, über die Unmöglichkeit der Gesellschafterleistung und der Erreichung des Gesellschaftszwecks, über die Gesellschaftsschulden, über den Einfluß des Abschlusses eines Ehevertrages zwischen zwei Gesellschaftern (nicht, wie es der Druckfehlerteufel haben will, zwischen Gesellschaften), über Umwandlung einer Gesellschaft des BGB in eine G. m. b. H., über die Übernahme des Gesellschaftsvermögens durch einen Gesellschafter usw. Der besondere Blick für das praktische Leben zeigt sich auch in den Ausführungen über die beitragsfreie Gesellschaft, namentlich über die verschiedenen Motive, die einer solchen zugrundeliegen können.

Natürlich regt sich auch hier gelegentlich beim Leser ein gewisser Widerspruch. So, wenn der Verfasser (übrigens in Einklang mit der reichsgerichtlichen Rechtsprechung) dem einzelnen Gesellschafter bezüglich eines zum Gesellschaftsvermögen gehörigen Rechtes auf eine teilbare Leistung die Klage des § 432 gewährt; dem scheint mir zu widersprechen, daß solche Klage, wenn sie dem Wesen der Gesamthand entsprechen würde, nicht ausdrücklich einem Miterben hätte verliehen zu werden brauchen, wie es in § 2039 tatsächlich geschehen ist.

Von größtem Interesse ist aber der ausführliche Anhang zum 14. Titel, in welchem die Anwendung des Gesellschaftstypus auf die verschiedenartigen Organisationen des Wirtschaftslebens dargelegt wird. Hier bewegt sich der Verfasser auf seinem ureigensten Forschungsgebiet. Die Fülle des Dargebotenen läßt sich am einfachsten durch eine Inhaltsübersicht dieses Abschnittes veranschaulichen. Zunächst werden als „atypische Formen" der bürgerlichrechtlichen Gesellschaft behandelt: die Gesellschaft ohne Gesamthandsvermögen und die Innengesellschaft, der es an einer gemeinsamen Vertretung fehlt, und von der gegenüber abweichenden Anschauungen mit Recht ausgeführt wird, daß sie mit einem Gesamthandsvermögen begrifflich unvereinbar sei. Es folgt die Behandlung der Gelegenheitsgesellschaften (Konsortien) im allgemeinen, worauf nach allgemeinen Darlegungen als besonders wichtige Arten die Gründungs- und Emissionskonsortien, die Beteiligungskonsortien und die Anteilsbindungskonsortien (Schutzgemeinschaften) abgewandelt werden. Im gleichen Zusammenhang kommen auch zur Darstellung die Unterbeteiligungen, die Vorgründungsgesellschaften und die (von diesen mit Recht unterschiedenen) Gründungsgesellschaften, die vielfach juristisch und wirtschaftlich mit den ersteren zusammengeworfen werden. Eine weitere Untersuchung ist den Kartellen gewidmet in ihren verschiedenen Zwecken und Bindungsabstufungen, von dem einfachen Konditionenkartell bis zum Syndikat. Den Abschluß bilden die Interessengemeinschaften, deren verschiedene Formen (Gewinngemeinschaften, Verwaltungsgemeinschaften, Betriebsgemeinschaften) in großen Grundzügen geschildert werden. Gerade dieser Teil muß zu den wertvollsten Stücken des Kommentars gerechnet werden.

4. Die übrigen Teile des Schuldrechts sind von bewährten früheren Mitarbeitern behandelt, wobei Kober die wichtigsten Verkehrsverträge, wie Kauf, Tausch, Schenkung, Miet- und Pachtrecht (unter Mitwirkung von Kiefersauer), Leihe, Darlehen, Werkvertrag, Maklervertrag, Feststellungsverträge, Anweisung, nebst dem Recht der Gemeinschaft, die übrigen Schuldverhältnisse, wie Auftrag, Geschäftsführung ohne Auftrag, Verwahrung, Einbringung bei Gastwirten, vor allem die zwei großen Gebiete der ungerechtfertigten Bereicherung und der unerlaubten Handlung durch Engelmann verfaßt sind. Auch hier stehen die Bearbeitungen durchaus auf der Höhe der wissenschaftlichen Anforderungen. Die gerade im besonderen Teil der Schuldverhältnisse reiche Rechtsprechung und Literatur sind erschöpfend herangezogen, natürlich aber mit der geistigen Freiheit und Selbständigkeit verwertet, die sich bei den genannten angesehenen Juristen von selbst versteht.

Bei dem von Kober bearbeiteten Teil sind mir als besonders gründlich aufgefallen die Darlegungen zu den §§ 433, 516, 535, 581. Bei Behandlung der Kaufmängelgewähr wird mit besonderer Entschiedenheit die herrschende (mich, wie ich gestehe, nicht voll überzeugende) Restitutionstheorie, im Gegensatz zur Vertragstheorie vertreten. — Zu § 163 wird mit durchschlagenden Gründen die Ansicht des Reichsgerichtes bekämpft, daß bei arglistiger Vorspiegelung einer nicht vorhandenen Eigenschaft der Käufer, auch wenn es sich nicht um eine förmliche Zusicherung handle, Anspruch auf das Erfüllungsinteresse habe. — Der Elektrizitätslieferungsvertrag wird zu § 581 (Bemerkungen I 4a) für die Regel, d. h. wenn nicht ein bestimmter Erfolg gewährleistet wird, als Kaufvertrag bezeichnet. Man wird zugeben müssen, daß in der Tat die Anwendung der Kaufnormen für die Regel gerechtfertigt erscheint. Immerhin hat der genannte Vertrag einen komplexen Inhalt; er vereinigt in sich — wenigstens in seiner normalen Form — Elemente des Sukzessivlieferungsvertrages insofern, als er auf wiederkehrende Leistungen eines bestimmten wirtschaftlichen Gutes gerichtet ist, daneben aber auch gewisse Momente, die ihn zu einem Dauervertrag stempeln, so z. B. die Pflicht des Werkes zur jederzeitigen Leistungsbereitschaft, diejenige des Abnehmers zu einer Reihe von Duldungs- und Unterlassungspflichten (namentlich in Ansehung der von ihm benutzten Anlagen, Zähler, in Ansehung des zu gestattenden Betretens seiner Wohnung zwecks Vornahme der Kontrolle u. dgl. m.). In diesem Zusammenhang wäre auch die Frage interessant, ob und inwieweit man bei dem Elektrizitätslieferungsvertrage von einem sich jederzeit erneuernden Wiederkehrschuldverhältnis sprechen kann, wie dies von Jaeger und einer Reihe weiterer Schriftsteller im besonderen Hinblick auf § 17 KO. behauptet wird, m. E. zu Unrecht. — Interessant sind die Ausführungen über den sog. „Kauf auf Umtausch", über die bedingte Kündigung bei der Miete, hinsichtlich deren ein, wie mir scheint, sehr vernünftiger Standpunkt eingenommen wird; über den Realcharakter der Leihe, über das Bauleihdarlehen (hier hätte vielleicht Erwähnung verdient das für Deutschland neue Institut der Bausparkassen mit der damit verbundenen Anwartschaft auf Darlehenserteilung nach Maßgabe der von den Bausparern angesammelten Mittel); über die Konstruktion des Vorkaufs- und Wiederkaufsrechts (Gestaltungsrecht mit der Wirkung eines beiderseits verpflichtenden Rechtsverhältnisses). — Bei der Miete wird demjenigen Vertragsteil, der die Kündigung des anderen verschuldet, eine Pflicht auferlegt, dem Gegner den Schaden zu ersetzen, den dieser durch die vorzeitige Auflösung der Miete erleidet. Ob dem beizustimmen ist, ist mir nicht ganz zweifelsfrei, einmal, weil dieser Rechtssatz nicht, wie bei dem Dienstvertrag, ausdrücklich im Gesetz ausgesprochen ist, sodann aber, weil das BGB. beim gegenseitigen Vertrag im allgemeinen das Auflösungsrecht (Rücktritt) und den Schadensersatzanspruch nicht kumulativ, sondern nur alternativ gewährt. — Gegenüber den früheren Auflagen hat natürlich das Mietsrecht nun eine wesentliche Erweiterung erfahren, namentlich durch die zusammenhängende und übersichtliche Darstellung der Nachkriegsgesetzgebung auf diesem Gebiete, insbesondere des Mieterschutzrechtes, der Mietzinsbildung und des Wohnungsmangelrechts.

Engelmanns Darstellung zeichnet sich namentlich im Deliktsrecht durch eine außerordentlich reiche Fülle des Inhaltes aus. Schon die Vorbemerkung zu diesem Titel ist recht ausführlich. Ebenso natürlich die Kommentierung des grundlegenden § 823, vor allem die Kasuistik über die Begriffe Vorsatz, Fahrlässigkeit, Kausalzusammenhang. Zu den Schutzobjekten des § 823 Abs. 1 wird mit dem Reichsgericht der eingerichtete Gewerbebetrieb gezählt, wie denn Verfasser in der Anerkennung der sog. Persönlichkeitsrechte ziemlich weit geht, für mein Gefühl fast zu weit. Dagegen verdient vollen Beifall die in diesem Zusammenhang vertretene Ansicht über die Behandlung der Briefe, ebenso die Polemik gegen Zitelmanns Ausschluß der Rechtswidrigkeit unter dem Gesichtspunkt der nützlichen Geschäftsführung ohne Auftrag. — Hinsichtlich des Schutzgesetzes im Sinne des § 823 Abs. 2 und seiner Einzelfälle wird eine imponierende Fülle des Stoffes vor dem Leser ausgebreitet. — Ein anderer Kernpunkt der Erörterungen knüpft sich an § 826, bei welchem eine große Zahl interessanter Tatbestände in ebenso gründlicher wie größtenteils überzeugender Weise behandelt wird: erwähnt seien Boykott und Sperre, Verleitung zum Vertragsbruch, Monopolmißbrauch, schwarze Listen, pactum de non licitando, Fünfzehnhundertmarkvertrag, bewußt falsche Auskunft, Vollstreckung eines dolos erschlichenen rechtskräftigen Urteils: bezüglich dieses höchst umstrittenen Falles schließt sich Verfasser der Ansicht des Reichsgerichtes an. — Ebenso reichhaltig sind die Anmerkungen zu §§ 824, 831, 833, 839. Alles in allem dürfte sich nicht leicht eine Frage des Deliktsrechtes finden lassen, hinsichtlich deren nicht der Benutzer hier Antwort und Belehrung nach Wunsch zu finden vermöchte.

III.

Die bewährte Behandlung des Sachenrechts durch Kober zeigt auch in der neuen Auflage die bekannten Vorzüge der früheren Ausgaben: erschöpfende Berücksichtigung des Schrifttums (in den Literaturangaben zu § 1163 wäre noch das — übrigens an anderer Stelle berücksichtigte — Buch von Bruck über die Eigentümerhypothek aufzuführen), und der gerade hier sehr reichhaltigen und ergiebigen Rechtsprechung, knappe und klare Darlegung der Streitfragen, Konstruktionen und Theorien, besonnene und meist treffende Kritik abgelehnter Anschauungen, wohlerwogene bestimmte und meist überzeugende eigene Stellungnahme. Die Erfahrung und der sichere Blick des hervorragenden Praktikers zeichnet sich in der durchweg hervortretenden Berücksichtigung der Lebensbedürfnisse und in der vernünftigen Abwägung der in Frage stehenden wirtschaftlichen Interessen aus. Beispiele für die Vertrautheit mit dem wirtschaftlichen Leben und für die praktische Einstellung des Verfassers bieten etwa die Darlegungen über den Sicherungsnießbrauch, die Behandlung des Erbbaurechts, die vernünftige Stellungnahme zu der einigermaßen rätselhaften Wendung des Gesetzes, daß eine Leistung „aus einem Grundstück" zu erbringen ist (so bei Hypotheken und Reallasten).

Als besonders gründlich behandelte Partien möchte ich erwähnen: die Lehre vom Besitz, von dem materiellen Grundstücksrecht, vom Eigentum und — in wesentlicher Bereicherung früherer Auflagen — das Erbbaurecht. Von großer Reichhaltigkeit sind auch die Bemerkungen zum vermittelnden Besitz (§ 868), zur dinglichen Einigung (§ 873), die der Verfasser zutreffenderweise als ein Rechtsgeschäft, und zwar als einen Verfügungsvertrag kennzeichnet (dabei sind übrigens, wohl infolge eines Versehens, einige Ausführungen in wörtlicher Übereinstimmung zweimal abgedruckt, das eine Mal zu § 873, das andere Mal Seite 10 der Einleitung); zum Rangvorbehalt (§ 879), zur Vormerkung (§ 883), zum öffentlichen Glauben des Grundbuchs (§ 892), zum Widerspruch (§ 899), zum Nachbarrecht (§ 906), zur Auflassung (eine förmliche Monographie zu § 925), zur Mobiliarübereignung (§ 929), hier mit interessanten Ausführungen über den Besitzerwerb durch Stellvertreter und über die Sicherungsübereignung; zur Eigentumsstörungsklage (§ 1004), zum Hypothekenaufwertungsrecht (Vormerkung zu §§ 1113 ff.), zum Wesen der Hypothek (§ 1113), zur Eintragung derselben (§ 1115, hier Interessantes über die wertbeständige Hypothek), zur Eigentümerhypothek (§ 1163), zur Höchstbetragshypothek (§ 1190, hier hervorzuheben die überzeugenden Ausführungen über das Verhältnis zwischen Eigentümerhypothek und Gläubigerhypothek).

Bei der Lektüre sind mir an beifallswerten Ausführungen u. a. folgende aufgestoßen. Der mittelbare Besitz wird als echter Besitz, nicht als bloß fingierter bezeichnet. — Daß die dingliche Einigung keine Grundlage für eine Leistungsklage abgeben kann, wird im Gegensatz zur früheren Auflage nunmehr mit Recht anerkannt. — Die Vormerkung wird als ein formelles Sicherungsmittel mit einer Art von dinglicher Wirkung bezeichnet; ihre Begründung wird als eine Art Verfügung angesehen und es wird die Anwendbarkeit des öffentlichen Glaubens des Grundbuchs auf sie verneint. — Hinsichtlich des Berichtigungsanspruches wird die Abtretbarkeit verneint, während die Möglichkeit einer Pfändung und Überweisung zur Einziehung angenommen wird. — Das Urteil, welches den Notweg nach Umfang und Richtung bestimmt, wird als ein deklaratives, das Grenzscheidungsurteil des § 920 dagegen als ein konstitutives bezeichnet. — Zu § 957 wird die m. E. zutreffende Ansicht vertreten, daß ein Nichtberechtigter einem gutgläubigen Anderen das Fruchtziehungsrecht nur wirksam gestatten kann, wenn er selbst im Besitz der Muttersache sich befindet. — Dem Hypothekenbrief wird der Charakter als Wertpapier im eigentlichen Sinne abgesprochen. — Für den Fall, daß die Hypothekenbegründung als solche unwirksam ist, wird das Entstehen einer Eigentümerhypothek verneint. — Mit Recht wird ferner angenommen, daß im Falle der Tilgungshypothek eine Eigentümerhypothek auch schon vor Abtragung des Gesamtkapitals hinsichtlich der einzelnen durch Abzahlung beglichenen Kapitalanteile zur Entstehung kommt.

Demgegenüber möchte ich einige Punkte nicht unerwähnt lassen, bezüglich deren mir die Stellungnahme des Verfassers nicht durchweg überzeugend erscheint.

So ist mir zunächst zweifelhaft, ob man den Besitz als ein Recht kennzeichnen darf. Übrigens würde die Verneinung der Rechtsnatur nicht notwendig zu einer Ablehnung der Besitzfeststellungsklage und der Anwendbarkeit des § 823 Abs. 1 auf die Besitzverletzung führen müssen; hier könnte man schon mit einer Analogie helfen.

Das Organ einer juristischen Person soll weder vermittelnder Besitzer noch auch Besitzdiener sein. Letzteres um deswillen, weil das Organ in Ansehung der Sachen der juristischen Person keinen anderen Weisungen als den eigenen unterworfen sei. Hier fragt sich aber, ob es nicht doch den Weisungen der Beschlußorgane der juristischen Person, z. B. der Mitgliederversammlung eines Vereines, unterworfen ist?

Bei der im übrigen sehr förderlichen Behandlung der Bewilligung eines Grundbucheintrages wäre vielleicht etwas näher auf das Problem einzugehen gewesen, inwieweit privatrechtliche Vorschriften auf diesen Akt anwendbar sind, der doch von Haus aus ein Parteiakt der freiwilligen Gerichtsbarkeit ist, also insofern dem öffentlichen Recht angehört. Handelt es sich hierbei um eine (sozusagen mittelbare) Verfügung im Sinne des BGB.? Ist die Befugnis zur wirksamen Vornahme der Bewilligung unter dem Gesichtspunkt einer Verfahrenslegitimation oder unter demjenigen der (privatrechtlichen) Verfügungsberechtigung anzusehen? Und was dergleichen Fragen mehr sind.

Zu § 925 findet sich die häufig anzutreffende Wendung: „Jede rechtsgeschäftliche Eigentumsübertragung des Grundstücks setzt sich regelmäßig aus drei Rechtsakten zusammen, dem Kausalgeschäft . . . usw." Diese Wendung ist rein wirtschaftlich gedacht, dagegen juristisch ungenau. Das Kausalgeschäft ist niemals (und Verfasser will natürlich auch nichts Gegenteiliges behaupten) ein Bestandteil der „rechtsgeschäftlichen Eigentumsübertragung", die sich als solche nur aus zwei Akten zusammensetzt: Auflassung und Eintragung.

Wenn zu § 952 in Übereinstimmung mit v. Tuhr und anderen angenommen wird, bei Sparkasseneinlage des A auf den Namen des B werde der letztere Gläubiger der Sparkasse, so dürfte dies in solcher Allgemeinheit nicht zutreffen. Entscheidend ist vielmehr der Wille des Einlegers, und dieser wird in vielen Fällen darauf gerichtet sein, daß trotz der Ausstellung des Sparkassenbuches auf den Namen eines Dritten der Einleger selbst die Verfügung über die Einlage, also die Inhaberschaft der Forderung, behalten will. Die Sparkasse ihrerseits, welcher die Person des Gläubigers in aller Regel gleichgültig ist und wegen der Legitimationsnatur des Sparkassenbuches auch gleichgültig sein kann, ist damit einverstanden, daß Gläubiger werde, wen der Einleger dazu machen will.

Zu § 978 ist mir zweifelhaft, ob man im Sinne des öffentlichen Fundes als „Verkehrsanstalten" nur die Transportanstalten ansehen kann, wie Verfasser meint, oder ob man nicht vielmehr dazu auch sonstige, dem Verkehr des großen Publikums geöffnete Räumlichkeiten rechnen muß.

Nießbrauch und Pfandrecht an Forderungen werden, wie es häufig geschieht, und wie es die Verfasser des BGB. anscheinend selbst meinten, als dingliche Rechte angesehen. Wenn man indessen die einzelnen Befugnisse des Nießbrauchers oder Pfandgläubigers mit Bezug auf die Forderung genauer analysiert, so lösen sie sich wesentlich auf in Rechte auf Leistungen, die neben dem Recht des („belasteten") Gläubigers parallel laufen und es in bestimmten Richtungen beschränken. Und wenn Verfasser selbst eine Art von Rechtsgemeinschaft (also hier Forderungsgemeinschaft) zwischen dem Gläubiger einerseits, dem Inhaber des Nießbrauchs oder Pfandrechts auf der anderen Seite unterstellt, so müßte dies wohl zu der weiteren Folgerung führen, daß das Recht des Nießbrauchers oder Pfandberechtigten keine andere Rechtsnatur haben kann als dasjenige des anderen „Rechtsgemeinschafters", also des Gläubigers, mithin selbst ein obligatorisches sein muß.

Zu § 1090 liest man die auch sonst nicht selten anzutreffende Bemerkung, mittels der beschränkten persönlichen Dienstbarkeit könnten Miete und Pacht dingliche Natur erhalten. Dies ist zum mindesten ungenau. Nur soviel kann zugegeben werden, daß ähnliche (übrigens keinesfalls völlig gleiche) Gebrauchs- und Nutzungsrechte, wie sie Miete und Pacht gewähren, zum Inhalt einer persönlichen Dienstbarkeit gemacht werden können. Allein es handelt sich dann hier selbstverständlich nicht mehr um Miete oder Pacht, schon um deswillen nicht, weil es sich bei den genannten Verträgen um gegenseitige Rechtsverhältnisse handelt mit der für solche charakteristischen Verknüpfung einander gegenüberstehender beiderseitiger Leistungsrechte und -pflichten. Solche Gestaltungen lassen sich im Wege der beschränkten Personalservitut natürlich nicht erreichen, auch nicht einmal durch die an sich mögliche Verknüpfung des dinglichen Rechtes mit gewissen Gegenleistungen des Berechtigten auf dem Umweg über auflösende Bedingungen. Man tut deshalb, wie mir scheint, besser, die Redensart von der Verdinglichung der Miete und Pacht zu vermeiden.

Nicht überzeugend will es mir scheinen, was zu § 1094 über das allgemeine grundsätzliche Verhältnis zwischen persönlichem und dinglichem Vorkaufsrecht, zum Teil im Anschluß an Hedemann, ausgeführt wird. Das letztere ist nicht eine Weiterentwicklung des ersteren. Vielmehr handelt es sich m. E., wie auch das Reichsgericht annimmt, um zwei durchaus getrennte Institute.

Hinsichtlich der Normalhypothek wird die Theorie vertreten, daß sie nach dem BGB. keine akzessorische Natur mehr habe. Über diese Auffassung läßt sich natürlich streiten, da man über das Wesen der Akzessorietät verschiedener Meinung sein kann. Das Vorliegen oder Nichtvorliegen einer solchen kann sich in einer ganzen Reihe von einzelnen Beziehungen zeigen. Nach geltendem Rechte nun ist allerdings die Abhängigkeit der Hypothek von der Forderung in einer Reihe von Punkten verlassen: Entstehung einer Eigentümerhypothek bei Erlöschen der persönlichen Forderung, Erstreckung des öffentlichen Glaubens des Grundbuchs auf die Forderung und die ihr gegenüberstehenden Einwendungen und Einreden usw. In anderen Beziehungen aber ist jene Abhängigkeit aufrecht erhalten, z. B. darin, daß die Hypothek jedenfalls für den Gläubiger nur entsteht, wenn er die Forderung erwirbt, daß sie für den Gläubiger aufhört, wenn die Forderung erlischt, daß die Abtretung der Forderung den Übergang der Hypothek zur Folge hat, daß der Umfang der Forderung wesentliche Bedeutung für denjenigen der Hypothek besitzt, daß der Hypothek im Normalfalle die gegen die Forderung gerichteten Einwendungen und Einreden entgegengehalten werden können, daß die Fälligkeit der Hypothek eine Voraussetzung (unter anderen) für diejenige der Hypothek ist, daß bei Befriedigung durch den mit dem Eigentümer des belasteten Grundstückes nicht identischen persönlichen Schuldner die Forderung und mit ihr die Hypothek auf den zahlenden Dritten übergeht, und was dergleichen Punkte mehr sind. Diese Erscheinungen in Verbindung mit der gesetzlichen Definition der Hypothek, welche im Gegensatze zu derjenigen der Grundschuld auf die Forderung Bezug nimmt (§ 1113), dürfte die Behauptung rechtfertigen, daß auch heute noch von der akzessorischen Natur der Hypothek gesprochen werden kann.

Interessant sind die Ausführungen über die Fassung des Antrages der hypothekarischen Klage (§ 1147). Verfasser erklärt sich für die in der Praxis wohl vorherrschende Verurteilung „zur Duldung der Zwangsvollstreckung". Dem entspricht es denn auch, wenn wiederholt von einem „hypothekarischen Anspruch" die Rede ist. Sieht man aber genauer zu, so wird man kaum von einem Anspruch auf Duldung im gewöhnlichen Sinne dieser Wendung sprechen können. Die Befriedigung der Hypothek erfolgt durch Handlungen des Gläubigers in Verbindung mit staatlichen Akten der Gerichtsbarkeit. Sie ist von einem (positiven oder negativen) Verhalten des Schuldners völlig unabhängig. Und es ist natürlich keine Rede davon, daß das hypothekarische Urteil nach den Regeln über die Zwangsvollstreckung von Ansprüchen auf Duldung, also durch Androhung von Geld- oder Haftstrafen (§ 890 ZPO.) vollstreckt würde. Mir scheint das Urteil seinem Wesen nach ein Feststellungsurteil zu sein, freilich ein solches, welches nicht zum Gegenstande hat das Bestehen der (privatrechtlichen) Hypothek als solchen, sondern die aktuelle Befugnis des Gläubigers, sich wegen eines bestimmt bezifferten Geldanspruches im Wege der Zwangsvollstreckung aus dem Grundstücke zu befriedigen. Faßt man die Rechtslage in dieser Weise auf, so kann man nicht mit dem Verfasser (und mit einer auch sonst verbreiteten Lehre) gegen das Feststellungsurteil den Einwand erheben, ein solches entbehre der Vollstreckbarkeit. Letzteres trifft zwar zu für Feststellungsurteile mit privatrechtlichem Gegenstand. Wenn dagegen ein Urteil gerade die Zulässigkeit der Zwangsvollstreckung ausspricht, so versteht es sich von selbst, daß es zur Grundlage dieser Vollstreckung gemacht werden kann.

Schließlich muß ich gestehen, daß ich hinsichtlich der Behandlung der sog. latenten Eigentümerhypothek, namentlich ihrer Abtretbarkeit und Pfändbarkeit, nicht in jeder Hinsicht den Ausführungen des Verfassers (§ 1173) zu folgen vermag.

Trotz dieser einzelnen Kritiken stehe ich jedoch nicht an, das Gesamtwerk als eine wissenschaftlich hochstehende und für die praktische Rechtsanwendung außerordentlich förderliche Darstellung zu bezeichnen.

IV.

Das Familienrecht war von dem Bearbeiter der früheren Auflagen, Engelmann, im wesentlichen druckfertig abgeschlossen, als der verdiente Verfasser verstarb. Es ist von einem anderen Mitarbeiter am Gesamtwerk, Keidel, herausgegeben, der die bis zur Drucklegung veranlaßten Ergänzungen vornahm. Um den Umfang dieser Besprechung nicht noch mehr anwachsen zu lassen, soll bezüglich des Familienrechts auf Erörterung von Einzelheiten verzichtet und nur bemerkt werden, daß es sich auch hier um eine recht gediegene und sorgfältige, ungemein stoffreiche und hinsichtlich der allermeisten erörterten Punkte durchaus beifallswürdige Darstellung des in persönlicher und wirtschaftlicher Beziehung so überaus wichtigen Gebietes handelt.

V.

Das Erbrecht liegt weiterhin in den Händen des bewährten bisherigen Bearbeiters Herzfelder, der hierdurch seinen wohlbegründeten Ruf eines der ersten Spezialisten der Materie gefestigt und vertieft hat.

Von besonders gründlich behandelten Partien seien angeführt: das Wesen der Gesamtnachfolge, die mit Recht nicht nur auf die Aktiven, sondern auch auf die Schulden und sonstigen negativen

Rechtspositionen des Erblassers bezogen wird; die Ausführungen über Nachlaßverbindlichkeiten, bei denen u. a. eine — wie mir scheint — recht glückliche Formulierung für die Lösung der Frage an die Hand gegeben wird, welche Schulden aus Verwaltungsgeschäften des Erben als Nachlaßverbindlichkeiten anzusehen sind; die Darstellung der Rechtsverhältnisse bezüglich des menschlichen Leichnams; die Lehre von der Haftung des Erben für die Nachlaßverbindlichkeiten; das Recht der Ausgleichung unter Miterben; Nachlaßpflegschaft und Testamentsvollstreckung; Testamentserrichtung; Pflichtteilsrecht; Erbschein. Der noch immer bedeutsamen Frage der Aufwertung wird durchweg Aufmerksamkeit geschenkt, so z. B. bei dem Rechte der Ausgleichung und bei demjenigen der Vermächtnisse.

Man wird fast durchweg den Ergebnissen des Verfassers, insbesondere seiner Stellungnahme zu den bekannten Hauptstreitfragen des Erbrechts, beitreten können. Dies gilt z. B. für die Bestimmung des Wesens der Miterbengemeinschaft; für die Ausführung, daß die Nacherbschaft schon vor Eintritt des Nacherbfalles angenommen werden kann; für die Meinung, daß es sich im Sinne des § 1931 um verschiedene Berufungsgründe handelt, wenn jemand vermöge gleichzeitiger Verwandtschaft in mehreren Stämmen oder zugleich als Gatte und als Verwandter zu mehreren Erbteilen berufen wird; für die Darlegung, daß die Einrede des Erben gemäß § 2014 keine materielle Einrede ist, daß also ihre Geltendmachung den Eintritt des Verzuges nicht hindert; für die Behauptung, daß es sich bei der Nachlaßpflegschaft um eine cura personae, nicht um eine cura rei handelt, daß der Erbschaftsanspruch ein von den einzelnen im Nachlaß befindlichen Ansprüchen zu unterscheidender Gesamtanspruch aufzufassen ist; daß sowohl der Nachlaßverwalter als auch der Testamentsvollstrecker privatrechtlich und prozeßrechtlich als Vertreter des Erben in bezug auf den Nachlaß und nicht als ein im eigenen Namen auftretender Amtsträger anzusehen sei; daß der Nacherbe, auch wenn er Alleinerbe sei, über seine Rechtsstellung im ganzen mit dinglicher Wirkung verfügen könne, im Gegensatz zu einem sonstigen Alleinerben. — Besonders gelungen scheinen mir auch die Darlegungen über die privatorische (kassatorische) Klausel, das ist eine solche, durch die einem Nachlaßinteressenten gewisse

Nachteile für den Fall angedroht sind, daß er den letzten Willen des Erblassers nicht befolgen sollte; ferner über die Frage, inwiefern einer nicht wirksamen Verfügung von Todes wegen durch Anerkenntnis eines Beteiligten Wirksamkeit verliehen werden könne. — Richtig ist auch, was über die Notwendigkeit eigenhändiger Ortsangabe bei privatrechtlichen Testamenten und über die grundsätzliche Nichtigkeit derselben bei falscher Datierung ausgeführt wird.

Dagegen möchte ich nicht allen Ergebnissen beitreten, welche bei der allerdings höchst verwickelten Lehre von der Berechnung des Pflichtteils im Falle des § 2316 gewonnen werden.

Ebenso glaube ich nicht, daß mehrere Miterben, die vor der Teilung des Nachlasses wegen einer Nachlaßverbindlichkeit gemeinschaftlich verklagt werden, die Stellung von sog. „notwendigen" Streitgenossen einnehmen. Ich würde sie vielmehr als einfache Streitgenossen ansehen. Daß sie nicht notwendige im Sinne der zweiten Alternative des § 62 ZPO. (also im Sinne einer Notwendigkeit gemeinschaftlicher Klage) sind, steht wohl außer Zweifel. Sie sind es aber auch nicht im Sinne der ersten Alternative (der Notwendigkeit einheitlicher Feststellung); in dieser Hinsicht gilt für sie nichts anderes wie für andere Gesamtschuldner, wenn auch hier bei verschiedenartiger Entscheidung gegenüber den einzelnen Genossen das unliebsame Ergebnis eintreten kann, daß der auch nur einem Miterben gegenüber abgewiesene Gläubiger trotz Obsiegs gegenüber den anderen verhindert ist, seine Forderung in einem Gegenstand des Nachlasses zu vollstrecken, und darauf angewiesen ist, sich aus dem Vermögen der unterlegenen Miterben, allenfalls durch Pfändung ihrer Nachlaßanteile, zu befriedigen.

Die bekannte Streitfrage, ob der Erbe seine Annahme anfechten kann, wenn er über die Tatsache der Überschuldung des Nachlasses geirrt hat, möchte ich, im Gegensatze zum Verfasser (und anderen Schriftstellern) eher verneinen. Ich halte die Überschuldung des Nachlasses bzw. seine Nichtüberschuldung nicht für eine verkehrswesentliche Eigenschaft im Sinne des § 119 Abs. 2 BGB. (Dagegen würde der Umstand, daß der Nachlaß als solcher keine „Sache" ist, der Anwendung des § 119 Abs. 2 auch nach meiner Ansicht nicht im Wege stehen.) Wer eine Erbschaft annimmt, muß sich m. E. darüber klar sein, daß dieselbe überschuldet sein kann, und muß das Risiko dieser Tatsache auf sich nehmen. Wenn man, was wohl kaum zu bestreiten sein dürfte, einem berufenen Erben, der den Nachlaß ausgeschlagen hat, weil er ihn für überschuldet hielt, das Recht zur Anfechtung der Ausschlagung versagen wird, so ist nicht recht einzusehen, warum für den umgekehrten Fall der Annahme in der irrtümlichen Voraussetzung der Nichtüberschuldung etwas anderes gelten soll. Hier wie dort handelt es sich bei den falschen Voraussetzungen, von denen der Berufene ausgeht, um einen einfachen Irrtum im Motiv, dessen Folge er selbst zu tragen hat. — Natürlich geht es auch nicht an, etwa (mit Kipp) zu unterscheiden, je nachdem sich der Irrtum auf den Bestand der Aktiven oder auf den der Passiven bezieht, und nur im ersten, nicht auch im zweiten Fall die Anfechtung nach § 119 Abs. 2 zu gewähren. Denn die Tatsache der Überschuldung beruht ja gerade auf dem Verhältnis beider Größen, der Aktiven und der Passiven zueinander; der Irrtum über das schließliche Rechnungsergebnis des Vergleiches beider Größen kann also nicht verschieden behandelt werden, je nachdem er die eine oder andere der beiden betrifft. Und wie sollte es sein, wenn hinsichtlich beider eine falsche Annahme oder eine falsche Schätzung vorgenommen ist?

Zu § 1941 führt der Verfasser unter 4 b aus (womit er auch den Beifall Engelmanns zu § 1586 III Ziff. 10 gefunden hat), daß derjenige Ehegatte, der gegen den anderen mit Erfolg auf Aufhebung der ehelichen Gemeinschaft geklagt hat, trotzdem diesen anderen Ehegatten kraft Gesetzes beerbt. Dies scheint mir nicht zutreffend. Verfasser glaubt, dies folge zwingend aus dem Zweck des Instituts der Aufhebung der ehelichen Gemeinschaft, bei welcher eben die Ehe dem Bande nach noch bestehe. Allein mir scheint das Wesen des Institutes gerade die entgegengesetzte Folgerung zu rechtfertigen. Dasselbe will gewissen religiösen Bedenken Rechnung tragen, die auf dem katholischen Grundsatz von der Unlöslichkeit der Ehe beruhen; daher soll hier, zum Unterschied von dem Fall der Scheidung, eine Wiedereingehung der Ehe ausgeschlossen sein; im übrigen aber soll die gleiche zivilrechtliche Behandlung eintreten wie bei einer Scheidung. Dies geht unzweideutig hervor aus der Fassung des § 1586: „Wird ... die eheliche Gemeinschaft aufgehoben, so treten die mit der Scheidung verbundenen Wirkungen ein; die Eingehung einer neuen Ehe ist jedoch ausgeschlossen". Da es nun zu den Wirkungen der Scheidung gehört, daß kein wechselseitiges Erbrecht der bisherigen Ehegatten mehr besteht, so muß dies auch bei Aufhebung der ehelichen Gemeinschaft gelten, gleichgültig, ob diese Aufhebung auf Betreiben des verstorbenen oder des überlebenden Ehegatten erfolgt ist. Die entgegengesetzte Meinung des Verfassers kann sich auch nicht auf ein argumentum e contrario aus § 1933 gründen, wonach das Erbrecht des überlebenden Ehegatten ausgeschlossen ist, wenn der Erblasser zur Zeit seines Todes auf Scheidung wegen Verschuldens des Ehegatten zu klagen berechtigt war und die Klage auf Scheidung oder Aufhebung der ehelichen Gemeinschaft erhoben hatte. Denn die Besonderheit dieser Vorschrift beruht lediglich darin, daß der bereits rechtskräftig ausgesprochenen Ehescheidung oder Aufhebung der ehelichen Gemeinschaft die vom Erblasser erhobene begründete Scheidungs- oder Aufhebungs**klage** gleichgestellt werden sollte. Keineswegs ist daraus zu entnehmen, daß hinsichtlich der bereits vor dem Erbfall rechtskräftig ausgesprochenen Scheidung oder Gemeinschaftsaufhebung zu unterscheiden sei, ob sie auf Betreiben des verstorbenen oder überlebenden Ehegatten erfolgt war. Und erst recht ergibt sich hinsichtlich der Frage des Erbrechts des Überlebenden aus der Bestimmung keine Differenzierung zwischen der Behandlung der Scheidung einerseits, der Aufhebung der ehelichen Gemeinschaft auf der anderen Seite. Die hier bekämpfte Auffassung wird denn auch von dem übrigen Schrifttum fast einmütig abgelehnt.

Diese wenigen Anstände, wie auch etwaige weitere, die sich erheben ließen, können selbstverständlich kein Hindernis sein, die ausgezeichneten Eigenschaften der Gesamtleistung **Herzfelders** rückhaltlos anzuerkennen. Sie stellt ein achtunggebietendes Dokument juristischen Scharfsinns und wissenschaftlicher Gründlichkeit dar, wie sie jedem Fachgelehrten zur Ehre gereichen würde.

VI.

Bezüglich der Kommentierung des **Einführungsgesetzes** ist gegenüber den früheren Auflagen eine bedeutsame Änderung eingetreten. In der vorliegenden Auflage hat der bisherige Bearbeiter Keidel außer den Abschnitten 2—4 (Verhältnis des BGB. zu den Reichsgesetzen und zu den Landesgesetzen sowie Übergangsvorschriften) von dem ersten, die allgemeinen Vorschriften betreffenden Abschnitt nur noch die Art. 1—6 behandelt, während die Art. 7—31, betreffend das internationale Privatrecht, in der Person Raapes einen neuen Bearbeiter gefunden haben.

Der von Keidel herrührende Teil zeigt alle Vorzüge der früheren Behandlung, insbesondere eine ungewöhnliche Stoffbeherrschung, die hier um so nötiger ist, als namentlich die Darstellung des Verhältnisses des BGB. zu dem Landesrecht eine weitgehende Vertrautheit mit zahlreichen partikulären Gesetzgebungen erheischt. Ebenso erfordert das Übergangsrecht ausgedehnte Kenntnisse auf dem Gebiet der bisherigen höchst mannigfaltigen Landesgesetzgebungen. In allen diesen Beziehungen zeigt Verfasser eine außerordentliche Detailkenntnis, die ihn befähigt, das von ihm bewältigte weitschichtige Material nicht nur äußerlich zusammenzutragen, sondern auch innerlich zu beherrschen, geistig zu durchdringen, in ein klares System zu bringen und, soweit es die Verschiedenheit der maßgebenden Quellen gestattet, unter einheitliche große Gesichtspunkte zu bringen, wobei nicht selten von dem einen Territorialrecht Licht und Klarheit auf das andere fällt. Gerade auf dem Gebiete des Einführungsgesetzes steht der Ratsuchende, wenn er auf sich allein gestellt ist, den wenigen knappen positiven Vorschriften ziemlich hilflos gegenüber. Darum wird er, wenn er ein Werk wie das vorliegende zu Rate zieht, dem Verfasser begründeten Dank wissen für die beträchtliche, aber erfolgreiche Mühe, die er auf die Bewältigung des riesenhaften Stoffes und auf die übersichtliche und zuverlässige Darbietung desselben verwendet hat.

Ein sehr glücklicher Gedanke war es, dem internationalen Privatrecht entsprechend seiner stets wachsenden Bedeutung einen selbständigen Teil zu widmen, und es war eine gute Fügung, daß in der Person des Hamburger Rechtslehrers Raape ein Bearbeiter gefunden wurde, der alle für die Aufgabe erforderlichen Voraussetzungen in besonderem Maße erfüllte. Die Gründlichkeit, mit welcher die Aufgabe angepackt wurde, tritt schon in dem stattlichen äußeren Umfang des Werkes (850 S.) sinnfällig hervor. Die Lektüre des Inhaltes gewährt einen besonderen Genuß, mag es sich um die bedeutsamen allgemeinen Ausführungen über das internationale Privatrecht, insbesondere über seine Methode, mag es sich um die jeweils geradezu besondere Abhandlungen bildenden Erläuterungen der einzelnen Artikel des Gesetzes handeln. Der besonders ansprechende Charakter der Darstellung Raapes hängt aufs engste mit der von ihm grundsätzlich befolgten Behandlungsart zusammen. Er führt folgerichtig die in seiner Vorrede programmatisch aufgestellte Methode durch, das internationale Privatrecht auf die breite Basis der Rechtsvergleichung zu stellen. In der Tat bildet das durch Rechtsvergleichung gewonnene reiche Material, wie es die positiven Gesetzgebungen der einzelnen Staaten bieten, gerade den Rechtsstoff, mit welchem das internationale Privatrecht zu arbeiten hat, und an welchem es seine eigenen Regeln bestätigen und bewähren muß. Die durchgängige Verwertung dieses Materials zur Illustrierung der aufgestellten internationalrechtlichen Sätze ist es denn auch, die der Darstellung eine besondere Lebendigkeit und Anschaulichkeit verleiht. Erst die ständige Bezugnahme auf den durch Rechtsvergleichung gewonnenen Stoff vermag den eigentlichen Gehalt und die praktische Tragweite der in den Kollisionsnormen enthaltenen Grundsätze zu beleuchten, zugleich aber auch eine tragfeste Grundlage zu schaffen für die Ausfüllung der von unserem positiven internationalen Privatrecht in weitem Umfang offengelassenen Lücken. Und weiter bewahrt sie den Bearbeiter vor der gerade hier wegen des weiten Umfangs des (wirklich oder scheinbar) rechtsleeren Raumes naheliegenden Gefahr, — der nicht jeder Internationalist völlig entgangen ist, — ein mehr oder minder, wenn auch noch so geistreich „konstruiertes" System aufzubauen, welches vielleicht durch seine logische Geschlossenheit und folgerichtige Durchführung besticht, welches aber mit den Tatsachen des internationalen Rechtslebens stellenweise nicht mehr in Einklang zu bringen ist. Der Verfasser ist dieser Verlockung entgangen und zwar, wie mir scheint, gerade dank dem Umstande, daß er den sicheren Boden der rechtsvergleichend erschlossenen Wirklichkeit nicht verläßt, und daß er höher, als die dogmatisch-logische Schlüssigkeit, die Rücksicht auf die Praktikabilität der Ergebnisse stellt; vgl. etwa die Äußerung (der viele gleicher Richtung angereiht werden könnten) auf S. 513: „Die Leitsätze sind nicht unverbrüchlich, die Logik ist nicht entscheidend, den Ausschlag gibt, wie immer gesagt werden muß, im internationalen wie im inneren Privatrecht die Gerechtigkeit und Billigkeit." Ich gestehe, daß ich wenige Darstellungen des internationalen Privatrechtes mit solcher Leichtigkeit und mit solchem Gefühl ständiger Anregung und Belehrung gelesen habe.

Damit ist natürlich nicht gesagt, daß nunmehr in jedem Punkt das letzte Wort gesprochen wäre. Die Wissenschaft ist in stetem Fluß, auch und gerade auf so schwierigem und kontroversem Gebiet wie demjenigen des internationalen Privatrechtes. Dies zeigen gerade die neuesten Darstellungen über den viel verwendeten Begriff der sog. Qualifikation; ich erinnere etwa an Rabel und an Neuner. Auch hat sich Verfasser teils nur in einzelnen Beziehungen, teils überhaupt nicht mehr mit den neuesten wichtigen Publikationen von Lewald uud Gutzwiller auseinandersetzen können. Aber man muß das Raapesche Werk schon in dieser ersten Gestalt als eine bedeutsame wissenschaftliche Leistung bezeichnen, welcher in dem Schrifttum des internationalen Privatrechtes eine erste Stelle gebührt.

München. W. Kisch.

3. Lehrbuch des bürgerlichen Rechts, begründet von Ludwig Enneccerus, Theodor Kipp und Martin Wolff. Marburg, Elwert'sche Verlagsbuchhandlung (G. Braun).

1. Band, Einleitung, Allgemeiner Teil, von Ludwig Enneccerus, 13. Bearbeitung von H. C. Nipperdey (Professor an der Universität Köln), Marburg 1931. XVI und 799 Seiten. Preis: brosch. RM. 25.—, geb. RM. 27.50.

2. Band, Recht der Schuldverhältnisse, von Ludwig Enneccerus, 11. Bearbeitung von Heinrich Lehmann (Professor an der Universität Köln), Marburg 1930. XVI und 838 Seiten. Preis: brosch. RM. 23,50, geb. RM. 26.—.

4. Band, Familienrecht, von Theodor Kipp und Martin Wolff, 6. Bearbeitung (18.—20. Aufl.) Marburg 1928. XII und 645 Seiten. Preis: brosch. RM. 21.—, geb. RM. 23.50.

5. Band, Erbrecht, von Theodor Kipp, 8. Bearbeitung, Marburg 1930. XII und 555 Seiten. Preis: brosch. RM. 17.50, geb. RM. 20.—.

Es hieße wohl Eulen nach Athen tragen, wollte man die allbekannten Vorzüge des Lehrbuches des bürgerlichen Rechts von

Enneccerus-Kipp-Wolff wieder im Einzelnen aufzählen. Das Werk ist zweifellos in seinem Gesamtplan außerordentlich glücklich angelegt, so daß es dem Studenten Möglichkeit der Einarbeitung, dem Kenner besonders durch seine reichen Literaturangaben die Möglichkeit der Vertiefung bietet; andererseits erschöpft sich sein Verdienst auch nicht im Theoretischen; es ist bekannt, wie stark das Werk auch die Rechtsprechung beeinflußt hat. Es gibt vielleicht originellere, eigenwilligere Lehrbücher, in denen die Persönlichkeit des Verfassers mehr in den Vordergrund tritt, es gibt solche — und zwar sehr gute —, die durch gedrängte Fassung mehr auf die Bedürfnisse des Studenten zugeschnitten sind, und unsere großen Kommentarwerke zum BGB. bieten, ihrem Zweck entsprechend, natürlich an Einzelheiten aus der Rechtsprechung viel mehr. Aber kein Werk zeigt wohl so die objektiven Werte, die tragenden Gedanken des deutschen bürgerlichen Rechts in seiner Gesamtheit auf, wie unser nun doch schon ins Format der Handbücher hineinwachsender Enneccerus-Kipp-Wolff, der ja auch in der Literatur anderer Rechte seinesgleichen nicht mehr oft finden dürfte.

Wenn so auch im allgemeinen das Gesamturteil über das Werk in der öffentlichen Meinung feststeht, so läßt sich doch, indem man den Blick besonders auf die jetzt vorliegenden Neubearbeitungen lenkt, wieder manche wertvolle Ergänzung und Verbesserung erkennen. Da ist zunächst ein äußerliches Moment als Verbesserung zu bewerten — das Abgehen nämlich von der älteren Aufteilung in 2 Bände, mit zwei, bzw. drei Unterabteilungen. Der Folge des BGB. entsprechend zeigen die hier zur Besprechung stehenden Neubearbeitungen (mit Ausnahme des Familienrechts) schon die glatte Durchzählung nach der Buchfolge des BGB. Eine sicherlich allgemein begrüßte Folge davon ist, daß nunmehr Bd. I und II ihre gesonderten Register aufweisen.

Der innere Fortschritt der Neubearbeitungen tritt zunächst darin hervor, daß die Verfasser und Bearbeiter mit staunenswertem Fleiße die Nachweise über Literatur und Rechtsprechung auf die Höhe der Zeit gebracht haben[1]). Besonders beachtlich ist auch, daß

[1]) Es wäre vielleicht zweckmäßig, bei der allgemeinen Literaturübersicht in Bd. I, § 24 und 25 Hinweise zu geben auf das (ja sonst durchgehend verwertete)

die neuen Strömungen auf dem Gebiete der Rechtswissenschaft in deutlicher, wenn auch vorsichtig zurückhaltender Formulierung zum Ausdruck kommen, daß ferner zu manchem rechtspolitischen Problem — z. B. zur Frage des Gesundheitszeugnisses als Voraussetzung der Eheschließung und zur Reform des Ehescheidungsrechts (vgl. Bd. IV, S. 36f. und 116f.) in objektiver Weise Stellung genommen wird. Bei den beiden ersten Bänden empfand man in den von Enneccerus selbst besorgten Bearbeitungen doch immer stark, daß sie im Banne eines etwas starren juristischen Positivismus standen. Gewiß, es war ein ‚sacro piombo', das sich hier dem großen Meister an die Sohlen heftete, und es wäre verfehlt gewesen, wenn sich die verdienten Neubearbeiter dieser Bände, Nipperdey und Lehmann rückhaltslos einem juristischen Modernismus ausgeliefert hätten. Aber mit der Pietät, die sie Enneccerus gegenüber wahrten, mit der Einstellung in den objektiven, über Tagesmeinungen stehenden Gesamtplan des Werkes ließ sich doch in sehr glücklicher Weise eine Verwertung neuer grundlegender Einsichten verbinden. Das zeigt sich, wenn man z. B. Bd. I S. 53ff. die schöne Übersicht über die grundlegenden Änderungen in der Rechtswissenschaft seit Savigny liest; es zeigt sich ferner, wo von Problemen der Rechtsphilosophie und der allgemeinen Rechtslehre die Rede ist[2]). Nipperdey hat es hier verstanden, mit großem Takte und durchaus unter Betonung der positivrechtlichen Grundlagen des Privatrechts doch auch dem

Handwörterbuch der Rechtswissenschaft und das rechtsvergleichende Handwörterbuch. Übrigens würde doch auch die Reichsgerichtsfestschrift und das Staatslexikon der Görres-Gesellschaft (bisher 4 Bände, der 5. und letzte Band erscheint 1932) mit seinen mehrfach in das Privatrecht einschlägigen Artikeln an dieser Stelle Erwähnung verdient haben. — Bei der Übersicht über Lehrbücher des Partikularrechts wäre anzufügen: Linkelmann-Wiedemann, Das Hannoversche Privatrecht, 2. Aufl. 1931. Bei der Aufzählung der Kommentare zu den Ausführungsgesetzen zum BGB. (S. 64 unten) vermissen wir: H. Steinert, Das bayerische Ausführungsgesetz, München 1930, und das unten, Note 19 zu erwähnende Werk von Henle-Schneider-Manglkammer.

[2]) Es ist ja immer ein besonderer Vorzug des Lehrbuchs gewesen, daß es auch diese Fragen mit behandelte und so schon dem Studenten einen Einblick in die Notwendigkeit rechtsphilosophischer Betrachtung gab. Bei der allgemeinen Anmerkung S. 89* über Literatur der Rechtsphilosophie sollte doch das Werk von Karl Larenz, Rechts- und Staatsphilosophie der Gegenwart, Berlin 1930, Erwähnung finden, da es eine Orientierung über die verschiedenen Richtungen der Rechtsphilosophie in sehr klarer Form vermittelt. — Was die allgemeine Rechtslehre anbetrifft, so griff man schon bisher immer bei dem Mangel einer anerkannten modernen Darstellung immer wieder zu Enneccerus.

Naturrecht Gerechtigkeit werden zu lassen; spricht er doch S. 56 vom Ewigkeitswerte naturrechtlicher, rechtsphilosophischer Betrachtung und S. 92 geradezu von der Renaissance des Naturrechts, die sich gegenwärtig anzubahnen scheine[3]).

Freilich, in einem Punkte können wir uns nicht ganz einverstanden erklären. Nach der Darstellung, die Bd. I, S. 49ff. über die Naturrechtsschule und andererseits S. 91 vom Naturrecht gibt, könnte es den Anschein haben, als ob das naturrechtliche Denken der Griechen, Römer und des Mittelalters und andererseits die gewöhnlich von Grotius an datierte neuere Naturrechtsbewegung eine einzige Linie mit dem Ideal eines Vernunftrechts darstellen würden. Schon vor längerer Zeit hat Othmar Spann das „universalistische" antik-mittelalterliche Naturrecht mit seiner metaphysischen Begründung von dem auf der ratio aufgebauten individualistischen Naturrecht der Aufklärung geschieden[4]). Nach neueren Untersuchungen von Emil Erich Hölscher[5]) scheint aber selbst die bisher als einheitlich erachtete naturrechtliche Linie von dem φύσει δίκαιον des Aristoteles über das ius naturale der Römer und die lex naturalis der Hochscholastik und der sogenannten Barock-

---

[3]) Es ist nicht gesagt, aus welchen Anzeichen auf diese Renaissance des Naturrechts geschlossen wird. Darum sind vielleicht einige, natürlich nur fragmentarische Hinweise gestattet. Leopold Wenger konnte in der Besprechung von „Die Rechtswissenschaft der Gegenwart in Selbstdarstellungen" in dieser Zeitschrift Bd. XXIV (1930) S. 5—10 wiederholt darauf hinweisen, wie sehr naturrechtliche Anschauungen gerade in den größten und besten Vertretern der deutschen Rechtswissenschaft leben. Erwähnung verdienen vor allem auch Ernst v. Belings interessante Aufsätze: „Vom Positivismus zum Naturrecht und zurück" (Archiv für zivilistische Praxis N. F. 13, Tübingen 1931, Festgabe für Heck, Rümelin und Arthur Benno Schmidt) und „Apriorität des Rechtsbegriffs" (Studi filosofico-giuridici dedicati a Giorgio del Vecchio, Modena 1930). Wenn in diesen Studien v. Belings ein gesunder Positivismus dem Naturrecht die Hand reicht, so ist andererseits auch festzustellen, daß die moderne katholische Naturrechtslehre offensichtlich das Bestreben zeigt, unter Wahrung ihrer Tradition aus der wertvollen rechtsphilosophischen Arbeit anderer, mehr positivistisch eingestellter Schulen Nutzen zu ziehen.

[4]) Haupttheorien der Volkswirtschaftslehre, Leipzig 1923 (12.—15. Aufl.), S. 24; vgl. auch Ulrich Stutz, Der Geist des Codex iuris canonici., Stuttgart 1918, S. 182. — Eine ganz neue völkerrechtliche Studie von Hans Keller, Droit naturel et droit positif en droit international public, Juristische These von Bordeaux, erschienen Paris 1931, unterscheidet in ähnlichem Sinne statisches und dynamisches Naturrecht.

[5]) Vom römischen zum christlichen Naturrecht, Augsburg 1931; vgl. meine Besprechung in der Literar. Beilage der Augsburger Postzeitung Nr. 23 vom 10. Juni 1931, S. 90f.

scholastik des 16. und 17. Jahrhunderts (Vitoria, Molina, Suarez), bei den auf das Technische und Statische gerichteten Römern eine Unterbrechung erfahren zu haben, insofern als der ethisch-dynamische Grundgedanke des aristotelischen Naturrechts den Römern nie recht aufging[6]) und erst wieder von der Kanonistik und Scholastik aufgegriffen wurde. Selbst wenn man zu diesen Ausführungen Hölschers — ein Kern von Wahrheit liegt u. E. sicherlich darin — noch die Stellungnahme der Kritik abwarten will, der Unterschied zwischen dem antik-mittelalterlichen, ethisch und dynamisch basierten und dem aufklärerischen, rationalistisch begründeten Naturrecht müßte hervortreten, wenn nicht ein Mißverständnis über das entstehen soll, was die Renaissance des Naturrechts heute will. Denn dieser Bewegung liegt ja gewiß nichts ferner als die Wiederaufrichtung eines rationalistischen Naturrechtskodex, gegen den sich Enneccerus in den früheren Auflagen mit ganz richtigem Gefühl zur Wehr gesetzt hat; diese Renaissance will eine bewußte dynamische Hinorientierung des positiven Rechts auf den Gedanken der Gerechtigkeit. Grundlage einer solchen naturrechtlichen Auffassung ist natürlich eine das Transzendente grundsätzlich anerkennende Weltanschauung; Nipperdey betont ja auch mit Recht (S. 90), daß man nur auf der Grundlage einer solchen zur Ermittelung eines sinnvollen Rechtszweckes kommen kann.

Wir dürfen nach diesen Bemerkungen nochmals betonen, daß wir in der rechtsphilosophischen Einstellung einen besonderen Vorzug des vorliegenden Lehrbuches erblicken. Besondere Hervorhebung verdient aber auch die rechtsgeschichtliche und rechtsvergleichende Vertiefung der privatrechtlichen Probleme. Es ist doch eine im Lehrbetrieb sich immer wieder bewahrheitende Erfahrungstatsache, daß man ohne diese vertikale und horizontale Vergleichung — alle Erkenntnis entwickelt sich ja nur an der Erkenntnis des Gegensatzes — nicht auskommt. So erst kann der wahre Sinn einer Norm erfaßt werden, wie ja andererseits auch die Grundlage für rechtspolitisches Denken dadurch erst geschaffen wird.

Man wird die Einleitungshistorie nie als ein Ideal ansehen

[6]) Das berührt sich in interessanter Weise mit der Distanzierung von statischem und dynamischem Rechtsdenken, wie wir sie bei Oswald Spengler finden.

können; aber wenn es eine Möglichkeit gibt, sie fruchtbar zu machen, dann ist hier ein Beispiel dafür. Besonders wichtig ist, daß die Studenten in kurzer Zusammenfassung hier auch etwas erfahren über die großen Rechtsschulen des Mittelalters und der Neuzeit; die Geschichte der Rechtswissenschaft kommt ja im allgemeinen im Studienbetrieb nicht immer ganz zu ihrem Recht. Vermissen wird man S. 42 in der Anmerkung ** eine führende neuere Darstellung über diese mittelalterlichen Rechtsschulen, nämlich die Storia del diritto italiano, pubblicata sotto la direzione di Pasquale del Giudice, Bd. I Teil 1 u. 2, Fonti von Enrico Besta, Milano 1923/25. In Teil 2, S. 773ff. wird eine den neuesten Stand der Forschungen wiedergebende lehrbuchmäßige Zusammenfassung dieses Gegenstandes gegeben. Die Literaturnachweise, aber auch die entwicklungsgeschichtliche Einsicht, die sich in der Anordnung: Glossatoren, Dekretisten, Postaccursiani, Dekretalisten, Scholastiker der Rechtswissenschaft ausprägt, machen dieses Werk zum unentbehrlichen Hilfsmittel für jeden, der sich mit der mittelalterlichen Rechtslehre auseinanderzusetzen hat. Wichtig ist dieses Werk aber auch durch manche neue Gesichtspunkte, die es entfaltet, und durch die Einstellung der Rechtswissenschaft in die allgemeine Geistesgeschichte des Mittelalters, sowie durch Hervorhebung der Ergebnisse der Zusammenarbeit von Kanonisten und Legisten.

Auch zum Kapitel der Rechtsvergleichung — dankenswerterweise wird eine gedrängte Übersicht über die Privatrechtsordnungen der wichtigen Länder geboten (S. 66ff.) — seien einige Bemerkungen gestattet. Das S. 70 erwähnte Zentralgesetz des spanischen Zivilrechts, dessen subsidiäre Rolle richtig hervorgehoben wird, heißt nicht Codigo civile, sondern Código civil; bei der Literatur über spanisches Recht würde auch die wichtigste Zeitschrift für spanisches Zivilrecht, die Revista de derecho privado (bisher 18 Jahrgänge) und die amtliche Sammlung der Urteile des Supremo Tribunal, Jurisprudencia civil (bisher 191 Bände) Erwähnung verdienen.

Einige Literaturnachweise zum internationalen Privatrecht mögen hier angefügt werden. Die Anmerkung S. 172* wäre zu ergänzen durch: Georg Geier, Das internationale Privatrecht der gemischten Schiedsgerichte des Versailler Vertrags, Münchener juristische Dissertation (Murnau 1930), Fritz Deike, Die deutsche Rechtsprechung auf dem Gebiete des internationalen Privatrechts, Zeitschrift für ausländisches und internationales Privatrecht IV, 1931 (auch als Sonderheft erschienen); Jivoïn Péritsch, Conception du droit international privé d'après la doctrine et la pratique en Yougoslavie (Recueil des Cours de la Académie de droit international, 1929 III [= Bd. 28 der Gesamtkollektion], Paris 1930, S. 299ff.) Eine ausgezeichnete Darstellung der Geschichte des internationalen Privatrechts (S. 187, Note 1) bietet Max Gutzwiller, Le développement historique du droit international privé (Recueil, 1929 IV [= Bd. 29 der Gesamtkollektion]), Paris 1930, S. 291ff.); man vgl. auch Ph. Meylan, Les statuts réels et personels dans la doctrine de Du Moulin, Mélanges Paul Fournier, Paris 1929, S. 511ff. (vgl. die Besprechung der Mélanges von U. Stutz in ZRG.[3] 20 [1931], S. 640f.). — Die modernste Studie zur Theorie der Rückverweisung (vgl. S. 184) ist Hans Lewald, La théorie du renvoi (Recueil, 1929 IV, S. 519ff.). — In Bd. VI von Staudingers Kommentar zum BGB., 9. Aufl., München 1931, hat Raape die einschlägigen Normen des EG. ganz neu kommentiert.

Der weite Blick des Werkes zeigt sich in der Berücksichtigung auch anderer Rechtsgebiete, so z. B. des Kirchenrechts, das naturgemäß gerade in Band IV, im Recht der Ehe und der religiösen Kindererziehung, stark hervortritt. Doch würden wir, was die Einstellung des Kirchenrechts im Gesamtrechtssystem angeht, der in Anmerkung 9, S. 98, erwähnten Anschauung, wonach es als selbständig anzusehen sei, den Vorzug geben vor der noch im Text vertretenen Aufzählung des Kirchenrechts als einer Materie des öffentlichen Rechts. Zwar ist natürlich auch der Geltungsgrund des Kirchenrechts ein juristischer, aber doch von ganz anderer Art als der des staatlichen öffentlichen Rechts; das Kirchenrecht ist letzten Endes um des Kirchenglaubens willen da[7]). Durch die Einordnung

[7]) Hans Barion, Rudolf Sohm und die Grundlegung des Kirchenrechts, Tübingen 1931, S. 26. — Die im Text vertretene Forderung nach Anerkennung der Eigengesetzlichkeit des Kirchenrechts hat neuerdings auch für das protestantische Kirchenrecht eine eingehende Begründung gefunden durch das grundlegende Werk von Günther Holstein, Die Grundlagen des evangelischen Kirchenrechts, Tübingen 1928.

des Kirchenrechts unter das öffentliche Recht wird auch der Anschein erweckt, als ob es lediglich Materien regele, die wir als öffentlich-rechtlich charakterisieren würden und nicht auch privatrechtliche Normen kenne. Für das moderne katholische Kirchenrecht hat bereits Ulrich Stutz in dem Abschnitt: Bürgerlich-rechtliche Einschläge in seinem „Der Geist des Codex iuris canonici", Stuttgart 1918, S. 177ff. mit Recht auf die vielfachen Beziehungen hingewiesen, welche das neue Gesetzbuch der katholischen Kirche mit der Zivilistik verbinden. So scheint uns die Bemerkung (S. 19), daß der Codex für das Privatrecht nicht in Betracht komme, immerhin einer gewissen Ergänzung bedürftig. Denn einesteils entstehen bekanntermaßen aus der gleichzeitigen Verpflichtungskraft staatlichen bürgerlichen Rechts und kirchlichen Rechts eine Reihe von Kollisionen. Ein besonders drastisches Beispiel dafür ergibt sich nach dem — übrigens in Bd. IV, S. 568ff. sehr gut behandelten — Reichsgesetz über die religiöse Kindererziehung. Gemäß § 4 dieses Gesetzes sind Verträge über religiöse Kindererziehung ohne bürgerliche Wirkung. Nun verlangt aber c. 1061 § 1 n. 2 mit § 2 CJC. als Voraussetzung für die Dispens vom Ehehindernis der Mischehe, daß der akatholische Eheteil durch eine regelmäßig schriftlich zu erteilende cautio sich zur Erziehung sämtlicher Kinder im katholischen Glauben verpflichte. Es steht fest, daß die bürgerlichrechtliche Unwirksamkeit solcher der Norm des c. 1061 entsprechender Zusicherungen, die ja einen Vertrag über religiöse Kindererziehung darstellen, jedenfalls die kirchenrechtliche Wirksamkeit nicht berühren kann[8]). Andererseits kann ja

[8]) Die bayerische Bischofskonferenz hat angesichts dieser Rechtslage 1921 vorgeschrieben, daß die Zusicherung der katholischen Kindererziehung in Eidesform und nicht mehr in Schriftform verlangt werden soll (Th. Engelmann, Das Reichsgesetz über die religiöse Kindererziehung München 1922, S. 73). Damit gerät man aber in eine weitere Schwierigkeit. Nach Eduard Eichmann, Lehrbuch des Kirchenrechts auf Grund des CIC, 3. Aufl., Paderborn 1930, Bd. II, S. 89 ist nämlich die Rechtsgültigkeit diözesanrechtlicher Vorschriften über eine von der in c. 1061 § 2 geforderten Schriftform abweichende Form nicht unbestritten; es handelt sich um die Frage, ob man derartige diözesanstatutarische Bestimmungen als contra oder praeter ius commune stehend anzusehen hat. Teilt man die erstere Ansicht, so wären solche Bestimmungen aus kirchenrechtlichen Gründen (vgl. c. 6 n. 1) ungültig. Man wird freilich sagen müssen, solche Vorschriften hätten doch nur den Zweck, der Norm des c. 1061 § 2 nach Möglichkeit Geltung zu verschaffen. Unter diesem Gesichtspunkt kann man sie als praeter ius commune stehend auffassen und so zu einer Bejahung ihrer Zulässigkeit kommen.

der Bruch einer solchen vor der Ehe gegebenen Zusage, wie jetzt allgemein anerkannt wird, unter Umständen zur Eheanfechtung wegen Irrtums (über wesentliche Eigenschaften) führen, unter Umständen sogar zur Begründung einer Ehescheidungsklage dienen (vgl. Bd. IV S. 576, Note 36). Wenn so das Kirchenrecht mannigfach in staatliches Recht hereinragt, so ist es weiterhin, wie schon Stutz a. a. O. S. 233 hervorgehoben hat, eine auch für die Zivilistik lohnende Aufgabe die Beziehungen aufzudecken, welche die kirchliche Rechtsordnung mit dem Rechte der Staaten verbinden. Verweist doch der CJC. in bürgerlichrechtlichen Materien, so z. B. hinsichtlich der Fristberechnung bei Obligationen (c. 33 § 2), hinsichtlich des Vertragsrechts (c. 1529), hinsichtlich der Testamentsform (c. 1513), um nur einige wenige Beispiele herauszugreifen, auf das positive Privatrecht des Staates[9]). Bekannt ist ja auch, daß das katholische Kirchenrecht in den Ländern, wo die Adoption Ehehindernis ist, wie z. B. in Deutschland, dieses Hindernis auch als kirchliches anerkennt (c. 1059 und 1080).

Es liegt durchaus in der Linie der von Stutz gewünschten Wiederbelebung des Interesses der Zivilistik an den privatrechtlichen Materien des Kirchenrechts, wenn auch in unserem wichtigsten Lehrbuch des Privatrechts dieser Dinge kurz Erwähnung geschieht.

Zur Literatur über den Rechtsbegriff wäre anzufügen: Benno Silberschmidt, Rechtssatz und Rechtsbegriff (S. A. aus der internationalen Zeitschrift für Theorie des Rechts, Jahrg. 1930/31) Brünn 1931. Zur Gewohnheitsrechtslehre (S. 105*) wäre nachzutragen: Hans Nawiasky, Zur Lehre vom Gewohnheitsrecht, Festschrift für den bayerischen Verwaltungsgerichtshof, München 1930 (wendet sich gegen die im Text vertretene Theorie über den

---

[9]) Näheres bei Stutz a. a. O., S. 228ff. und bei Hans Eppler, Quelle und Fassung katholischen Kirchenrechts, Zürich-Leipzig 1928, S. 52ff., bes. 53 Note 160. Hier darf auch auf einen frühen Aufwertungsbescheid der S. Congregatio Concilii vom 23. Januar 1923 hingewiesen werden. Es handelte sich um die Ablösung von an eine kirchliche Anstalt geschuldeten Reichnissen, welche nach c. 1542 der Genehmigung des Bischofs bedurfte. Zweifelhaft war, ob der Bischof die Ablösung mit im Kurswert gesunkenen öffentlichen Titeln (Wertzeichen oder wertvertretende Zeichen) nach ihrem Nennwert genehmigen könne. Die Congregatio erklärte, daß der Ablösende die Differenz zwischen dem Nominalwert und dem Realwert ganz oder wenigstens zum Teil zu entrichten habe, wenn der Bischof seine Genehmigung erteilen solle. (Acta Apostolicae Sedis XV, 1923, S. 513f.)

Geltungsgrund) und wenn man, wie dies S. 107 mit Recht geschieht, der Dogmengeschichte des Gewohnheitsrechts einen hohen Erkenntniswert zumißt, auch René Wehrle, De la coutume dans le droit canonique (Pariser juristische These) Paris 1928 (enthält Dogmengeschichte und einen kurzen Abriß über die Dogmatik des Gewohnheitsrechts im CIC.). — Bei der Aufzählung der kanonistischen Literatur zum Privileg S. 127, Note 1a würde besonders Erwähnung verdienen die dogmatisch hochinteressante Studie von Vincenzo del Giudice, Privilegio, dispensa ed epicheia nel diritto canonico, Annali del Istituto giuridico di Perugia, Bd. 7/8, 1923/24. Mit der Dogmengeschichte der aequitas (S. 136) befaßt sich meine Aequitas canonica, Paderborn 1931.

In der Anmerkung S. 138* ist in den Literaturangaben über die Frage der Auslegung des BGB. ein Druckfehler unterlaufen: die beiden dort aus der Reichsgerichtsfestschrift zitierten Aufsätze von Endemann und Müller-Erzbach stehen nicht im I. Band, sondern in Bd. II; zum Thema vgl. übrigens neuestens auch Paul Oertmann, Interesse und Begriff in der Rechtswissenschaft 1930. — Zur Theorie des Anwartschaftsrechts S. 230f. würde die tüchtige Arbeit von Hans Würdinger, Die privatrechtliche Anwartschaft als Rechtsbegriff (Münchener juristische Dissertation) München 1930 Erwähnung verdienen. Zu S. 276ff. (Namensrecht) sind an neuen Veröffentlichungen zu nennen: Max Rensch, Der adelige Name nach deutschem Recht (Greifswalder Dissertation, Rechtswissenschaftliche Studien Nr. 44) 1931 und Berthold Haase-Faulenorth, Namensrecht 1931 (vgl. die Besprechung, JW. 1931, S. 1331). Mit den S. 261 ff. behandelten Fragen der bürgerlichen Ehre befaßt sich neuestens die tüchtige Monographie von F. A. Müller-Eisert, Die Ehre im deutschen Privatrecht, Berlin 1931.

Bei der Literatur zum Problem der juristischen Person S. 288* würde man gerne erwähnt sehen: Francesco Ruffini, La classificazione delle persone giuridiche, Studii per Francesco Schupfer, Torino 1898, Bd. II S. 315ff.,[10]) Hans Rheinfelder,

---

[10]) Ruffini zieht hier eine geistvolle Parallele zwischen der Personentheorie des Sinibaldus Fliscus, des späteren Papstes Innocenz III. und der Auffassung Savignys.

Das Wort persona, Geschichte seiner Bedeutung mit besonderer Berücksichtigung des französischen und italienischen Mittelalters (Beiheft 57 zur Zeitschrift für romanische Philologie) Halle 1928, und Max Radin, Caput et σῶμα in Mélanges Paul Fournier, Paris 1929, S. 651ff.

Eine interessante Parallele zur Lehre vom Rechtsgeschäft im Zivilrecht (S. 436ff.) zieht Hans Werder, Die Grundgedanken der Lehre vom Rechtsgeschäft im Strafprozeß, Münchener juristische Dissertation, Breslau 1929. — Über die S. 456 Note 11 erwähnte fiducia cum creditore des römischen Rechts im Vergleich mit frühen Stufen des englischen Pfandrechts handelt neuestens sehr anregend Harold Dexter Hazeltine in der Einleitung zu R. W. Turner, The Equity of Redemption (Cambridge Studies in English Legal History) Cambridge 1931. — Daß das Sammelvermögen am besten als treuhänderisches Sondervermögen konstruiert wird, wird S. 342 richtig hervorgehoben.

Recht glücklich sind u. E. die §§ 177 und 178 formuliert, welche sich mit den §§ 134 und 138 BGB. auseinandersetzen. Läßt man so, wie es z. B. S. 577f. geschieht, den Grundgedanken einer Strafdrohung maßgebend sein bei der Beurteilung der Frage, ob nach § 134 BGB. nur die Vornahme der Handlung verboten oder auch deren Rechtsfolgen nichtig sein sollen, so ergibt sich ein Leitpunkt für die Beurteilung von Fällen, wie sie neuerdings die Gerichte mehrfach beschäftigt haben. A. hat bei dem Wanderhändler B. eine periodisch erscheinende Zeitschrift bestellt, mit der zugleich eine Unfallversicherung oder Lebensversicherung verbunden ist. Da A. nach einiger Zeit den Abonnementspreis nicht mehr bezahlt, wird er verklagt; er wendet ein, das Rechtsgeschäft sei ungültig, da es gegen § 56 Ziff. 12 der Reichsgewerbeordnung verstoße; er sei also nicht zur Zahlung des Abonnementspreises verpflichtet. Die genannte Gesetzesbestimmung verbietet das Feilhalten und Aufsuchen von Bestellungen im Umherziehen für Druckschriften usw. sofern sie mittels Zusicherung von Prämien und Gewinnen vertrieben werden. Nun steht die verwaltungsgerichtliche Rechtsprechung auf dem Standpunkt, daß als Zusicherung in diesem Sinne auch eine Versicherung zu gelten habe (vgl. Reger-Stöhsel, Gewerbeordnung, Ansbach

1927, Bd. 1, Anm. 21 zu § 56). Aber daraus wird man noch nicht folgern dürfen, daß nun auch ein in diesem Sinne verbotswidrig geschlossener Abonnementsvertrag wegen § 134 BGB. überhaupt keine Rechtswirkungen auslösen könne, insbesondere, daß daraus keine Verpflichtung zur Zahlung der Abonnementsbeträge erwachse. In dem geschilderten Falle würde freilich dem A. auch die exceptio doli generalis entgegengehalten werden können, da in seinem Verhalten zweifellos ein ‚venire contra factum proprium' liegt.

Zum Recht der Schuldverhältnisse sind neuerdings u. a. einige interessante Arbeiten von allgemeinerer Tragweite zu nennen, welche zur Zeit, als der Band abgeschlossen wurde, dem Bearbeiter noch nicht zugänglich sein konnten; Gerhard Husserl, Negatives Sollen im bürgerlichen Recht (Festschrift für Max Pappenheim, Kiel 1931, auch als Sonderabdruck erschienen). Der Untertitel dieser Abhandlung: „Studien zur Theorie der Unterlassung, zur Theorie und Dogmengeschichte des Schuldverhältnisses" zeigt deutlich, in welcher Richtung sich diese Arbeit bewegt. Eine eben erst veröffentlichte Münchener Dissertation: Der Vertragsschluß nach Formular von Wilhelm Bächle (Kallmünz 1931) behandelt in ansprechender Weise das immer weiter um sich greifende Kontrahieren nach im voraus festgelegten Vertragsbedingungen, wodurch ja wirklich, wie der Verfasser S. 7 richtig sagt, im Namen der Vertragsfreiheit die Vertragsfreiheit sabotiert wird, besonders wenn auf der einen Seite Lieferantenkartelle, auf der anderen Seite ein wirtschaftlich schwächeres Kaufpublikum steht.

Sehr dankenswert ist es, daß Lehmann auch eine Einführung in das Aufwertungs- und Anleiheablösungsgesetz gibt (S. 26ff.)[11]). Mit einem kurzen Hinweis wäre hier vielleicht noch des Reichsgesetzes vom 16. Dezember 1929 zur Regelung älterer staatlicher Renten, des sog. Staatsrentengesetzes, zu gedenken gewesen (RGBl. I 1929, 221ff.). Auch dieses Gesetz, dessen Anwendungsbereich freilich auf relativ wenige Fälle beschränkt ist, bietet eine Reihe von privat-

[11]) Zum internationalen Privatrecht in Aufwertungsfragen vgl. auch Joseph Sulkowski, Questions juridiques soulevées dans les rapports internationaux par les variations de valeur des signes monétaires, Recueil des Cours usw. 1929 III, Paris 1930, S. 5ff.

rechtlichen Problemen, über die uns demnächst eine Arbeit von W. Schnelbögl orientieren wird.

Bei der Darstellung des Zurückbehaltungsrechts S. 89ff. wird das vertragsmäßige Zurückbehaltungsrecht nicht erwähnt. Es kommt aber gelegentlich vor, nicht ohne daß dann die Frage nach der Anwendbarkeit der Normen über das gesetzliche Zurückbehaltungsrecht gewisse Schwierigkeiten bereiten würde. So haben Münchener Gerichte das Vorliegen eines vertraglichen Zurückbehaltungsrechts in folgendem Falle angenommen: Frau G., die den Vertrieb von Spirituosen für die Firma H. übernommen hatte, war durch die Unterschlagungen eines Unterverkäufers in Zahlungsschwierigkeiten geraten, da sie für die Forderungen der Firma H. Wechselverbindlichkeiten übernommen hatte, andererseits aber von den mit Hilfe des Unterhändlers belieferten Kunden den Kaufpreis der abgesetzten Ware nicht mehr beitreiben konnte. Frau N., die Freundin der Frau G., erklärte sich bereit, auf Wunsch der Inhaber der Firma H. einen Brillantenschmuck gegen eine entsprechende Empfangsbestätigung „zur Beruhigung des Aufsichtsrats", wie es hieß, an die Vertreter der Firma H. zu geben. Diese Empfangsbestätigung wurde so unglücklich abgefaßt, daß darin gesagt wurde, die Brillanten sollten zur Sicherung der Forderungen der Firma H. gegen Frau G. dienen; andererseits wurde aber doch schriftlich festgelegt, daß der Verkauf der Brillanten nicht ohne Genehmigung der Frau N. erfolgen dürfe. Die bald darauf von der Firma H. gegen Frau N. angestrengte Klage auf Erteilung der Genehmigung zum Verkaufe der Brillanten wurde in 2 Instanzen abgewiesen, weil es sich weder um ein Pfandrecht, noch um eine Sicherungsübereignung, sondern nur um ein vertragliches Zurückbehaltungsrecht handle; deshalb brauche zwar die H. die Brillanten nicht zurückzugeben, bevor sie nicht hinsichtlich ihrer Forderungen befriedigt sei, andererseits könne aber doch die Genehmigung zum Verkauf nicht gerichtlich erzwungen werden. — Das Schrifttum zum vertraglichen Zurückbehaltungsrecht beschränkt sich, soweit wir sehen, auf wenige Andeutungen bei Franz Schlegelberger, Das Zurückbehaltungsrecht, Jena 1904, S. 81 Note 1 (hier wird vor allem betont, daß ein vertragliches Zurückbehaltungsrecht immer nur mit obligatorischer, niemals mit dinglicher Wirkung begründet werden könne), bei Staub-Könige-Pinner, Kommentar zum HGB., Vorbemerkung 7 zu § 369 und bei M. Wolff in Ehrenbergs Handbuch des gesamten Handelsrechts IV, 1 (1917) S. 97. Aus der Rechtsprechung vgl. man RGZ. 51, 86f.; 66, 27; 68, 389. Die Problematik des vertraglichen Zurückbehaltungsrechts liegt, wie schon angedeutet, im wesentlichen in der Frage, inwieweit die Regeln des gesetzlichen Zurückbehaltungsrechts und die von der Rechtsprechung entwickelten Grundsätze auch hier Anwendung finden können.

Bei dem Schrifttum über Aufrechnung S. 228* vermissen wir das Werk von Otto Prausnitz, Die Forderungsverrechnung, Aufrechnung, Kontokorrent, Skontration in geschichtlicher Entwicklung, Marburg 1928.

Hinsichtlich der neuestens mehrfach zur Sprache gekommenen Frage, ob bei nachträglich sich herausstellender Unechtheit eines gekauften Gemäldes oder einer gekauften Geige, Kauf eines aliud oder einer mangelhaften Sache anzunehmen sei,[12]) stellt sich das Lehrbuch (S. 364, Note 3) mit der herrschenden Lehre und dem Reichsgericht (vgl. z. B. RGZ. 115, 286) auf den letzteren Standpunkt, wendet also die §§ 459ff. BGB. an.[13]) Wenn das Reichsgericht freilich in solchen Fällen früher ausgeführt hat, Voraussetzung der Anwendung der Gewährleistungsvorschriften sei, daß es sich nicht um ein Werk aus früheren Jahrhunderten handele, weil hier der Kauf oft spekulativen Charakter trage, so erscheint diese Ansicht nicht unbedenklich; vgl. Riezler, JW. 1926, S. 2532. RGZ. 115, 288 rückt denn selbst auch von dieser Entscheidung ab.

Ergänzungsbedürftig sind die Literaturangaben zum Recht des Kaufes auf Eigentumsvorbehalt, der ja gerade heute eine so große Rolle spielt; hier wäre außer der S. 399* angeführten Literatur zu nennen: Rudolf Schauer und Hellmuth Rost, Kreditsicherung im internationalen Handelsverkehr, Berlin 1926; Artikel Eigentumsvorbehalt und Eigentumsvorbehalt an Maschinen im

---

[12]) Zum Problem vgl. Kommentar der Reichsgerichtsräte, Anm. 2 zu § 459.

[13]) Zur Gewährleistungslehre im allgemeinen vgl. die interessante Studie von Theodor Süß, Wesen und Rechtsgrund der Gewährleistung für Sachmängel, Leipzig 1931. Süß polemisiert S. 42f. gegen die Darlegung des Lehrbuchs (jetzt S. 360f.) über das Wesen der Haftung für Rechtsmängel beim Kauf.

rechtsvergleichenden Handwörterbuch II, S. 796ff. und 800ff.; Günther Stulz, Der Eigentumsvorbehalt im in- und ausländischen Recht, 2. Aufl. Berlin 1931; E. Lion Levy, Die Wirkungen des Eigentumsvorbehaltes, Magazin der Wirtschaft, Jahrgang VII, Nr. 22 vom 28. Mai 1931; Der Eigentumsvorbehalt in Wirtschaft und Recht, herausgegeben von der Industrie- und Handelskammer in Berlin 1931, dazu Schwister, Der Eigentumsvorbehalt in Wirtschaft und Recht, JW. 1931, S. 1160—1164 (mit weiteren Literaturhinweisen); Rühl, Der Einfluß des Konkurses auf Vorbehaltskäufe mit Weiterveräußerungsermächtigung, LZ. 1931, S. 153 ff.; Paul Oertmann, La reserva del dominio en la compraventa, Revista de derecho privado XVII (Madrid 1930) Nr. 204, S. 257ff.; Herr Professor Frölich hatte die Güte mich aufmerksam zu machen auf eine Göttinger Dissertation von Walter Mansfeld, Der Eigentumsvorbehalt im Konkurs- und Vergleichsverfahren, 1931. In Auseinandersetzung mit einer tüchtigen spanischen Studie von Francisco Candil y Calvo, Pactum reservati dominii, Madrid 1915, habe ich in dieser Zeitschrift Bd. XXIV (1931) S. 371ff. versucht, die Rechtslage beim Kauf mit Eigentumsvorbehalt und beim Abzahlungsgeschäft nach spanischem Zivilrecht zu erörtern (dortselbst auch weitere spanische Literatur).

Beim Recht der Pacht hätte mit einem kurzen Worte des Viehverstellungsvertrages gedacht werden können; eine Übersicht über die hier von deutschen Recht entwickelten Rechtsformen bei Hans Planitz, Grundzüge des deutschen Privatrechts, 2. Aufl. (Berlin 1931) S. 107. Eine rechtshistorische Monographie darüber besitzen wir aus der Feder von J. Wackernagel, Die Viehverstellung, 1923 (vgl. auch die Besprechung durch v. Schwerin in ZRG.[2] 44 [1924] S. 466f.).

Rechtsvergleichendes Interesse hätte jedenfalls das Recht des Teilbaues, über den zu vergleichen wäre: Franz Kobler, Der Teilbau im römischen und italienischen Recht mit Berücksichtigung des französischen Rechts, Marburg 1929 (vgl. die Besprechung von Silberschmidt in dieser Zeitschrift XXIII, S. 296ff.).

Sehr begrüßen wird man es, daß der in das Recht des Dienstvertrages[14]) einleitende § 142, S. 469ff. zugleich eine Einführung in die Grundgedanken des Arbeitsrechts bietet. — Zum Recht der Schlafwagenunternehmungen (vgl. S. 555 und 785 Note 9) wäre auch zu vergleichen: Hellmuth Ruge, Schlafwagenrecht auf der Grundlage des Personenbeförderungsvertrags im innerstaatlichen und zwischenstaatlichen Eisenbahnverkehr, Marburg 1930 (vgl. auch die eingehende Besprechung durch Prausnitz in Zeitschrift für das gesamte Handelsrecht 96, 1930, S. 119ff.).

Im Recht der Kondiktion vertritt die Bearbeitung S. 683ff. nunmehr, abgehend von Enneccerus, die Theorie, wonach die Vermögensverschiebung sich unmittelbar zwischen den Parteien des Bereicherungsanspruches vollzogen haben muß; das geschieht mit einer so glücklichen Formulierung, daß viele der Fälle, aus welchen seinerzeit Enneccerus die Notwendigkeit seines Standpunktes herleiten zu müssen glaubte, nunmehr auf diesem Wege einer befriedigenden Lösung zugeführt werden können. Andererseits kommt man so zu klaren und reinlichen Ergebnissen, was im Interesse der Rechtssicherheit sicherlich begrüßenswert ist.[15])

Auf S. 731 Note 3 wird RGZ. 115, 79 zitiert, wo mit Recht ausgeführt wurde, daß bei einer auf § 823 II mit § 185 RStGB. als Schutzgesetz gestützten Klage auch § 193 (Wahrung berechtigter Interessen) zu berücksichtigen ist. Vielleicht hätte für Zwecke des Studenten die daraus sich ergebende Rechtsnorm: „Schutzgesetze sind in der Totalität ihres Zusammenhanges zu verstehen", einen kurzen Hinweis verdient. — Sehr gut sind die Ausführungen (S. 769ff.) über die Unterlassungsklage, wo (S. 773f.) mit Recht die große, wenn auch nicht ganz gesicherte Bedeutung von RGZ. 116, 151ff. hervorgehoben wird (vgl. auch B. Löwenwarter, Wegweiser durch das BGB., 10.—12. Aufl., Berlin 1929, S. 117f.).

Die Fälle der Gefährdungshaftung werden, auch soweit sie

---

[14]) Zum Schrifttum: Arnold Eberle, Der Urlaub des Arbeitnehmers, Münchener juristische Dissertation, Babenhausen 1930 und Erich Molitor, Zur Entwicklung des Kündigungsrechts, Heymann-Festschrift, Marburg 1931, S. 351ff.

[15]) Gegen die S. 704 Note 3 gebilligte Auffassung des RG., wonach dem Konkursverwalter der Einwand aus § 817 Satz 2 nicht entgegengehalten werden kann, polemisiert — übrigens im Anschluß an Jaeger — neuestens gelegentlich einer ähnlichen Entscheidung des RG. Matthießen in JW. 1931 S. 2563f. Vgl. aber Haymann, JW. 1931 S. 2093.

auf privatrechtlichen Nebengesetzen beruhen, am Schlusse ausführlich behandelt. Zum Reichshaftpflichtgesetz erwähnen wir, daß der S. 783* genannte Kommentar von Seligsohn nunmehr 1931 in 2. Aufl. erschienen ist. Beachtung verdient auch in diesem Zusammenhang das Urteil des OLG. Köln (Oktober 1930), wonach der ursächliche Zusammenhang mit der besonderen Betriebsgefahr des Eisenbahnbetriebes auch dann besteht, wenn jemand mit einer Bahnsteigkarte das Eisenbahngelände betritt. Zu S. 792 Note 13 wäre anzufügen: Hellmuth Becker, Die Haftung bei Gefälligkeitsfahrten im Kraftfahrzeug unter Berücksichtigung des ausländischen Rechts, Berlin 1931 (vgl. die Anzeige in JW. 1931, S. 1954). Neuestens beleuchtet E. Riezler, Haftung für Schädigung durch Sachen nach französischem und englischem Recht (Zeitschrift für ausländ. und internationales Privatrecht V, 1931, S. 567ff.), Probleme der Gefährdungshaftung in hochinteressanten Ausführungen vom rechtsvergleichenden Standpunkt.

Band IV, in dessen Bearbeitung sich in hergebrachter Weise Wolff und Kipp geteilt haben, ist schon 1928 erschienen; so kommt es, daß hier manche Literatur nachzutragen wäre. So z. B. zum Schrifttum über das kanonische Eherecht (§ 13, Note 23) Eduard Eichmann, Lehrbuch des Kirchenrechts auf Grund des CIC., 3. Aufl. Paderborn 1930, Bd. II, S. 65ff., August Knecht, Handbuch des katholischen Eherechts, Freiburg 1928, zum staatlichen Eherecht: Heinrich Mitteis, Die Ehe in der Rechtsprechung des Reichsgerichts in Reichsgerichtsfestschrift 1929, Bd. III, S. 180—215. Zum kanonischen impedimentum raptus, (S. 35, Note) 23 vgl. Max Mitterer, Geschichte des Ehehindernisses der Entführung im kanonischen Recht, seit Gratian, Paderborn 1924; ders., Der rapt de séduction nach gallikanischem Kirchenrecht, ZRG.[3] 12 (1922) S. 55ff. — Zum Ehescheidungsrecht sind zu nennen: Kurt Erhardt, Ein neues Ehescheidungsrecht, München 1919; Otto Sigismund Runge, Scheidungsverträge nach bürgerlichem Recht, Eberings rechtswiss. Studien Nr. 34, Berlin 1927 (befaßt sich mit dem Problem der Nichtigkeit von Verträgen über Folgen der Scheidung); Herbert Heitmann, Die Verzeihung im Ehescheidungsrecht, Tübinger juristische Dissertation 1927; Rudolf Henle,

Zerrüttung der Ehe, Rostock 1928; Wilhelm Goldschmidt, Das Recht der Ehewohnung, Berlin 1930 (vgl. JW. 1931 S. 1329f.); das S. 116 Note 10a zitierte Werk von Kurt Rosenberg, Ehescheidung und Eheanfechtung nach deutschem und ausländischem Recht, ist nunmehr in 2. Auflage erschienen (vgl. JW. 1931, S. 1328f.).

Auch sachlich sind einige Bemerkungen angebracht. Wenn S. 9 ausgeführt wird, die katholische Kirche betrachte die Zivilehe grundsätzlich nicht als Ehe und unterstelle die ohne kirchliche Eheschließung zusammenlebenden, nur zivilgetrauten Ehegatten der Strafsanktion des c. 2357 § 2 (concubinatus publicus), so ist demgegenüber zu betonen, daß die neuere und richtige Lehre des Kirchenrechts die bloße Zivilehe keineswegs als Konkubinat bezeichnet; vgl. Eichmann a. a. O. Bd. II, S. 74 und Triebs, Praktisches Handbuch des geltenden kanonischen Eherechts, Breslau 1925, Bd. I, S. 84f.[16]) Wenn ein wirklicher Ehewille vorliegt, d. h. der Wille zur dauernden Lebensgemeinschaft, so sieht auch die Kirche trotz des Mangels der kirchlichen Trauung hierin eine Ehe; die Bestimmung des c. 2357 bezieht sich nur auf außereheliche Geschlechtsverhältnisse (Eichmann a. a. O., Bd. II, S. 543.)

Auf S. 32 wird bei der Lehre von den Ehehindernissen auch die Unterscheidung der impedimenta iuris divini und iuris ecclesiastici erwähnt; unter den ersteren werden aufgezählt: Irrtum, Impotenz, Blutsverwandtschaft im ersten Grade der geraden Linie und das impedimentum ligaminis. Was nun die eigentlichen Ehehindernisse anbelangt, so ist die Zugehörigkeit der einzelnen zu der einen oder anderen Gruppe schon vor dem CJC. bestritten gewesen. (vgl. Rudolf von Scherer, Handbuch des Kirchenrechts, Anastatischer Neudruck, Graz-Leipzig 1898, Bd. II, S. 261). Auch der CJC. hat hier noch nicht endgültige Klarheit geschaffen. So kommt es, daß Knecht, Handbuch des Eherechts, S. 199 sich der Aufzählung enthält und auch Wernz-Vidal, Ius canonicum V, Rom 1925, S. 164 sich nicht klar ausdrückt. Eichmann, Bd. II, S. 83 nennt

[16]) Der ungezeichnete Artikel Los dos matrimonios in Politica, Año I, Nr. 1, Madrid 1930, S. 24 wendet sich auch scharf gegen die teilweise vom spanischen Klerus noch gebrauchte Bezeichnung der Zivilehe als Konkubinat.

unter den impedimenta iuris divini nur das impedimentum ligaminis und impotentiae. Wenn Wolff, auf den Wortlaut von c. 1060 und 1071 verweisend, in den Fällen mixtae religionis und disparitatis cultus ein Ehehindernis göttlichen Rechts dann unterstellt, wenn eine Abfallsgefahr für den katholischen Teil besteht, so geht das zwar sehr weit; man wird aber dieser Ansicht eine gewisse Begründung nicht absprechen können. Anders steht es mit dem Irrtum; dieser ist, jedenfalls nach dem CJC., überhaupt kein Ehehindernis mehr, sondern ein Konsensmangel; vgl. c. 1083 und Eichmann, Bd. II, S. 114. Der Irrtum ist also systematisch überhaupt ganz anders einzustellen; denn das moderne katholische Kirchenrecht unterscheidet jene invaliditas der Ehe, die sich ergibt aus dem Vorliegen eines Ehehindernisses, sei es ein nichtdispensables oder eines von dem tatsächlich nicht dispensiert wird, und jene, die sich aus dem Mangel des Konsenses ergibt.

Das für Katholiken rein konfessionelle Eherecht Spaniens (vgl. S. 11) wird wohl in nächster Zeit eine grundlegende Umgestaltung erfahren; spielten doch diese Fragen schon seit geraumer Zeit in der öffentlichen Diskussion in Spanien eine große Rolle, zumal sich hier unverkennbare Mißstände herausgebildet hatten. Wie immer, wo kein ausgebildetes Scheidungsrecht oder gar keines besteht, wurde hier im starken Maße die Möglichkeit der Ehenichtigkeitserklärung in Anspruch genommen. Immerhin, da die spanischen kirchlichen Untergerichte und die dortige Rota — das monarchische Spanien hatte als altes Privileg eine besondere Rota-Abteilung — die Nullitätsvorschriften des CIC. strenge interpretierten, griffen die Kreise, denen es finanziell möglich war, zu einem andern Hilfsmittel. Ehegatten, die ihre Ehe als nichtig erklären lassen wollten, begründeten durch längeren Aufenthalt ein Quasidomizil in Paris und damit auch zugleich einen Gerichtsstand vor dem Offizialgericht des dortigen Erzbischofs. Mit falschen Zeugnissen, die natürlich bei der beträchtlichen räumlichen Entfernung kaum nachzuprüfen waren, wurde dann dem Gericht ein Nullitätsgrund vorgetäuscht und teilweise die Nichtigkeitserklärung erreicht. Möglich war das freilich nur für Leute, welche das Geld hatten, sich in Paris längere Zeit aufhalten zu können. Mit Recht wurden diese Zustände als skandalös empfunden.[17]) — Wolff erwähnt S. 12, das formlose Eheschließungsrecht in Schottland mit seinem vortridentinischen Rechtszustand. Eine besondere Berühmtheit genoß hier der Schmied von Gretna Green an der englisch-schottischen Grenze, vor dem vielfach solche formlose Trauungen stattfanden. Eine interessante Illustration dazu gibt der Fall Miß Ellen Turner in „Geschichten aus dem neuen Pitaval", ausgewählt und überarbeitet von K. M. Schiller, Leipzig 1927, Bd. I, S. 235. Ein gewisser Gibbon Wakefield entführte im Jahre 1826 Miß Ellen Turner, mehr aus Interesse an ihrem Vermögen als aus Interesse an ihrer Person, mit List auf schottisches Gebiet und veranlaßte sie dort zum Jawort, was freilich dann ein recht unangenehmes Nachspiel für ihn zur Folge haben sollte.

Zum Charakter der S. 15 erwähnten Ringgabe vgl. jetzt Zallinger, Die Ringgaben bei der Heirat und das Zusammengeben im mittelalterlichen deutschen Recht, Abhandlungen der Wiener Akademie, phil.-hist. Kl. Bd. 212, Abh. 4.

Erfreulich ist die Kritik, die Wolff S. 14 Note 27 an dem § 67 des Reichspersonenstandsgesetzes übt. Die Einsicht, daß diese Bestimmung, ein Rest der Kulturkampfgesetzgebung, mit ihrem Charakter als ausnahmerechtliche Norm, zur Aufhebung reif wäre, hat ihren Ausdruck auch schon darin gefunden, daß mehrfach Ministerien und preußische Oberpräsidenten den untergeordneten Stellen Weisung gaben, die Strafverfolgung auf Grund dieses Paragraphen einzustellen, wenn es sich um Fälle handelte, wo die Religionsdiener die kirchliche Trauung aus zwingenden Gründen vor der bürgerlichen Trauung vornahmen. Praktisch wurde dieses Bedürfnis ja meist bei den sog. Sachsengängern, Saisonarbeitern, welche die zur Verehelichung notwendigen Papiere einfach beim besten Willen nicht beibringen konnten. In diesen immerhin seltenen Fällen wäre, wie Wolff richtig sagt, die Zulassung einer Notklerikalehe wirklich keine gefährliche Durchbrechung des Prinzips der obligatorischen Zivilehe.[18])

Nur wenige Worte zum Ehevermögensrecht. Zu S. 166* wäre vielleicht nachzutragen C. Feuerstein, Die Schlüsselgewalt

[17]) Vgl. den Artikel: Como se disuelven en Francia los matrimonios contraidos en España in der (linksstehenden) Tageszeitung La Voz, Anfang 1930.

[18]) Vgl. auch Franz Triebs in Jahresbericht der Görresgesellschaft für 1926/27, S. 67ff.

der Ehefrau nach der neuesten Ehereformgesetzgebung im Vergleich zum deutschen BGB., Rostocker Abhandlungen, Rechtswissensch. Reihe 13, 1931. — Mit Recht lehnt Wolff S. 236 die unhaltbare Ansicht des Bayerischen Obersten Landesgerichts ab, wonach bei der allgemeinen Gütergemeinschaft der Anteil am Gesamtgut einer fortgesetzten Gütergemeinschaft nicht zum Sondergut gehört.

Im Kindschaftsrecht erscheint bereits das Reichsjugendwohlfahrtsgesetz und das Gesetz über religiöse Kindererziehung verarbeitet. Kipp betrachtet die Einigung nach § 1 des religiösen Kindererziehungsgesetzes mit Recht nicht als etwas rein Tatsächliches, sondern als einen Rechtsakt (vgl. auch schon seine Ausführungen in der Festschrift für W. Kahl, Tübingen 1923, S. 3ff.). Tatsächlich ist der Begriff der Einigung in diesem Sinne unserem bürgerlichen Rechte neu, wenn man nicht eine gewisse Ähnlichkeit annehmen will mit der Rechtslage, welche besteht nach der Einigung (ohne Eintragung) des § 873 BGB., sofern sie nicht in den Formen des § 873 II erfolgt und dadurch bindend geworden ist.

Noch einige wenige Worte zum Erbrecht, das sich mit zwei wichtigen Anhängen über Anerbenrecht und Erbschaftssteuerrecht präsentiert. Hier ist uns aufgefallen, daß zum Stichwort Amortisationsgesetze und bei den sonst verstreuten Bemerkungen über Artikel 86 EG. nicht von den immerhin wichtigen Änderungen die Rede ist, welche RV. 137 hinsichtlich der landesrechtlichen Amortisationsnormen gebracht hat. Gewiß sind nun die Artikel 86 und 87 EG. nicht Normen des Erbrechts, aber in den praktisch wichtigsten Fällen handelt es sich doch meistens um Vergabungen von Todes wegen. Wenn man nun auf die sedes materiae Bd. I, S. 297 zurückgreift, findet man dort auch keine korrekten Ausführungen. Soweit nämlich in den landesrechtlichen Ausführungsgesetzen der Erwerb geistlicher Gesellschaften abhängig gemacht ist von einer staatlichen Genehmigung, haben diese Amortisationsvorschriften nach der herrschenden und richtigen Ansicht durch Art. 137 RV. als aufgehoben zu gelten; vgl. J. Schmitt, Kirchliche Selbstverwaltung im Rahmen der Reichsverfassung, Paderborn 1926, S. 97f. und Godehard Josef Ebers, Staat und Kirche im neuen Deutschland, München 1930, S. 394. Denn Art. 137 RV. wendet sich gegen alle Ausnahmebestimmungen, welche nur Religionsgesellschaften und nicht gleichmäßig alle juristischen Personen treffen. Wenn also, wie z. B. in Bayern (AGBGB. 7 und 8) eine Genehmigung vorgeschrieben ist für den Erwerb auf Grund von Schenkungen oder Zuwendungen oder für den Immobiliarerwerb geistlicher Gesellschaften, so ist das zweifellos eine Ausnahmebestimmung. Aber selbst wenn man sich auf den auch bei Enneccerus-Nipperdey Bd. I, S. 297 Note 11 angedeuteten Standpunkt stellen würde, daß Art. 137 RV. diese Amortisationsbestimmungen noch nicht unmittelbar berühre, so wäre jedenfalls positiv-rechtlich festzustellen, daß Art. 7 und 8 des bayer. AGBGB. durch Art. 2 Abs. 2 mit Art. 15 des Konkordats von 1924 aufgehoben sind, soweit es sich um den Erwerb von Orden und religiösen Kongregationen handelt. Bestritten ist freilich noch — das spielt jedoch nur eine Rolle, wenn man die Ansicht von Schmitt und Ebers nicht teilt — ob nicht in gewissem Sinne Art. 7 und 8 AG. noch eine gewisse Bedeutung besitzen für jene geistlichen Gesellschaften,[19]) welche nicht zu den Orden und Kongregationen gehören, also praktisch für Bruderschaften, deren Vermögen nicht eine Stiftung bildet; vgl. Henle-Schneider-Manglkammer S. 25. Das dürften, jedenfalls in Bayern, ganz seltene Fälle sein, da meist das Bruderschaftsvermögen einen Teil des ortskirchlichen Stiftungsvermögens darstellt. Aber auch dieser geringe Zweifelspunkt, um das nochmals zu betonen, bleibt nur dann übrig, wenn man sich der Ansicht anschließt, daß Art. 137 RV. nicht schon von sich aus Art. 7 und 8 AGBGB. aufgehoben habe, so daß die etwas engere Fassung des Art. 2 Abs. 2 des Konkordates maßgebend wäre.

Ein Problem für sich bleibt freilich dann immerhin noch Art. 10 des bayer. AGBGB. Er besagt:

> „Die Vorschriften der Artikel 7, 8 finden auf ausländische juristische Personen, die religiöse oder wohltätige Zwecke oder Zwecke des Unterrichts oder der Erziehung verfolgen mit der Maßgabe Anwendung, daß die Genehmigung bei einem den Betrag von 500 M. übersteigenden Werte im Falle des Erwerbs

---

[19]) Über den Begriff der geistlichen Gesellschaften nach der bayer. Ministerialpraxis vgl. Henle-Schneider-Manglkammer, Die bayerischen Ausführungsgesetze zum BGB., 3. Aufl. München 1931, S. 24, Anm. 4 zu Art. 7.

des Eigentums an einem Grundstück ohne Rücksicht auf den Wert erforderlich ist."

Hier kann nicht ohne weiteres von einer Ausnahmebestimmung gesprochen werden. Einesteils ist die Rede von ausländischen juristischen Personen und es kann die Frage aufgeworfen werden, ob die RV. überhaupt beabsichtigte, die Freiheit, welche sie den deutschen religiösen Organisationen angedeihen läßt, auch auf außerdeutsche auszudehnen. Eine rechtspolitische Erwägung spricht dagegen, besonders wenn die Ansässigmachung ausländischer Orden in Deutschland weitere Kreise ziehen sollte. Anderenteils sind unter den juristischen Personen doch nicht nur solche mit rein religiöser Zweckrichtung, sondern auch solche mit anderen Zwecken genannt. Es handelt sich also jedenfalls nicht um ein Ausnahmegesetz nur gegen die religiösen Gesellschaften. Man hat nun, von Art. 2 Abs. 2 des Konkordates ausgehend, zwei Ansichten aufgestellt: a) das Konkordat kenne keinen Unterschied in der Staatsangehörigkeit und somit könnten auch ausländische Orden und Kongregationen der Genehmigungspflicht nach Art. 10 AGBGB. nicht mehr unterstellt werden; so Georg von Marth, Beschränkungen des Erwerbs juristischer Personen in Zeitschrift für Rechtspflege in Bayern XXV, 1929 S. 17f., bes. S. 18, und August Hofmann, Das Recht der Religionsgesellschaften in Bayern, München 1928, S. 13. b) Die andere Ansicht, wonach das Konkordat den Art. 10 AGBGB. überhaupt nicht habe berühren wollen, vertritt Henle-Schneider-Manglkammer S. 28. Mag man in der dargestellten Streitfrage eine Stellung einnehmen wie immer, jedenfalls läßt sich die Textgestaltung in Band I S. 297 nicht mehr halten. Auch in Preußen sind die auf Art. 86 EG. sich gründenden landesgesetzlichen Vorschriften abgebaut (vgl. Ebers a. a. O., S. 395ff.). Ebenso wurde bei den Beratungen über das württembergische Kirchengesetz die Unhaltbarkeit der Amortisationsbestimmungen anerkannt (vgl. Ebers, S. 394f., Note 5). Im Interesse der Rechtsklarheit würde sich aber der Standpunkt empfehlen, den Ebers S. 397 so formuliert hat: „Nach alledem wäre eine Beschränkung der Erwerbsfähigkeit der Kirche durch die Forderung der staatlichen Genehmigung nur dann zulässig, wenn sie für alle juristischen Personen vorgeschrieben würde. Alle anders gearteten Amortisationsgesetze sind, weil verfassungswidrig, unzulässig und unwirksam."

Wir stehen am Schlusse. Vielleicht bedarf die Methode dieser Besprechung noch eines kurzen Wortes der Rechtfertigung. Es wäre nichts leichter bei einer Rezension über 4 Bände eines Lehrbuches des bürgerlichen Rechts, als eine Reihe von Spezialfragen aufzuwerfen und abweichende Meinungen dazu vorzutragen. Doch schien uns das nicht das Richtige zu sein; denn wenn sich Verfasser und Bearbeiter, wie es z. B. Nipperdey und Lehmann ausdrücklich in den Vorreden zu Band 1 und 2 hervorheben, hinsichtlich ihrer eigenen Meinung in vielen Punkten Zurückhaltung auferlegt haben, so ziemte es auch dem Rezensenten nicht, sich mit seiner Auffassung in den Vordergrund drängen zu wollen. Damit wäre auch dem Gesamtwerk nichts gedient. Gedient — wenn auch nur in bescheidenstem Maße — schien uns eher durch die gegebenen Literaturnachweise und gelegentliche Berichtigungen, hinter denen man lediglich den Wunsch erblicken möge, daß unser Enneccerus-Kipp-Wolff, der uns schon als Studenten geführt hat, zu einem immer brauchbareren Hilfsmittel für Theorie und Praxis des bürgerlichen Rechtes werden möge.

München (abgeschlossen September 1931)

Privatdozent Dr. Wohlhaupter.

4. Philipp Heck, Grundriß des Sachenrechts. Tübingen 1930. J. C. B. Mohr Verl., 549 S.

Seinem Grundriß des Schuldrechts (1929) hat Philipp Heck in rascher Folge den Grundriß des Sachenrechts angefügt. Hier wie dort entspringt die Eigenart der Darstellung der Interessenjurisprudenz, die Heck zur Sonderbehandlung auch verschiedener Abschnitte des Sachenrechts veranlaßt hat. Mag man, um es gleich vorauszuschicken, auch nicht alle Neuerungen des Verfassers sich zu eigen machen, seine Sachbehandlung zwingt zur gespanntesten Aufmerksamkeit, und mag die Darstellung im einzelnen auch für den Studierenden zu schwierig sein, um ihm manche der bisher üblichen Lehrbücher zu ersetzen, Verf. hat sicherlich Recht, wenn er im Vorwort ausführt, daß sich das Interesse einstellen wird, wenn die Tragweite für praktische Fragen dargelegt wird. Und solcher Fälle gibt der Grundriß eine große Zahl, stets in Verbindung mit Schrifttum und Judikatur. Die äußere Einteilung bringt 5 Bücher: Recht des Besitzes; Allgemeine Lehren, darunter das Grundbuchrecht; die einzelnen Sachenrechte; das Sachenrecht der Vorbehaltsgebiete des Landesrechts; die Rechte an Rechten. Sonderfragen und Einzeldarstellungen meist verwickelter Rechtslage sind den verschiedenen Abschnitten am Ende eingegliedert und längere Exkurse zu einzelnen Grundfragen sind zum Schluß beigefügt. Im eigentlichen Anhang finden sich noch Formulare zum Grundbuchrecht.

In den einleitenden Bemerkungen ist in Anlehnung an des Verf. Schuldrecht davon ausgegangen, wie absoluter und obligatorischer Schutz, Veränderungs- und Erhaltungsinteressen den Schuld- und dinglichen Rechtsverhältnissen zugrunde liegen und die Privatautonomie durch den dinglichen Typenzwang eingeschränkter ist als auf dem Gebiete des Schuldrechts. Die Interessenjurisprudenz komme auf dem sachenrechtlichen Gebiet nicht weniger zur Geltung wie im Schuldrecht (S. 8).

Im ersten Buch, dem Recht des Besitzes, stellt Heck der Friedenstheorie der herrschenden Lehre die Kontinuitätstheorie gegenüber: um des Bedürfnisses willen, die Kontinuität der Lebensverhältnisse nach Möglichkeit zu wahren, werde der Besitz geschützt (S. 13ff.); dem öffentlichen Interesse der Friedenstheorie wird das private Interesse des Besitzers an der Erhaltung der Sache in seiner eigenen Interessensphäre entgegengesetzt und als das alleinige den Besitzschutz erklärende Grundelement dargestellt. Diese Ausführungen sind wohl nicht überzeugend. Heck läßt das öffentliche Interesse, wie es in der Friedenstheorie betont ist, wohl mitsprechen, verweist es aber ganz in den Hintergrund. Durchschlagend ist die Kontinuitätstheorie jedenfalls nicht. Der ehemalige Besitzer ist gegen Besitzentziehung geschützt und kann Herausgabe ohne Rücksicht auf das Recht des Gegners verlangen: hier paßt die Kontinuitätstheorie zweifellos; aber wie steht es mit dem Besitzschutz des neuen Besitzers, dessen Besitz ein ganz ephemerer sein kann, der ja den Schutz ebenfalls genießt, sei er unredlicher Finder, sei er sogar Dieb? Wenn der Eigentümer diesen Besitzern die Sache nicht wegnehmen darf, ist es hier die Kontinuität des Besitzes, welche Schutz verdient und geschützt wird? Heck gibt (S. 488) selbst zu, daß hier Besitzschutz „ohne kausale Interessenlage" bestehe. Kontinuität als schutzwürdiges Gut liegt wohl in den meisten Besitzfällen vor, aber doch nicht ausnahmslos, und dazu die alte Friedenstheorie, die zudem die historische Begründung für sich hat, über Bord zu werfen, ist die neue Theorie nicht überzeugend genug. Es handelt sich doch darum, die Selbsthilfe in Bezug auf Herrschaft an Sachen einzudämmen und einen friedlichen Zwischenzustand vorbehaltlich endgültiger Regelung zu schaffen. Die Friedenstheorie versteift die Stellung jeden Sachbesitzers und umkleidet sie mit einem Rechtsschutz; dieser Rechtsschutz ist sogar für jene wirksam, für welche die Rechtsordnung ein Kontinuitätsbedürfnis um seiner selbst willen niemals anerkennen kann. Genau besehen ist die Kontinuität doch wohl Folgeerscheinung aus dem Friedenscharakter des Besitzschutzes, nicht Grund des Besitzschutzes selbst. Daß dieser Friedenscharakter auch Sachverhalte in sich begreifen kann, welchen ein öffentliches Interesse nicht zuzusprechen ist, so, wenn jemand im besten Glauben den Hut eines anderen vertauscht u. dgl. (S. 13), ist kein Beweis gegen die Friedenstheorie, ebensowenig, um sich der bilderreichen Sprache des Verf. anzuschließen, der Besitzwolkenkratzer im Erdgeschoß in der Wohnung des Besitzdieners deswegen eigenes Licht erhielte, weil etwa der Hausknecht eigenes Interesse an der Fortbenützung seiner bisherigen Arbeitsgerätschaften zeigte (S. 18, 29).

Die Eigenschaft des Besitzes als Anbahners von Rechten, sei es im Weg der Rechtsvermutung oder durch Rechtsscheinwirkung nennt Heck „Zeichenfunktion" des Besitzes; der Besitz ist die normale Erscheinungsform der Rechte auf Sachnutzung und darin liegt sein „Erkenntniswert" (S. 15ff.). Anschaulich hat Verf. die Stufengliederung des Besitzes dargestellt (Eigenbesitz, Fremdbesitz, unmittelbarer, mittelbarer B. und Dienergewahrsam) und hinsichtlich des Fremdbesitzes die Gliederung nach Farben (Rechtsfarben) geprägt. Den Elementarbegriff des unmittelbaren Besitzes als tatsächlicher Gewalt im Sinn Goldschmidts lehnt Heck ab und weist wohl mit Recht darauf hin, daß es sich hinsichtlich des Begriffs „tatsächliche Gewalt" um solche mit Blankettcharakter handle (S. 20ff.). Sehr verdienstvoll ist, daß Heck alle Besitzbegriffe konzentrisch behandelt, so den prekaristischen Besitzer (S. 30ff.), den Inhaber (S. 35) und den übertragenen Begriff des Erbschaftsbesitzers (S. 36). Die Stellung, welche Verf. bei Exzessen des Fremdbesitzers dem mittelbaren Besitzer einräumt (S. 32, 48), entspricht den Bedürfnissen des Rechtslebens. In seiner Ablehnung des Besitzwillens (S. 38) schließt sich Heck besonders Rosenberg im Gegensatz zur herrschenden Meinung an. Wenn Verf. die eingebürgerten Bezeichnungen der brevi manu traditio und des constitutum possessorium durch Besitzabgabe, Besitzabtragung bzw. Besitzaufgabe, Besitzauftragung ersetzen will (S. 42ff.), so ist diese Neuerung kaum sehr lebensfähig, weil die romanistischen Bezeichnungen jedenfalls eine klarere Anschaulichkeit mit sich bringen, als sie den Neubezeichnungen eigen ist, die obendrein noch zu Verwechselungen Anlaß geben können. Die Unterscheidung zwischen Zwischenpersonen und Besitzvertretern bei Besitzerwerb (S. 45) ist von Belang, ebenso die genaue Untersuchung, die Heck der Stellung der gesetzlichen Vertreter im Besitzrecht gewidmet hat (S. 69) und Verf. wird im letzteren Fall zuzustimmen sein, wenn er mit Strohal und Kreß dem Vormund im Verhältnis zu Mündelsachen die Stellung analog § 855 BGB. einräumt, weil diese der ratio legis wohl am besten gerecht wird. Der Schutz des Rechtsbesitzes in § 1029 BGB. erscheint Verf. vom Standpunkt der Kontinuitätstheorie her anormal und entbehrlich, da der Schutz schon aus dem Gesichtspunkt des Mitbesitzes gegeben sei (S. 60ff.). In Behandlung einer Reihe weiterer Sonderprobleme zeigt sich Hecks tiefschürfende Art in bestem Lichte, so hinsichtlich der systematischen Konstruktion des Besitzes als subjektiven Rechts (S. 66), des Rechtsnachfolgeproblems beim Besitz (S. 67), der Stellung der Organe und Mitglieder juristischer Personen (S. 70) und des Platzbesitzes (S. 71). Auch die historische Entwicklung ist da und dort eingehender gestreift, z. B. bei der Besitzdienerschaft (S. 23).

Das zweite Buch bringt die allgemeinen Lehren des Rechtsinhalts der dinglichen Rechte und das formelle und materielle Grundbuchrecht. Vom Standpunkt der Interessenlehre wird der „Teilungsgedanke", die Aufteilung des Interessengehaltes zwischen

Eigentümer und beschränktem Rechtsinhaber in fesselnder Darstellung ausgeführt (S. 79ff.). Wenn Heck die Eigentumsbeschränkungen auf dingliche Rechte überhaupt analog erstreckt (S. 73ff.), so wird er damit Bedürfnissen des Rechtslebens gerecht. Die „entsprechende" Anwendung des § 880 BGB. auf bewegliche Sachen jedoch, also mit dinglicher Wirkung (S. 96) ist schwer gangbar, denn wie soll diese hier garantiert werden? In dem Beispiel, daß ein Inhabergrundschuldbrief bei einer Bank als Pfandhalterin hinterlegt wird und der Reihe nach für verschiedene Forderungen verpfändet wird, wobei Pfandgläubiger untereinander den Rang ändern, mag wohl auf gelegentliche Bedürfnisse des Rechtslebens hingewiesen sein, es kommt jedoch nicht so fast darauf an, daß A und C ihre Stellung vertauschen, sondern daß der Zwischenmann B, dem die Sache nach dem A aber vor dem C verpfändet wurde, davor geschützt wird, daß ihm kein höherer Betrag vorgeht, als die Forderung des A beträgt. Wie soll man sich aber hier außerhalb des Grundbuchrechts die dingliche Sicherung praktisch vorstellen?

Den eigentlichen Grund der unterschiedlichen Behandlung von beweglichen Sachen und Grundstücken erblickt Heck nicht in der sozialen Bedeutung des Grundbesitzes, sondern in der Größe der Werteinheit der Grundstücke (S. 106). Diese Auffassung ist doch wohl nicht minder einseitig gesehen wie Hecks Behauptung, die Schiffe seien mit die beweglichsten der beweglichen Sachen; was die verschiedene Behandlung der Grundstücke anlangt, so ist doch aus der Natur der Sache nicht bloß die unbedingte Evidenz und Spezialität, sondern die Dauer in den Vordergrund zu rücken, denn gerade der stete Wechsel und der Substanzverlust ist hier praktisch erheblich in den Hintergrund gerückt (vgl. auch Heck S. 227). Ein „Rechtsgeschäft" auf dinglichem Gebiet sieht Heck mit Gierke u. a. schon im alleinstehenden „Erklärungstatbestand", z. B. in der Einigung, nicht erst im „Gesamttatbestand" (Erklärungstatbestand + Rechtszeichen) (S. 113ff.). In sehr eingehender Behandlung folgt die Trennung der abstrakten und der obligatorischen Seite, wobei im Fall der Geschäftseinheit § 139 BGB. analog angewendet wird (S. 120ff.). Die Eigentumsvermutung des § 1006 BGB. faßt Heck aus beachtlichen Gründen als Grundsatz einer Indizbeachtung auf (S. 130) und führt zu BGB. § 1007 die Redaktionsmängel deutlich vor Augen (S. 132ff.).

Das Grundbuchrecht wird (S. 135ff.) in allen Querschnitten eingehend behandelt. Wenn Miete und Pacht wie im Schuldrecht als dingliche Rechte bezeichnet werden (S. 161), so darf hiezu auf Stolls Kritik (Festschrift f. Heck, Rümelin, A. B. Schmidt, Tübingen 1931, S. 110 N. 1) Bezug genommen werden. Unter eingehendem Hinweis auf neuestes Schrifttum und die Judikatur werden eine Reihe der aktuellsten Streitfragen des Grundbuchrechts beleuchtet, so die Sicherung des Konditionsanspruchs durch einstweilige Verfügung im Fall des § 878 BGB. (S. 165), die Lösung der Doppelbuchung durch Teilung (S. 182), die Konkurrenzfälle von Vormerkung und Widerspruch (S. 197). Auch die schwierige Frage des Rangvorbehalts wird kritisch behandelt (§ 881 Abs. 4 BGB.), doch verdiente das Beispiel auf S. 191/92 noch näherer Erläuterung: ein Studierender wird es nicht ohne weiteres für einleuchtend finden, zumal im Beispiel die wesentliche Angabe unterlassen ist, daß an X eine Hypothek in Höhe von 100000 RM. bestellt worden ist. Daß im Gebiet des Grundbuchrechts die farben- und gleichnisreiche Sprache Hecks, verbunden mit anschaulichen graphischen Darstellungen, manches Verständnis erleichtern hilft, muß besonders anerkannt werden; lichtvoll sind auch des Verf. Ausführungen über die relative Einförmigkeit der dinglichen Rechte, wo er der „Tropenflora des Urheberrechts" (S. 75) den „Kahlschlag der Typisierung im numerus clausus der dinglichen Rechte" gegenüberstellt (S. 86).

Das dritte Buch stellt die einzelnen Sachenrechte, voran das Eigentum systematisch unter scharfer Betonung der Interessenlehre dar. Im Zeitalter der Immissionen wird dieses Gebiet ausführlich behandelt (S. 216ff.), wobei Heck den Immissionsschutz auch für Fahrnis ausdehnt (S. 220); zu den Gebieten des Grenzüberbaus und des Notwegs zieht er entgegen der herrschenden Meinung den § 904 BGB. ergänzend heran (S. 221), was jedoch Bedenken begegnet, weil die Interessenlage zwar ähnlich, aber durchaus nicht gleich ist: dem Eigentum stehen wohl in beiden Fällen unverhältnismäßig große Gegeninteressen gegenüber, allein dem § 904 BGB.

ist doch das Moment der dringenden gegenwärtigen Gefahrabwendung eigen, das den Fällen von § 912 BGB. u. ff. mangelt. Wenn Verf. (S. 222) den Schutz des § 912 BGB. selbst auf provisorische, leicht zu beseitigende Bauten wie Bretterbuden, Holzlauben erstrecken will, so muß man doch zweifeln, ob das Gesetz derartige Interessen des Überbauenden für schutzwürdig anerkennen wollte. Zuzustimmen ist jedoch Heck, wenn er die vor der Übergabe erfolgte dingliche Einigung als nicht frei widerruflich ansieht (S. 233), da er mit Recht die Parteiinteressen den Sichtbarkeitsinteressen des Traditionsprinzips voranstellt (S. 234ff., 241), so daß Besitzvertrag des § 854 Abs. 2 BGB. bei offener Besitzlage als Übergabe im Sinne des § 929 BGB. zu betrachten ist (S. 237). Es entspricht zweifellos der Interessenlage, wenn der Kunde, der bei seinem Buchhändler bestimmte Bücher auf einige Tage zurücklegen läßt, weil er einen Kauf in Erwägung zieht, tags darauf telefonisch wissen läßt, daß er eines davon nehmen werde, auch ohne Tradition als Eigentümer zu betrachten ist, so daß der sofort darnach pfändende Gläubiger das Eigentum des Kunden zu respektieren hat. Wenn Heck der Ersitzung gegenüber jede Kondiktion ausschließt (S. 258), so ist ihm aus dem ganzen Sinn der Vorschriften zuzustimmen, desgleichen hinsichtlich seiner Beurteilung des § 948 BGB. im Fall der Vermischung von vertretbaren Sachen der gleichen Art (S. 260/61). Praktisch, entgegen dem bekannten Beispiel Cosacks ist auch seine Beurteilung des § 954 BGB., wozu er beglaubigte Besitzlage fordert (S. 267). Die Okkupation beurteilt Heck als Reflex aus dem Fehlen von Gegeninteressen (S. 268); seine Betonung der verschiedenen Interessenlage bei Schatzfund und Fund (S. 271) dürfte angesichts des Umstands, daß auch der Schatzfund Besitzlage voraussetzt, um anerkannt zu werden, wenn sie auch nicht ein „an sich nehmen" sein muß, etwas zu weit erstreckt sein. Hecks Betonung der vorbeugenden Unterlassungsklage der Praxis (S. 275) gibt der Darstellung die gebührende Tiefe und zur Frage der Verteidigung des Beklagten aus BGB. § 986 schließt sich Verf. mit guten Gründen der Behandlung als Einwand, nicht als Einrede an. Sehr anschaulich ist die Herausarbeitung des schuldrechtlichen Hintergrunds der Nebenansprüche aus dem Eigentum (S. 278ff.), der sich in der Haftung der jeweiligen Besitzerkategorie zeigt; von Interesse ist dabei Hecks Prägung des Begriffs des harmlosen Fremdrechtlers (S. 280), bei dem schuldlose Eigenmacht (S. 289) vorliegen kann. Der Darstellung der Verwendungsansprüche und des Miteigentums folgt das Erbbaurecht, nach dem Stand der VO. vom 15. Januar 1919. Wenn Heck den § 1023 BGB. auch für den Fall der Verlegung der Grunddienstbarkeit auf ein anderes Grundstück entsprechend heranzieht, mag dies für den S. 306 ausgeführten Sonderfall keinen Bedenken begegnen.

Von ganz besonderem Interesse sind Hecks Ausführungen zum Pfandrecht (S. 313ff.), weil sie nach geschichtlichem Überblick (S. 317ff., 503ff.) an eine Umgestaltung der bisher herrschenden und im Gesetz bewußt verankerten Konstruktionsfragen herangehen, was der Verf. bereits in seinem „Grundriß des Schuldrechts" (ebenda S. 385) angedeutet hat.

An Stelle der „dem praktischen Leben fremden" Konstruktion der akzessorischen Natur des Pfandrechts (des „Anlehnungsdogmas") setzt Heck die Idee der Zweckgemeinschaft (S. 326ff.): der Parteiwille beim Pfandvertrag gehe auf die „Doppelsicherung"; der Gläubiger solle zwei Zwangsmittel haben, um die Leistung zu erhalten. Nach der zwar laienhaften aber durchaus gesunden natürlichen Auffassung bezeichne die „Sicherung der Forderung" (BGB. § 1204 z. B.) die zweite Sicherung einer schon einmal gesicherten Leistungsaussicht, nicht aber Sicherung des konkurrierenden Mittels, des Gebotsgebildes der Personalforderung, es bedeute Sicherung derselben Leistung, die durch die persönliche Forderung gesichert ist (S. 327). Die Annahme der akzessorischen Natur des Pfandrechts sei schon deswegen zu bekämpfen, weil es, namentlich innerhalb der deutschrechtlichen Entwicklung, Pfandrechte gebe, welche eine persönliche Forderung nicht voraussetzten (S. 332) und deshalb irrig, weil das Pfandrecht gar nicht der Erhaltung der Forderung diene, vielmehr genau besehen durch seinen Hinzutritt den Bestand der Forderung gefährde (S. 328). Die Lehre des Anlehnungsdogmas versage bei den vier typischen Fällen der Verjährung, des Konkurses, des Zwangsvergleichs und der Nachlaßhaftung, weil das Pfandrecht nicht das Geschick der persönlichen Forderung teile und stehe mit Lebensanschauungen, welche gerade die Pfandhaftung, nicht aber die Forderung als das Wesentliche ansähen, in Widerspruch (S. 329ff.). Wenngleich das falsche Dogma dem Gesetz zugrunde liege, seien lebensfremde Folgen abzulehnen und dem Richter sei das Recht einzuräumen, von Folgerungen des Gesetzes, die auf das Dogma zurückzuführen sind, abzuweichen (S. 330ff., 333).

So originell die Gestaltung Hecks ist, zur Umbildung der herrschenden Meinung auf dem Gebiete der Konstruktion des Pfandrechts dürfte sie schwerlich hinreichen, wenn auch zuzugeben ist, daß mit der Sachbeleuchtung des Verf. auf Teilgebieten manche interessengemäßere Lösung erzielt werden kann. Heck läßt zwei Zwangsmittel in Aktion treten, um dem Gläubiger die Leistung zu verschaffen, die Forderung und das Pfand. Damit erscheint ihm die Aussicht auf Rückzahlung doppelt gesichert. Er parallelisiert dadurch Leistungspflicht und Pfand als „Zweckgemeinschaft" zugunsten des Gläubigers. Nun kann man aber schwerlich diese beiden Zwecke, den Leistungszweck und den Sicherungszweck, von welchen letzterer in praxi meist im Vordergrund steht, einander nur koordinieren, sondern ihr gegenseitiges Verhältnis bedingt eine besondere Relation. Diese aber liegt darin, daß ein Sicherungszweck neben dem Leistungszweck regelmäßig deswegen besteht, weil er um dessentwillen geschaffen ist. Die Idee der Zweckgemeinschaft gründet Heck mit auf die Prämisse, daß durch die persönliche Forderung eine Leistung gesichert werde (S. 327). Dieser Auffassung ist Verf. im weiteren Verlauf seiner Darstellung treu geblieben, wenn er z. B. (S. 429) davon spricht, daß A, der eine Darlehensforderung gegen den B hat, zur „weiteren" Sicherung ein Pfand erhalte. Diese Prämisse ist genau besehen und dem Verf. wohl bewußt überhaupt kein juristischer Ausgangspunkt, sondern dialektische Synthese. Denn juristisch gesprochen ist eine persönliche Forderung nichts als ein Leistungsgebot an den Schuldner, ein Anspruch, der regelmäßig freilich Vermögenswert haben wird. Darin liegt aber noch kein Kriterium für eine Sicherung dieser Leistung. Eben darum spricht man üblicherweise von einer Sicherung der Forderung erst dann, wenn diese primäre Rechtsbeziehung noch besonders ausgestaltet ist, indem dem Gläubiger etwas Besonderes bestellt wird, was für ihn gegenüber dem

Forderungsrecht ein Plus, nämlich die Sicherheit bietet (BGB. §§ 232ff.). Ein Pfand ist eine solche Sicherheit; sein Hinzutreten erleichtert die Befriedigung des Gläubigers und kann den Bestand der Forderung nur in dem Sinn „gefährden", daß es eher zum Erlöschen des Schuldverhältnisses infolge Erfüllung kommen wird. Bei den vier typischen Fällen der Verjährung, des Konkurses, des Zwangsvergleichs und der Nachlaßhaftung soll das Plus der besonderen Sicherheit dem Pfandgläubiger zukommen, aber nicht als Ausnahmeerscheinung, entgegen dem Grundsatz der Relation von Forderung und Pfandrecht, sondern deswegen, weil die Sicherheit, deren Begründung im Augenblick der vollwirksamen Forderung für den Gläubiger rechtswirksam erfolgte, ungeachtet etwaiger späterer Rechtsabschwächungen in der Geltendmachung der persönlichen Forderung für den Gläubiger ungeschmälert bleiben soll: die Forderung wird ja zudem weder bei der Konkursquote noch bei der Verjährung, noch im Falle der beschränkten Nachlaßhaftung eo ipso vermindert, sondern der Schuldner kann im Prozeß einredeweise seine Besserstellung, welche die Haftung, nicht die Schuld betrifft, zur Geltung bringen; im Fall des durch Schlußverteilung mit oder ohne Ausschüttung der Quote beendigten Konkurses haftet der Schuldner überdies in voller Höhe des offenen Restes.

Ungeachtet ihres mehr dialektischen als juristischen Aufbaues ist Hecks Lehre zur Natur des Pfandrechts, vermag sie auch die herrschende Lehre nicht zu stürzen, keineswegs bedeutungslos, denn die Lehre hat jedenfalls eine gesunde Komponente, die interessengemäße praktische Betonung des „Hauptzwecks" der Sicherung. Die Art, wie vom Verf. in die Materie gedrungen wird, hat eine Reihe von Fragen in eine Beleuchtung gebracht, die sicherlich für ihre interessengemäße Lösung von größtem Wert ist. Vom Gesichtswinkel des Gläubigerrechts her, wo immer zu beachten ist, daß der Pfandgläubiger kein anderer ist als eben der Gläubiger, ist das Hervorheben der Zweckgemeinschaft im Sinne Hecks recht wohl geeignet, für eine Reihe von Erscheinungen eine klare und interessengemäße Beurteilung zu finden, so z. B., wenn bei Konkurrenz von Real- und Personalhaftung der Zweck durch das eine Mittel erfüllt ist, womit die Bedeutung des anderen gegenstandslos werden muß.

So kommt Heck z. B. zu einer wirklich interessengemäßen Lösung der Frage der Ausfallhaftung beim Grundstückerwerb des die Versteigerung betreibenden Gläubigers, die unter dem Wert erfolgt und dem Gläubiger gleichzeitig Gewinn bringt (S. 382ff.). Der Abhandlung über die Pfandhaftung als jurist. Konstruktion folgt die plastische Darstellung des Realkreditwesens im allgemeinen (S. 335ff.) und der historischen Zufälligkeiten der Entwicklung von Hypothek und Grundschuld (S. 339ff.) mit Hinweisen auf die Gestaltung in jüngster Zeit. Zum Eigentümerpfandrecht (S. 349ff.) bringt Heck neue Gesichtspunkte der Erklärung der Rechtswirkungen: Stellenrecht, Schattenfunktion, Selbsteintritt und Taufe. Unter ersterem versteht er die Verfügungsbefugnis des Eigentümers über die Stelle; unter Schattenfunktion, einem etwas mißverständlichen Ausdruck, die Allgemeinheit des Vorkommens (S. 350); unter Selbsteintritt den automatischen Eintritt des Eigentümerpfandes, unter Taufe die Umbenennung des § 1177 BGB. Zur Frage einer möglichen Entstehung der Eigentümerhypothek bei Nichtigkeit der Hypothekbestellung schließt sich Verf. entgegen der herrschenden Ansicht aus Gründen der interessengemäßeren Lösung der bejahenden Gruppe an (S. 355). An Einzelproblemen vertritt Heck das Postulat der Zulassung elastischer Parteivereinbarung unter Vorbehalt der Sachhaftung und Ausschluß der gesetzlichen Wirkungen, da die Entstehung des Eigentümerpfandes der Interessenlage oft konträr entgegensteht (S. 356ff.), was besonders anschaulich bei der sog. Bordellhypothek dargestellt wird (S. 359). Nun folgt die Behandlung der Verkehrshypothek nach Entstehung und Umfang ihrer Pfandwirkung, insbesondere bezüglich Fahrnis (S. 360ff.). Die Darstellung ist nicht nur durch anschauliche Gleichnisse (Polyphemhöhle und bekannte Sinnsprüche S. 372) lebendig, sondern ständig durch Hinweise auf die üblichen Beleihungsformulare der Großbanken klargemacht. S. 374ff. folgt die übersichtliche Darstellung des Zwangsversteigerungsverfahrens und seiner Hauptgrundsätze, des Verhältnisses zwischen Löschungs- und Deckungssystem. Der Abschnitt über Ausfallhaftung und Grundstückerwerb (S. 382ff.) bringt durchaus interessengemäße Lösung von Fällen, deren bisherige Behandlung im Schrifttum selbst von ihren Vertretern als stark unbillig wenn auch unabänderlich angesehen wird. Bei seiner Gegnerschaft zur akzessorischen Natur des Pfandrechts ist Heck auch Gegner der Vorschriften von BGB. §§ 1137, 1143 (S. 387). Die besonders verwickelten Probleme der Gesamthypothek werden von der Seite des praktischen Lebens klargelegt, insbesondere wird die Sonderstellung der Nachhypothekare hier klar umrissen (S. 389ff.). Auf dem Gebiet der hypothekarischen Sukzession (S. 394ff.) wendet sich Heck besonders gegen BGB. § 1153 Abs. 2 (Mitlaufkonstruktion), dessen Regelung er für Rechtssatzbildung aus einem verfehlten Dogma und für den Richter nicht bindend erklärt (S. 397ff.); letzteres geht sicherlich zu weit; richtig ist aber, daß eine Trennbarkeit im Gesetz vorkommt und daß gewisse Sachlagen die dispositive Behandlung nahelegen (S. 398, 400). Hecks häufige Hinweise auf Ähnlichkeiten zwischen Hypothekenbrief und den Zirkulationspapieren sind besonders instruktiv. Nach der Darstellung von Einzelfragen, besonders der Abtretungsmöglichkeit künftiger Nebenleistungen der Hypothek, die Verf. bejaht (S. 404), werden die verschiedenen Arten der Sicherungshypothek (S. 406ff.) behandelt. Sodann folgen Grund- und Rentenschuld (S. 410ff.), wobei zu letzterer auf die systematische Identität mit der Reallast hingewiesen wird (S. 414). Im folgenden Abschnitt über das Mobiliarpfandrecht legt Heck ebenfalls statt des Anlehnungsdogmas die Idee der Zweckgemeinschaft zugrunde und anerkennt die Möglichkeit einer isolierten Pfandobligation (S. 416ff.). Sehr fesselnd ist dabei seine Behandlung der Pfanderlöschensfälle, der Stellenverfügung bei mehreren konkurrierenden Pfandrechten und des Glaubensschutzes (S. 426ff.), wobei einer interessengemäßen Lösung verwickelter Fälle das Wort geredet wird. Mit dem Schiffspfandrecht ist moderner Erweiterungen auf dem Gebiet der Mobiliarhypothek gedacht (S. 430). Nun folgt die Parallelbehandlung der Pfandrechte nach ihrer Entstehung als Vertragspfand, gesetzliches Pfand und Pfändungspfand, desgleichen die Darstellung der aktuellen Sicherheitsübereignung (S. 431ff.), bei welcher das Fehlen des Glaubensschutzes besonders betont ist. Im Anschluß an die Behandlung der Reallast weist Heck zutreffend auf die überschneidende Bedeutung der schuldrechtlichen Elemente auf dem Gebiet des Sachenrechts hin

(S. 439ff.). Eine grundlegende klare Übersicht über das Aufwertungsrecht folgt (S. 443). Mit der Erörterung der Anwartschafts- und Einwirkungsrechte, wobei mit dem Vorkaufsrecht das Siedelungsrecht und das juristisch besonders interessante Heimstättenrecht in den Grundzügen dargestellt wird, und mit dem Hinweis auf die Bedeutung landesrechtlicher Vorschriften auf diesen Gebieten — das S. 449 genannte bayerische Gesetz vom 13. August 1910 nennt der Gesetzgeber übrigens authentisch Güterzertrümmerungsgesetz, die Bezeichnung Gutszerstückelungsgesetz ist nicht üblich — schließt das dritte Buch.

Das vierte Buch (S. 449ff.) führt auf die umfassende sachenrechtliche Seite der landesrechtlichen Vorbehalte. In kurzen das Wesentliche berührenden Ausführungen wird das Recht der Familiengüter, das Berg-, Wasser-, Jagd- und Fischereirecht, ferner die Bahneinheit, meist unter Hervorhebung der preußischen Bestimmungen dargestellt und besonderer Abweichungen vom Reichsrecht in den Grundfragen, z. B. der pfandrechtlichen Verträge unter Ausschluß der persönlichen Haftung u. dgl. gedacht.

Im fünften Buch folgt die Darstellung der Rechte an Rechten, das Verhältnis zwischen Zweig- und Stammrechten (S. 470ff.), wobei Heck Verfügungen über das Stammrecht, die nur den Stammrechtsrest betreffen, nach der Interessenlage entgegen BGB. §§ 1071, 1276 u. ä. konsensfrei für zulässig hält (S. 475). Der Interessenlage wird Verf. sicherlich gerecht, wenn er den Pfandgläubigern oder Nießbrauchern von Aktien in der Generalversammlung das Stimmrecht gemeinsam mit den Aktionären einräumt (S. 476); hinsichtlich der Sicherungszession wird der Abtretungsvertrag für ausreichend angesehen ohne die Anzeige des § 1280 BGB. wegen der grundsätzlich fiduziarischen von der Forderungspfändung verschiedenen Rechtsnatur (S. 482). Mit einem Exkurs zur lex rei sitae im internationalen Privatrecht auf sachenrechtlichem Gebiet schließt die überaus lehrreiche und in vielen Punkten als durchaus neuartig und fortschrittlich anzusprechende Darstellung Hecks, deren wiederholtes und eingehendes Studium immer wieder zu weiteren Problemen Anregung gibt.

Mögen zu Einzelheiten da und dort Widersprüche auftauchen,

das Ganze als System und einheitliches Gedankengebäude aus dem Geist der Interessenforschung gibt ähnlich wie Hecks Grundriß des Schuldrechts der wissenschaftlichen Durchdringung der Materie eine wesentliche Bereicherung und Vertiefung und hebt den Grundriß weit hinaus über ein bloßes Lehrbuch im üblichen Sinn. Die Frische der Darstellung, der Mut des Bekenners und Neuerers, der unbeirrt durch herrschende Meinungen seinen eigenen Weg bahnt und Schwierigkeiten nicht umgeht, sondern kühn angreift, verdienen selbst da Beachtung, wo Verf. das geschriebene Recht weichen läßt, um die Interessenlehre an seine Stelle zu setzen. Schrifttum und Judikatur werden sich mit dem Buch noch eingehend auseinandersetzen müssen.

Druckfehler sind leider nicht selten. § 840 ZPO. statt § 940 erscheint stereotyp (S. 50ff.) und die „Nacheile" tritt durchweg als Nachteile auf (S. 486, 487); Sicherheitsinteressen statt Sichtbarkeitsinteressen (S. 240 Ziff. 9) wirkt sinnstörend. Unrichtige Paragraphen- und Abschnittszitate sind zahlreich, z. B. S. 270, 271, 277, 291, 309, 329, 343, 350, 356, 406, 407, 438, 446. Doch all dies sind belanglose Dinge, mit welchen wohl bald eine Neuauflage aufräumen wird.

München. Privatdozent Dr. Rudolf Düll.

5. **Festgabe für Philipp Heck, Max Rümelin, Arthur Benno Schmidt**, Archiv f. Zivil. Praxis, Beilageheft zum 13. Band der neuen Folge, Tübingen 1931, J. C. B. Mohr Verlag. 368 S.

Kollegen und ehemalige Schüler der drei Septuagenarii haben mit Beiträgen, die sich auf die verschiedenartigsten Rechtsgebiete erstrecken, einen stattlichen Band erstehen lassen und damit ihrer Verehrung Ausdruck gegeben. Im vorliegenden Werk sind die Arbeiten von 11 Mitarbeitern vereint, die alle, mehr oder weniger betont, konvergieren zum Hauptgebiet der Lebensarbeit der drei Forscher, der Interessenjurisprudenz.

Bei der Verschiedenartigkeit der Beiträge kann ein Berichterstatter wohl nur die allgemeinen Richtlinien der Beiträge würdigen, ohne auf Spezialgebieten dem Urteil durch Berufenere vorgreifen zu wollen.

Ernst v. Beling beginnt die Reihe mit dem Aufsatz „Vom Positivismus zum Naturrecht und zurück". In klassischer Sprache und gedankenreich bekennt sich Beling hier zur Interessenjurisprudenz, die deshalb als richtige Methode zu bezeichnen sei, weil das Volk heute die Interessenabwägung begehrt. Freilich könne man trotz alledem die „Konstruktionsjurisprudenz" nicht entbehren, müsse ihr aber lediglich eine helfende, vermittelnde Rolle zuweisen. Unter Ausschaltung eigener Wertung habe der Jurist die Interessen so abzuwägen, wie dies der Auffassung der tonangebenden Schicht des Verbandes entspricht (S. 16). Im Mittelpunkt der Ausführungen stehen die Beziehungen zwischen Positivismus und Naturrecht. Trotz seiner formellen Gegnerschaft gegen das Naturrecht sei der Positivismus naturrechtsfreundlich, man könne von Rezeption des Naturrechts ins positive Recht sprechen; naturrechtliche Vorstellungen sind in der „Volksauffassung" enthalten (S. 9, 15). Das Naturrecht spiegle sich in der Seele der führenden, tonangebenden Schicht des Verbandes, die soziologisch-dynamisch zu ermitteln sei. Daß die Vollmachtserteilung für den Gesetzgeber dabei in einem vielleicht sehr ungern erfolgenden reinen Gewährenlassen bestehen kann (S. 17), ist mit vollem Recht bemerkt.

Den Urquell des Rechts bildet stets die Volksüberzeugung als lebendige Rechtsquelle und von hier ausgehend unterscheidet Beling drei Rechtsquellen: Gesetz, Gewohnheit, Volksüberzeugung, und mit gutem Grunde. Gerade ein Blick in die Geschichte des Rechts lehrt uns die überragende Stellung der Volksüberzeugung als Rechtsquelle: welchen lebendig gestaltenden Impuls verspüren wir beispielsweise im antiken Recht, wenn z. B. Rom bis in die späteste Zeit nie versucht hat, der lex poenalis die ausschließlich normative Gestaltung zu geben, wenn wir etwa in alter Zeit luxuriöses Bauen von Privathäusern, Verwendung arbeitsfähiger Zugochsen für Konsumptionszwecke, Heiraten in der näheren Verwandtschaft und später noch Fälle jedes unehrenhaften und unlauteren Handelns vom Abwägen durch die jeweils tonangebende Schicht beurteilt sehen! In der Kreislaufbewegung Positivismus—Naturrecht bewegt sich nach Beling unser Recht zu seinem Vorteil und es sei ein erfreuliches Zeichen, wenn man entgegen Windscheids Wort

„Der Traum des Naturrechts ist ausgeträumt" im Verfolg der Grundsätze der Interessenjurisprudenz zu einer Synthese von Positivismus und Naturrecht gelange, die den Positivismus in die Verteidigungsstellung gedrängt habe, ihm aber aus dem Naturrecht neue Lebenskraft zuführe.

Anschließend an Ernst v. Beling referiert Edmund Mezger in rechtsphilosophisch-methodologischer Darstellung über den Begriff der Rechtsquelle. Er geht auf den Begriff des Rechts als soziologischer Seinsnorm und Sollensnorm zurück und entwickelt sodann den Begriff der Rechtsquelle, wobei er den empirischen Entstehungs- und Ursprungsort des Rechts dem rechtstheoretischen gegenüberstellt. Als empirische Rechtsquellen bezeichnet er Gesetz, Gewohnheit, Richterspruch und Rechtslehre. Hinsichtlich der Bedeutung des Richterrechts im deutschen Recht ist wohl zutreffend, daß der Richterspruch inter partes Rechtsquelle ist und treffend weist Mezger darauf hin, daß ein generelles Richterrecht im deutschen Recht als Rechtsquelle nicht besteht, daß dieses vielmehr eine Abart des Gewohnheitsrechts darstelle (S. 41). In der Rechtslehre, dem juristischen Denken, der an sich möglichen Rechtsquelle erblickt Mezger im deutschen Recht kein positives Kriterium des Rechts, weil der emotionalen Weiterbildung des Rechts, der juristischen Konstruktion, das Machtgebot fehle (S. 43, 46); dieses Machtgebot fehle der heutigen Jurisprudenz, während es dem Respondierrecht der römischen Juristen eigen gewesen sei. Der naturrechtliche Inhalt der heutigen Volksüberzeugung (Beling S. 15) dringt im Bereich des heutigen Positivimus zwar nur langsam durch die Lücken und Fenster ein, aber er setzt sich doch durch, wo die Macht der tonangebenden Schicht hinter ihm steht. So fehlt nach Mezger hier wohl das Machtgebot als Norm, nicht aber als wirksame Kraft der Ausstrahlung. Tonangebend werden auf diesem Gebiet als Exponenten dieser Volksauffassung, wie in Rom, so auch im modernen Staat die Juristen sein und es ist nur die Frage der Handhabung ihrer gerechten Interessenabwägung, wie sie sich hier behaupten und durchsetzen können. Wenn wir die Rechtsquelle des Richterspruchs abstrahieren, die ja stets keine originale, sondern gegenüber Gesetz und Gewohnheitsrecht eine konsekutive und mittelbare ist, so bestehen zwischen den Ergebnissen Mezgers und Belings nur Divergenzen aus der Methodik.

In seinem Beitrag „Vom intellektuellen Verbrechensschaden" behandelt Reinhard v. Frank ein wichtiges im Strafrecht bisher stark zurückgesetztes Gebiet. Der Straftat können Schäden in zwei Richtungen folgen: der rein tatbestandsmäßige materielle Schaden, den jede Strafrechtstheorie voraussetzt, um den Strafanspruch zu begründen, und der intellektuelle oder ideelle, der auf das Innenleben wirkt. Der letztere Schaden, der sowohl den Verletzten als die Gemeinschaft trifft, begreift in sich den moralischen Verderb, die Erregung durch Schmerzempfindung, Demütigung, Haß und Rachegefühl (S. 50ff.). Genauer gesagt drückt sich der intellektuelle Verbrechensschaden bei der Gemeinschaft in Erregungs- und Spannungsgefühlen aus, beim Verletzten in Reaktionserscheinungen wie Schmerz und Rache und dazu in destruktiver Gestaltung, wie moralischem Verderb u. dgl. Die daraus für die Gemeinschaft entstehende Gefahr wird besonders unterstützt durch die vindikative Natur im menschlichen Individuum und durch die ansteckende Kraft des Verbrechens. Frank will sich zu den erwähnten Reaktionserscheinungen nur exemplikativ äußern. Man könnte zur Frage der intellektuellen Schäden, welche die Gemeinschaft treffen, auch jene Erzeugung heftiger Unlustgefühle erwähnen, welche sich aus der Verletzung ethischen Gemeinschaftsguts, z. B. der Wohlanständigkeit, des nationalen Stolzes u. dgl. ergeben: leiden wir nicht alle seelisch darunter, daß eine Kriminalität in Schichten und Berufszweigen einsetzt, ja zur Regel zu werden droht, wo sie bisher stets die Ausnahme geblieben ist? Oder empfindet man nicht eine Übeltat dann besonders heftig, wenn sie im Ausland das Prestige des ganzen Volkes herabdrückt? Gegenüber diesen intellektuellen Verbrechensschäden hat die Strafe als solche selbst wiederum eine ganz wesentliche Funktion, denn, wie Frank mit Recht bemerkt, würde eine Strafe, die sich nur nach der Persönlichkeit des Verbrechers bemißt, einen klaffenden Spalt, eine blutende Wunde in der Gesellschaft zurücklassen (S. 54). So ergibt sich eine besonders wichtige Wechselwirkung zwischen intellektuellem Verbrechensschaden und Strafe. Diesen Folgen gegenüber ist die Strafe dazu bestimmt, möglichst einen

Ausgleich zu gewähren und zwar sucht Frank diesen Ausgleich individualistisch im Verfolg des Schuldindividualismus, d. h. der Lehre, daß bei Bestimmung der verbrecherischen Schuld nicht nur die psychische Beziehung des Täters zu seiner Handlung, sondern auch vieles andere, darunter eben der intellektuelle Schaden zu berücksichtigen sei (S. 58). Zutreffend weist v. Frank darauf hin, daß im Grund bereits Elemente des intellektuellen Verbrechensschadens im Gesetz selbst berücksichtigt seien, so bei der Verjährung und besonders beim Versuch. Denn schon der bloße Versuch kann regelmäßig einen intellektuellen Schaden in sich enthalten und hiezu darf vielleicht wieder auf Rom verwiesen werden, wo, unter Hintanstellung der Schuldfrage, das ‚malum exemplum' zur Begründung des Strafanspruchs dazwischen ausreichen kann (D. 48, 8, 3, 2; D. 48, 19, 38, 5).

Grundlehren und Methodik der Interessenjurisprudenz vermittelt uns der folgende äußerst gedankenreiche Aufsatz von Heinrich Stoll über „Begriff und Konstruktion in der Lehre der Interessenjurisprudenz". Hier bringt Stoll gewissermaßen das Glaubensbekenntnis der Interessenjurisprudenz, zu deren hauptsächlichen Begründern und Förderern die Jubilare Heck, Rümelin und A. B. Schmidt gehören. Das Wesen der Interessenjurisprudenz (IJ.), ihre Methodik in Begriffs- und Systembildung, endlich ihr Verhältnis zur Konstruktion wird übersichtlich dargelegt und nur in untergeordneten Punkten wird von vereinzelten Folgerungen Hecks abgewichen (z. B. S. 110, 115 ff.). Das Wesen der IJ. arbeitet Stoll scharf heraus: nicht in der Begriffs- und Systembildung oder in der logischen Schlußfolgerung unterscheide sie sich von der Begriffsjurisprudenz, sondern in der Verwendung solcher Begriffe. Der Inhalt der Rechtsnormen könne nicht im Weg logischer Erkenntnis vermittelt werden, sondern alle Rechtssätze seien auf die Vorstellung und Verfolgung, die Ausgleichung und Durchsetzung von Interessen zurückzuführen (S. 66, 67). Für die IJ. haben Rechtsbegriffe und Konstruktionen jedenfalls keine produktive Kraft; jeder Rechtssatz ist auf seinen Inhalt zu prüfen und Lückenergänzung erfolge „unter der Fernwirkung der gesetzlichen Werturteile" (S. 69, 73); die Subsumtion ist nicht begrifflich-logisch, sondern interessenvergleichend-teleologisch vorzunehmen (S. 70). Gleichwohl braucht die JJ. Begriffsbildung und System als Rüstzeug, aber nur zur Formulierung und äußeren Ordnung wegen ihres Darstellungswertes (S. 76ff., 81ff.); für sie ist aber die jeweilige Interessenfindung, nicht eine aprioristische Idee maßgebend (S. 83). Auch die Gesetzgebung kann die logische Exaktheit der Denkformen, mag der Begriff auch nur ein relativer sein, nicht entbehren (S. 89); auch werden formallogische Subsumtionsverfahren von der Lehre als unentbehrlich übernommen, wo es sich um Anwendung auf in teleologischer Auslegung gewonnene Ergebnisse handelt (S. 90, 91ff.). Mit der gleichen Beschränkung wird „Auslegung aus dem System" nicht verworfen (S. 96), wohl aber Heranziehung wissenschaftlicher Systems- und Ordnungsbegriffe zur Ableitung neuer Rechtssätze (S. 97ff.). Daher muß die JJ. auch besonders die praktische Seite der Rechtswissenschaft betonen und man habe vielleicht die Hintanstellung ihrer rein theoretischen Aufgabe nicht ganz mit Unrecht getadelt (S. 108), denn man müsse wohl beachten, daß auch die Wissenschaft den theoretischen Anforderungen der Systembildung genügen müsse (S. 110) und daß auch Begriffe und System imstande seien, einen Erkenntniswert, freilich nicht vorbehaltslos, zu vermitteln (S. 111ff.). Endlich könne auch die Interessenjurisprudenz, deren Zusammengehen mit der Freirechtsbewegung nur ein vorübergehendes war, der Konstruktion nicht entraten. Dabei sei aber immer die Interessenlage in den Mittelpunkt zu stellen, nicht aber sei die Inversionsmethode der Begriffsjurisprudenz im Sinne Hecks (S. 68ff., 115) anzuwenden. Die Konstruktion ist der JJ., soweit sie dem System eingefügt und an das rechtliche Wollen des Gesetzgebers gebunden ist, zulässig und brauchbar. Stoll unterrichtet in diesem Aufsatz deutlich über den gegenwärtigen Stand der Lehre und ihre innere Festigung. Er stellt mit Befriedigung fest, daß sich die Lehre nach dem Urteil Hecks mindestens im Gebiet des Privatrechts als herrschend bezeichnen könne (S. 61). Es ist zweifellos, daß gerade Stolls Ausführungen ganz wesentlich zur Klärung und damit zur Beseitigung mancher Mißverständnisse intra muros et extra beitragen werden.[1])

[1]) Neuerliche Ergänzung und Vertiefung der Lehre der JJ. bei Müller-Erzbach, „Wohin führt die Interessenjurisprudenz?" Tübingen 1932.

Das iudicium mandati im römischen Zivilprozeß behandelt Hans Kreller. Unter Bezugnahme auf die Interessenjurisprudenz will Kreller zeigen, daß die römischen Juristen keine Begriffsjuristen gewesen seien, eine Erfahrung, die uns in den Juristenschriften auf Schritt und Tritt begegnet — man vergleiche beispielsweise D. 13, 7, 25 über den Interessenausgleich bei Pfandgläubiger und Verpfänder — und legt das iudicium mandati zugrunde, um darzustellen, welche Verteilung der Interessen vorliegen müsse, damit zwischen zwei Personen die Haftung aus dem Vertrag eintritt. Im Mittelpunkt der Untersuchung stehen zwei Fragen: zunächst jene, wie die Rechtslage bei der actio mandati contraria zu erklären sei, weil in D. 3, 2, 6, 7 mit D. 3, 2, 1 die Verurteilung mit der actio contrario als nicht infamierend genannt ist, wogegen in D. 3, 2, 6, 5 der Fall des erfüllten und nicht erstatteten Kreditauftrags als infamierend aufgeführt wird, wo es sich doch nach der allgemein üblichen Terminologie hier um eine actio contraria handle. Die weitere Frage, die Kreller behandelt, ist die Entwicklung des Interessebegriffs in der Lehre vom mandatum tua gratia. Grundsätzlich (s. J 3, 26 pr u. 6 i. f., Gaius 3, 156 i. f.) haben die römischen Juristen ein Mandat, bei dem lediglich das Interesse des Beauftragten in Frage kam, als dem Mandatsbegriff widerstrebend angesehen und als ‚magis consilium' betrachtet. Aus D. 17, 1, 6, 4 glaubt nun Kreller schließen zu können, daß es gültige Mandatsfälle auch tua gratia gegeben habe, wenn der Mandatar ohne die vom Mandanten übernommene Garantie nicht gehandelt hätte (S. 154ff.).

Was die Deutung zur a° mandati contraria anlangt, so erklärt Kreller den Widerspruch dahin: maßgebend sei hier die Musterformel gewesen; die hier vorkommende actio directa sei als besondere Bürgenregreßformel ausgebaut gewesen (S. 136ff.); die römischen Klassiker hätten eben vorzugsweise „in Formeln, nicht in Ansprüchen gedacht" (S. 138); das hier zwischen Intervenient und Hauptschuldner begründete Judiz habe im Sinn Ulpians kein contrarium iudicium bedeutet. Daß contraria iudicia schon im klassischen Recht möglich gewesen seien, erkennt Kreller an, indem er auch die Beweisstelle bei Cicero de officiis 3, 17, 70 erwähnt (S. 131, 134

N. 2). In einem solchen contrarium iudicium erblickt Verf. aber nur eine bestimmte Eigenschaft, nicht einen technischen Begriff; es sei insbesondere etwas Anormales, eine Formel besonderer Art gegenüber der Musterformel (S. 132ff.). Eine solche Musterformel ist ihm wenigstens bei einigen Schuldverhältnissen eine actio directa auch dann, wenn sie etwa der Art nachgebildet ist, daß der Name der Parteien bei den Parteibezeichnungen vertauscht wurde, die Formel also damit nach üblicher Auffassung zum contrarium iudicium geworden ist (S. 136ff.); die Eigenart der Ausdrucksweise Ulpians hätten seine Leser eben „im 31. Buch seines Kommentars erforschen können, wo er nur die umgekehrte formula in ius concepta und nicht die Bürgenregreßformel mit diesem Namen zu belegen pflegte". Im Ergebnis, daß gar kein Widerspruch in der Ulpianstelle vorliegt, wird Kreller zuzustimmen sein; die Begründung jedoch liegt m. E. wohl in anderer Richtung. Wir müssen in diesem Fall zweierlei beachten: das iudicium contrarium, das wohl im Regelfall als mit dem iudicium directum verbundenes Judiz mit gegenseitiger litis contestatio angesehen wird (s. auch Kreller S. 134) und das isolierte iudicium contrarium. Im erstgenannten Sinn kommt nun hier das Judiz gar nicht in Frage, weil der Mandant gar keine Aktion erhebt, weil ja sein Auftrag prompt erfüllt wurde. Daß nun auch „isolierte" iudicia contraria möglich waren, ergibt sich aus der von Kreller (S. 133) angeführten Stelle D. 13, 6, 17, 1 für das Kommodat und ist für das Mandat aus der analogen Stelle D. 17, 1, 45, 4 zu entnehmen, wo ausgeführt ist, daß dem zahlenden Mandatar beim Kreditauftrag die actio mandati zustehen solle („competere"), eine Wendung, wie sie bei Aktionen jeder Art üblich ist. Dazu kommt, daß die römischen Juristen den Regelfall einer (nichtisolierten) actio contraria des Mandats auf Gegenansprüche bezogen, die sich aus Anlaß der Mandatsausführung selbständig im Anschluß daran ergeben haben und nicht den Gegenstand des Mandats selbst betrafen, wie dies ja gerade beim Kreditauftrag der Fall ist. Dies zeigt deutlich D. 3, 2, 6, 7, wo Ulpian ausführt, der mit der contraria actio Belangte werde nicht infamis aus folgendem Grunde: „nam in contrariis non de perfidia agitur sed de calculo qui fere iudicio solet dirimi". Die römischen Juristen haben offenbar die von uns unter dem Einfluß der gemeinrechtlichen Schule als „contraria" angesprochene Ersatzklage beim Kreditauftrag regelmäßig nicht als ‚contraria' im üblichen Sinn angesehen, höchstens als contraria im weiteren Sinn („sine principali") analog D. 13, 6, 17, 1. ‚Contraria' im Sinn von D. 3, 2, 1 ist die Aktion im Regelfall der zweiseitig streitig gewordenen Obligation, welcher Fall ja in D. 3, 2, 6, 5 gerade nicht vorliegt. Die Stelle erklärt sich daher m. E. aus zwei Momenten: dem Fehlen des Judiziums hinsichtlich eines gegnerischen Anspruchs überhaupt, wodurch der Gegensatz der actio contraria erst in die typische Erscheinung tritt, und dem Fehlen der üblichen Natur des Anspruchs der actio contraria als bloßen iudicium calculi.

Zum mandatum tua gratia wurde bereits oben bemerkt, daß es die römischen Juristen grundsätzlich abgelehnt haben. Daß der Kreditauftrag nicht unter diese Art fiel, hat Kreller mit Recht bemerkt, desgleichen, daß der Musterfall des Edikts der Fälle „sua gratia" offenbar der Auftrag zum Ankauf eines fundus gewesen ist (S. 140, 144), spielt doch dieser Fall schon in republikanischer Zeit eine Rolle (Cic. pro Caec. 5, 15). Zur Frage des mandatum tua gratia weist nun Kreller zutreffend darauf hin, daß hinsichtlich seiner Ablehnung gewisse Schwankungen auftraten, die eine Verfeinerung des Interessebegriffs brachten und Modifikationen zuließen, so besonders D. 17, 1, 22, 2 (S. 145ff., 153). In den Bereich gleicher Erwägungen zieht Verf. nun auch D. 17, 1, 6, 4 u. 5 und bemerkt hiezu, daß schließlich die römischen Juristen auch dann einen gültigen Mandatsfall annahmen, wo das Interesse im wirtschaftlichen Sinn ausschließlich auf Seiten des Beauftragten lag: in D. 17, 1, 6, 5 handle es sich um einen zugelassenen Ausnahmefall vom mandatum tua gratia, wo der Mandatar „ohne die im Mandat vom Erteiler übernommene Garantie nicht gehandelt hätte" (S. 155). Die Quellenstelle „si non esses facturus nisi ego mandassem, etsi mea non interfuit, tamen erit mandati actio", die in gleicher Art bei Gaius 3, 156 i. f. und J 3, 26, 6 u. 7 als Ansicht des Sabinus erscheint (‚quia non aliter Titio credidisses quam si tibi mandatum esset'), deutet allerdings mit hoher Wahrscheinlichkeit darauf hin, daß die römischen Juristen den Gedanken Krellers zum Ausdruck bringen wollten.

Allein mit Sicherheit ist dies m. E. nicht erwiesen. Liest man D. 17, 1, 6, 5 isoliert für sich, könnte man Kreller wohl recht geben; legt man aber, was aus dem Vergleich mit den beiden anderen Stellen naheliegt, auch hier den Kreditauftrag zugrunde, so verliert die Stelle das Außergewöhnliche: A gibt dem B den Auftrag, dem C Kredit zu geben; nach Sachlage soll hier das Interesse bei B liegen, nicht bei A. Der Umstand nun, warum man hier doch das Mandat annimmt, ist nicht nur der Garantiegedanke, sondern mit die Tatsache, daß kein mandatum tua tantum gratia vorliegt. Da nach der Stelle wohl das Interesse des Mandanten (sua gratia) ausscheiden soll, sind immer noch die Fälle aliena gratia und tua et aliena gratia gegeben, welche für Annahme des Mandats nach den Grundgedanken von J 3, 26 pr. ausreichen sollen. Aliena gratia ist aber ein Kreditauftrag jedenfalls stets, denn der Empfänger der Leistung wird unter allen Umständen ein Interesse daran haben. So dürfte Krellers Annahme, D. 17, 1, 6, 5 letzter Satz bedeute eine generelle Ausnahme von der Regelbehandlung des mandatum tua tantum gratia, vielleicht doch zu weit gehen. Wohl liegt die von ihm bezeichnete Garantie vor, denn die Stelle nimmt an, daß der Mandatar „ohne die in dem Mandat vom Erteiler übernommene Garantie nicht gehandelt haben würde", unterstellt aber m. E. diesen Fall dem mandatum tua et aliena gratia wie die Fälle des Kreditauftrags, wo das sua gratia fehlt. Damit entfällt aber wohl auch der Grund, die Ulpianstelle D. 50, 17, 47 pr. unmittelbar hinter D. 17, 1, 6, 5 einzuschalten (S. 155, 156), so scharfsinnig der Hinweis des Verf. auf diesen möglichen Zusammenhang auch erscheint.

Kann man sonach auch bezüglich einzelner von Kreller behandelter Fragen Zweifel nicht ganz unterdrücken, so gibt uns jedenfalls die Darstellung einen äußerst fruchtbaren Einblick in die Rechtsfortbildung der römischen Juristen, auf welche sich die Interessenjurisprudenz mit Grund als mit ihre ältesten bekannten Vorkämpfer berufen kann.

Ins altassyrische Recht führt Georg Eißer mit der Forschung „Zur Deutung der Gesamthaftungsklausel des altassyrischen Rechts". Die Einblicke, welche uns Eißer in das altassyrische Schuldrecht aus den kappadokischen Urkunden vermittelt, sind nicht nur für dieses, sondern für die antike Rechtsvergleichung von hohem Wert. Eißer geht dabei aus von der mehrfach bezeugten „Wohlbehalten-Klausel", der ‚šalma-kīnu'-Klausel der Urkunden, womit Freiheit von Rechten bei Sachen und Integrität im Sinn von intakter Rechtsfähigkeit bei Personen gekennzeichnet werden. In Bezug auf Haftungsverhältnisse tritt eine Erweiterung dieses Begriffs auf, von Koschaker in Anlehnung an ähnliche Klauseln des altbabylonischen Rechts im Sinn der Solidarhaftung erklärt (S. 163, 165), die Eißer in zwei Komponenten auflöst, die Solidarhaftung des Bürgen und das Erfordernis der Ortsbeständigkeit, da anzunehmen ist, daß in Übereinstimmung mit anderen orientalischen Rechten der Bürge an einem bestimmten Ort zur Verfügung des Gläubigers sich bereit halten mußte (S. 164, 166). Angesichts der vom Verf. gegebenen weiten Perspektive auf dem Gebiet der Rechtsvergleichung dürfte diese Ansicht bis zur etwa möglichen weiteren Konkretisierung durch neueres Urkundenmaterial Cuqs Auslegung an die Seite zu stellen sein. Aus der Analogie der Wohlbehaltenklausel gelangt Eißer zum Begriff des bürgerlichen Todes, wie er in E. L. Nr. 246 deutlich entwickelt wird (S. 169ff.). Hier drängt sich die Parallele zum römischen caput und zur capitis deminutio auf, wo auch der Verlust der Vollrechte des römischen Bürgers, insbesondere Freiheit und Zivität, so vor allem in Form des Exils, als „bürgerlicher Tod" gewertet wird, z. B. Gaius 3, 153: civili ratione capitis deminutio morti coaequatur; D. 17, 2, 63, 10: intereunt homines maxima aut media capitis deminutione aut morte. Im altassyrischen Recht erscheint die Übertragung der Vorstellung von Leben und Tod auf die Welt juristischen Denkens sehr verbreitet (S. 176). Wie in anderen antiken Rechten ist auch hier die Stellung des Bürgen die des Mitschuldners in solidum (S. 160ff.); der Freie kann in Schuldknechtschaft geraten und dadurch „sterben" (S. 169, 171); die Wohlbehaltenheit einer Sache bedeutet nicht so fast ihre Existenz als ihre Freiheit von Rechten (S. 169). Alles dies sind Erkenntnisse, für deren mühevolle Klärung dem Verfasser besonderer Dank gebührt.

Der folgende Aufsatz von Eugen Ulmer unterrichtet über „Geschichtliche und rechtsvergleichende Studien zum englischen Wechselrecht". Zwischen dem kontinentalen und dem englischamerikanischen Wechselrecht bestehen grundlegende Verschiedenheiten, die aber erst nach dem Beginn des 17. Jahrhunderts aufgetreten sind, da man bis dahin das englische Wechselrecht noch als Teil des kontinental-europäischen der europäischen Wechselrechtsentwicklung einfügen kann. Dem Wechsel fehlten damals noch Inhaber- und Orderklauseln und die Anerkennung der vollen Garantie- und Legitimationswirkung des Indossaments hatte sich noch nicht durchgesetzt. Nun hat aber die Rechtsprechung der common-law-Gerichte im 17. Jahrhundert die Wechselprozesse unter die Begriffswelt des englischen Zivilrechts eingestellt, namentlich die „consideration"-Beziehung gebracht. Diese Entwicklungsphase wird vom Verf. eingehend ausgeführt (S. 184ff.). Unter Einbeziehung in Rechtsnormen des common-law, besonders auch über den Schutz des gutgläubigen Erwerbs wird der an Order oder auf den Inhaber ausgestellte und indossable Wechsel, in dem die Valutaklausel jedoch als entbehrlich angesehen wird, zum ‚negotiable instrument'. Nach englischem Recht wird die Entstehung wechselrechtlicher Verbindlichkeiten nicht als Sondererscheinung gewürdigt, sondern als gewöhnliche Kontraktspflicht, wozu hier die Übergabe des Papiers als essentiale gehört. Der Begebungsakt in seiner deutschrechtlich strengen Prägung ist dem englischen Recht fremd (S. 203). Entgegen dem deutschen Wechselrecht (Art. 74 WO.) schließt selbst grobe Fahrlässigkeit den gutgläubigen Wechselrechtserwerb nicht aus (S. 205); an Hand des Art. 82 WO. und der davon abweichenden Stellung des englischen Rechts wird gezeigt, wie sich auf dem Gebiet des internationalen Privatrechts Kollisionsfälle ergeben können, wenn Rechte von einem zwar redlichen aber unentgeltlichen Erwerber geltend gemacht werden (S. 207ff.). Im Mittelpunkt des englischen Wechselrechts steht die „valuable consideration", d. i. die Notwendigkeit der Relation zwischen Wechselverpflichtung und Rechtsgrund als wirksame Voraussetzung der entsprechenden Wechselverpflichtung, dem im deutschen Recht die Abstraktionslehre gegenübersteht. Aus manchen unverkennbaren Vorzügen der deutschen Lehre können aber Streitfragen auftauchen und sind aufgetaucht, so bei der Rechtsfrage zum mangelnden Deckungsverhältnis zwischen Akzeptant und Remittent, in welchen Fällen das englische Recht, das immer auf den ‚simple contract of common law' zurückgreifen kann, die klarere Lösung gibt (S. 213ff.). Ulmer führt gerade zu diesem Fall aus, ob man nicht eine Überspannung der deutschen Systematik vermeiden könne, wenn man, statt den Akzeptanten hier wechselmäßig an der Leistung festzuhalten und dann kondizieren zu lassen, nach der englischen Konstruktion im Verfolg des Satzes „melior est condicio possidentis" den Akzeptanten gegenüber einem Wechselgläubiger, der für sich keine valuable consideration geltend machen kann, von der Belastung überhaupt ausschließt.

Zur Frage einer verbesserten Systematik im deutschen Zivilprozeßrecht will August Hegler in seinem Aufsatz „Zum Aufbau der Systematik des Zivilprozeßrechts" aus den Formen rechtswissenschaftlicher Systembildung, worüber neuerlich auch Radbruch grundsätzliche Richtlinien gegeben hat, statt der konstruktiven die teleologische Systematik in Vorschlag bringen. Hegler zeigt an Hand der konstruktiven Systematik, daß sich hier Schwierigkeiten ergeben, den ganzen Stoff wirklich systematisch einzugliedern, was sich unter dem lange Zeit in Geltung gewesenen Grundgedanken des „Prozeßrechtsverhältnisses", aber auch in neueren Systemen zeige (S. 226ff.). Das konstruktive System, welcher Art es auch sei, habe Mängel, weil die vielen Elemente des Zivilprozeßrechts einer befriedigenden konstruktiven Bildung erfahrungsgemäß widerständen. Daher schlägt Hegler ein teleologisches System vor (S. 230ff.), denn erst der Zweck erschließe den Sinn und Inhalt der Rechtsnormen, will aber damit die deduzierende und klassifizierende Systematik nicht ausgeschaltet wissen. Als Zweck des Zivilprozesses bezeichnet Hegler mit der herrschenden Ansicht den des staatlichen Rechtsschutzes, die Bewährung des regelmäßig privaten materiellen Rechts. Darin, daß die Rechtsbewährung im einzelnen verfehlt werden kann, erblickt Verf. keinen stichhaltigen Einwand gegen diese These, ebensowenig im Güteverfahren, das nur Mittel zur Prozeßvermeidung, nicht Prozeßmittel sei (S. 237). Dem Begriff des staatlichen Rechtsschutzes könne die Lehre von den Rechtsschutzorganen, dann den Formen und Mitteln des Rechtsschutzes und ihren Bedingungen, endlich die Gestaltung des Verfahrens leicht eingeordnet werden. Mit der Frage der Funktion der Rechtsschutzorgane kommen grundsätzlich die beherrschenden Prinzipien des Verfahrens zur Erörterung. Daran reiht sich die Darstellung der Parteien und ihrer Vertreter und diesen vier großen Systemkreisen läßt sich nach Hegler die Fülle der spezialen Ausgestaltung des Prozeßrechts einordnen, theoretische Vorstellungen des Gesetzgebers und Wertungen, so z. B. die Stellung des Menschen im Rechtsgang, Wertabwägungen des Gesetzgebers an der Hand des obersten Prozeßzwecks, Interesse der Schnelligkeit und Billigkeit gegenüber dem der Richtigkeit u. dgl. Hegler bringt zum Schluß eine kurze Skizze seines angedeuteten Systems (S. 242ff.) mit den 4 Hauptteilen: Rechtsschutzorgane, Rechtsschutzsuchende und ihre Gegner, Formen und Voraussetzung der Rechtsschutzgewährung, Rechtsschutzverfahren. In den dritten Abschnitt will er beispielsweise die Prozeßvoraussetzungen, Zwangsvollstreckung und einstweilige Verfügung einbeziehen, im vierten schlägt er Unterteilung in einen allgemeinen und speziellen Teil vor und bringt im allgemeinen Teil die Grundsätze des Verfahrens (Verhandlungsmaxime usw.), im speziellen den Aufbau des Prozesses, Klagenhäufung, Widerklage, Streitgenossenschaft usw.

Dieses System soll nach Hegler (S. 244) pädagogischen Zwecken dienen. Aber gerade hier muß man bei aller Bejahung der Reformbedürftigkeit der gegenwärtigen Systematik wie jeder Systematik überhaupt (vgl. Stoll S. 111) und bei aller Anerkennung, die man der geistvollen und fruchtbaren Darstellung Heglers zollen muß, doch zweifeln, ob das vorgeschlagene teleologische System diesen pädagogischen Zweck besser erfüllen kann als die gegenwärtigen konstruktiven Systeme. Dem Studierenden soll beispielsweise im dritten Abschnitt das außerordentliche Verfahren und das Gebiet der Zwangsvollstreckung einschließlich Arrest und einstweiliger Verfügungen vom Gesichtspunkt der prozessualen Rechtsschutzvoraussetzungen nahegebracht werden, aber erst im vierten Abschnitt erfährt er über die allgemeinen Grundsätze jedes Verfahrens überhaupt und „über das normale Entscheidungsverfahren von der Klage bis zum Urteil in der Rechtsmittelinstanz" (S. 244). Das System enthält Gefahren solcher Parallelbehandlungen und Antizipationen in Menge. Wie sich die Sache im ganzen auswirkt, kann freilich nur das abgeschlossen ausgearbeitete System erkennen lassen, wobei sich auch zeigen wird, daß für Teilgebiete, wie das Güteverfahren oder das schiedsrichterliche Verfahren die Unterbringung im System keine leichte sein wird. Dieser neuen Systematik wird es auch stets förderlich sein, wenn sie bei aller teleologischer Auffassung den Gesichtspunkt des „procedere" nicht aus den Augen verliert.

Der folgende Aufsatz von Eugen Locher bringt eine ausgezeichnete Studie über den prima facie-Beweis in Arztprozessen. Locher macht sich zur Aufgabe, den sog. prima facie-Beweis (p. f.-B.), den Beweis des ersten Anscheins, der seit der Herrschaft des BGB. sein ursprüngliches Anwendungsgebiet bei Übertretung von Schutzvorschriften, besonders Schiffszusammenstößen, weit ausgedehnt hat in das Gebiet der Schadenersatzprozesse, auf seine Verwertbarkeit und seine Gefahren zu untersuchen, wozu er die typischen Anwendungsfälle aus Schadenersatzprozessen des Patienten gegen den Arzt zugrunde legt. Nach Besprechung der Entwicklung der oberstrichterlichen Judikatur und des Schrifttums, wo dargelegt wird, daß der p. f.-B. nicht einheitlich behandelt wird, führt uns Verf. (S. 252ff.) in Wesen und Bedeutung dieses Beweises ein. Grundlegend ist ein feststehender Sachverhalt, der eine durch Gegengründe nicht entkräftete Wahrscheinlichkeitsannahme zuläßt. Da es sich um eine Ausnahmefolgerung mit weittragenden Konsequenzen handelt, darf man es mit den Anforderungen an den Tatbestand nicht leicht nehmen. Locher verlangt daher einen starken Grad von Wahrscheinlichkeit, eine gewisse Gesetzmäßigkeit der Erscheinung nach unserem Erfahrungswissen, wobei die Wahrscheinlichkeit durch Indizien nach unserem Erfahrungswissen in positiver und negativer Richtung gestützt werden kann (S. 257). Der Gegenbeweis gegen den p. f.-B. braucht kein voller Beweis des Nichtzutreffens des p. f.-B. sein, sondern es genügt bereits, diesen ernsthaft zu erschüttern, so daß die Wahrscheinlichkeitsannahme zusammenfällt, wenn ernsthaft andere Möglichkeiten dargetan sind (S. 258). Verf. sieht den Grund der Zulassung des p. f.-B. mit Recht in Billigkeitsmomenten, billig infolge der Beweisnot des Klägers, billig aber auch durch Zulassung der Aufzeigung anderer Möglichkeiten durch den Gegner. Im Bereich des Arztprozesses hält

Locher den Standpunkt des Reichsgerichts für zutreffend, das bei der Vertragshaftung des Arztes (die neben der Haftung aus unerlaubter Handlung oder Geschäftsführung ohne Auftrag in Frage kommen kann) die Beweislast für das Verschulden dem Kläger auferlegt, sie aber in ihrer praktischen Tragweite durch die Beweisführungsregel des p. f.-B. mildert. Was Verf. über den Inhalt und die Bewertung ärztlicher Gutachten und ihre Würdigung durch den Richter ausführt (S. 263ff.), verdient besondere Beachtung. Sodann wird dargestellt, wie die Wahrscheinlichkeitslage in der Frage des Kausalzusammenhangs sowohl als in der Frage des Verschuldens zu beurteilen ist. Der p. f.-B. kann die Beziehung des Kausalzusammenhangs zwischen einem feststehenden dem Arzt als Verschulden anzurechnenden Kunstfehler und dem erwachsenen Schaden betreffen, aber auch die Feststellung des verschuldeten Kunstfehlers selbst (S. 265ff., 268ff.). Diese beiden Fälle werden eingehend an Beispielen erläutert und Verf. gelangt zum Ergebnis, daß nicht jeder Kunstfehler des Arztes prima facie unentschuldbar sei, sondern nur ein solcher, der trotz prima facie normaler Umstände eine vom Standpunkt des sachkundigen Arztes offensichtliche Verletzung anerkannter Regeln der ärztlichen Kunst enthält (S. 270). Zur Wahrscheinlichkeitsannahme durch p. f.-B. fordert Locher noch die Billigkeit der Tatsachenfeststellung wegen der Möglichkeit abnormer Komplikationen im Krankheitsverlauf und unterstützt seine Folgerungen mit oberstrichterlichen Entscheidungen auf diesem Gebiet (S. 270ff.). Endlich kommen noch Billigkeitserwägungen allgemeiner Art durch Fernwirkung der Zulassung oder Ablehnung des p. f.-B. in der Rückwirkung auf Einbuße des Vertrauens zum Richter und Arzt in Frage, die aber nicht dazu führen dürfen, den Spielraum der richterlichen Beweiswürdigung auf ein Mindestmaß herabzudrücken, sondern den Richter zu erhöhter Sorgfalt in der Behandlung solcher Fälle verpflichten. Lochers aufschlußreiche und klare Darstellung bedeutet eine besonders wertvolle Arbeit in der Erforschung der Rechtssätze im Hauptanwendungsgebiet des prima facie-Beweises.

Heinrich Pohl hat der Festschrift den Beitrag „Der Diktaturparagraph in Elsaß-Lothringen" gewidmet. Durch § 10 des Gesetzes vom 30. Dezember 1871 wurden dem Oberpräsidenten, später dem Statthalter des Reichslandes außerordentliche Vollmachten hinsichtlich von Ausweisungen, Haussuchungen, Publikationsverboten u. ä. übertragen, die sich richtiger Auslegung nach nur auf einen Teil der Verwaltung, keineswegs auf die Gesetzgebung bezogen (S. 289), von der Bevölkerung aber mit Mißtrauen und schwerer Beunruhigung aufgenommen wurden. Pohl weist nach, daß dieser sog. Diktaturparagraph durch Art. 68 der alten Reichsverfassung nicht aufgehoben wurde und daß, soweit Ausweisungen in Frage kamen, das seit 1873 im Reichsland eingeführte Freizügigkeitsgesetz dem Diktaturparagraphen manches von seiner Schärfe nahm. Die Ausnahmevorschrift unterlag jedoch heftigen Angriffen und wurde agitatorisch ausgenützt; leider hat sich die Regierung Jahrzehnte über, auch v. Bismarck, im Sinn der strikten Beibehaltung der Vorschrift geäußert, selbst ungesetzliche Mißgriffe, wie die Ausweisung Reichsdeutscher gedeckt (S. 291 ff.) und man habe sogar versucht, die Beibehaltung der Vorschrift damit zu begründen, daß man sie als kodifiziertes französisches Staatsrecht im Sinn der actes de gouvernement darstellte (S. 290). Als, begünstigt durch jahrzehntelange Agitation, das Gefühl der Rechtssicherheit im Lande schwer erschüttert war, zumal durch die Weigerung des Bundesrats, einem Reichstagsantrag vom Jahre 1895 auf Beseitigung des Paragraphen zuzustimmen, entschloß man sich langsam, die Ausnahmebestimmung aufzuheben. Allein auch hier herrschte keine glückliche Hand. Die Aufhebung vom Jahre 1902 wurde durch kaiserlichen Erlaß vom Mai 1902 als kaiserlicher Gnadenakt bewußt unterstrichen und bald stellte sich heraus, daß ein Zusammenhang zwischen dieser Aufhebung mit der Bewilligung der Kredite für den vom Kaiser gewünschten Wiederaufbau der Hohkönigsburg durch den Landesausschuß tatsächlich bestand. Die Untersuchung gibt ausgezeichnete Einblicke in die mit dem Diktaturparagraphen verbundenen Strömungen und Gegenströmungen, in welcher Hinsicht auf Namen wie v. Möller und v. Puttkamer, sowie Windthorst und Bebel verwiesen sei. Pohl weist treffend darauf hin, wie gefährlich eine übermäßig lang beibehaltene Ausnahmebestimmung ist und welche Nachteile sie wirken kann, wenn sich zähe Agitation ihrer bemächtigt; Verf. zeigt, wie wenig praktischer Erfolg der Aufhebung vom Jahre 1902 beschieden war, nachdem die Agitation ihr Ziel erreicht hatte und in den Bahnen der offenen Gegnerschaft unbekümmert fortwirkte, aber er zeigt auch — last not least —, daß der gegenwärtige Zustand in Elsaß-Lothringen für die „erlösten Brüder" weit bedenklicher geworden ist, demgegenüber die Zeiten des Diktaturparagraphen als goldene bezeichnet werden dürfen.

Ein Gutachten in einem kirchenrechtlichen Streit ist Gegenstand der letzten Abhandlung der Schrift, betitelt „Die Haftung aus der Inkorporation vornehmlich in Württemberg" von Walter Schönfeld. Klägerin, die kath. Pfarrpfründestiftung S. klagt gegen den württembergischen Staat mit dem Antrag, das Pfründeeinkommen der im Jahre 1461 der Abtei O. inkorporierten Pfarrei auf den normalen Gehalt eines Pfarrers zu ergänzen, nachdem dasselbe durch die wirtschaftliche Not der Zeit unzulänglich geworden war. Der Tatbestand ergibt, daß die Abtei O. nach der Säkularisation an den Grafen M. und von diesem durch Verkauf vom Jahr 1825 an den Staat übergegangen ist. Der Fall gibt Gelegenheit zur eingehenden Behandlung einer Reihe interessanter Rechtsfragen. Der landesrechtlich notwendige besondere Rechtstitel dieser Klage wird untersucht unter Bezugnahme auf die Inkorporation vom Jahr 1461 und die doppelten Rechtsnachfolgen des 19. Jahrhunderts, wobei ausgeführt wird, daß der Staat aus der Vermögensübernahme jedenfalls auch die onera zu übernehmen und damit grundsätzlich auch für die Lasten der Pfarrstelle aufzukommen hat. Zum Begriff der Gesamtrechtsnachfolge wird dargetan, daß auch hier, auf kirchenrechtlichem Gebiet, relative Begriffe anzuwenden sind, wobei Schönfeld auf seine besondere Stellung zur Interessenjurisprudenz im Gegensatz zu Heinrich Stoll (Festschrift S. 82ff.) zu reden kommt (S. 314). Aus einer Urkunde vom Jahr 1428 wird dargelegt, daß die Abtei O. in die Rechte und Pflichten des früheren Patrons der Pfarrei S. eingetreten ist: nachdem i. J. 1461 die Inkorporation durch den zuständigen Bischof genehmigt war, wurde die Abtei O., die bis dahin kraft Patronatsrecht Obereigentümerin der Kirche S. war, nun auch Nutzeigentümerin der inkorporierten Kirche. Verf. bringt sehr gedankenreiche Ausführungen zur Beurteilung der mittelalterlich-kirchlichen Rechtssprache (S. 317ff.) und betont die volle Haltlosigkeit der teilweise auch in die Judikatur übergegangenen Ansicht, daß der Inkorporation nur öffentlichrechtliche Bedeutung zukomme. Der Inhaber der Pfarrstelle habe einen obligatorischen Anspruch gegen den Inhaber des inkorporierten Vermögens, für dessen Verfolgung in Württemberg die Gerichte zuständig sind; es handle sich um einen subjektiv öffentlichrechtlichen Anspruch, nicht um eine Reallast (S. 336ff.). Der Schuldner aus der Inkorporation kann die Einkünfte dem inkorporierten Vermögen entnehmen und haftet pro viribus des Ertrags dieser Güter; er braucht insbesondere dann nichts zu leisten, wenn mit der Inkorporation überhaupt kein Vermögen übergegangen war, haftet jedoch unbeschränkt, wenn die übernommene Vermögensmasse seinem Vermögen gänzlich unausscheidbar einverleibt wurde. Mit Hinschius bekennt sich Schönfeld zu der Ansicht, daß eine eingetretene Vermischung des Vermögens hinterher wieder durch Ausscheidung beseitigt werden kann (S. 359). Da dies gegebenenfalls nicht mehr in Frage käme und andererseits die Übernahme von Vermögen feststehe, habe der Staat mit dem gegenwärtigen Ertrag des Klosters O. zu haften. Dabei richte sich die Höhe der Congrua nach den jeweils für Seelsorger angemessenen Bezügen und sei jeweiliger Neufestsetzung fähig (S. 363). Daher sei der Ergänzungsanspruch grundsätzlich anzuerkennen, wohl aber seien nach Treu und Glauben die besonderen Umstände der Notzeit zu berücksichtigen, woraus folge, daß Klägerin teilweise, etwa zu ⅓, zum Mittragen des Inflationsschadens herangezogen werden könne (S. 366), wobei Verf. offenbar stillschweigend unterstellt, daß dieser Anteil aus den Einkünften der Pfründestiftung S. entnommen werden kann.

Die ausgezeichnete Studie, die über den engeren Bereich des Kirchenrechts hinaus wertvolle Anregungen gibt, beschließt den stattlichen Band, der den verdienten Jubilaren zur hohen Ehre gereicht.

München.

Privatdozent Dr. Rudolf Düll.

6. Arthur L. Goodhart, Essays in Jurisprudence and the Common Law. Cambridge, University Press, 1931. 295 S. 15 sh.

Goodhart, der Herausgeber der Law Quarterly Review, der führenden juristischen Zeitschrift in England, hat hier 13 größere Aufsätze gesammelt, die er in verschiedenen Zeitschriften veröffentlicht hatte. Sie sind durch Fußnoten auf den neuesten Stand gebracht. Sie behandeln fast durchweg Themen von allgemeinerem Interesse. Die Reihe wird eröffnet durch eine Arbeit über den Begriff der ratio decidendi eines Falles, d. i. des einer richterlichen Entscheidung zugrundeliegenden und sie tragenden Rechtssatzes, der bindende Kraft hat, im Gegensatz zum bloßen ‚obiter dictum'. Die folgende Arbeit unterrichtet uns über neuere Strömungen in der englischen Jurisprudenz. Der dritte Aufsatz (Case Law in England and America) zeigt uns, wie in den Vereinigten Staaten der Richter sich doch nicht in solchem Maße an Präjudizien gebunden fühlt wie in England; Goodhart empfiehlt hier auch für England eine Annäherung an den freieren amerikanischen Standpunkt. Es folgt die Erörterung dreier Fälle aus dem Besitzrecht. Die fünfte Abhandlung befaßt sich mit der Haftung der Juristischen Person für unerlaubte Handlungen, die ihre Organe oder Vertreter durch ein Verhalten begehen, welches ‚ultra vires' liegt, d. h. durch ein solches, welches sie außerhalb des gesetzlich festgelegten Zweckes und Tätigkeitsbereichs der Korporation betätigt haben. Es darf darauf hingewiesen werden, daß die Ultra vires-Doktrin, die im englischen Recht eine große Rolle spielt, seit diesem Aufsatz des Verfassers eine sehr umfassende neue Darstellung gefunden hat in dem Werke von Howard A. Street, A Treatise of the doctrine of Ultra-vires, London 1930, das seinerseits auf dem älteren Werke von S. Brice über denselben Gegenstand sich aufbaut. Im sechsten Aufsatz behandelt Goodhart die Haftung für die Folgen eines ‚negligent act', wobei die Relativität des Begriffes der erforderlichen Sorgfalt (duty of care) besonders betont wird. Die Verantwortlichkeit für unvorhersehbare Folgen eines negligent act ist auch das Thema der folgenden Erörterung über den amerikanischen Palsgraf Case. Es folgt eine Untersuchung der Frage, inwieweit der Besitzer für schädliche Sachen haftet, die ‚naturaly on the land' sind, also ohne menschliches Zutun sich hier befinden, wie z. B. Unkraut oder Ungeziefer; auch die überhängenden Zweige erfahren hier eine rechtliche Betrachtung. Der neunte Aufsatz (Blackmail and consideration in contracts) ist strafrechtlicher Natur. ‚Blackmail' heißt im Volksmund die Erpressung. Gesetzlich wird sie getroffen durch den Larceny Act 1916, s. 29 subs. 1. Zum Tatbestand der Erpressung, die als ‚felony' behandelt wird, gehört hier, daß der Erpresser die Vorteile gefordert hat ‚without any reasonable or probable cause'. Wenn daher die Forderung eine gültige consideration hat, liegt keine Erpressung vor. Es ist anerkannt, daß auch der Verzicht auf eine Handlungsfreiheit, sofern ihre Betätigung sich in den Grenzen der guten Sitten hält, ‚the surrender of a moral liberty' eine gültige consideration sein kann. Aber auch ein surrender of an immoral liberty, wie etwa der Verzicht auf die Begehung einer Beleidigung oder eines Ehebruchs? Und wo sind die Grenzen zwischen der moral und der immoral liberty? Zu diesen Fragen nimmt der Verfasser unter eingehender Würdigung der nicht ganz einheitlichen englischen und amerikanischen Judikatur Stellung. Nach einem weiteren Aufsatz über Kosten mit einer lehrreichen historischen Einleitung folgt ein solcher über die Gesetzlichkeit des Generalstreiks, ein durch den Streik der Kohlenarbeiter in England höchst aktuell gewordenes Thema. Goodhart kommt zu dem Ergebnis, daß der Generalstreik als solcher nach englischem Recht weder einen kriminellen Tatbestand noch für die Führer eine zivilrechtliche Verantwortlichkeit begründet. Die zwölfte Abhandlung befaßt sich mit neueren Fällen aus dem Bankrecht und dem Recht der Wertpapiere (negotiable instruments). Den Schluß bildet ein temperamentvoll geschriebener Artikel über den New Yorker ‚Court of Appeal' und das ‚House of Lords', der die freiere Art der Rechtsfindung des amerikanischen Gerichtshofs der konservativeren des englischen gegenüberstellt und durch Beispiele aus der Praxis beleuchtet. In England, wo die Zivilisation ein verhältnismäßig starkes Beharrungsvermögen aufweist und das Recht auf weiten Gebieten schon zu einer Ausreifung gelangt ist, überwiegt in der Rechtsprechung das Bedürfnis nach logischer Folgerichtigkeit; in den Vereinigten Staaten dagegen mit ihrem raschen Wechsel der sozialen Verhältnisse und mit ihrem nicht bodenständigen Common

Law, das aus einem Lande mit ganz anderen natürlichen Bedingungen hergeholt ist, zeigen die Richter mehr Wagemut in der Anpassung des Rechts an die Bedürfnisse des Tages. E. R.

7. John Mac Arthur Maguire, Professor of Law in Harvard University, Supplement to Thayer's Cases on Evidence. Cambridge (Mass., U. S. A.), Harvard University Press, 1930. 102 S.

Law of evidence ist das Beweisrecht. Es beruht im angloamerikanischen Recht nur zum Teil auf verschiedenen statutes, zum größeren Teil aber auf Präjudizien, von denen einige bis ins 18. Jahrhundert zurückgehen. Solche ‚Cases' sind mehrfach zusammengestellt. Unter den englischen Werken über Evidence ragen das von Sir James Stephen, das von Taylor und das von Phipson hervor, unter den amerikanischen das von Wharton und das von J. B. Thayer (Cases on Evidence). Letzteres Werk erfährt in dem vorliegenden Heft eine wertvolle Ergänzung durch neue Fälle aus der amerikanischen Praxis, die ausführlich wiedergegeben werden. Zwischenhinein wird S. 87ff. der neuerdings vom American Law-Institute unternommene Versuch einer kodifizierenden Zusammenfassung abgedruckt, soweit sich dieser Entwurf auf Interpretation, parol evidence rule und usage (nach unseren Vorstellungen sehr lose zusammengehörige Dinge!) bezieht. E. R.

8. Handbuch der internationalen Rechtsverfolgung. Herausgegeben von Dr. Heinrich A. Møller, Kopenhagen und Dr. Harry Wolff, Rechtsanwalt und Notar in Berlin, unter Mitwirkung von Dr. Hans Kalisch, Rechtsanwalt und Notar. Berlin, Karl Heymanns Verlag, 1929. 471 S. Mk. 20.—.

Von diesem beliebten und brauchbaren Handbuch, das infolge des Weltkriegs und seiner Folgen veraltet war, wurde im Jahre 1924 eine englische Neuausgabe veranstaltet, die in London in dem Verlage Stevens and Sons erschien. Die vorliegende neue deutsche Ausgabe ist im ganzen die fünfte. In ihr sind die Beiträge für die einzelnen Länder ergänzt und vermehrt, insbesondere sind aber die nach dem Weltkriege neu entstandenen Staaten aufgenommen. Die meisten Bearbeiter sind Juristen der betreffenden Länder. Von besonderem Wert sind die tatsächlichen Angaben über die Verfassung und sonstige Rechtseinrichtungen der einzelnen Länder, die systematische Darstellung des materiellen Rechts ist naturgemäß nur eine ganz summarische, gibt aber einen guten Überblick. Erwünscht wären Hinweise auf weitere Hilfsmittel.

Nur die europäischen Staaten sind berücksichtigt. Es wäre dankenswert, wenn die Bearbeitung in einer späteren Auflage, etwa in einem zweiten Bande, auf die wichtigsten außereuropäischen Länder, namentlich die Vereinigten Staaten von Amerika, Brasilien, Argentinien, Japan, China und die englischen Dominions erstreckt würde. Daß die Schwierigkeiten in der Beschaffung zuverlässiger Angaben überwindlich sind, zeigen die „Länderberichte" in Band I des von Schlegelberger herausgegebenen rechtsvergleichenden Handwörterbuchs. E. R.

9. Archives Juridiques, Recucil bimensuel sous la rédaction de Prof. V. Ganew et Prof. L. Dikow. Sofia 1929 ff.

Bulgarien hat zwar ein Handelsgesetzbuch (vom 1. Januar 1898) aber kein zusammenfassendes Zivilgesetzbuch, die einzelnen privatrechtlichen Materien sind in einer Reihe von Einzelgesetzen geregelt, von denen das Gesetz über die Verbindlichkeiten und Verträge von 1893, das Gesetz über Vermögen, Eigentum und Servituten von 1904, das Gesetz über Hypotheken und Privilegien von 1910 und das Erbgesetz von 1890 hervorzuheben sind. Sie lehnen sich vielfach an fremde Rechtsordnungen an; vgl. die Übersicht von Bazanoff in der Zeitschrift für osteuropäisches Recht, 1927, S. 92, 168. Bei diesem Rechtszustand ist das Bedürfnis nach einer Orientierung durch die Literatur natürlich besonders stark. An juristischen Zeitschriften gab es bisher schon außer einer Juristischen Rundschau eine besondere Rundschau für Anwälte und ein vom Justizministerium herausgegebenes Monatsblatt mit dem Titel „Juristische Gedanken".

Die vorliegende neue Zeitschrift soll alle zwei Monate erscheinen. Sie enthält in bulgarischer Sprache Aufsätze aus den verschiedensten Rechtsgebieten, einen Überblick über die neue Gesetzgebung und über die Rechtsprechung, wobei auch das Wichtigste aus ausländischer Judikatur berücksichtigt wird, und endlich eine Bibliographie und eine Überschau aus ausländischen Zeitschriften.

E. R.

10. Harry H. Alma, Ein Vorschlag zur Eherechtsreform. Ein Entwurf zu einem Gesetz, betreffend die Abänderung der Bestimmungen über das Eherecht und dessen Begründung. Wien, Verlag von Julius Springer, 1930.

Das österreichische Eherecht ist, von welcher Seite her man es auch betrachten mag, unbefriedigend. Auf einer jetzt 120 Jahre alten, für ihre Zeit vortrefflichen Kodifikation beruhend, die hier teilweise selbst wieder auf das Josephinische Gesetzbuch von 1786 zurückgeht, ist es heute in vielem veraltet. Dazu kommt sein Mangel an Einheitlichkeit, der wiederum mit seinem konfessionellen Charakter zusammenhängt. Es gibt für die Eingehung und Auflösung der Ehe ein Eherecht für Katholiken, eines für nichtkatholische Christen, eines für Juden, eines für Konfessionslose und eines für die Burgenländer. Besondere Schwierigkeiten schafft die Unauflöslichkeit des Ehebandes für Katholiken und die damit zusammenhängende heillose Frage der Dispensehen.

Ein konfessionelles Recht zu ändern ist aber für den Gesetzgeber besonders heikel, und das ist neben anderen einer der Gründe, warum es in Österreich zu einer völligen Neukodifikation des bürgerlichen Rechts nicht gekommen ist, sondern man sich mit den Teilnovellen von 1914, 1915 und 1916, die auf Notverordnungen beruhen, begnügt hat. Es wird aber auch eine Hauptschwierigkeit bleiben, wenn einmal, was nach dem Vorgang der Strafrechtsangleichung nicht mehr so utopisch erscheint, einem gemeinsamen Zivilgesetzbuch für das Deutsche Reich und Österreich nähergetreten werden sollte.

Was für den durch realpolitische Rücksichten gebundenen Gesetzgeber schwierig ist, ist für den niemanden verantwortlichen, frei konstruierenden Theoretiker viel leichter. Er kann mit der Kritik des Bestehenden den Neubau eines Idealrechts verbinden und dabei alles so ordnen, wie er es für zweckmäßig und vernünftig hält.

Diesen Weg geht der Verfasser. Er bietet gleich einen formulierten Gesetzesentwurf und bringt seine Anschauungen dadurch, was gewiß ein Vorzug ist, klar und bestimmt zum Ausdruck. Dem Entwurf läßt er eine ziemlich eingehende Begründung folgen. Auf die große Literatur zu seinen Problemen geht er allerdings nicht ein, weder auf die österreichische, noch auf die reichsdeutsche. Der Entwurf hat 73 Artikel. Der erste Teil, der sich mit der Abänderung des allgemeinen bürgerlichen Gesetzbuches befaßt, behandelt die Ehehindernisse und die Anfechtungsgründe, die Eheschließung, die Dispensation, die Konvalidation einer ungültigen Ehe, die Ungültigkeitserklärung, die Ehetrennung und Scheidung, die Unterhaltspflicht, die Lösung der Ehe durch Tod und durch Todeserklärung, die Wiederverehelichung, die kirchlichen Verpflichtungen, endlich die Abänderung einiger sonstigen Bestimmungen des ABGB., die mit dem Eherecht im Zusammenhang stehen. Die Systematik dieses Teils schließt sich im wesentlichen an das bisherige Gesetz an. Der zweite Teil, der die „Einführungsbestimmungen" enthält, will zunächst das Verhältnis zu anderen Gesetzen regeln, namentlich zu den Ungarischen Gesetzesartikeln XXXI und XXXIII von 1893, zu einer Reihe älterer Hofdekrete und zu § 14 der Jurisdiktionsnorm, und dann „Ausnahmebestimmungen" geben.

Das Verfahren des Verfassers, so einschneidende und umfassende Änderungen, wie er sie haben will, nur in Form zahlreicher Abänderungsbestimmungen zu bringen, scheint mir gesetzestechnisch unzweckmäßig zu sein; man ist auf diese Weise, um das neue Recht festzustellen, genötigt, ständig das Abänderungsgesetz mit dem ursprünglichen Gesetzestext zu vergleichen. Besser wäre eine vollständige Neuformulierung, die Novelle bräuchte deshalb nicht außerhalb des ABGB. zu stehen, sondern könnte sich ihm einfügen.

Wohl die wichtigste sachliche Neuerung des Entwurfes ist die Beseitigung des tatsächlich unhaltbaren Zustandes der Dispensehen. Die Frage ist so wichtig, daß sie hier kurz dargestellt werden soll. Nach dem bisherigen Rechtszustand (ABGB. § 111) kann das Band einer gültigen Ehe zwischen katholischen Personen nur durch den Tod des einen Ehegatten getrennt werden. Ebenso unauflöslich ist das Band der Ehe, wenn nur ein Teil schon zur Zeit der geschlossenen Ehe der katholischen Religion zugetan war. Das hängt natürlich zusammen mit dem katholischen Dogma von dem sakramentalen Charakter der Ehe. Für Ehen von Katholiken gibt es also in Österreich grundsätzlich keine Trennung, sondern nur eine „Scheidung von Tisch und Bett" (§§ 103ff.), welche das Band der Ehe bestehen läßt. Nun gibt es aber nach dem ABGB. von Ehehindernissen aus „wichtigen Gründen" eine Dispensation. Besteht diese Möglichkeit auch bei dem für Katholiken gegebenen Ehehindernis des bestehenden Ehebandes? Die österreichischen Verwaltungsbehörden hatten die Frage bejaht und die Befreiung bewilligt, so daß es tatsächlich auch für „geschiedene" Katholiken in Österreich zu einer zweiten Ehe als sog. Dispensehe kam. Zivilgerichte, welche die Frage der Gültigkeit der Ehe zu prüfen hatten, hatten mehrfach die entgegengesetzte Meinung vertreten und die Dispensehen für ungültig erklärt. Ein Erlaß des Staatsamtes für Inneres und Unterricht vom 27. August 1919 hat die Möglichkeit der Dispensation vom Ehehindernis des Ehebandes grundsätzlich anerkannt, die Gerichte aber kehrten sich nicht daran, insbesondere hat der Oberste Gerichtshof immer wieder die Befreiungsmöglichkeit verneint. Also ein Konflikt zwischen Verwaltung und Justiz, den der Verfassungsgerichtshof entscheiden sollte! Der Verfassungsgerichtshof erklärte sich nun zuerst für unzuständig; mit dem Erkenntnis vom 5. November 1927 (vgl. auch die Entscheidung vom 27. Februar 1928) gab er diesen Standpunkt auf und erklärte die Gerichte für nicht berechtigt, Dispensakte der Verwaltungsbehörden auf ihre Gültigkeit zu prüfen; die Urteile der Zivilgerichte, welche die Dispensehen für ungültig erklärten, seien ihrerseits nichtige Akte. Solchen Urteilen drohte also die Aufhebung durch den Verfassungsgerichtshof. Der Oberste Gerichtshof jedoch kehrte sich an diese Auffassung des Verfassungsgerichtshofs nicht und erklärte in seinem Plenarbeschlusse vom 3. April 1928 (Entsch. d. österr. Obersten Gerichtshofs Bd. 10, 1928, Nr. 51 S. 114ff.) die Dispensehen wiederholt für nichtig. Also neuer Wirrwarr durch die sich widersprechende Anschauung zweier oberster Instanzen! Neuestens hat nun aber der Verfassungsgerichtshof in dem Erkenntnis vom 7. Juli 1930 seinen Standpunkt insofern wieder wesentlich modifiziert, als er nun annimmt, dadurch, daß ein Gericht, wenn auch unrichtigerweise, gegenüber dem verwaltungsrechtlichen Dispensationsakte ein Prüfungsrecht ausübe und eine Ehe trotz der Dispensation als ungültig erkläre, sei ein Kompetenzkonflikt noch nicht gegeben, das Verfassungsgericht brauche daher nicht einzuschreiten.

Schließliches Ergebnis: Die Dispensehen sind der Nichtigkeitserklärung durch die Gerichte ausgesetzt, und der Verfassungsgerichtshof schützt sie dagegen nicht mehr.

Einen solchen Rechtszustand mag man hinnehmen, wenn es sich um einzelne seltene Fälle handelt, er ist aber unerträglich, wenn er Massen trifft. In Österreich bestehen ungefähr 50000 Dispensehen, die nun von der Ungültigkeitserklärung bedroht sind. Nicht nur die Geschicke der Ehegatten selbst, sondern auch Lebensinteressen der Kinder sind damit in Frage gestellt; Fragen des Vormundschaftsrechts, des Erbrechts, des Unterhaltsrechts, des öffentlichen Versorgungsrechts werden aufgerollt.

Daß hier tatsächlich ein Eingreifen des Gesetzgebers erwünscht ist, ist klar. Alma sieht das Heilmittel nicht in einer gesetzlichen Anerkennung der Dispensehe bei Katholiken, sondern in einem Bruch mit dem Grundsatz der Unlösbarkeit katholischer Ehen. Die Dispensehe mit ihren Schwierigkeiten erledigt sich von selbst, wenn auch Katholiken eine Trennung ihrer Ehen dem Bande nach verlangen können und nach dieser eine neue Ehe eingehen können. § 111 des ABGB. soll daher aufgehoben werden. Ehen, die unter Dispensation von dem Ehehindernisse des § 62 BGB. schon geschlossen sind, sollen mit dem Inkrafttreten des neuen Gesetzes als von Anfang an gültig angesehen werden, wenn sie nicht beim Inkrafttreten des neuen Gesetzes schon rechtskräftig für ungültig erklärt waren. Diesem Gedanken wird man zustimmen müssen. Dem Katholiken, der sich an sein Dogma gebunden fühlt, wird damit nicht zu nahegetreten, es steht ihm ja frei, von einer zweiten Ehe abzusehen; demjenigen aber, der solche konfessionelle Bindung nicht fühlt, darf der Staat sie nicht aufzwingen.

Alma will sodann die sog. privaten Ehehindernisse, die im Gegensatz zu den öffentlichen strenge genommen überhaupt keine Ehehindernisse sind, in das umwandeln, was sie wirklich sind, nämlich in Anfechtungsgründe. Damit will er zugleich klarstellen, daß es eine Dispensationsmöglichkeit auf diesem Gebiete nicht geben kann, denn das private Recht einer Person, durch eigenes Vorgehen die Ungültigkeitserklärung ihrer Ehe zu erreichen, kann ihr nicht durch einen Staatsakt, als welchen die Dispensation sich darstellt, entzogen werden. Mit dieser grundsätzlichen Stellungnahme lehnt sich der Entwurf an das deutsche BGB. an, ebenso in der Formulierung der Anfechtungsgründe des Irrtums und der arglistigen Täuschung, nicht auch in der des Zwanges (ABGB. § 55), neben welchem der Anfechtungsgrund der Entführung, neu gefaßt, bestehen bleiben soll; nach § 56 soll eine „entführte und noch nicht in ihre Freiheit versetzte Person" die Ehe anfechten können, sobald sie dazu in der Lage ist. Wenn der Verfasser hier, was sich verstehen läßt, vom deutschen BGB. abweichen will, läßt sich andrerseits nicht recht einsehen, warum er bei der Anfechtung wegen Irrtums völlig der so wenig geglückten, weil viel zu weiten, Fassung des reichsdeutschen § 1333 folgen will, um dessen einschränkende Interpretation sich die Praxis bemühen muß. Wollte man es wirklich buchstäblich nehmen, daß der Irrtum Anfechtungsgrund sein soll, „wenn er solche persönliche Eigenschaften des künftigen Ehegatten betrifft, daß sie den irrenden Teil bei Kenntnis der Sachlage und bei verständiger Würdigung des Wesens der Ehe abgehalten haben würden, die Ehe einzugehen" (so ABGB. § 57 in der Fassung des Art. 3 des Entwurfs), so wären gar viele Ehen in ihrem Bestande nicht mehr gesichert. Hochgradige geistige Beschränktheit, Zanksucht, Arbeitsscheu, sind zweifellos solche Eigenschaften; ist es wirklich rechtspolitisch wünschenswert, daß ihretwegen die Ehe anfechtbar sei?

Der Verfasser will weitergehend eine Reihe von bisherigen Ehehindernissen, insbesondere alle dispensablen, überhaupt aufheben. Die Ehehindernisse der Weihe oder des Gelübdes, des Ehebruchs, des Gattenmordes sollen völlig beseitigt werden. Das der Verwandtschaft und Schwägerschaft soll eingeschränkt werden; Ehen sollen nur mehr verboten sein zwischen Aszendenten und Deszendenten, zwischen voll- und halbbürtigen Geschwistern, zwischen Schwiegereltern und Schwiegerkindern sowie zwischen Stiefeltern und Stiefkindern; also eine Angleichung an das deutsche BGB.!

Systematisch gehört auch die Nichteinhaltung der Wartezeit durch die Frau zu den Ehehindernissen. Alma will hier am geltenden Recht nichts Wesentliches ändern, er will aber auch systematisch die Bestimmung in dem Abschnitt „Wiederverehelichung" belassen und nicht etwa unter den „Ehehindernissen" behandeln; nach dem traditionellen Sprachgebrauch (der theoretisch allerdings auch schon beanstandet wurde) befremdlich, jedoch vom Standpunkte des Verfassers aus, der unter Ehehindernissen nur solche Umstände verstehen will, bei deren Vorliegen die Ehe nicht gültig zustandekommen kann, nicht alle Eheverbote, ganz folgerichtig. So kann er auch sein Prinzip aufrechterhalten, daß es von Ehehindernissen überhaupt keine Befreiung geben soll; überall, wo er eine Befreiung zulassen will, beim Aufgebot, bei der Wartezeit und bei der mangelnden behördlichen Erlaubnis, handelt es sich in seinem Sinne überhaupt nicht um Ehehindernisse, sondern nur um Eheverbote. Daß die Vorschriften über das Aufgebot aus Mußvorschriften, was sie bisher waren, in Sollvorschriften umgewandelt werden sollen, ist gewiß ein Fortschritt.

Ein Kardinalpunkt der Almaschen Reform ist, daß er an die Stelle der verschiedenen konfessionellen Eheordnungen eine einzige überkonfessionelle setzen will. Doch will er eine obligatorische Zivilehe ebenso wie auch eine fakultative Zivilehe ablehnen; wie im bisherigen österreichischen Recht soll auch nach dem Entwurf eine staatliche Eheschließungsform nur als sog. Notziviltrauung bestehen, grundsätzlich soll es bei der kirchlichen Trauung als der vom Staat vorgeschriebenen und anerkannten Form bleiben. Unter den Gründen, die Alma hiefür anführt, verdient jedenfalls der Beachtung, daß es in einer reinen Prinzipienfrage unzweckmäßig ist, an einem in Österreich seit Jahrhunderten bewährten Zustand ohne äußere Notwendigkeit zu rütteln. Weniger einleuchtend ist sein weiterer Grund, für die Ziviltrauung käme „jedenfalls nur die politische Behörde erster Instanz (Bezirkshauptmannschaft) in Betracht" (so S. 71); während sich fast in jedem Dorf eine Kirche befinde, müßten die Brautleute im Falle der Ziviltrauung den oft weiten und lästigen Weg von ihrem Wohnsitz zur politischen Behörde zurücklegen. Es ist aber gar nicht einzusehen, warum nur die Bezirkshauptmannschaften und nicht untere Lokalbehörden als Standesbeamte sollen fungieren können; geschieht dies doch auch im Deutschen Reich, wo in der Regel jede politische Gemeinde einen Standesamtsbezirk bildet und zahllose Landbürgermeister Standesbeamte sind, ohne daß daraus in der jetzt mehr als ein halbes Jahrhundert alten Praxis erhebliche Schwierigkeiten entstanden wären.

Von besonderem Interesse ist die Stellungnahme zum Ehescheidungsrecht. Alma will es vor allem seines bisherigen konfessionellen Charakters entkleiden, er will die Möglichkeit einer Auflösung der Ehe ohne Rücksicht auf die Konfession der Ehegatten einheitlich regeln. Beibehalten will er aber die Unterscheidung zwischen der völligen Auflösung des Ehebandes, die in Österreich nicht Scheidung, sondern „Trennung" heißt, und der bloßen Aufhebung der ehelichen Gemeinschaft, welche in Österreich „Scheidung von Tisch und Bett" heißt und auch nach dem Entwurfe so heißen soll. Beide haben gemeinsame Gründe, auch ihre prozeßrechtliche Durchführung ist die gleiche, und in der Wirkung soll der Unterschied nur darin bestehen, daß nach der bloßen „Scheidung" jeder der beiden Teile wieder heiraten kann, nach der „Trennung" nicht. Auf Grund der ausgesprochenen bloßen „Scheidung" soll nach Art. 32 des Entwurfs jeder der beiden Ehegatten zu jeder Zeit verlangen können, daß das Gericht die völlige „Trennung" der Ehe ausspreche, es sei denn, daß eine Wiedervereinigung stattgefunden hat. Das entspricht, wenn man von dem verschiedenen Sprachgebrauch absieht, unserem BGB. § 1576.

Völlig abweichend vom reichsdeutschen Recht will aber Alma in seinem Entwurf Art. 23 sowohl eine Scheidung als auch eine Trennung auf Grund beiderseitigen Einverständnisses zulassen. Er geht damit über das bisherige österreichische Recht, das eine einverständliche „Trennung" nur für Juden kennt, weit hinaus. In einem Lande, das mehr als 93% Katholiken hat, wäre die Veränderung dieses Rechtszustandes natürlich von stärkster praktischer Auswirkung. Alma geht aber auch über das Schweizerische ZGB. hinaus, welches in seinem Art. 142, auf Grund dessen in der Praxis mehr geschieden wird, als wegen aller übrigen Gründe zusammen, die unverschuldete tiefe Zerrüttung als Ehescheidungsgrund anerkennt, aber es doch nicht genügen läßt, wenn die Ehegatten selbst die Ehe als zerrüttet empfinden, sondern voraussetzt, daß ihnen bei objektiver Beurteilung die Fortsetzung der Ehe nicht zugemutet werden kann. Und wenn im deutschen Recht, wie es vielfach gewünscht wird, für das Ehescheidungsrecht an Stelle des Verschuldungsprinzips das sog. Zerrüttungsprinzip gesetzt werden sollte, so wäre eine solche Reform doch etwas anderes, als die von Alma in seinem Entwurf in Aussicht genommene Scheidung auf Grund Einverständnisses; es ist daher schwerlich zutreffend, wenn Alma S. 121 sagt, der Einwand, daß durch „Beibehaltung" der einverständlichen Scheidung die Rechtsgleichheit mit dem Deutschen Reiche nicht hergestellt werde, werde voraussichtlich in kurzer Zeit unbegründet sein. Vor allem aber begegnet Almas Entwurf hier dem schwersten rechtspolitischen Bedenken. Er wäre m. E. diskutierbar, wenn er nur für kinderlose Ehen gelten wollte; wo aber durch die Scheidung der Eltern auch die Lebensinteressen der Kinder aufs Tiefste berührt werden, hat der Gesetzgeber doch in einem Zeitalter, in welchem der Familiensinn und das Verantwortlichkeitsbewußtsein in so weiten Kreisen abgeschwächt sind, keinen Grund, dieser Schwäche noch entgegenzukommen, und es ist nicht nur konfessionelle Befangenheit, die sich dagegen wehrt. Goethe, gewiß weder ein fanatischer Christ noch gerade das Muster eines Ehemanns, hat in seinen alten Tagen gesagt[1]: „Man sollte nicht so leicht mit Ehescheidungen vorschreiten. Was liegt daran, ob einige Paare sich prügeln und das Leben verbittern, wenn nur der allgemeine Begriff der Heiligkeit der Ehe aufrecht bleibt."

Durchaus neu ist in Almas Entwurf der Abschnitt über die Unterhaltspflicht des geschiedenen oder getrennten Ehegatten, der an die Stelle der bisherigen §§ 121 bis 130 ABGB. treten soll. Er will die vermögensrechtliche Stellung der geschiedenen Frau in Anlehnung an das reichsdeutsche Recht ungünstiger gestalten als sie bisher war, ein Plan, der in Österreich schon begreiflichen Anstoß erregt hat (vgl. Wahle in der „Rechtsprechung" 1930 S. 240). Besonders auffallend ist in diesem Abschnitt, daß der Entwurf in § 127 die „eheähnliche Gemeinschaft" als einen Rechtsbegriff einführen will. Wenn die getrennte unterhaltsberechtigte Frau, die mit einem anderen in einem solchen Verhältnisse lebt, von diesem tatsächlich erhalten wird, oder mit Rücksicht auf die besondere Art

[1] Gespräch mit v. Müller vom 7. April 1830 (Goethes Gespräche, herausgegeben von Freih. v. Biedermann, VII, 295).

dieser Lebensgemeinschaft die Erhaltung durch den Lebensgefährten üblich ist und von diesem ohne Gefährdung des eigenen standesgemäßen Unterhalts „zur Gänze" oder auch teilweise geleistet werden könnte, soll der unterhaltspflichtige Ehemann begehren können, daß seine Unterhaltspflicht für die Dauer jenes Verhältnisses „ganz oder teilweise zum Ruhen gebracht wird". Unseres Erachtens würde eine solche, wenn auch nur indirekte, Anerkennung des Konkubinats durch den Gesetzgeber nicht nur mit dem ethischen Bewußtsein eines sehr großen Teiles der Bevölkerung in Österreich in Widerspruch geraten, sondern auch den schwersten staatspolitischen Bedenken begegnen.

Der Entwurf will auch dem ausgesprochenen Zweck dienen, die Rechtsangleichung an das reichsdeutsche Recht zu fördern. In Wirklichkeit bringt er uns wieder zum Bewußtsein, wie schwierig diese Rechtsangleichung ist. Es ist festzustellen, daß er nicht nur in zahlreichen Einzelheiten, sondern auch in Grundsätzlichem, wie in der kirchlichen Trauung und der Zulassung der einverständlichen Trennung, vom reichsdeutschen Recht weit abweicht. Aber nicht einmal im Sprachgebrauch wird die Angleichung durchgeführt, auch nach dem Entwurf haben in Österreich „Scheidung" und „Trennung" einen ganz anderen Sinn als im deutschen Recht; ebenso auch der Ehevertrag. Das deutsche BGB. versteht unter einem „Ehevertrag" nur einen Vertrag, durch welchen Verlobte oder Ehegatten ihre güterrechtlichen Verhältnisse regeln; während nach österreichischem Recht, an welchem A l m a in diesem Punkte nichts ändern will, der „Ehevertrag", wie ABGB. § 44 ergibt, der Vertrag ist, in welchem zwei Personen verschiedenen Geschlechts gesetzmäßig ihren Willen erklären, „in unzertrennlicher Gemeinschaft zu leben, Kinder zu zeugen, sie zu erziehen, und sich gegenseitig Beistand zu leisten". Nun kann und soll die Rechtsangleichung gewiß nicht nur so vor sich gehen, daß der österreichische Gesetzgeber sich nach dem reichsdeutschen Muster richtet. Es kann in vielem auch das Umgekehrte eintreten; aber wer glaubt heute im Ernst, daß dies gerade auf dem Gebiet des Eherechts so kommen werde?

München. E. Riezler.

11. Cosack, K., Lehrbuch des Handelsrechts. Zwölfte neu bearbeitete Auflage. Stuttgart 1930, Ferdinand Enke. XV u. 553 S.

Lehrbücher sind im allgemeinen keine ergiebigen Quellen der Kritik. Dazu ist schon das wissenschaftliche Programm dieser Werke zu ausgeglichen. Der monotone Einschlag einer durchaus horizontalen Zielsetzung (Lehraufgabe und damit also reiner Übermittlungszweck) erschwert die Abgabe differenzierender Werturteile in der gleichen Weise, wie andrerseits kritische Betrachtungen einzelner Probleme durch die Uniformierung der dargestellten Materie notwendig gestört werden müssen. In der Jurisprudenz dürften die Verhältnisse zudem noch um einiges ungünstiger liegen; denn hier ist neben allem anderen durch das Hervortreten des positiven Rechts eine relativ unveränderliche Grenze gegeben, deren gewissenhafte Beachtung unter allen Umständen zu stofflicher Schablone führt. Wenn wir also behaupten, daß juristische Lehrbücher im besonderen zu stofflicher Gleichheit neigen und dadurch einer kritischen Beurteilung in weitem Maße entzogen sind, so soll in dieser bloßen Feststellung doch kein Vorwurf enthalten sein. Im Gegenteil, wir sehen in der eben skizzierten Planmäßigkeit geradezu eine unerläßliche Voraussetzung jedes wirklich guten Lehrbuches. In der Harmonie der stofflichen Begrenzung und in der Anpassung divergierender Lehrmeinungen offenbart sich immer der gesunde Sinn für eine große dogmatische Linie, der weder dem Juristen, noch dem Pädagogen fehlen soll. Es gibt für unsere Studierenden sicherlich keine unangenehmere Situation, als wenn sie sich mit allzu eigenartigen, persönlichkeitsdurchtränkten Theorien befassen müssen; sie verlieren darüber den einheitlichen Überblick und verirren sich nur allzuleicht in einem dornenvollen Gestrüpp scholastischen Eigensinns. Feinsinnige Exkurse über juristische Grenzfälle und erbgesessene Streitfragen bleiben überdies — wie die Praxis zeigt — von dem Lernenden meist unverstanden. Es ist nun einmal so, daß der Lehrzweck eine ziemlich robuste Gestaltung des Materials verlangt; mit überspitzten Deutungsversuchen läßt sich wenig erreichen. Das fordert von dem forschungsgeübten Verfasser eines Lehrbuches natürlich einen gewissen Grad von Selbstbeherrschung; um des Lehrzieles willen muß er auf klingende Effekte verzichten und so manches ungesagt lassen, was ihm als Forscher am Herzen liegen würde. Uns will es deshalb auch scheinen, daß gute Lehrbücher bei aller souveränen und blendenden Darstellung des Stoffes, wie auch bei aller Beherrschung der Einzelprobleme immer einen leisen Hauch von Selbstverleugnung ihres Autors atmen und daß sich gerade in diesem Verzicht ein unbedingt richtiges Erkennen der Lehraufgabe offenbart. Die Beachtung einer dogmatischen Gleichrichtung nach der materialen Seite hin — die zunächst in einer möglichst ebenmäßigen Erfassung des darzustellenden Stoffes und weiter in einer Betonung der „herrschenden Meinung" zum Ausdruck kommt —, ist durchaus notwendig und schon in den Interessen einer zielstrebenden Lehre gelegen. Wir begrüßen es darum gleich zu Beginn, daß Cosacks Lehrbuch diese Forderungen weitgehend erfüllt; seine Ausführungen liegen auf einer gesunden, juristischen Mittellinie und vermeiden offensichtlich alle sensationellen Neuerungsversuche. Individuale Lehrmeinungen treten relativ selten auf (z. B. S. 24 — Beginn der Kaufmannseigenschaft), werden dann aber klar vorgebracht und mit abweichenden Auffassungen verglichen. So bleibt die Harmonie des rein Stofflichen andauernd gewahrt. Frei von revolutionierenden Theorien wird dem Studierenden gut konservative Kost geboten.

Wir sprachen nun einleitend davon, daß die Uniformierung der juristischen Lehrsubstanz eine gewisse Schablonenhaftigkeit der material gleichgerichteten Werke bedinge und möchten diese Tatsache hier wiederholt zur Feststellung bringen. Diese Ebenmäßigkeit des Stofflichen — (an sich auch zu höchster Indifferenz der Darstellung verleitend) — führt nämlich gerade dazu, daß alle individualen Kräfte nunmehr auf das Strukturelle und im weitesten Sinne Methodische konzentriert werden. In einer glückhaften Systematik und in der Anlage einer wirksamen Beobachtungsbasis erschöpft sich die individuelle Kunst des juristischen Lehrers; in diesen beiden Faktoren offenbart sich zugleich aber auch die ungeahnte Möglichkeit stärkster Kontrastierung der einzelnen Lehrwerke. Das vorliegende Werk des Münchener Altmeisters gibt uns die willkommene Gelegenheit, das im Vordergrunde stehende Methodenproblem in aller Kürze zu erörtern.

Für den aufmerksamen Beobachter rechtswissenschaftlicher Verhältnisse kann es zunächst nicht zweifelhaft sein, daß die deutsche Privatrechtsdogmatik heute einen hohen Punkt methodischer Differenzierung erreicht hat. Die Art und Weise, in der das Rechtsmaterial gesehen wird, ist durchaus verschieden und von solch wechselnder Gestaltung, daß zwischen den einzelnen Methodenreihen tiefe und scheinbar unüberbrückbare Klüfte bestehen. Diese Tatsache, aus der an sich unverkennbar eine Intensivierung juristischer Forschungs- und Lehrarbeit spricht, tritt insbesondere bei jenen Werken in Erscheinung, die in ihrer Anlage und Totalität auf die engere Rechtslehre abgestellt sind. Um hier nur von der Handelsrechtswissenschaft zu sprechen: Wir besitzen eine Reihe werttragender Lehrbücher, deren methodische Kontraste ungefähr im proportionalen Verhältnis zur Zahl der Werke stehen. Das kluge Wort Eugen Ehrlichs, daß jeder selbständige Forscher seine Methode, wie jeder ursprüngliche Künstler seine Technik, schaffen müsse[1]), findet hier eine kraftvolle Bestätigung. Wenn es nun auch nicht immer möglich ist, den besonderen Charakter jeder einzelnen Methode — und damit die wissenschaftliche Eigenart ihres Schöpfers — in exakter Weise darzulegen, so glauben wir doch, grundlegende Verschiedenheiten feststellen und dementsprechend eine Teilung der Methodenreihen durchführen zu können. Es handelt sich dabei nur um einen Versuch, von dessen Relativität wir durchaus überzeugt sind.

Wenn man in der Methode nichts anderes als eine besonders aktivierte Form wissenschaftlichen Denkens erblickt, so muß zwischen diesen beiden Tatsachen offenbar ein intensiver Zusammenhang bestehen; überflüssig zu bemerken, daß das Denken als durchaus originäres Erlebnis unter allen Umständen die Eigenart der Methode bestimmt. So will es uns denn auch scheinen, daß die methodische Differenzierung in der Jurisprudenz sich ungefähr um die polaren Punkte statischer und dynamischer Rechtsauffassung entwickelt und in dieser Heterogenität der Vorstellungen vom Recht ihren eigentlichen Ursprung besitzt. Das kaleidoskopartige Bild juristischer Methodenreihen läßt sich so auf eine verhältnismäßig einfache Formel bringen. Dem Statiker sind die „Rechtsverhältnisse“ das Gegebene;

[1]) Ehrlich, Grundlegung der Soziologie des Rechts (1929), 381.

er sieht — bei aller lebensvollen Schilderung — ein von den gesellschaftlichen Begebenheiten mehr oder weniger abstrahiertes Recht. In der Vorstellung des Dynamikers dagegen verwandelt sich das Recht zum sozialen Schicksal, zu einer im Rhythmus des gesellschaftlichen Lebens mitschwingenden Form. Bleibt so in der statischen Rechtsauffassung der Blick vorwiegend auf den Rechtssatz als solchen gerichtet, so trachtet die Dynamik danach, die „Bewegungsquelle" dieses Rechtssatzes selbst zu erfassen[2]). Diese verschiedenartige Einstellung dürfte zwar heute — besonders nach der statischen Seite hin — selten bis zum Extrem gehen; aber sie wirkt auch bei geringerer Betonung unverkennbar auf Methode und Darstellungsweise ein. Das Werk des juristischen Statikers zeigt in seiner ganzen Anlage und wissenschaftlichen Durchführung den exakten, kühlen Blick des Technikers; es ist gewissermaßen juristische Geometrie, die uns hier vor Augen geführt wird. Die Arbeit des Dynamikers dagegen läßt aus allen Fasern die Freude und Sympathie des Künstlers für eine frei zu formende Materie vermuten. Beide sind in ihrer Art für die Durchdringung der Rechtswissenschaft bedeutungsvoll und es wäre daher sehr unklug, hier mit abwägenden Werturteilen einzusetzen. Bierling meint einmal ganz richtig, daß es überhaupt keine juristische Methode gäbe, die man schlechthin als die rechtswissenschaftliche Methode bezeichnen könnte[3]); was hier von dem rein gedanklichen Vorgang der Rechtsauffassung behauptet wird, gilt in entsprechender Übersetzung dann natürlich auch von dem mehr technischen Prozeß der Rechtsdarstellung.

Wenn man nun die Lehrbücher und monographischen Darstellungen des deutschen Handelsrechts unter den eben angeführten Gesichtspunkten vergleicht, so finden sich auch hier die beiden methodischen Führungslinien der Statik und Dynamik vor. Inwieweit diese verschiedenen Rechtsauffassungen im einzelnen Fall nur zu Darstellungszwecken (Lehrzweck) gewählt oder in der allgemeinen, wissenschaftlichen Überzeugung des Autors begründet sind, läßt sich allerdings nicht feststellen. Als ein überwiegend im dynamischen

---

[2]) Vgl. Sinzheimer, Der Wandel im Weltbild des Juristen, Zeitschrift f. soz. Recht (Wien 1928), 1. Jg., 2ff.

[3]) Bierling, Juristische Prinzipienlehre, V (1917), 56.

Sinne aufgebautes Lehrbuch möchten wir zunächst Gierkes hervorragendes Werk über das Handels- und Schiffahrtsrecht erwähnen; das Bestreben, die „historischen und wirtschaftlichen Zusammenhänge zu beleuchten und die Gründe klarzulegen, die eine vom bürgerlichen Recht abweichende handelsrechtliche Regelung nötig machen"[4]), kommt deutlich zum Ausdruck. In ähnlicher Weise glauben wir alle Darstellungen mit rechtspolitischer Tendenz der dynamischen Richtung zuweisen zu dürfen; das ausgezeichnete Buch Müller-Erzbachs enthält doch schon in seiner Vorrede ein offenes Bekenntnis zur dynamischen Rechtsauffassung. Es wäre bei der Verschiedenheit der eben zitierten Werke — sie gehen trotz gleicher dynamischer Basis im einzelnen durchaus eigene Wege — nicht angezeigt, sie unter dem Stichwort der „Interessenjurisprudenz" zusammenzufassen. Denn abgesehen davon, daß uns hier das Wort „Interessenjurisprudenz" zu farblos erscheint, um alle Nuancen dynamischen Rechtsdenkens zu erfassen, müßten wir dann auf der anderen Seite von „Begriffsjurisprudenz" in gleicher Bedeutung mit statischer Rechtsauffassung sprechen. Gerade das ist es aber, was wir unbedingt vermeiden wollen; denn das Wort „Begriffsjurisprudenz" hat heute einen schlechten Klang und mit seiner Anwendung ist doch immer ein leiser Vorwurf absoluter Weltfremdheit und eines übermäßig betonten juristischen Eigendünkels verbunden; das Recht wird — wie man so sagt — um seiner selbst willen „ohne jede Rücksicht auf die Brauchbarkeit der Ergebnisse"[5]) gewertet. Eine solche extreme Enthüllung des statischen Rechtsdenkens liegt aber nicht immer vor und das neue Lehrbuch Cosacks liefert uns einen deutlichen Beweis dafür, daß eine nach der statischen Seite hinneigende Methode sehr wohl lebensvoll sein und die Utilität der gewonnenen Rechtssätze berücksichtigen kann. Es ist ja nun in erster Linie eine Frage der Pädagogik, ob sich für den Lehrzweck eine statische oder dynamische Methode besser eignet und es wäre jedenfalls ungemein reizvoll, auf einer breiten Beobachtungsbasis nähere Untersuchungen über dieses Thema anzustellen. Daß ein vorzüglich auf statischer Grundlage auf-

---

[4]) Gierke, Handelsrecht und Schiffahrtsrecht, 2. Aufl. (1926), Aus dem Vorwort zur ersten Auflage.

[5]) Ehrenzweig, System des österr. allg. Privatrechts, I/1 (1925), 6.

gebautes Lehrbuch sehr erfolgreich und wertbeständig sein kann, zeigt uns Cosacks Werk — das nunmehr bereits in zwölfter Auflage erschienen ist — zur Genüge. Der Autor verschmäht es absichtlich, die wirtschaftlichen und allgemein sozialen Bewegungsfaktoren des Handelsrechts darzustellen; für ihn ist das „nur Juristische" maßgebend. So bringt das Werk ein mehr oder weniger abstrahiertes Recht, doch dies mit einer erstaunlichen Klarheit und Präzision[6]). Mit wenigen Worten wird irgendein Rechtssatz exakt umrissen; die jedem Absatz folgenden Beispiele geben der Darstellung etwas Lebensvolles und Erfrischendes und legen dem Studierenden zuweilen harte Proben seines Denkvermögens auf. Recht gelungen finden wir ferner den szenischen Aufbau des Gründungsherganges einer Aktiengesellschaft; schauspielartig werden hier die einzelnen Phasen des Entwicklungsganges vorgeführt und die besonders in ihrer zeitlichen Aufeinanderfolge schwer in Erinnerung zu behaltenden Gründungsprozesse dem Gedächtnis des Lesers einprägsam gemacht.

Wie der Verfasser schon in seinem Vorwort betont, hat das Werk eine gründliche Umarbeitung — teilweise auch nach der systematischen Seite hin — erfahren und kann demnach „fast als ein neues Buch gelten". Was nun die neue Systematik betrifft, die vor allem in der Einstellung des Gesellschaftsrechts zwischen dem allgemeinen Kaufmannsbegriff und den Rechtseinrichtungen des kaufmännischen Unternehmens zum Ausdruck kommt, so möchten wir den Wert dieser Neuerung nicht überschätzen. Es bleibt immerhin fraglich, ob nicht die sonst vielfach getroffene Einteilung (Kaufmannsbegriff — allgemeines Unternehmensrecht — Gesellschaftsrecht) insoferne günstiger ist, als damit bereits die fundamentalen Sätze des Handelsrechts vor Eingehen auf das komplizierte Gesellschaftsrecht ihre Darstellung gefunden haben. Daß andrerseits das Schiffahrtsrecht epilogisch das Werk beschließt — es folgen anhangweise nur noch ein kurzer Überblick über die geschichtliche Entwicklung des Handelsrechts und ein knapper Hinweis auf die Regelung zwischenstaatlicher Rechtsverhältnisse —, dürfte mit Rücksicht auf die besondere Struktur dieses

---

[6]) Über die durchaus verschiedene Behandlung des Rechtsmaterials vgl. etwa die Darstellung des Aufsichtsrates bei Müller-Erzbach, Deutsches Handelsrecht, 2. Aufl. (1927), 267 f. und dagegen bei Cosack a. a. O. S. 84 f.

Rechtsgebietes gewiß keinem ernstlichen Widerspruch begegnen. Hinsichtlich der Behandlung der einzelnen Rechtsprobleme ist auf unsere früheren Ausführungen zu verweisen. Wir wiederholen hier nur, daß Cosack ein vorzügliches Verständnis für eine große, dogmatische Linie besitzt und daß er es daher vermeidet, die Einheit seines Werkes durch Einsatz starrköpfiger Theorien und erhitzender Wortgefechte um antiquierte Streitfragen unnötig zu zersplittern. So glauben wir denn, dieses vorzügliche Lehrbuch mit den besten Worten begleiten zu können. Das Programm der Vorrede — „eine lebensvolle, klare und doch knappe Darstellung des Handelsrechts zu geben, die zur ernsthaften Einführung in dieses Gebiet taugt" — ist in glücklicher Weise verwirklicht und die deutsche Rechtswissenschaft um einen wertvollen Bestand bereichert worden.

Königsberg (Pr.). Prof. Dr. Haemmerle.

V.

Strafrecht.

Walter, Dr. Otto Ludwig, Wahrheit und Rechtskraft. 8°. 95 S. München 1931 (Otto Maidl).

Der Untertitel der Abhandlung beschränkt die Untersuchung auf die Wiederaufnahme (WA.) des Verfahrens zugunsten des Verurteilten.

In einer Einleitung werden die Widersprüche zwischen der materiellen Wahrheit und der Unabänderlichkeit rechtskräftiger Entscheidungen aufgezeigt. Verf. eignet sich dabei (S. 11) die reichlich übertriebene Kritik der Praxis durch Sello und Alsberg an, wonach sie den Hauptzweck des Gesetzes, staatliches Unrecht wieder gut zu machen, „völlig illusorisch" mache.

Im ersten Hauptteil werden die allgemeinen Vorbedingungen der WA. besprochen. WA. läßt der Verf. (S. 12f.) nur gegen Urteile zu, nicht gegen Strafbefehle. Die Gründe scheinen mir nicht überzeugend zu sein und stehen mit der Tendenz des Verf. (S. 11) im Widerspruch, das Gesetz so auszulegen, wie es der Gerechtigkeitspflicht des Staates am meisten zu entsprechen scheint.

Eine WA. gegen freisprechende und einstellende Urteile hält der Verf. für ausgeschlossen. In dieser Allgemeinheit scheint mir dies nicht richtig zu sein. Wird ein WA.-Gesuch auf Urkundenfälschung oder auf Eidesverletzung gestützt, so dürfte einer WA. mit dem Zweck wegen erwiesener Unschuld freigesprochen zu werden, ein Hindernis nicht entgegenstehen, nachdem der Angeklagte nur wegen Mangels an Beweisen freigesprochen worden ist. Auf die Ziff. 5 (neue Tatsachen oder Beweismittel) kann ein solches WA.-Gesuch allerdings nicht gestützt werden.

Den weiteren Ausführungen S. 15—20 kann im Ergebnis zugestimmt werden. Die Polemik gegen Löwe-Rosenberg auf S. 15 dürfte auf einem Mißverständnis beruhen.

Im 2. Hauptteil wird der § 359, der die Gründe für die WA. aufzählt, kommentiert.

Die Behauptung, Urkunden seien alle von Menschenhand gefertigten Gegenstände, welche zum Beweise von Tatsachen geeignet sind, darf nicht unwidersprochen bleiben; sie ist unwissenschaftlich und oberflächlich. Ein Gegenstand kann zum Beweise von Tatsachen geeignet sein, ohne etwas über eine zum Beweise gestellte Tatsache auszusagen. Diese Funktion ist aber einer Urkunde begriffsnotwendig. Und eine Aussage kann von einem Gegenstand nicht an sich geliefert werden, sondern nur von Zeichen, die auf ihm angebracht sind.

Wissentlich oder fahrlässig falsche Übersetzungen eines Dolmetschers glaubt Verf., so wünschenswert es ihm erscheint, entgegen der von Löwe-Rosenberg vertretenen Meinung, den Sachverständigen-Gutachten nicht gleichstellen zu können (S. 26). Tendenz des Gesetzes ist doch, Verletzungen der Eidespflicht von Aussagepersonen zur Grundlage des WA.-Verfahrens zu machen. Und Analogie ist im Strafprozeßrecht erlaubt. Auch § 154 StGB. spricht von Zeugnis oder Gutachten; gleichwohl trägt man kein Bedenken, den meineidigen Dolmetscher nach dieser Vorschrift für strafbar zu halten. Vgl. Olshausen 11. Aufl. Note 1 zu § 154.

Kaum zu verstehen ist es, daß sich Oberlandesgerichte finden, die einen Sachverständigen nicht als Beweismittel im Sinne der vielumstrittenen Ziff. 5 ansehen wollen (S. 28 Anm. 3). Verf. weist mit Recht auf § 245 hin; er hätte bei genauerer Prüfung dieser Vorschrift die Behauptung, die Vernehmung von Sachverständigen sei von dem Willen des Gerichts abhängig, erheblich eingeschränkt.

Der 3. Hauptteil ist dem WA.-Antrag gewidmet. Theoretisch scheinen mir auch der Privatkläger und der Nebenkläger befugt zu sein, die WA. zugunsten des Verurteilten zu beantragen. Das einzige Gegenargument bildet der § 390, der nur auf § 362, nicht aber auf § 359 verweist. Den übrigen vom Verf. (S. 38f.) vorgebrachten Gründen vermag ich nicht zuzustimmen. Privat- und Nebenkläger nehmen keinenfalls, wie Verf. mit der herrschenden Lehre meint, eine reine Parteistellung ein. Vielmehr sind sie — hierin der Staatsanwaltschaft vergleichbar — Parteivertreter; Partei ist auch im

Privatklageverfahren der Staat. Der Gesetzgeber hat dem Verletzten, falls kein öffentliches Interesse vorliegt, die Verfolgung des staatlichen Strafanspruches anvertraut. Die Einlegung eines Rechtsmittels zugunsten des Angeklagten ist für die Staatsanwaltschaft Amtspflicht, für den Privat- und den Nebenkläger eine ihm gewährte Befugnis. Dies kann dem ersten Satz des § 390 ohne weiteres entnommen werden. Es wird zwar kaum vorkommen, daß jemand, der sich ursprünglich als vom Angeklagten verletzt gefühlt hat, später angesichts besserer Einsicht in den wahren Sachverhalt ein Rechtsmittel zugunsten des Angeklagten einlegt oder gar die WA. beantragt. Warum aber dem Heroismus eines Wahrheitsfanatikers der Weg verlegt werden soll, ist nicht einzusehen.

Das Gesetz verlangt, falls der WA.-Antrag schriftlich gestellt wird, dessen Unterzeichnung durch einen Rechtsanwalt, nicht aber den Nachweis seiner Bevollmächtigung. Die Gegenansicht des Verf. (S. 39) kann nicht für richtig gehalten werden. Nur dann bedarf ein Rechtsanwalt im Strafverfahren einer schriftlichen Vollmacht, wenn er den nicht anwesenden Beschuldigten in der Hauptverhandlung vertritt (§§ 234, 350, 387, 411, 417, 426, 431). Im Verfahren gegen Abwesende wird die schriftliche Vollmacht sogar für die Hauptverhandlung nicht für erforderlich gehalten, weil in § 280 der Hinweis darauf fehlt.

Seit Jahren ist gegen den Übelstand angekämpft worden, daß die Richter, welche bei der früheren Entscheidung mitgewirkt haben, im WA.-Verf. nicht ausgeschlossen sind. Der Verf. nimmt das einfach hin, ja er billigt es sogar wegen der besonderen Sachkenntnis dieser Richter! (S. 42 u. S. 60). Später (S. 85f.) eignet er sich die Vorschläge der Schriftsteller und des Entwurfs zum EGAStGB. an, ohne sich des Widerspruchs bewußt zu werden!

Zum 4. Hauptteil (Wiederaufnahme-Zulassungs-Verfahren) sind kritische Bemerkungen nicht erforderlich. Verf. liefert eine brauchbare Zusammenstellung der Ergebnisse der Rechtsprechung mit besonderer Berücksichtigung der Oberlandesgerichte. Daß deren Entscheidungen auch sonst umfassend herangezogen werden, möge bei dieser Gelegenheit hervorgehoben werden.

Richtig ist die Meinung des Verf. (S. 58), daß der Beschluß, der die erneute Hauptverhandlung anordnet, das frühere Urteil schon jetzt beseitigt. Nicht richtig ist aber, daß der Kommentar von Löwe-Rosenberg anderer Ansicht sei. Der Verf. hat augenscheinlich die Note 1 zu § 371 nicht gelesen.

Im 5. und letzten, dem geltenden Recht gewidmeten Hauptteil wird das dem WA.-Beschluß folgende neue Verfahren behandelt.

Ist in diesem Verfahren Einstellung wegen Verjährung angebracht? Verf. kommt (S. 63) zu der m. E. richtigen Antwort, daß nur dann einzustellen ist, wenn schon im früheren Verfahren Verjährung eingetreten war, dieser Umstand aber von dem damals erkennenden Gericht nicht berücksichtigt worden ist, und ferner, wenn zwischen dem WA.-Beschluß und der neuen Hauptverhandlung Verjährung eingetreten ist, ein Fall, der, wie auch der Verf. hervorhebt, praktisch kaum vorkommen kann. In der Begründung kann ich ihm insofern nicht folgen, als er behauptet, mit der Rechtskraft des früheren Urteils sei der Strafanspruch erloschen. Genau das Gegenteil ist richtig: der Strafanspruch besteht, und zwar theoretisch unverjährbar. Daß die Strafvollstreckung verjähren kann, hindert nicht, daß der Anspruch als solcher bestehen bleibt.

Zu dem Verbot des reformatio in peius (§ 373 Abs. II) bemerkt der Verf. (S. 64), sie stimme wörtlich mit den für ordentliche Rechtsmittel geltenden Vorschriften überein. Es ist ihm entgangen, daß die §§ 331 und 358 einen verschiedenen Wortlaut haben.

Hat ein Gnadenakt die Strafe des ersten Urteils gemildert, so kann dieser Umstand den Strafanspruch nach richtiger Ansicht des RG. rechtlich nicht beeinflussen. Anderer Meinung der Verf., jedoch im Widerspruch zu seiner Ansicht, daß mit dem Beschluß auf Erneuerung der Hauptverhandlung das frühere Urteil beseitigt sei. Damit ist dann doch auch, wie das RG. richtig feststellt, der sich auf dieses Urteil beziehende Gnadenerweis hinfällig geworden. Hinzuzufügen ist, daß der Gnadenerweis ein Verwaltungsakt ist, der das Urteil, den Rechtspflegeakt, unangetastet läßt, nur dessen Folgen abschwächt oder beseitigt. Damit soll aber nicht gesagt sein, daß in dem neuen Urteil der Gnadenerweis überhaupt nicht berücksichtigt werden dürfe. Eine reformatio in peius im übertragenen Sinne muß das neue Gericht nach Möglichkeit vermeiden.

Weitere Bemerkungen zu diesem Abschnitt scheinen mir nicht erforderlich.

Der 6. Hauptteil befaßt sich mit der Reform des WA.-Verfahrens. Er ist am wenigsten gelungen, weil die neueste Literatur und der Reichstags-Entwurf eines EG. zum ADStGB. von 1930 unberücksichtigt geblieben sind.

So nur läßt es sich erklären, daß der Verf. (S. 76) empfiehlt, die WA. bei Strafbefehlen zuzulassen, ohne zu bedenken, daß Übertretungen die Inanspruchnahme einer so umfassenden Gerichtstätigkeit nicht rechtfertigen. Er befürwortet ja sogar die WA. bei polizeilichen Strafverfügungen! Der Strafbescheide gedenkt er nicht. Soweit sie Vergehen betreffen, müssen auch sie die WA. begründen. Im Entwurf 1930 ist diese Forderung berücksichtigt.

Mit Recht empfiehlt der Verf. die WA. auch zum Zweck einer erheblichen Strafmilderung. Wie er sich die schwierige Abgrenzung denkt, erfährt man nicht.

Der Wunsch des Verf. (S. 81), es möchte der Vorschlag von Gareis auf dem 7. Deutschen Juristentag vom Gesetz übernommen werden, ist durch die Neufassung des § 359 im Entwurf von 1930 im wesentlichen erfüllt worden.

Die Kritik an der Staatsanwaltschaft, die sich vielfach als Wahrerin der abgeurteilten Sache und nicht als Behörde zur Erforschung der materiellen Wahrheit auch in abgeurteilten Sachen fühlt (S. 82f.), muß ich auf Grund eigener Wahrnehmung als berechtigt ansehen.

Der Verf. eignet sich (S. 83f.) den Vorschlag von Alsberg an, dem eine WA. Begehrenden auf Antrag einen Verteidiger zu bestellen. Angesichts der vielfach unverhältnismäßig hohen Kosten dürfte der Vorschlag keine Gegenliebe finden. In schweren Fällen, insbes. in Schwurgerichtssachen hat der Verurteilte ohnehin einen Verteidiger, der ihn beraten kann. Und in den übrigen Fällen wären die Gerichte auch durch dieses Ventil vor unnötiger Belastung nicht genügend geschützt. Der einer WA. feindlichen Einstellung der Staatsanwaltschaft kann durch Anweisung der vorgesetzten Behörde wirksamer entgegengearbeitet werden als durch Bestellung von Anwälten, die einer WA. meist zu sehr geneigt sind.

Die Bedenken des Verf. (S. 90) gegen die formelle Berücksichtigung des früheren Urteils in der das WA.-Verfahren abschließenden Entscheidung kann ich nicht teilen. Es empfiehlt sich doch klarzustellen, daß es sich um eine Entscheidung nach vorangegangenem WA.-Verfahren handelt. Daß in dem neuen Urteil das frühere, bereits beseitigte Urteil noch einmal aufgehoben wird, erscheint allerdings formal anfechtbar.

Die Abhandlung kann nicht als wissenschaftliche Bereicherung angesehen werden. Als Dissertation müßte ihr der Vorwurf ungenügender Auseinandersetzung mit dem Schrifttum gemacht werden, als Monographie der Vorwurf mangelnder Tiefgründigkeit. Die Praxis ist, wie schon hervorgehoben worden ist, umfassend herangezogen. Die Lehrbücher von Beling und Gerland sind in den Anmerkungen verhältnismäßig selten angeführt. Daß das Lehrbuch des Grafen zu Dohna 1929 in dritter Auflage erschienen ist, ist dem Verf. entgangen, ebenso auch, daß Rosenfeld in der Sammlung Göschen 1926 den Strafprozeß dargestellt hat. Den großen Kommentar von Löwe-Rosenberg hätte der Verf. (vgl. z. B. S. 54 Anm. 4 u. S. 58 Anm. 1) sorgfältiger studieren müssen. Gerade die neuesten Arbeiten über das Thema sind ihm, wie bereits erwähnt, nicht zu Gesicht gekommen, insbes. die Arbeiten von Hellmuth Mayer (Ger. Saal Bd. 99, 1930) und von v. Hentig (WA.-Recht 1930). Den Reichstagsentw. zu einem EGAStGB. vom 30. Mai 1930 hat der Verf. nicht herangezogen; er ist allerdings, soviel ich weiß, der Öffentlichkeit nicht zugänglich gemacht worden. Ob er die um die Jahreswende 1930/31 in den strafrechtlichen Abhandlungen veröffentlichte Dissertation von Edgar Mayer über die WA. des Verfahrens im Strafprozeß noch hätte berücksichtigen können, möchte ich bezweifeln.

P. Merkel.

VI.

Kurze Anzeigen.

1. Conrad Bornhak, Der Beruf unserer Zeit zur Strafgesetzgebung. 8°. 72 S. Berlin (Verlag Deutsche Treue) o. J.

Ich hätte an diesem — wohl als Flugschrift für weitere Kreise gedachten — Schriftchen zwar mancherlei auszusetzen. Seinem Leitmotiv aber: daß unsere Zeit keinen Beruf zur Schaffung eines neuen StGB. habe, und deshalb die Fortführung der Reformarbeit abgebrochen werden möge, kann ich leider nicht widersprechen, so schmerzlich auch der Gedanke an so viel vergeblich aufgewendete Arbeit ist.

B.

2. Streitsätze zur Rechtsphilosophie, herausgegeben im Auftrage der Rechtsphilosophischen Gesellschaft (e. V.) zu Berlin vom Vorstande. Gr. 8°. 26 S. Berlin 1931 (Carl Heymanns Verlag).

Das Schriftchen bietet für 48 rechtsphilosophische Themata, über die in der Berliner Rechtsphilosophischen Gesellschaft seit ihrer Gründung Vorträge gehalten worden sind, „Streitsätze" als kurze Zusammenfassung des Gebotenen. Als Beispiele seien hier angeführt:

Nr. 7. „Naturrecht und historische Rechtsschule unter dem Gesichtspunkt kritischer Philosophie: A. Rechtsphilosophie ist die Lehre von Begriff und von der Idee des Rechts. B. Die Naturrechtsschule des 17. Jahrhunderts ist ein Anfang rechtsphilosophischen Denkens. C. Die Natur des Menschen (= Naturrecht) oder die Natur des Rechts (= Vernunftrecht) werden als Maßstab genommen. D. Ein stofflich bedingtes Recht kann nicht absolut richtig, sondern nur relativ richtig sein. E. Die historische Rechtsschule verzichtet auf die Idee des Rechts. F. Nicht die historische Rechtsschule, sondern die kritische Rechtstheorie hat das Naturrecht widerlegt."

Nr. 30. „Erich Kaufmanns Kritik der neukantischen Rechtsphilosophie: A. Kritik bedeutet das Vergleichen mit einem richtigen

Satz. B. Kaufmann verfehlt hier das Wesen der Kritik, da er feststehende Sätze nach eigener Angabe noch nicht darzubieten vermag. Statt dessen verweist er auf einen unausgeführten Gedanken der Metaphysik. C. Die mangelnde Vergleichsgrundlage zeigt sich bereits in einer unzutreffenden Wiedergabe der Lehre Rudolf Stammlers. D. Kaufmann verwechselt a) den reinen Begriff des Wollens mit dem zwar gleichlautenden, aber logisch verschiedenen Begriff des psychologischen Wollens; b) die kategorialen Grundbegriffe des Rechts mit den idealen Grundsätzen des Rechts."

Das Werkchen will nach dem in der Einleitung ausgesprochenen Wunsche zu kritischem Denken anregen. Es ist durchaus geeignet, diesen Zweck zu erfüllen. B.

3. Dr. phil. Karl Erbprinz zu Löwenstein-Wertheim-Rosenberg, Referendar, Erbverzicht und Abfindungsvertrag. Bielefeld 1928. Druck von Rennebohm u. Hausknecht. Gr. 8°. 68 S. (Mk. 2.—). Verlag F. Halbig, Miltenberg a. M.

Eine Doktorarbeit, die ein gutes Verständnis für die Forderungen des Gesetzes zeigt und die Stellungnahme der etwas spärlichen Sonderliteratur im allgemeinen treffend kritisiert. Da es sich um zwei selbständige Rechtsinstitute handelt, hätte es nahegelegen, jedes zunächst selbständig in eingehender Weise zu behandeln, wie es der Verf. nur bei dem Erbverzicht getan hat. Den entwickelten Grundsätzen des Erbverzichts — die Preisgabe, nicht die Abtretung eines Rechts — kann beigetreten werden, wenn auch manches zu formal und für die Praxis bedeutungslos erscheint. Die Unterscheidung zwischen Erbaussicht und Erbanwartschaft ist nicht überzeugend. Erbverzicht ohne Abfindung ist zwar möglich, aber kaum praktisch, denn wenn auf nichts verzichtet werden soll, bedarf es keines Abfindungsvertrags zur Erbrechtsregelung. Formale Bedenken aus dem Gesetzeswortlaute dürfen daher nicht dazu führen, den inneren Zusammenhang solcher Verträge, wenn beide vorliegen, bis zum Beweise des Gegenteils zu zerreißen. Deshalb erscheint die Bekämpfung Plancks verfehlt, der stets als stillschweigende Bedingung für die Wirkung des Abfindungsvertrags die Rechtswirksamkeit des Erbverzichts annimmt. Der schließliche Versuch, eine Anfechtung des Erbverzichts durch analoge Anwendung von § 2078 Abs. 2 BGB. zu begründen, muß abgelehnt werden.

Stuttgart. **Coermann.**

4. **Weinmann**, Dr. A., Kurzes Lehrbuch des Handelsrechts. Gr. 8°. 176 S. Marburg 1931 (N. G. Elwert). Mk. 6.—.

Weinmann, der im Mittelpunkt der preußischen Referendar-Ausbildung steht und mehrere ihr dienende Werke herausgegeben hat, legt hier ein kurzes, an etwa 12 kleine „Fälle" angelehntes „Lehrbuch des Handelsrechts an Hand von praktischen Fällen für Studium, Examen und Praxis" vor. Die Anordnung ist auch so, wie etwa in einer Prüfung von dem kleinen Fall die Fragen über das ganze Gebiet ausstrahlen, zum erheblichsten Teil ohne Zusammenhang mit der Aufgabe. Immerhin dürfte als Verbindung von Wiederholung und Lösung praktischer Aufgaben dieses kurze Lehrbuch manchem dienlich sein, zumal die Druckanordnung beide Zwecke scheidet. Die Lösungen selbst sind richtig und meist aus den früheren Veröffentlichungen des Verfassers begründet. Im allgemeinen sind dabei die Grundsätze des Tatbestands streng durchgeführt und es heißt etwa im 1. Fall richtig: „Es muß unterstellt werden", daß die Eintragung in das Handelsregister nicht erfolgt ist (S. 3). Dann aber heißt es (S. 8), natürlich aus den dargelegten didaktischen Gründen: „Da ein Ausgangsfall offen gelassen ist), ob die Eintragung erfolgt ist, soll zunächst „die Entscheidung auf Grund der Unterstellung erfolgen", die Eintragung sei erfolgt.

München. **W. Silberschmidt.**

5. Hermann **Mannheim**, Rechtsfälle aus dem Strafprozeßrecht. Kl. 8°. 73 S. Berlin 1930, J. Springer.

Das sehr empfehlenswerte Werkchen enthält 176 Fälle aus dem Strafprozeßrecht, ferner Winke für die Bearbeitung solcher Fälle und ein Musterbeispiel für eine Urteilsurkunde. Es ist sowohl für Universitätsübungen, wie auch für Referendarkurse bestimmt und gut geeignet.

Förderlich würde es — gerade für junge Juristen — sein, wenn der Verf. in künftigen Auflagen mit dem leider noch nicht überwundenen Sprachgebrauch, nach dem das Wort „Tatbestand" alles und jedes, daher nichts, bedeutet, brechen und dieses Wort lediglich technisch für dasjenige Vorstellungsgebilde verwenden würde, das für den jeweils in Rede stehenden Deliktstypus zugleich objektiv verwirklicht sein wie auch vom Vorsatz (Fahrlässigkeit) umfaßt sein muß. Weshalb z. B. S. 71 Z. 7 v. u.: „Die objektiven und subjektiven Tatbestandsmerkmale des Diebstahls sind erfüllt?" Was gemeint ist, ist doch einfach, daß alle objektiven und subjektiven Merkmale des Diebstahls erfüllt sind. Der „Tatbestand" als Gesamtheit aller Merkmale des Delikts wirkt sich besonders ungut aus in den Fällen, in denen eine objektive Bedingung mit dazu gehört, z. B. bei Körperverletzung mit Todesausgang. Daß hier der Tod nicht von der Schuld umfaßt zu sein braucht, beruht darauf, daß er nicht zum „Tatbestand" gehört. Nennt man ihn dann mit unter den „Tatbestandsmerkmalen", so ist die Sprachverwirrung da. B.

Alphabetische Register.

I. Verzeichnis der Mitarbeiter.

II. Sachregister.

A.

B.

C.

D.

Kritische Vierteljahresschrift
für
Gesetzgebung und Rechtswissenschaft

herausgegeben von

DrDr. E. Beling, A. Dyroff, W. Kisch, E. Riezler, L. Wenger
Professoren der Münchener Juristenfakultät.

Dritte Folge. Band XXV.
(Der ganzen Folge Band LXI.)

1932.
München, Berlin und Leipzig.
J. Schweitzer Verlag (Arthur Sellier).

Gedruckt mit Unterstützung der Emergency Society
und der Notgemeinschaft deutscher Wissenschaft.

Druck von Dr. F. P. Datterer & Cie., Freising-München.

IN MEMORIAM.

Ernst von Beling †.

In tiefem Schmerze stehen auch Redaktion und Verlag der Kritischen Vierteljahrsschrift für Gesetzgebung und Rechtswissenschaft unter der großen Trauergemeinde an Ernst von Belings Grab. Ein Schlaganfall hat ihn jäh und unerwartet mitten aus schaffensfreudigem Dasein, mitten aus Lehre und Forschung gerissen. E. von Belings weit über Deutschlands Grenzen reichende, unsere internationale Geltung im Ausland mit neu aufbauende wissenschaftliche und Lehrerfolge in Strafrecht und Strafprozeß, sowie in der gerade ihm so sehr eigenen Rechtsphilosophie in dieser Zeitschrift zu rühmen, würde dem Wunsche des Heimgegangenen nicht entsprochen haben. Nur ein inniges Wort dankbaren und dauernden Gedenkens an seine Tätigkeit in der Kritischen Vierteljahrsschrift soll auf diesem Trauerblatte stehen.

Von Band 18 (1919) ab gehörte E. von Beling der Redaktion dieser Zeitschrift, zeitweilig als deren geschäftsführendes Mitglied, an. Nur seine Mitarbeiter wissen, wieviel Mühe und Arbeit er der Kritischen Vierteljahrsschrift in diesen 12 Jahren gewidmet hat. Wie überall sonst, so war ihm auch hier Pflichterfüllung Lebensziel und Lebensfreude. Unermüdlich sorgte er für geeignete Referenten, unermüdlich übernahm er selbst Referate. Jeder Band unserer Zeitschrift zeugt von seiner Mitwirkung. Der Verfasser grundlegender monographischer Werke, umfassender systematischer Darstellungen, methodologischer Schriften, der Mann, der an die höchsten juristischen und rechtsphilosophischen Probleme in selbständiger Gründlichkeit heranzutreten und sie in bescheidener Einfachheit mündlich vorzutragen und schriftlich niederzulegen verstand, scheute sich nicht, mit ebenso gründlicher Gewissenhaftigkeit neben den großen Referaten kurze Anzeigen für unsere Zeitschrift zu schreiben.

So wird seine Arbeit in unserer dankerfüllten Erinnerung fortleben, aber, wie auch sonst in Ernst von Belings Lebenswerk, mehr noch als die Erinnerung an dauernde und wertvolle Arbeit das Gedenken an den Mann, der der unsere gewesen. Papinians oft zitierter Ausspruch: quae facta laedunt pietatem existimationem verecundiam nostram, et ut generaliter dixerim, contra bonos mores fiunt, nec facere nos posse credendum est — er trifft wortwörtlich zu auf Ernst von Belings Wesen und Wirken. Er war zeitlebens erfüllt vom einzigen Streben, jedem das Seine zuteil werden zu lassen, ein Sucher der Gerechtigkeit und der Güte, ein Jurist im edelsten Sinne des Wortes. Er war, um noch einmal das Corpus Juris zu zitieren, in Wahrheit ein sacerdos der ars boni et aequi.

So soll er uns dauernd leuchtendes Vorbild bleiben.

München, den 18. Mai 1932.

Redaktion und Verlag.

Inhalt.

IV. Bürgerliches Recht.

V. Strafrecht.

VI. Kurze Anzeigen.

FSC
www.fsc.org
MIX
Papier | Fördert
gute Waldnutzung
FSC® C083411

Kolibri 360 GmbH
Ferdinand-Jühlke-Straße 7
99095 Erfurt, Deutschland
produktsicherheit@kolibri360.de